W0194776

Ursula Wirtz – Jürg Zöbeli

Hunger nach Sinn

Ursula Wirtz
Jürg Zöbeli

Hunger nach Sinn

Menschen in Grenzsituationen
Grenzen der Psychotherapie

Kreuz

Alle in diesem Buch enthaltenen Angaben, Daten, Ergebnisse etc. wurden von den Autoren nach bestem Wissen erstellt und von ihnen mit größtmöglicher Sorgfalt überprüft. Gleichwohl sind inhaltliche Fehler nicht vollständig auszuschließen. Daher erfolgen die Angaben etc. ohne jegliche Verpflichtung oder Garantie des Verlags oder der Autoren. Beide Parteien schließen deshalb jegliche Verantwortung und Haftung für etwaige inhaltliche Unrichtigkeiten aus, es sei denn im Falle grober Fahrlässigkeit.

P
169

Landesarbeitsgemeinschaft
Kinder- und Jugendschutz
Thüringen e.V.
Johannesstraße 19 · 99084 Erfurt
Telefon (0361) 6 44 22 64
Telefax (0361) 6 44 22 65

ERLEDIGT 10 OKT. 2024

C 104

Die Deutsche Bibliothek – CIP-Einheitsaufnahme

Wirtz, Ursula:
Hunger nach Sinn : Menschen in Grenzsituationen –
Grenzen der Psychotherapie / Ursula Wirtz ;
Jürg Zöbeli. – Zürich : Kreuz, 1995
ISBN 3-268-00182-3
NE: Zöbeli, Jörg:

1 2 3 4 5   99 98 97 96 95

© Kreuz Verlag AG Zürich 1995
P. O. B. 245 CH-8034 Zürich
Umschlaggestaltung: Jürgen Reichert, Stuttgart
Umschlagfoto: Franz Wagner
Gesamtherstellung: Ebner Ulm
ISBN 3 268 00182 3

Inhalt

Vorwort

Dieses Buch ist Ausdruck unseres gemeinsamen Besinnens auf das, was uns durch Sinn und Unsinn unseres eigenen Lebensweges und unserer therapeutischen Arbeit trägt und begleitet. Es stellt die Frage nach dem Woher, Wohin und Wozu, nach den Grenzen, an die wir stoßen, und den Möglichkeiten, diese zu überwinden und sich auf Neues hin zu öffnen.

Wir haben es gemeinsam geschrieben, eine Frau und ein Mann, eine Jungianerin und ein Neofreudianer. Alle Aspekte unseres Themas, der Sinn und die Sinnkrise, die Grenze und der Versuch, diese Grenze zu überwinden und das Gemeinsame zu suchen und zu gestalten, haben die Arbeit und die nicht immer einfache Auseinandersetzung mit uns und dem Buch geprägt.

Was vor 14 Jahren, am Anfang unseres gemeinsamen Lebensweges im Schweigen der Meditation begonnen hat, mündete in einen beredten Austausch, der in diesem Buch Gestalt angenommen hat.

Wir danken unserer Freundin Isabelle Rentsch, unserer ersten Leserin, für das kritische und ermutigende Feedback. Sie hat uns das Tor zur analytischen Kunsttherapie noch ein weiteres Stück geöffnet.

Dankbar sind wir auch unserer Freundin Helena Dalhoff, die nicht nur Sinn und Sinnkrisen mit uns geteilt, sondern uns auch ihr römisches Domizil überlassen hat, damit uns das unvergleichliche römische Licht den Sinn erhelle.

Ich (J. Z.) danke meinen KrebspatientInnen und ärztlichen KollegInnen dafür, daß ich von ihnen lernen durfte.

Ich (U. W.) danke Professor Dr. Reinhard Tausch in Stuttgart für seine Gesprächsbereitschaft, Sinnfragen mit mir zu diskutieren, und Dr. Patricia Søhr vom Rehabilitations- und Forschungszentrum für Folteropfer in Kopenhagen (RCT) für den Erfahrungsaustausch und die ausgezeichnete Versorgung mit Forschungsliteratur, die mir auch für die Arbeit in Bosnien hilfreich war. Dankbar bin ich auch Annemarie Angst, die mir in der Endphase des Schreibens so fürsorglich ein Refugium der Stille bereitet hat und ihr Pferd Kassandra mit mir teilte. Auf Kassandras Rücken, in der schlichten Schönheit des Zürcher Oberlandes, bei Regen, Sonne und Schneetreiben habe ich meinen Sinn sinnenhaft erfahren.

Vor allem aber danken wir unseren KlientInnen, daß sie uns auf die oft schmerzhafte Reise durch die Finsternisse ihrer Sinnkrisen mitgenommen haben und wir erfahren durften, daß auch auf die dunkelste Nacht wieder ein Tag folgt. Ihr Ringen um Sinn hat auch auf unsere persönliche Suche nach dem Sinnmuster des eigenen Lebens eingewirkt.

Wir schicken das Buch, unser gemeinsames »Kind«, auf die Reise in der Hoffnung, daß es zum »Reisen« über ideologische Grenzen hinweg einlädt und den Sinn für das Verbindende öffnet.

Wir wünschen, daß unser Buch Sinn macht und auf Wege verweist durch das Labyrinth des Un-sinns.

Ostern 1995
Ursula Wirtz
Jürg Zöbeli

8

I.
Der Mensch an der Grenze

Das Fragen nach dem Sinn

Der Seele Grenzen kannst du im Gehen nicht ausfindig machen,
selbst wenn du jede Straße abschrittest, so tiefen Sinn hat sie.

Heraklit

Grenzerfahrungen gehören zum Menschsein. Wir alle stoßen in unserem Alltag an Grenzen, Grenzen des Machbaren, Grenzen der Belastungsfähigkeit, Grenzen des Verstehens, Grenzen des Glaubens. Wenn wir durch Grenzsituationen existentieller Not erschüttert werden, sind wir
herausgefordert, nach dem Sinnmuster und den Wand-
lungsmöglichkeiten unseres Lebens zu suchen. Solange
wir uns fraglos mit dem Ganzen verbunden wissen, unbe-
kümmert »zwischen Sinnenglück und Seelenfrieden«
(Schiller), bedrängen uns keine grundsätzlichen existentiellen Zweifel und Fragen nach Sinn, Zweck und Ziel unseres Lebens und täglichen Bemühens. Wenn wir aber aus
unserer Seinsgeborgenheit herausfallen und die Grenzen
und vielfältigen Entfremdungen schmerzlich spüren,
dann beginnt die Suche nach dem inneren Kompaß, um
im Labyrinth der Werte eine neue Orientierung zu finden.
Das Sein an der Grenze, mit dem wir uns hier auseinandersetzen, verstehen wir als eine Art Schwellensituation, in der
es um Sein oder Nichtsein, Leben oder Tod geht.

Wir befassen uns in diesem Buch mit solchen Grenzerfahrungen in der Psychotherapie, die auch uns als professionell Helfende leicht an eigene Grenzen bringen können. Die Grenzen der auf Machbarkeitsideologie und
Fortschrittsglauben basierenden westlichen Medizin, die
Ohnmacht angesichts unheilbarer Erkrankungen, der Verlust einer tragenden Sinnorientierung bei der Konfrontation mit traumatischen Erschütterungen stürzt viele Helfende in eine Sinnkrise, die ihre Energien verzehrt und
ausbrennen läßt. In diesen Grenzregionen wird oft auch
das Vertrauen in die schöpferische Führungskraft des Unbewußten brüchig, und der Glaube an die therapeutische
Wirksamkeit des Wortes zerfällt. Die Berührung mit der ar-

chetypischen Kraft des Zerstörerischen und den Unter-
weltserfahrungen der Seele kann PsychotherapeutInnen
verstummen lassen. Wenn es um die massive Zerstörung der
Grenzen zwischen innen und außen, um die Vernichtung
tragender Grundüberzeugungen und Werte geht, brauchen wir eine Psychotherapie, die ihre Grenzen »überschreiten« kann und Verbindung herstellt zur spirituellen
Dimension menschlichen Lebens, eine Psychotherapie, die
das Tabu der Sinnfrage nicht länger aufrechterhält und wie-
derverbindet, was durch Grenzen getrennt ist. In diesen
Schwellensituationen und Grenzbereichen, die eine existentielle Verwandlung notwendig machen, da die alten Bewältigungsmechanismen des Ich nicht mehr ausreichen,
geht die Türe unseres »Ich-Gefängnisses« nicht nach außen, sondern nach innen auf, in den eigenen inneren
Raum der »religiösen«, numinosen Erfahrung der Seele.

Wir bewegen uns in diesem Buch im dunklen Grenzland
der Seelenverfinsterungen, in denen der Frage nach Sinn
und Sinnlosigkeit des menschlichen Lebensvollzugs und
dem, was uns übersteigt und »die Welt im Innersten zusammenhält«, nicht länger ausgewichen werden kann.

Grenzen trennen uns vom Fremden und haben gerade
heute eine außerordentliche Aktualität gewonnen, wo die
Gewalt als Ablehnung des Fremden so schmerzlich in unser
Bewußtsein einbricht, als Gewalt an der Grenze zu fremden
kulturellen und religiösen Volksgemeinschaften, als Gewalt
zwischen den Geschlechtern, als Ausgrenzung der Homose-
xuellen und anderer Gruppen von Minoritäten und als fundamentalistische Haltung des Klerus gegenüber liberalen
religiösen Strömungen. Aber auch in der starren Grenze
zwischen Schul- und Alternativmedizin, in den Grenzstrei-
tigkeiten zwischen einzelnen Psychotherapierichtungen
und der Ausgrenzung und Ausbeutung unserer natürlichen Umwelt, die unser Überleben grundsätzlich in Frage
stellt, zeigt sich die Brisanz der Grenzthematik. Wir haben
ein Grenzdenken verinnerlicht, das auch die Sinnebene
und das Wissen um die Ganzheit von Leben und Tod ausgegrenzt hat.

Aber auch unser kollektiver Zeitgeist ist an eine Grenze gekommen, unser Weltbild stößt auf Grenzen des Begreifbaren und zwingt uns, die Grenzen traditionellen Wahrnehmens zu überschreiten. Von Einstein wissen wir, daß er bei der Entdeckung von Phänomenen, deren Realität er aufgrund experimenteller Erfahrung nicht leugnen konnte, die aber den wissenschaftlichen Dogmen der letzten 2000 Jahre widersprachen, zeitweise an seinem eigenen Verstand gezweifelt hat und in eine ernsthafte Krise gestürzt ist. Diese kollektive Grenze, an die wir in der Wissenschaft gekommen sind, ist erschütternd. Sie enthält aber auch, wie jede Krise, ein großes Wandlungspotential. Es bedeutet eine fundamentale Verunsicherung für den modernen Menschen, der sich der Welt total bemächtigt hat, wenn er nun entdecken muß, daß sein scheinbar so kompaktes materielles Universum ganz anders ist, als er es sich je vorgestellt hat, und daß es in »Geist« und Energie zerfällt. So hat zum Beispiel der Physiker Capra die Materie als einen »Energietanz« beschrieben.

In diesem Sinne stehen wir tatsächlich an der Schwelle zu einem *New Age*, einer neuen Zeit und einem tiefgreifenden Bewußtseinswandel, der eine neue Sicht von uns selbst und unserer Mitwelt erfordert. Wir leben in einer Zeit des Umbruchs im Sinne eines Paradigmenwechsels. Dieser Begriff ist 1962 von *Thomas Kuhn* geprägt worden und bezeichnet ein Denkmuster, eine Gesamtheit von Errungenschaften – Begriffen, Wertvorstellungen, Techniken usw. –, die für eine wissenschaftliche Gemeinschaft charakteristisch sind und der Definition und Lösung von Problemstellungen dienen *(Kuhn 1976)*. Das neue Paradigma des Physikers *David Bohm* sagt aus, daß unser materielles Universum auf der untersten Stufe »ein unteilbares Ganzes« ist, daß alles, was wir in diesem Universum beobachten können, nur eine »ausgefaltete« (explizite) Ordnung ist, während ihr eine eingefaltete (implizite) Ordnung zugrunde liegt. Dieses neue physikalische Weltbild bestätigt das von C. G. Jung entwickelte Modell des kollektiven Unbewußten und legt die Auffassung nahe, daß »die kosmische Materie und das kollektive Unbewußte zwei Aspekte *eines* und desselben Weltgrundes sein könnten« *(von Franz 1984)*.

Diese neue kosmische Weltsicht schafft einen Rahmen, in dem sich die uralten Menschheitsfragen nach dem innersten Wesen des Lebens und seines Seinsgrundes sinnvoll einordnen lassen. Mit dieser neuen Sicht der Wirklichkeit, die nicht nur für die Wissenschaft, sondern auch für jeden einzelnen von uns und die gesamte Gesellschaft bedeutungsvoll ist, geht ein Wertewandel einher, der das Suchen nach Sinn und Spiritualität ins Zentrum rückt. Ähnlich wie sich neue Erkenntnisse und Entdeckungen stets an den »Rändern« und Grenzen der etablierten Wissenschaft ereignen, nicht in ihrem festgefügten Zentrum, sondern dort, wo Kollisionen mit dem Reich des Unbekannten stattfinden, erwachsen auch die innerseelischen Wandlungsimpulse und Sinnmuster, denen dieses Buch nachzuspüren versucht, aus dem Dunklen, dem Abgründigen und oft Chaotischen.

1. Was sucht der Mensch, wenn er Sinn sucht?
Grenzerfahrung als Motiv der Sinnsuche

Zur Welt seiend, sind wir verurteilt zum Sinn . . .

Maurice Merleau-Ponty

Der Sinn der Welt muß außerhalb ihrer liegen.

Ludwig Wittgenstein

Mit der Frage, was wir eigentlich meinen, wenn wir Sinn suchen *(Längle)* und wo dieser Sinn zu finden ist, bewegen wir
uns in einem Tabubereich. Sinn in der Psychotherapie?
Das ist heute die Gretchenfrage an die therapeutische
Zunft: Wie hält sie es mit dem Sinn? Vermittelt sie die Einsicht in einen Sinn, der allen Lebensprozessen zugrunde
liegt? Eröffnet sie in einer Zeit des allseits beklagten Sinnverlustes neue Sinnperspektiven? Vermag sie Sinndefizite
auszufüllen und Sinnentwürfe anzubieten, die aus der
Sinnkrise herausführen und die Sinnfähigkeit und Möglichkeit der Sinnerfüllung erweitern? Wir können uns fragen, ob Psychotherapie sinnstiftend sein kann, oder ob sie
lediglich hilft, eine Frustrationstoleranz für die Sinnlosigkeit des Lebensvollzuges zu entwickeln. Garantiert psychotherapeutischer Erfolg Sinnfülle, oder verhilft gelungene
Psychotherapie zu der Einsicht, daß die Sinn-Nostalgie auf
unrealistischen Fehlerwartungen an das Leben beruht?
Vielleicht bedeutet aber auch das Suchen nach Sinn in der
Psychotherapie einen übertriebenen Sinnanspruch, der
als neurotisches Symptom bearbeitet werden muß.

In diesem Spannungsfeld bewegen wir uns, denn Sinnsuche und Sinnkonflikte charakterisieren unsere kollektive Zeitsituation, wobei gleichzeitig für viele Menschen
eine persönliche Glaubensfrage mit der Sinnfrage verbun-

den ist. Trotz der Sprachlosigkeit, in die wir geraten, wenn wir Sinnantworten suchen, begegnet uns das Fragen nach dem Sinn, nach Wert und Ziel des Lebens, nach dem Woher und Wohin des Lebensweges nicht nur bei den Philosophen – zum Beispiel bei Nietzsche mit seiner berühmten Frage: »Hat denn das Dasein überhaupt einen Sinn?« *(Nietzsche 1980)* –, sondern in jeder Psychotherapie. Auch als Helfende geraten wir immer wieder in Situationen, die uns am Sinn unseres therapeutischen Tuns zweifeln lassen, und das Burnout-Syndrom, die Berufskrankheit der Professionellen, kann letztlich als eine Sinnkrise verstanden werden.

Was also ist es, wonach die Menschen streben, an dessen Verlust sie leiden? Etymologisch bedeutet das mittelhochdeutsche *sin* so viel wie *Weg, Reise, Gang;* das indogermanische *sent* steht für *eine Richtung nehmen, gehen, reisen, fahren,* und auch im lateinischen *sentire (fühlen),* das die vorgermanische Wurzel *sent* enthält, geht es um die Richtung für eine Entscheidung, die erfühlt wird. Damit ist Sinn etwas Dynamisches, das wie im niederhochdeutschen *sinnan* mit *streben* zu tun hat, mit *unterwegs sein, eine Richtung einschlagen.*

Im übertragenen Sinne bezeichnen wir mit Sinn eine Bedeutung, den geistigen Gehalt, Ziel und Zweck eines Strebens. Sinn ist das, was sich lohnt, in der Philosophie der Griechen das Letzte, Höchste und Äußerste, wonach der Mensch strebt, »ein Ziel, über das hinaus kein Ziel gedacht werden kann« *(Höffe 1992).*

Das Bedeutungsspektrum von »Sinn« ist breit. Sinn kann also ein *Ziel* bezeichnen oder eine *Orientierungsfunktion* für Normen, Werte und Entscheidungen darstellen. Oft wird eine Psychotherapie ja dann gesucht, wenn Richtung und Weg verlorengegangen sind, wenn wir mit unserer einseitigen Einstellung zum Leben in eine Sackgasse geraten sind und allein nicht mehr weiter wissen. In der Therapie kann dann ein Hinweis auf die einzuschlagende Richtung (vgl. die Bedeutung von »Uhrzeigersinn«), eine Neuorientierung erarbeitet werden.

Die Sinnfrage ist in mehrfacher Hinsicht mit dem Begriff der Grenze verbunden. Grenzen, an die wir auf unserem Lebensweg stoßen, zwingen uns zum Innehalten und zur Be-sinnung, zu einer Standortbestimmung und einer Vor- und Rückschau. An den Grenzen kommen wir in Kontakt mit Unvertrautem, das sich nicht von vornherein in unseren bisherigen Lebensplan und unsere Ordnungsmuster, Wertsysteme und Ideologien einfügen läßt, die zwar nützliche Hilfsmittel zur Orientierung, aber immer nur Annäherungen an die Wirklichkeit sind. »Die Natur haßt jedes Schema, doch das Schema ist bequemer«, besagt ein Sprichwort und meint etwa dasselbe wie die Definition der Wissenschaft als »derzeitiger Stand des Irrtums«. An der Grenze zum Neuen kommt daher Verwirrung auf, doch kann sie uns ebenso in einen kreativen Austausch und Kontakt mit der »lebendigen« Wirklichkeit bringen, denn die »wahre« Wirklichkeit und das eigentliche Leben ist immer an der Grenze und jenseits von ihr angesiedelt.

Sinn hat auch die Bedeutung von *Selbstverständnis* und *Zweck*, wie ich mich in meinem Lebensganzen begreife, was meine Identität ausmacht, wie ich geworden bin. Wir beschäftigen uns dann mit der Frage nach dem, was mich ausmacht, wer ich bin, was ich will und warum ich dies und nicht etwas anderes will. Sinn ist dann das, was den Zweck meines Lebens ausmacht, was mich in meinen Lebensplänen voranbringt, was ich gern tue und so vollkommen wie möglich tun möchte. Für die meisten Menschen der westlichen Hemisphäre bedeutet Sinn aktives Handeln und In-Angriff-Nehmen umschriebener Aufgaben in Ausbildung, Beruf und Beziehung. Im Erfüllen der konkreten Forderungen des Tages kann ein Teilsinn verwirklicht werden, der mir *plausibel* und *einsehbar* ist, ohne daß der Aspekt des *Gesamtsinns* in Form des Bewußtseins der Verbundenheit und Verantwortung gegenüber den Mitmenschen und besonders in Form der existentiellen Fragen nach der Grenze der eigenen Existenz eine Rolle spielt.

Besonders für den jungen Menschen mag der Sinn in der ersten Lebensphase eher in einer »Haben-Orientierung« *(Fromm)* liegen als in der des »Seins«, denn er will sich zunächst in der Welt bewähren, sich mit ihr einlassen und »jemand werden«, bevor er vielleicht später den Sinn in einer spirituellen Orientierung findet und sozusagen wieder »niemand werden« will.

Die Sinnerfahrung hat auch mit meinem Selbstverständnis zu tun, meinem Bewußtsein der Identität und Kontinuität im Lebensprozeß. Psychotherapie kann uns dabei nicht nur helfen, ein verläßliches Bewußtsein unserer Identität zu gewinnen, sie vermag uns die Erkenntnis zu vermitteln, daß wir als Menschen von mehr als nur »vom Brot allein« leben. Sie kann einen inneren und äußeren Raum bereitstellen, in dem sich das Verborgenste, unser Suchen und Ringen um einen *Lebenssinn* zeigen darf. Die existentielle Frage nach dem Endzweck meines Daseins ist mehr als die klassische Frage der Midlife-crisis, wie *Wolf Biermann* sie in seinem Lied »Das kann ja nicht alles gewesen sein . . .« aufgeworfen hat. Oft taucht sie im Symptom einer Krankheit auf, als mögliches Warnsignal für eine einseitige Fehlentwicklung oder wenn wir durch eine existentielle Erschütterung mit unseren Grenzen konfrontiert werden, zum Beispiel durch den Verlust eines geliebten Menschen, durch Tod, Krieg und Vertreibung. Manchmal vermag uns erst das »Reisen« in Gebiete jenseits unserer sicheren Überzeugungen und Wertwelten zu den existentiellen Fragen des *Warum, Wozu, Wohin* zu motivieren. Oft sind es gerade diese extremen Grenzerfahrungen, die zum Motiv der Sinnsuche und zum Ausgangspunkt tiefer Sinnerfahrungen werden können, zur Gewißheit eines Getragenseins trotz sinnloser Gewalt und sinnlosen Sterbens.

Das Fehlen eines Wozu im Leben, die Leugnung eines existenztragenden Urgrundes und die Behauptung der radikalen Sinnlosigkeit des Lebens war das Grundthema des Existentialismus: »Es ist sinnlos, daß wir geboren werden, es ist sinnlos, daß wir sterben« *(Sartre)*. Dem steht eine Ursehnsucht des Menschen nach dem Überschreiten der Ichgrenzen gegenüber, ein Streben nach etwas, das uns übersteigt. Es ist das Bedürfnis nach Sinnhaftigkeit in Form einer geistigen und spirituellen Dimension, die jenseits der Grenzen der rationalen und sinnlichen Wahrnehmung, jenseits von Raum, Zeit und Begrifflichkeit, ja selbst jenseits religiöser Strukturen und Gottesbilder angesiedelt ist. Hier geht es um Sinnfindung als eine Form des Offenseins für existentielle Fragen im Zusammenhang mit dem Lebensganzen, dem Eingebundensein in den größeren Zusammenhang der Menschheit und des Kosmos. Gemeint ist der *Gesamtsinn* als eine Umschreibung für etwas »ohne Namen«, das aber als Chiffre für das Beheimatetsein in einer letzten Ordnung steht, die unser begrenztes Ich übersteigt: *der Sinn als Transzendenz.* Er ist als der tiefste Seinsgrund ein unfaßbares Geheimnis, das nur als Paradox, Symbol oder Mythos andeutbar ist, als »der Finger, der auf den Mond zeigt«, wie es im Zen heißt, als Hinweis auf die Einheit und Geborgenheit im Unbegrenzten. In der Literatur ist diese Sinndimension häufig gestaltet worden:

»Seiner Lebensphilosophie zufolge hätte er sich eigentlich mit allem abfinden müssen – mit Krankheit, Einsamkeit, Schmutz und Elend, ja sogar mit dem Tod. Wenn die menschliche Existenz überhaupt einen Sinn hatte, dann war er nur jenseits ihrer Grenzen zu begreifen, in der Dunkelheit, die ohne jedes Wissen weiß, ohne jeden Plan erschafft und ohne jeden Gott göttlich ist« (Isaac B. Singer: Die Familie Moschkat).

Jenseits aller denk- und wahrnehmbaren Begrenzungen transzendiert der Sinn alle ethischen, philosophischen und weltanschaulichen Werte und selbst alle religiösen Formen, Riten und Traditionen. Er ist auch die Sehnsucht nach Erlösung von der Macht des Todes, dem großen Vernichter aller begrenzenden Formen und Strukturen.

Psychotherapie kann ein Ort der Be-sinnung sein, wie wir es mit dem letzten und höchsten Wert jeder Existenz, mit dem *Gesamt-Wert oder »Sinn«* halten. Auch diese transzendente Sinndimension kann im psychotherapeutischen Dialog, im Schweigen der analytischen Begegnung und im symbolisch-sinnbildlichen Raum der Psychotherapie erfahrbar werden.

Die Frage nach dem Sinn hat in der Psychotherapie und Philosophie sehr unterschiedliche Zuschreibungen erfahren. Wir haben einige dieser Sinnbestimmungen zusammengefaßt, um den Sinnrahmen anzudeuten, in dem sich unser Reflektieren und Auseinandersetzen mit der Sinnfrage ereignet.

Die Sinnfrage ist
    ein selbsterzeugtes Pseudoproblem
    pathologischer Luxus
    Oase für Philosophen
    subjektive Nabelschau
    säkularisierte Rechtfertigungsfrage der Atheisten
    ein Abwehrmechanismus, ein Zeichen der Unreife
    Beunruhigung und Geheimnis
    eine menschliche Frage, die religiös beantwortet
        werden kann, aber nicht muß
    eine Frage der Freiheit, die nur in Freiheit
        beantwortet werden kann

Sinn als Wunsch oder Wirklichkeit
    als funktional oder absolut
    als Mittel zum Zweck
    als Kaffee fürs Volk
    als Religionsersatz, frommer Glaube und Projektion
    als etwas Antiquiertes
    als Willkür
    als Nische ideologischer Geborgenheit
    als Sublimierung und krankhafte Folge eines
        Triebkonflikts
    als Ersatz und illusionäre Vertröstung bei negativer
        Triebbilanz
    als Krankheits- und Krisenphänomen

Sinn ist das Verlangen nach zielgebender Werterfahrung
    Orientierungsfunktion
    apriorisch gegeben
    ein Existential

eine objektive Realität im Leben
ist Wille und Motivation
ist Wert und Grundbedürfnis menschlicher Existenz

Sinn ist die archetypische Erfahrung des Selbst
ein Mythus vom Bewußtsein, erschaffen, um Unbeantwortbares zu beantworten
eine Ganzheitserfahrung
die Offenbarung des Numens der anderen Seite
die Transzendenz
das Tao
die Erfahrung der Einheitswirklichkeit
die Aufhebung der Subjekt-Objekt-Spaltung
die Bejahung eines Du-haften Guten und
Unbedingten
der letzte Grund der Welt

Sinn ist ein Erfüllungserlebnis
die spontane Erfahrung des Getragenseins
Gott
die Liebe

Ausgangspunkt für alles Nachdenken über den Sinn, für
alles Erschließen und Entwerfen von Sinn, für jedes Sinnerleben sind unsere Sinne. Unser Körper ist das Medium der
Sinnerfahrung. Sinn hat mit unserer unmittelbaren Befindlichkeit, unserem »In-der-Welt-Sein« als Körper-Seele-
Geist-Wesen zu tun. Dies drückt sich vor allem in unserem
Lebensgefühl aus, das sich über die Sinnes-organe kund-
tut: Wie wir uns »in unserer Haut« fühlen, ob wir morgens
beim Aufstehen »freudig die Sonne begrüßen« (Kretsch-
mers Beschreibung des »Pyknikers«), oder ob wir uns mit
schweren Gliedern mühsam zur Erledigung unserer Pflichten aufraffen. Sinn ist daher weniger im Geiste zu er-sinnen
(*vgl. Laotse: Der Sinn, den man ersinnen kann, ist nicht der
wahre Sinn*) als durch unsere Körperlichkeit und unsere An-
tennen, die uns mit der inneren und äußeren Welt verbinden, sinn-lich zu erfahren. Sinn hat daher zunächst mit der

Wahr-nehmung der Wirklichkeit zu tun, ob und wie wir uns von ihr berühren und bewegen lassen, oder ob wir uns zum Beispiel als Folge traumatischer Erfahrungen durch einen Körperpanzer abgrenzen und schützen müssen. Sinn erfahren wir zuerst einmal dadurch, wie wir uns selbst als »Leib, der wir sind« *(Dürckheim)*, spüren. Sinnerleben hängt davon ab, ob unsere »Lebensenergie« (in der buddhistischen Tradition als *»Ki«* bzw. *»Chi«* bezeichnet) fließt, oder ob wir von ihr durch Blockaden abgeschnürt sind und uns ins »Oberstübchen« des Intellekts zurückgezogen haben. Vielleicht fühlen wir uns dann als ein von unserem Körper entfremdetes Ich, wie ein Reiter auf dem »armen Bruder Esel«, wie *Franz von Assisi* den Körper nannte.

Was wir suchen, wenn wir Sinn suchen, berührt nach Längle vorerst die Frage nach dem Sinn des Seins: »Warum ist das überhaupt, und in welchem Zusammenhang steht es? In welchem Zusammenhang stehe ich?« Es ist die Frage nach dem »Seinsgrund« der Dinge und der eigenen Existenz, nach der letztlich unbegreiflichen Tatsache des Seins *(Längle 1991)*. Der Mensch erlebt dies gleichzeitig werthaft. »Er erfährt somit nicht nur, daß er ist, sondern daß es an sich auch gut ist, zu sein ... In einem damit heben sich die Dinge der Welt aus dem Grau der Dämmerung bloßen Vorhandenseins und erhalten die Farbe der Wertigkeit« *(Längle 1991)*. In einem dritten Schritt sucht der Mensch dann, so Längle, das Wert- und Sinnvolle als schöpferische und eigenverantwortliche Person in die Tat umzusetzen.

Sinn ist also primär gegeben durch unser So-Sein und die Art, wie wir dies wahr-nehmen, das heißt durch unseren Wirklichkeitsbezug. Dabei ist die Wahrnehmung, das Verstehen und Erfassen der Welt durch die Sinne und das Denken grundsätzlich begrenzt. Was wir als Menschen mit unseren beschränkten Sinnen und dem an unsere Gehirnfunktionen gebundenen Denken erfassen, ist immer nur ein kleiner Ausschnitt der wahren, der »wirklichen« Wirklichkeit. Wir brauchen eine andere Weise des Erfassens, eine ganzheitlichere Form des Wahrnehmens und Verstehens, deren Notwendigkeit die Mystiker, die moderne Physik, die Bewußtseinsforschung und die Ökologie betont haben. Die Auseinandersetzung mit dem neuen »Paradigma« von Kuhn – von *Grof* über *Pribram, Capra* zu *Steindl/Rast* zeigt, daß die »ganze« Ganzheit, das übergreifende Eine mit unserer dualistischen Wahrnehmung nicht erfaßbar ist. Seit der Relativitäts- und Quantentheorie ist der Traum der Wissenschaft, einmal den Angelpunkt zu finden, der »die Welt im Innersten zusammenhält«, ausgeträumt, und auch für den Lebensprozeß gilt, daß das einzig Stetige das Unstete und Dynamische ist. Die Wirklichkeit ist dadurch charakterisiert, daß alles beständig im Fluß ist und daß unser Leben durch Bewegung und Veränderung gekennzeichnet ist. Sinn entsteht in der Offenheit und im Einschwingen in diesen natürlichen Rhythmus des Lebensprozesses, in der Verbindung und kollektiven Vernetzung aller Phänomene, in der Relativierung von Grenzen und der Betonung des Prozeßhaften anstelle des Statischen und in dogmatisch Fixierten. Sinnerfahrung vollzieht sich in der Orientierung am verbindenden Ganzen, im Herstellen von Zusammenhängen, im Gewahrwerden, wie alles mit allem verknüpft ist.

Die Sinnkrise der Gegenwart, die gefährliche Grenze, an die uns heute die westliche Zivilisation gebracht hat, die mannigfachen Entfremdungen, Irr- und Wahn-sinne, die uns im Leiden unserer PatientInnen begegnen, zwingen uns auch in der Psychotherapie zu einem »Paradigmenwechsel«, zu einer radikalen Korrektur in Form vermehrter Sinnfindung, zur Enttabuisierung der Sinnfrage im therapeutischen Geschehen und zum Aufzeigen und Aufspüren von Wegen, sinnerfüllter zu leben.

Vielleicht kann diese Umkehr in unserer Kultur erst dann eintreten, wenn uns die »Weisheit des Organismus« die Begrenztheit unserer Weltsicht und die Grenzen unseres eigenen Wachstums krisenhaft vor Augen führt und uns in der ökologischen Krise den »Ich-Wahn« *(Keller 1989)*, den blinden Drang des immerhöher und immerwei-

ter widerspiegelt. Ähnlich wird uns auch in der Psychotherapie der Sinn im Unsinn erst dann aufgehen, wenn wir
den therapeutischen Prozeß als einen Weg ins Offene begreifen, als einen Dialog der Hoffnung und Hoffnungslosigkeit, ein Be-sinnen und Nach-sinnen über Wege der Heilung als Wege zum Sinn.

2. Wieviel Sinn braucht der Mensch?
Der Sinn *im* Leben und der Sinn *des* Lebens

Denn was hülfe es dem Menschen, wenn er die ganze Welt gewönne und nähme an seiner Seele Schaden?

Markus 8, 36

Wir müssen zwei verschiedene Arten von Sinn finden, erstens den Sinn unserer eigenen individuellen Existenz, zweitens den Sinn der Welt, in der wir leben, was letztlich der Sinn des Lebens selbst ist.

John Firman

Immer strebe zum Ganzen, und kannst du selber kein Ganzes werden, als dienendes Glied schließ an ein Ganzes dich an.

Friedrich Schiller

Wir haben den Sinn beschrieben als das Bedürfnis nach Orientierung an den Grenzen, an die wir auf unserer »Reise« durchs Leben immer wieder stoßen. An den Kreuzwegen, im Labyrinth des Daseins, sind wir dauernd zu Entscheidungen über die Richtung herausgefordert, die unser weiterer Weg nehmen soll. Dabei treffen wir unsere Wahl aufgrund von Werten, anhand unserer Fähigkeit zu bewerten, die mit unserem Menschsein untrennbar verknüpft ist. Wir sind nicht nur »zur Freiheit verurteilt«, sondern ebenso zum »Wertenmüssen«, zur Erkenntnis von Gut und Böse. Dabei treffen wir oft und immer von neuem die falsche, die schlechtere Wahl; wir gehen in die Irre und bleiben im Sumpf und in den Sackgassen unserer Ambivalenz und Unsicherheit stecken. Indem wir uns auf diese Art »im Labyrinth von Sinn und Werten« verlieren, beginnen wir uns selbst abzuwerten. Durch die uns immer neu bedrängenden und oft schwer lösbaren Konflikte neigen wir zu

Selbsthaß und Selbstverachtung. Obgleich wir frohen Mutes ausgezogen sind und die besten Absichten »im Sinn« hatten, verstricken wir uns dennoch unablässig in Fehlentscheidungen und Wertkonflikte.

In der religiösen Sprache wird dies als die existentielle Schuld bezeichnet, an die wir durch unsere menschliche Grundverfassung unabwendbar gekettet sind. Obschon wir herausgefordert sind, uns für den Sinn zu entscheiden, wählen wir prompt den Un-sinn. Wir entscheiden uns für den Teil statt fürs Ganze und klammern uns ans »Haben«, anstatt das »Sein« zur einzigen Richtlinie unseres Lebens zu machen.

»Die Produktion von immer mehr Dingen wurde zum höchsten Lebensziel. In diesem Prozeß hat sich der Mensch in ein Ding verwandelt, das Leben ist dem Eigentum untergeordnet, das ›Sein‹ wird vom ›Haben‹ beherrscht. Während in den Anfängen der westlichen Kultur *die Vervollkommnung des Menschen* als Ziel des Lebens galt, befaßt sich der moderne Mensch mit der *Vervollkommnung der Dinge« (Fromm 1972).*

Der Mensch neigt dazu, die »Teilsinne« dem »Gesamtsinn« unterzuordnen. Er spaltet sich dabei auf, grenzt sich ab von seinem Körper, von den »animalischen« Trieben des »Es«, von den Gefühlen und von immer weiteren Teilen seines Selbst, bis er schließlich als verarmtes Ich ein auf Zweck und Rationalität beschränktes Dasein fristet und vielleicht erst dann den Verlust seiner Seele und Ganzheit zu ahnen vermag, wenn ein Krankheitssymptom ihn darauf hinzuweisen beginnt. Dies wird ihn vielleicht dazu bewegen, sich auf eine Psychotherapie einzulassen, in der gemeinsam der Sinn des Symptoms entschlüsselt und die Einseitigkeit seiner Lebensform, die Überbewertung des Teils auf Kosten des Ganzen, aufgedeckt werden kann. In der Psychotherapie kann ein Verständnis dafür geweckt werden, daß der menschliche Organismus und die Psyche in einem Klima der Ausgeglichenheit zwischen Teil- und Gesamtsinn am besten gedeihen, in dem beide Sinnaspekte zu ihrem Recht kommen.

Anders stellt sich die Thematik aus der religiösen Perspektive dar, für die eine absolute Gewißheit bezüglich der Bestimmung des Menschen besteht. Für sie »lebt der Mensch nicht vom Brot allein«, und er »ist nicht dazu bestimmt, im vorläufigen Teil-sinn sein Genügen zu finden und diesen in möglichster Breite auszukosten; seine Aufgabe ist vielmehr, in dem und durch den Teil-sinn zum Gesamt-sinn vorzudringen. Dabei hilft ihm der Teil-sinn ebenso durch das, was er an Sinn enthält, wie auch durch das, was ihm an Un-sinn beigemischt ist« *(Lotz 1977)*. Der Mensch verbeißt sich oft in die Teilsinne und macht sich in dieser einseitigen Entscheidung für die Teilsinne nach Auffassung von Lotz existentiell schuldig.

Sinnfindung ist nach seiner Auffassung nur möglich, wenn vom Teilsinn zum Gesamtsinn vorgedrungen werden kann, wenn der Gesamtsinn in den Teilsinnen freigelegt wird. Dabei ist der Teilsinn uns nahe und deutlich erfahrbar. Ob der endgültige Gesamtsinn uns ähnlich zugänglich ist, steht im Zentrum allen Fragens nach dem Sinn. Es ist diese Frage nach dem letzten Sinn, die uns beunruhigt und bewegt.

Ob es ein »Grundbedürfnis nach Sinngebung« *(Gasiet 1981)* gibt, indem der Mensch auch in den Teil-Befriedigungen ausreichend Sinn findet, wird unterschiedlich diskutiert. *Günter Anders* glaubt, daß der Mensch in Ermangelung eines »Endzwecks« auf einen »Sinn« grundsätzlich verzichten müsse, da mit »Gottes Tod« auch der »Tod des Sinns« stattgefunden hat *(Anders 1981)*. Nach *Anders* leben wir in einem »Mittel-Universum«, in dem alles nur Mittel zum Zweck ist und jeder Zweck wiederum Mittel zu einem weiteren Zweck und so fort *ad infinitum.* Daher kann auch der »Sinn« nichts anderes sein als auch wieder bloß ein Mittel zu einem Zweck, eine illusionäre Vertröstung, sozusagen »Kaffee fürs Volk«, wie *Anders* dies in Anlehnung an Marx nennt. Jedenfalls müssen wir uns seiner Meinung nach von der Vorstellung eines »freischwebenden Sinns« als einer Fiktion und einem antiquierten Begriff trennen. Der Mensch hat dann zwar, wie *Anders* sarkastisch feststellt, stets noch die Möglichkeit, das Gefühl der Sinnlosigkeit »wegzutherapieren«, doch hilft ihm dies auch nicht mehr, als wenn in einer Hungersnot versucht wird, das »Gefühl der Brotlosigkeit zu bekämpfen«. Diese nihilistische Auffassung deckt sich mit Äußerungen Nietzsches, der dem »ganzheitlichen« Begriff der Wahrheit mit ähnlicher Skepsis begegnete. Er bezeichnete »wahr« als das »Tarnwort für lebensfördernd« und meinte damit, das menschliche Streben nach Wahrheit sei lediglich durch das Bedürfnis nach Wachstum und Wohlergehen motiviert, unabhängig von tatsächlicher Wahrhaftigkeit und Wirklichkeit.

Schließlich hat der Mensch dann noch, wie der Existentialist *Camus* meint, die Wahl, in der Heldenpose des *Sysiphos* aus der Not eine Tugend zu machen und sein Schicksal, zu einem unabwendbaren Leiden verurteilt zu sein, heroisch auf sich zu nehmen und darin einen Sinn zu sehen. Er kann aber auch in einer schlichten Haltung der Ergebenheit sein existentielles Ausgeliefertsein ertragen und darin einen Sinn finden, wenn er bereit ist, das Leben in seinem »So-Sein« als etwas unausweichlich Gegebenes auf sich zu nehmen.

Wie wir mit der tragischen Grundverfassung unserer Existenz, mit unserem »In-der-Welt-Sein« und unseren inneren Widersprüchen umgehen, bestimmt unser Welt- und Menschenbild und damit auch unser Verhältnis zur Existenz eines Teilsinns oder Gesamtsinns. Bei der Vielfalt der Vorstellungen darüber, wie der Mensch im Grunde »gemeint« ist, fällt es schwer, an *eine* »objektive« Wahrheit und an ein einziges, »alleinseligmachendes« Therapiekonzept und Gesundheitsverständnis zu glauben. Es taucht die berechtigte Frage auf, ob das Bedürfnis nach einem letzten und absoluten »Gesamtsinn« auf einem unrealistischen Wunschdenken und dem illusionären Bedürfnis nach »Sinnverschreibung« durch einen Guru oder Heilsbringer beruht. Verständlich ist diese Sehnsucht und Hoffnung, wenn wir uns an *Nietzsche* erinnern: »Wer ein Wozu im Leben hat, kann fast jedes Wie ertragen.«

Es mag oft schwerfallen, nach Auschwitz, Hiroshima und

Bosnien an einen »objektiven« letzten Sinn zu glauben, um so mehr, als ein solcher verbal und rational nicht faßbar ist, denn es liegt im Wesen des Sinnphänomens, daß es nie erschöpfend beantwortet werden kann. Sinn ist immer an die subjektive Erfahrung geknüpft. Entsprechend der seit *Sokrates* gültigen Unterscheidung zwischen objektiver »Wahrheit« und subjektiver »Gewißheit« fällt Sinn unter diese zweite Kategorie. »Es gibt keine objektiv gültige Antwort auf die Frage nach dem Sinn; denn objektives Denken ist ebenso an ihr beteiligt wie subjektives Werten. Jede Formulierung ist ein Mythus, den der Mensch erschafft, um Unbeantwortbares zu beantworten« *(Jaffé 1983)*.

Dennoch haben sich viele Disziplinen, die Theologie, Philosophie und Soziologie um Antworten bemüht. Viele Menschen erhoffen sich heute von der Psychotherapie, daß sie in der Lage sei, eine realistischere, lebensnahere Antwort zu geben, als es diesen andern Wissenschaften möglich war. Kann Psychotherapie diese Erwartung erfüllen, kann sie den Hunger nach Sinn stillen, oder gerät auch sie hier an eine Grenze, da ihre Antwort nur eine »Teilsinn«-Antwort darstellt, die nicht bis zum Letzten vorstößt?

»Der Sinn, den man ersinnen kann, ist nicht der wahre Sinn«, heißt es bei *Laotse*. Der »Gesamtsinn« scheint schon immer durch alle ideologischen Maschen gefallen zu sein und daher auch allen Bemühungen einer therapeutischen Konzeptualisierung getrotzt zu haben. Entscheidend ist einzig der *subjektive Erfahrungswert* des Sinns. Ähnliches gilt für die religiöse Erfahrung. Sie ist evident. »Es ist gleichgültig, was die Welt über die religiöse Erfahrung denkt; derjenige, der sie hat, besitzt den großen Schatz einer Sache, die ihm zu einer Quelle von Leben, Sinn und Schönheit wurde und die der Welt und der Menschheit einen neuen Glanz gegeben hat« *(Jung 1971)*. Die religiöse Sinnerfahrung braucht daher, genausowenig wie die Sinnerfahrung in der Liebe, eine Beglaubigung. »Wer den Archetypus des Sinnes erfahren und einen Mythus des Sinnes erschaffen oder in sich aufgenommen hat, muß nicht mehr deuten. Er weiß: ›Es ist.‹ Dann ist der Sinn des Windes der Wind, der Sinn der Liebe die Liebe und der Sinn des Lebens das Leben« *(Jaffé 1983)*.

Wieviel Sinn braucht der Mensch? Offenbar läßt sich die Frage nicht allgemein und grundsätzlich, sondern nur immer im individuellen, praktischen Lebensvollzug durch den einzelnen Menschen selbst beantworten. Es gibt so viele Antworten, wie es individuelle Lebensentwürfe, persönliche Bedürfnisse und subjektive Sinnerfahrungen gibt. So werden sich die einen immer, vielleicht ein ganzes Leben lang, mit einem Teilsinn begnügen, ohne je nach einem letzten »Seinsgrund« und absoluten Gesamtsinn zu fragen. Andere werden früher oder später spontan oder durch eine Krankheit, einen schmerzlichen Verlust oder eine andere schicksalhafte Erfahrung gedrängt, über die engen Grenzen ihrer materiellen Existenz hinaus nach dem größeren Ganzen, nach dem Woher, Wozu und Wohin des Lebens zu fragen beginnen.

Suche nach dem Teilsinn
oder letzten Lebenssinn?

Auch für die Wahl der Therapie kann die Suche nach einem Teilsinn oder einem letzten Lebenssinn entscheidend sein. Wer als junger Mensch eine Stabilisierung seines Ich braucht oder an einer begrenzten Symptomatik wie z. B. einer Phobie leidet, wird den Sinn der Behandlung in einer stützenden, strukturbildenden Methode sehen, die ihm hilft, mit dem Hier und Jetzt seines Leidens besser umzugehen oder eine ihn beschränkende Symptomatik zu beseitigen. Er wird vielleicht eine Verhaltenstherapie oder das Neurolinguistische Programmieren wählen, denn diese Behandlungen versprechen rasche Hilfe und verstehen sich nach *Perez* als reine »Technologie« zur Erreichung eines begrenzten Behandlungszieles, das *ad hoc* durch KlientInnen und TherapeutInnen in einer »partnerschaftlichen Zielsetzung« festgelegt wird *(Perez 1979)*. Diese Methoden kümmern sich weder um »Ganzheit« noch um eine tiefere philosophische Fundierung, da laut Bandler, einem der Begründer des NLP, »Philosophie dumm macht«. Sie sind daher für KlientInnen geeignet, die nach einer Behandlungstechnik Ausschau halten, die dazu verhilft, den zunächst für sie wichtigeren Teilsinn der praktischen Lebensbewältigung zu realisieren, statt zu »individuieren« oder sich selbst zu verwirklichen. Sie mögen daher bei Bandler mit seiner Devise: »I wanna' have the stuff done« gut aufgehoben sein.

Viele Menschen mögen sich aber nicht länger mit einem Minimalquantum an Sinn zufriedengeben. Für sie gilt, was Fromm gesagt hat: »Das allgemeine Leiden ist die Entfremdung von sich selbst, von den Mitmenschen und von der Natur; das Bewußtsein, daß uns das Leben wie Sand durch die Finger läuft, daß wir sterben werden, ohne gelebt zu haben, daß wir im Überfluß leben und doch ohne Freude sind« *(Fromm 1972)*.

Wer dies erkannt hat, wird ein Behandlungsziel, das vorwiegend auf Effizienz, Machbarkeit und Funktionalität ausgerichtet ist, als zu einseitig und einen solchen »Teilsinn« als zu dürftig erachten, ohne damit notwendigerweise einen Ganzheitsanspruch nach einem letzten Lebenssinn, nach der eigentlichen »Kunst des Lebens« zu entwickeln.

Weder die Teilsinne noch der Gesamtsinn allein »machen Sinn«, sondern beide gehören untrennbar zusammen. Der funktionale, lediglich auf einen Zweck ausgerichtete Sinn muß auf den Gesamtsinn in Form eines Endzwecks bezogen sein, sonst wird er sinnlos. Daher verlangt die Sinnfrage auch nach einer Auseinandersetzung mit dem Sinn des Todes. »Wäre der Tod das alles verschlingende Ende, so trügen die vorläufigen Teilsinne keinen endgültigen Gesamtsinn in sich« *(Lotz 1977)*. Für den Theologen Johannes Lotz ist der Tod aber »der im Ende beginnende Anfang«. *Lotz* verweist dabei auf Heidegger, der uns zum unermüdlichen, sorgsamen Hinhören auf »die leise Stimme des Seins im Lärm des Seienden« aufruft, auf das Anwesendsein der Transzendenz im Diesseits unserer Existenz. Für diese Dimension des Hörens brauchen wir in der Psychotherapie eine besondere Haltung, ein Lauschen mit dem »dritten Ohr«, ein Mit-dem-Herzen-Hören, welcher Sinn sich im Unsinn verbirgt.

So wie der funktionale Zwecksinn eines Endzwecks bedarf, ohne den er sinnlos wäre, so würde der absolute Sinn zu einer abstrakten Leerformel verkommen, wenn er nicht einen Bezug zu einer Funktion, zu konkretem Handeln, zur »Sinngebung« und zur realen Erfahrung hätte. Sinn ist nichts Abgehobenes, Imaginäres, sondern ein lebenslanger Prozeß, sich im Lebensganzen mit dem je eigenen Sinnmuster begreifen zu lernen. Sinn ist Wahrnehmung dessen, was ist, und kann als Hoffnung und Sehnsucht nach einem Ziel überlebenswichtig sein. *Frankl* fragte in Auschwitz suizidale Mithäftlinge, ob für sie ein Werk oder eine Person existiere, die von ihnen etwas erwarte, um ihnen so ein sinnvolles Ziel bewußtzumachen, für das ein Überleben lohnte. Sinn kann entstehen in der Bewältigung des Un-sinns.

Wie der Sinn, so ist auch der Un-sinn an ein Paradox gebunden: Wer sich nur an den letzten Dingen orientiert, läuft Gefahr, die Orientierung im Jetzt zu verlieren. Wer sich weigert, seine eigenen Grenzen und die der Welt zu akzeptieren, wer sich dem Alles-oder-nichts-Prinzip verschreibt und nicht bereit ist, vom Sensationellen Abschied zu nehmen und sich mit dem »gewöhnlichen Sinn« und dem eigenen Mittelmaß zu begnügen, der wird früher oder später durch seine überhöhten Ansprüche gelähmt, von einem Gefühl der Sinnlosigkeit eingeholt werden. Das Leben glückt nur an der Grenze zwischen Sinn und Un-sinn.

Sinn ist nicht so sehr durch die letzten als durch die nächsten Dinge gegeben, wie *Fontane* schreibt.

»Das Glück, wenn mir recht ist, liegt in zweierlei: darin, daß man ganz da steht, wo man hingehört ... und zum zweiten und besten in einem behaglichen Abwickeln des ganz Alltäglichen, also darin, daß man ausgeschlafen hat und daß einen die neuen Stiefel nicht drücken. Wenn einem die 720 Minuten eines zwölfstündigen Tages ohne besonderen Ärger vergehen, so läßt sich von einem glücklichen Tag sprechen« *(in »Effi Briest«).*

Sinn ist weder als Teil- noch als Gesamtsinn vollumfänglich zu erfassen, da beide Aspekte untrennbar zusammengehören. Er entsteht durch die Spannung zwischen dem Teil- und Gesamtsinn, die es auszuhalten gilt, ohne daß wir die eine der beiden Seiten verabsolutieren oder in eine Haltung des »alles oder nichts« flüchten.

In den existentiellen Grenzsituationen, in denen der Un-sinn auf die Spitze und der Mensch an die Grenze der Verzweiflung getrieben wird, im Kraftfeld zwischen den beiden Polen von Sinn und Un-sinn mag sich dann ein Umschlag in die Erfahrung des Absoluten ereignen, in der selbst der Tod nicht mehr als eine endgültige Grenze, sondern als ein Neubeginn erlebt wird. Es ist die Erfahrung, daß der Sinn immer an ein Paradox gebunden ist, als »Segen« der menschlichen Minderwertigkeit, die zur Vollkommenheit drängt *(Adler),* als Sinn im Un-sinn, als Weg und Ziel zugleich. In der Gegenwart, die durch eine Hypertrophie des Teilsinns in Form des Ich-Bewußtseins gekennzeichnet ist, kann daher der Mensch Heil und Heilung nur finden, wenn er den anderen Pol des Gesamtsinns in sein Leben integriert, durch Rückbindung an sein Selbst, das ihn zugleich mit dem größeren Ganzen der Mitmenschen und der Welt verbindet und versöhnt.

Der Sinn ist also »doppel-sinnig«. Er hat die beiden Aspekte eines Teil- und Gesamtsinns, eines vom Menschen geschaffenen und eines unabhängig von ihm, a priori bestehenden Sinns *(Jaffé).* Dabei sehen wir eine psychotherapeutische Aufgabe darin, diese beiden Anteile auseinanderzuhalten und den sinnsuchenden Menschen bei der Entscheidung zu begleiten, welches »Maß«, welcher Sinnaspekt für ihn, seine Bewußtseinsstufe und seinen Entwicklungsstand stimmig ist, ohne ihn zu über- oder unterfordern. Dennoch bleibt auch hier der Rest eines unauflösbaren Rätsels, ein Ausdruck des Mysteriums bestehen, das sich darin zeigt, daß Sinn auch in der Erscheinungsform eines konkreten »Teilsinns« in der konkreten psychotherapeutischen Arbeit nicht immer klar beschreibbar, niemals »quantifizierbar« und schon gar nicht »ver-schreibbar« ist. In der therapeutischen Praxis werden wir daher im Ringen unserer KlientInnen mit der Sinnfrage, beim Auftauchen des »Unsagbaren« dankbar sein für alle Symbole, für Märchen, Mythen und »Sinn-bilder« aller Art, um ihnen zu ihrem persönlichen Ausdruck von Sinn und Sinnhaftem zu verhelfen. Oft scheinen dann beim Aufkommen der Sinnthematik in einer Therapiestunde, wenn »Kairos«, der Gott des günstigen Augenblicks, zugegen und die »Synchronizität« im Spiel ist, sich spontan bei TherapeutInnen und KlientInnen Einfälle, Bilder und Ereignisse einzustellen und zu häufen, die sich zur Ganzheit einer »sinnvollen Gestalt« schließen. Vielleicht werden wir dann auch dazu bewogen, eine literarische Darstellung des Sinnthemas einzuflechten. Eine solche, die die Thematik der Gegenüberstellung von Gesamt- und Teilsinn, von Sein und Haben meisterhaft zum Ausdruck bringt, findet sich unter den »Volkserzählungen« Tolstois: »Wieviel Erde braucht der Mensch?« – an die wir uns auch in der Überschrift dieses Kapitels anlehnen. Auf diese in ihrer Schlichtheit und Größe an ein biblisches Gleichnis anklingende Geschichte möchten wir hier Bezug nehmen.

»Wieviel Erde braucht der Mensch?« Die Sinndeutung bei Tolstoi

Tolstois Erzählung *(Tolstoi 1950)* handelt vom Bauern *Pachom*, der bis anhin ein bescheidenes, aber glückliches Leben fristete. Anläßlich des Besuchs seiner Schwägerin, die von ihrem luxuriösen Leben in der Stadt schwärmt, wird er aber vom Neid gepackt. Es ist nicht so sehr das Stadtleben, das seine Habgier weckt, doch wird ihm »sein einziger Kummer« bewußt, daß er zu wenig Land besitzt. »Hätten wir genug Land, ich würde mich vor niemand fürchten, nicht einmal vor dem Teufel.« Dieser sitzt währenddessen hinter dem Ofen und hört sich alles an. Er wittert seine

Chance und verschafft dem Bauern die Möglichkeit, sehr viel mehr Ackerland zu erwerben. Für den günstigen Preis von tausend Rubeln wird ihm von den *Baschkiren* soviel Land versprochen, wie er im Laufe eines Tages vom Sonnenaufgang bis -untergang umschreiten kann. Wenn er aber – dies ist die Bedingung – den Kreis nicht schließen und nicht zum Ausgangspunkt zurückgelangen kann, verliert er alles.

Tolstoi schildert, wie der Bauer Pachom im Schweiße seines Angesichts kämpft und in der ersten Tageshälfte voller Tatendrang und im Bestreben, möglichst viel Land zu gewinnen, die Grenzen seines zukünftigen Besitztums so weit wie möglich steckt. Sein Optimismus hilft ihm, alle seine Kräfte zu mobilisieren; er kommt gut voran, wenn auch die Sonne in ihrem Lauf gleichfalls unaufhaltsam fortschreitet.

So ist dieser erste Teil unseres »Lebenstages« von Schaffenslust und Tatendrang geprägt, von den Freudschen Werten der Arbeits- und Genußfähigkeit, und die Sonne ist dabei in ihrer aufstrebenden Bahn mit uns: Wir sind kongruent mit dem Kreislauf der Natur, und es fällt nicht schwer, uns in ihn einzufügen. Unsere derzeitige Zivilisation ist auf unbegrenztes Wachstum und linearen Fortschritt ausgerichtet, und wir können nur gewinnen, wenn wir uns in die gängige Ideologie von Leistung und Konsum einklinken. Doch nimmt in Tolstois Erzählung das natürliche Geschehen seinen vorgezeichneten Lauf:

Am Nachmittag neigt sich die Bahn der Sonne allmählich und dann immer offensichtlicher dem Untergang entgegen. Hier beginnt der Protagonist der Erzählung zu ahnen, daß sein blinder Eifer eine Kehrseite hat und daß es nun darum geht, mit seinen Kräften hauszuhalten und sich einzuschränken. Er gerät in einen Konflikt zwischen seinem Wunsch nach Besitz und der Furcht, alles zu verlieren. »›Ach‹, denkt er, ›habe ich mich geirrt? Habe ich nicht zuviel genommen? . . . Ich war zu gierig und habe die ganze Sache verdorben. Ich komme bis zum Sonnenuntergang nicht hin.‹ Und Angst raubte ihm den Atem. Er fürchtete zu sterben und konnte doch nicht stehenbleiben. ›Wenn ich jetzt stehenbleiben würde, werden sie mich einen Narren nennen.‹«

Hier kommt der Mensch in Kontakt mit dem existentiellen Thema seiner materiellen Habgier als einem Gegensatz zu seinen geistigen Bedürfnissen, mit dem Dilemma zwischen Haben und Sein, Gewinn und Verzicht, zwischen Autonomie und Anpassung an die innere und äußere Natur.

Pachom erkennt, daß er seiner Gier zum Opfer gefallen ist, und die Geschichte endet mit seiner verzweifelten Hoffnung, dennoch die Bedingung, wieder an den Anfang zurückzukommen, erfüllen zu können, um nicht alles – wie es der Vertrag will – zu verlieren. »›Land, denkt er, habe ich jetzt viel, ob Gott mir gönnt, darauf zu leben?‹ Pachom sah zur Sonne hin, sie hatte schon die Erde erreicht, schon war ein Stück von ihr hinter den Rand gesunken und hatte sich wie ein Krummholz in den Rand hineingeschnitten.«

Nun wird die Anstrengung zu einer existentiellen Herausforderung, und dies führt dazu, daß der Held der Erzählung mit seinen letzten Kräften zwar den Ausgangspunkt erreicht, aber damit auch seine existentielle Grenze.

»Pachom stieß einen Schrei aus, die Beine knickten ihm ein, er fiel vornüber . . . sein Knecht stürzte zu ihm, wollte ihn aufrichten, aber Blut stürzte Pachom aus dem Munde, und er lag tot da. – Der Knecht hob die Harke auf, grub für Pachom ein Grab, gerade so lang, wie er von Kopf bis zu den Füßen maß – drei Arschin –, und bestattete ihn.«

Der Bauer Pachom hat zwar die Grenzen seines Lebensraums ausgeschritten und seinen Lebenskreis vollendet, doch der Raum, den er schließlich braucht, beschränkt sich auf sein Grab.

Wir würden nun aber Tolstoi wohl mißverstehen, wenn wir seine Erzählung in der Weise moralistisch deuten, daß dieser Mensch den Sinn endgültig verfehlt hat. Wir können annehmen, daß er zumindest am Morgen, im Bewußtsein seiner Schaffenskraft, gleichwohl einen »Teilsinn« gefunden hat, und wissen nicht, ob ihm in der Verzweiflung und an der Schwelle seiner letzten Grenzerfahrung schließlich nicht dennoch die Bedeutung des Ganzen, der transzendente Sinn aufgegangen ist.

Die Sinnerfahrung kann zum Thema werden, wenn wir unseren Lebensraum in allen seinen Dimensionen bis an seine Grenzen abgeschritten haben, wenn wir ein Ich erworben und darum gekämpft haben und nun dennoch das Gefühl nicht loswerden, daß dies doch nicht alles gewesen sein kann. Wir sind herausgefordert, alle unsere Möglichkeiten zu erproben, mit unsern »Talenten zu wuchern«, und mögen dann mit der Grenzerfahrung in Kontakt kommen, daß das »Machen«, der »Mythos des Homo faber« nicht der letzte Sinn und die Erfüllung sein kann.

Für Pachom hat sich jedenfalls der Kreis geschlossen und sein »Lebensdrama« erfüllt. »Der Sommer war sehr groß« – wir erinnern uns an eine andere literarische Deutung dieses Themas –, und auf ihn folgt der Herbst, für den die Devise gilt: »Wer jetzt kein Haus hat, baut sich keines mehr.« Doch kommt dann die Zeit der Einkehr, das »Lange-Briefe-Schreiben«, die Rückschau und ebenso die Zeit der Vorahnung des Endes *(vgl. Rilkes Gedicht »Herbsttag«)*. Wenn ich mich nicht freiwillig auf den zyklischen Verlauf der Natur- und Lebensvorgänge einstimme, werde ich schließlich von ihm eingeholt. Dann mag es eine manifeste Krankheit, das »existentielle Vakuum« oder die »Midlife-crisis« sein, die mich zur Suche nach dem Sinn herausfordert. Dann mag ich mich glücklich schätzen, wenn ich meinen Lebenskreis, die »Gestalt meines Lebensmusters« ohne Bitterkeit und Panik schließen kann, wenn ich bereit bin, die Sterblichkeit schon beizeiten in meinen Lebensplan einzuordnen und den Blick aufs Ganze auszurichten. Die Grenzen meiner Existenz zu respektieren bedeutet auch, mich nicht mit dem »Prinzip Hoffnung« auf ein jenseitiges Heil oder eine »neue Inkarnation« zu vertrösten, sondern mich zunächst einmal darauf einzustellen, daß meine Existenz ein Ende hat, *»daß ich davon muß«* und *»mein Leben ein Ziel hat«*, das zugleich die Grenze meiner Existenz ist *(vgl. Johannes Brahms, Ein deutsches Requiem)*.

Den Mut zu haben, sich mit dieser letzten Realität zu konfrontieren und zu versöhnen bedeutet, schon im Bewußtsein der existentiellen Endlichkeit zu leben, das »Sterben vor dem Sterben« zu er-leben und das Loslassen des Ego zu lernen und z. B. durch die Meditation aktiv einzuüben. Dies mag es dann möglich machen, freiwillig loszulassen und, nach Luthers Beispiel, selbst am Vorabend der Apokalypse nicht zu resignieren, sondern »ein Apfelbäumchen zu pflanzen«: eine wahrhaft mystische Einstellung, der es, mehr als um eine Heilserwartung in der Zukunft, ums Leben im gegenwärtigen Augenblick als höchsten Wert geht.

3. Sinn finden oder Sinn geben?
Besinnen und beeinflussen

Es gibt nichts Gutes, außer man tut es.

Erich Kästner

Nicht, wie man eine Neurose los wird, hat der Kranke zu lernen, sondern wie man sie trägt. Denn die Krankheit ist keine überflüssige und darum sinnlose Last, sondern sie ist er selber.

C. G. Jung

Dich im Unendlichen zu finden,
Mußt unterscheiden und dann verbinden.

Johann Wolfgang von Goethe

In der Psychotherapie sind wir ständig mit der Frage konfrontiert, wie den Menschen, die an der Sinnlosigkeit ihres Lebens leiden, zu begegnen ist. Hat Psychotherapie die Aufgabe, die »Sinnerfassungskapazität« *(Petzold)* zu erweitern? Soll und darf sie Sinn geben, oder muß sie sich darauf beschränken, Wege zur Sinnfindung aufzuzeigen? Kann Sinn überhaupt gegeben werden, oder muß er nicht vielmehr aufgefunden werden, weil er immer schon da ist?

Die Frage hat nicht nur PsychotherapeutInnen beschäftigt, sondern sie geht auf den alten Philosophenstreit zwischen den »Nominalisten« und den »Realisten« zurück. Für die Realisten haben die Dinge einen eigenen Wert. Für die Nominalisten hingegen haben sie keinen Wert an sich, sondern sind lediglich Sammelbezeichnungen aufgrund von Ähnlichkeiten, Namen (lat. *nomen*), und daher ist in ihnen auch kein Sinn zu finden, sondern dieser kann den Dingen nur gegeben werden. Diese Auffassung, für die nur eine Sinn*gebung* möglich ist, führte zum Positivismus, der mit seiner Betonung des Technisch-Brauchba-ren zwar die Entwicklung der Naturwissenschaften und der Technik auf einen unermeßlichen Höchststand gebracht hat, aber gleichzeitig das Geistige und Numinose als my-stisch-verschwommen und unwissenschaftlich abwertete und für nutzlos hielt. Diese einseitige Weltsicht ist zu einer wesentlichen Ursache der kollektiven Sinnkrise der Gegen-wart geworden, zu einer beschränkten dualistischen Welt-sicht im Sinne eines Entweder-Oder.

Wir sind der Meinung, daß zum Sinn beide Aspekte ge-hören, die Sinn*gebung* ebenso wie die Sinn*findung*. Die Welt der Objekte hat einen Sinn und Eigenwert, den es zu entdecken gilt, und es bedarf des Menschen, der sich als Subjekt mit der Welt »sinnstiftend« einläßt und den Din-gen Wert verleiht. So wird es in der Psychotherapie darum gehen, diesen Sinn aufzudecken und entdecken zu helfen und Blockaden, die daran hindern, sich mit der Welt sinn-erzeugend einzulassen, aufzulösen.

Es gilt, für den Eigenwert der Dinge ein offenes Auge zu haben, wobei sich das Auge und die Dinge sozusagen wech-selseitig ineinander spiegeln im Sinne des Goethewortes: »Und wär' das Aug' nicht sonnenhaft, es könnt' die Sonne nie erblicken.« Wenn sich dann in diesem Wechselspiel »Sinnfindung« ereignet, dann ist der Mensch herausgefor-dert, verantwortlich handelnd – *sinngebend* – darauf einzu-gehen.

Philosophie, Theologie und Psychologie haben sich mit dieser Spannung zwischen Sinngebung und Sinnfindung auseinandergesetzt. Dabei gehen die Meinungen darüber auseinander, welche Seite zu betonen ist oder ob es um eine ausgewogene Verbindung dieser beiden Sinnaspekte geht.

Für *Rupert Lay*, Theologe, Psychotherapeut und Profes-sor für Wissenschaftstheorie in Frankfurt, gilt in erster Li-nie: »Sinn kommt vom Tun«, und damit steht für ihn die Sinngebung an erster Stelle. *»Mein Leben hat genau so viel Sinn, wie ich ihm gebe*. Rationale Sinnfindung und rationale Sinngründung sind also nicht verträglich mit der Erwar-tung, mein Leben habe Sinn an sich, den andere mir mit-

teilen könnten oder bei dessen Aufspüren sie mir behilflich sein könnten – und müßten« *(Lay 1990)*. Sinn ist das,
was den persönlichen Aufwand und Einsatz lohnt. Er muß
durch dauernde kleine Alltagsentscheidungen »dem Un-
sinn abgerungen« werden.

Noch ausgeprägter ist der Akzent auf der Sinngebung,
wenn für *C. G. Jung* erst der Mensch aufgrund der kreativen
Potenz seines Bewußtseins die Welt erschafft und damit
»gewissermaßen den Schöpfer bestätigt«. Dadurch gibt
erst der Mensch der Welt das objektive Sein *(Jaffé 1983)*.
»Ohne das reflektierende Bewußtsein des Menschen ist die
Welt von einer gigantischen Sinnlosigkeit, denn der
Mensch ist nach unserer Erfahrung das einzige Wesen, das
›Sinn‹ überhaupt feststellen kann« *(Jung 1976)*. Der Auffassung von Jung entspricht auch die der Mystiker, nach welcher der Schöpfer ebenso des Menschen bedarf, wie dieser
des Schöpfers:

»Ich bin so groß wie Gott;
Er ist als ich so klein.
Wie könnt' er über mir,
Wie unter ihm ich sein?«

Angelus Silesius

Natürlich ist andererseits für Jung der Aspekt der Sinnfindung, des Offenseins für die numinose und religiöse Funktion der Seele, ebenso wichtig wie der Aspekt der Sinngebung.

Der Theologe *Johannes Lotz* sieht die Bedeutung beider
Sinnaspekte und unterscheidet zwischen einem »hervorge-
brachten« und einem »vorgefundenen« Sinn *(Lotz 1977)*.
Er weist aber auf die Gefahr eines übertriebenen Aspekts
von Sinngebung hin und führt dafür als Beispiel Blochs
»Prinzip Hoffnung« an. Er sieht darin eine auf dauernder
Anstrengung beruhende »Humanisierung der Welt«, die
jedoch für ihn eine nie erreichbare Utopie und eine »Ein-
schränkung auf den Teilsinn« ist, denn »das durch den
Menschen Verwirklichte ist nie das Ganze und Letzte, da es

ja stets das Noch-nicht einschließt und daher im Fragment und Vorletzten verweilt« *(Lotz 1977)*.

Auch *Günther Anders* betont die Gefahr, die Tendenz zur Sinngebung zu überschätzen nach dem ironisch gemeinten Motto »Jeder ist seines Sinnes Schmied« bzw. »Wo ein Wille, da ist ein Sinn«, was vermutlich auch als Seitenhieb auf Frankls Begriff des »Willens zum Sinn« zu verstehen ist *(Anders 1982)*. Anders ironisiert die Trivialpsychologen, Geistlichen und Philosophen, die verkünden, man könne Sinn »verleihen«. Er lehnt derartige »Sinnprothesen« bzw. einen solchen »Kunstsinn« ab und fordert, das Gefühl der realen Sinnlosigkeit auszuhalten, das seiner Meinung nach nicht pathologisch, sondern aufgrund seines Wahrheitsgehaltes ein »Gesundheitssymptom« darstellt, das nicht »wegtherapiert« werden soll. Und sarkastisch kommentiert er: Die betreffenden Therapeuten »gleichen daher Ärzten, die Hungrigen, statt sie ins Gasthaus zu schicken, eine Spritze gegen das Hungergefühl verabreichen. Gegen Honorar« *(Anders 1982)*. Für ihn ist das Fragen nach dem Sinn ein Ausdruck von »menschlichem Größenwahn«, indem der Mensch einzig nach der Sinnhaftigkeit seiner eigenen Existenz fragt, niemals aber nach dem »Sinn einer Mücke oder gar einer bestimmten Mücke«. Ebenso wie Anders kritisiert Adorno die besonders in der amerikanischen Sinnliteratur verbreitete »Sinngebung um jeden Preis« *(zit. nach Grom/Schmidt 1975)*.

Für *Sven Gasiet* beruht Sinn auf einer ausgewogenen Verbindung der beiden Sinnelemente durch ein basales Steuerungsprinzip. Er nennt dieses zwar das »Grundbedürfnis nach *Sinngebung*«, doch wird aus seiner Definition klar, daß es die Verbindung beider Sinnaspekte zum Ziel hat. Es fügt nach Gasiet die heterogenen Elemente der Wirklichkeit zu einer ganzheitlichen Gestalt zusammen und vermittelt zwischen den übrigen Bedürfnissen. Außerdem erzeugt diese Strebung »Produkte« in Form von Mythen, Religionen und Kunstwerken *(Sven Gasiet 1981)*.

Auch für den Existenzanalytiker *Längle* gehören beide Sinnaspekte zusammen *(Längle 1988)*. Er fordert eine übergreifende »existentielle Daseinshaltung«, die eine dauernde »Bilanzierung« zwischen beiden Einstellungen beinhaltet. Sie beruht auf Offenheit im Sinne der Sinnfindung und auf schöpferischer Eigenaktivität als Sinngebung. Der Offenheit und Hingabe, die wir als Tendenz zur Sinnfindung bezeichnen können, entspricht nach Längle in der Logotherapie außerdem die phänomenologische Sichtweise, das Annehmen des So-seins und der »Zuständlichkeit des Daseins«, d. h. die Offenheit für das, was »mich angeht« und »mir widerfährt«. Dabei führt das Offensein gegenüber dem »Aufforderungscharakter« und »Sinn-Anspruch« der Welt auch zur Verantwortung, d. h. zur Beantwortung durch ein aktives Engagement und damit zur Sinngebung. So hat Sinn für Längle einerseits einen objektiven, auf die aktuelle Situation bezogenen Aspekt, der der unvoreingenommenen Achtsamkeit der Sinnfindung entspricht, und andererseits einen subjektiven, nur individuell realisierbaren, der Sinngebung entsprechenden Anteil. *Frankl* betont zwar einerseits die Seite der Sinnfindung, wenn für ihn »Sinn nicht er-funden, sondern nur ge-funden werden kann«, doch ist auch bei ihm der Aspekt der Sinngebung in der verantwortungsvollen Re-aktion auf den Sinn-Anspruch enthalten.

Die Theologen *Grom* und *Schmidt* sehen ebenfalls zwei Elemente der Sinnerfahrung, einerseits das Empfinden und Aufgeschlossensein, andererseits die selbstlose Tat und Hingabe, das verantwortungsvolle Sich-Öffnen gegenüber dem unbedingt Guten oder einer Situation mit Aufforderungscharakter. Diese »allozentrische« Einstellung bedeutet, sich von einem Ziel bestimmen zu lassen, das über die eigenen Bedürfnisse hinausgeht und sich den Menschen um ihrer selbst willen zuwendet. Für diese Autoren kann Selbstverwirklichung daher niemals Selbstzweck im Sinne der humanistischen Psychologie sein, sondern Sinn ist nur möglich im Dienst einer größeren Sache oder in der Liebe zu einer andern Person. »Sinnerfülltes Leben ... bedeutet zwar höchst aktive Stellungnahme und Tat, und insofern könnte man (mit N. Hartmann) von

›Sinngebung‹ sprechen. Aber andererseits kann sich der Mensch Sinn gerade nicht selbst geben, sondern nur in einem anderen und letztlich Größeren finden, d. h. empfangen« *(Grom/Schmidt 1975)*. Hier wird die aktive Tat zwar auch als ein wichtiges Element des Sinnerlebens angesehen, doch liegt der Akzent dabei auf der Selbsttranszendenz und der Ausrichtung auf das »Andere, letztlich Größere«. Der Gegensatz dieser »allozentrischen Einstellung« ist die Beschränkung auf den »Teilsinn« in Form einer »autozentrischen« Haltung. Sinn wird verstanden als etwas, das an ein aktives, das eigene Selbst transzendierendes Tun gebunden ist. Das Gefühl der Erfüllung und Sinnhaftigkeit kann nicht direkt erstrebt und errungen werden, sondern ist immer eine Begleiterscheinung einer andersartigen Aktivität. »Etwas ist nicht sinnvoll, weil es beglückt, sondern es beglückt, weil es sinnvoll ist« *(N. Hartmann)*. Ähnlich hat auch *Frankl* formuliert: »Der Mensch will in erster Linie nicht glücklich sein, sondern ›was er in Wirklichkeit will, ist nämlich einen *Grund* dazu zu haben . . . dann stellt sich das Glücksgefühl von selbst ein‹« *(Frankl, zit. nach Grom/Schmidt 1975)*.

Der Sinn ist daher wohl nur in der Verbindung beider Elemente, in der paradoxen Maxime: »Der Weg ist das Ziel« zu verwirklichen, in der die Aktivität des Gehens und das Finden des Ziels, Sinngebung und Sinnfindung, untrennbar miteinander verbunden sind. Sinn liegt damit gleichzeitig im Gehen des Weges und im Finden des Ziels, im »Prinzip der kleinen Schritte« anstelle des lähmenden »Alles-oder-nichts-Prinzips« und eines einseitigen, utopischen Ganzheitsideals. Der Sinn des Lebens ist Wanderschaft und dauernder Abschied.

In der unauflösbaren Einheit von Sinnfindung und Sinngebung stehen beide Aspekte auch in einer dialektischen Wechselwirkung, indem die Sinnantwort, die wir gefunden haben, uns zu bestimmten Handlungen motiviert und umgekehrt diese Handlungen wieder Sinn stiften. Für *Rupert Lay* ist eine Sinnantwort dann konkret, wenn sie Handlungen bewirkt, und diese sind sinnvoll, wenn sie die Entfaltung des Lebens ermöglichen. Eine Sinnantwort ist daher nur erfahrbar und nicht beweisbar im Sinne einer wissenschaftlichen Aussage, weshalb der Sinnbegriff in unserer Zeit mit ihrem Ideal der Wissenschaftlichkeit und der Forderung nach klaren Definitionen wenig Raum hat.

Aus dieser kurzen Zusammenschau ist deutlich geworden, daß die Sinnerfahrung ebenso die Aktivität der kleinen Schritte auf dem »Weg« erfordert, wie die planvolle Zielorientierung und den offenen Blick fürs Ganze. Um Sinn erfahren zu können, brauchen wir beides, sowohl die »actio« (Handeln) wie auch die »contemplatio« (Besinnung), das »Beten und Arbeiten«, wie es die mittelalterliche Mönchsregel fordert. Die Sinngebung als abgrenzende und strukturierende Aktivität und sinnstiftende schöpferische Einflußnahme ist nicht zu trennen von der Sinnfindung als einem Transzendieren von Grenzen, einem Sich-Öffnen für bereits vorhandene Sinnstrukturen und als vorurteilslose Betrachtung und Be-sinnung. Sinnfindung setzt daher den Blick fürs Ganze und Umfassende, d. h. für den »Gesamtsinn« voraus, für das »Selbst« im Verständnis von C. G. Jung oder der Mystik, das »Tao«, in der religiösen Sprache die Gottheit oder wie immer die Namen für das »namenlose Ganze« lauten mögen. Sinngebung hingegen drückt sich nach unserem Verständnis im konkreten eigenständigen und kreativen Tun aus, das allerdings immer nur einen »Teilsinn« hervorbringen kann, ein einzelnes Glied in der Kette und Vernetzung des übergreifenden Ganzen.

Sinngebung und Sinnfindung in den psychotherapeutischen Schulen

Wenn wir versuchen, die psychotherapeutischen Schulen im Hinblick auf ihr Menschenbild, ihren Gesundheitsbegriff und ihre Sinnorientierung zu betrachten, lassen sich die verschiedenen Strömungen je nach ihrer vorrangigen Ausrichtung auf einen »Gesamtsinn« (bzw. Ganzheitsbe-

44

griff) oder einen »Teilsinn« unterscheiden. Wir können die therapeutischen Systeme aber auch in ihrem Verhältnis zu Sinngebung oder Sinnfindung untersuchen. Zwei gegensätzliche Menschen- und Leitbilder stehen sich gegenüber, ein geisteswissenschaftlich-hermeneutisches und ein objektiv-naturwissenschaftliches *(Huf 1992)*. Das erstere entspricht der Sinnfindung und vertritt die Werte der Offenheit fürs Ganze im Sinne des »neuen Paradigmas«, der Vernetzung aller Phänomene, in die auch der Mensch eingebunden ist. Daraus folgen die Werte von Harmonie, Ganzheit und Transzendierung der Grenze zwischen Mensch und Umwelt. Im Gegensatz dazu beruht das (im konventionellen Sinn) »naturwissenschaftliche« Leitbild auf dem Empiriebegriff und der Annahme einer absoluten Objektivität. Dem entsprechen die positivistischen Werte der Machbarkeit, der Zweck- und Zielorientierung und des unbegrenzten Fortschritts. Der Sinn beschränkt sich hier auf die unmittelbare Nützlichkeit, und die Güter sind lediglich Mittel zum Zweck, wobei in der linearen Kette der Mittel und Zwecke der Endzweck und letzte Sinn allerdings unklar und utopisch bleibt. Das entsprechende Credo beruht auf dem Wert der ausschließenden Sinngebung durch den Menschen als das »Maß aller Dinge«.

Die prinzipiell unterschiedlichen Therapiekonzepte, die nach Huf diesen zwei Menschenbildern zugeordnet werden können, sind das *existentiell-humanistische*, das *verhaltenstherapeutische* und in einer Mittelposition das *psychodynamische* Konzept.

Das existentiell-humanistische Konzept gründet in einem geisteswissenschaftlich-hermeneutischen Menschenbild und wird von der Humanistischen Psychologie vertreten. Hier stehen die Werte der Einheit und Ganzheit und damit der Aspekt der *Sinnfindung* im Vordergrund. Diese kommt auch zum Ausdruck im Wert der Weltoffenheit, die auf der gefühlshaften und sinnlichen Erfahrung beruht und in der philosophischen Grundlage der Phänomenologie wurzelt. Ein Aspekt der Sinnfindung ist auch durch den Wert der Selbsterkenntnis und Identitätsfindung gegeben. Nach Maslow folgt aus dem Erkennen der eigenen Werte zwingend auch das Erkennen der Werte und Bedürfnisse der Mitmenschen und damit das ethische Handeln: Wenn man weiß, was das Richtige ist, tut man es auch *(Maslow 1981)*. D. h., aus der Sinnfindung aufgrund der dem Menschen angeborenen Wachstumstendenz in Richtung auf den vollkommenen und »von Natur guten Menschen« ergibt sich spontan die *Sinngebung*. Entsprechend eines für diese Schule typischen und uneingeschränkten Optimismus geschieht somit die Selbstverwirklichung spontan, wenn sie dank eines Klimas von Wohlwollen und Vertrauen nicht behindert wird, und daraus folgt nach Maslow dann ebenso spontan die Sinngebung in Form ethischen Handelns.

Die drei zentralen Werte der Gesprächstherapie, die auch als die »drei Basisvariablen der GT« bezeichnet werden, sind *empathische Wärme, Echtheit und Akzeptanz.* Auch sie haben einen offensichtlichen Bezug zur Sinnfindung im Sinne des Transzendierens von Grenzen und der Offenheit gegenüber dem Mitmenschen.

Eine ähnliche Position wie die Humanistische Psychologie vertritt die Logotherapie und Existenzanalyse. Ihre auf dem Existentialismus und Humanismus basierenden Werte der menschlichen Einmaligkeit und Würde, der Ganzheit und der Relativierung von Grenzen in Form der Selbsttranszendenz haben ebenfalls einen deutlichen Bezug zur Sinnfindung. Da dies jedoch zum Erkennen der Ver-antwortung gegenüber dem »Sinn-Anspruch« der jeweils konkreten Lebenssituation führt, ist auch hier gleichzeitig ein Aspekt von Sinngebung eingeschlossen.

Dagegen verzichtet die klassische Verhaltenstherapie mit ihrer Zentrierung auf konkrete Aktivitäten und Symptombeseitigung auf einen tieferen Gesamtsinn-Bezug. Ausgehend vom positivistischen, auf Machbarkeit und Empirie beruhenden »objektiv«-naturwissenschaftlichen Leitbild ist sie dem »Teilsinn« einer sinnvollen Aktivität und damit der Sinngebung zugeordnet. Gezielt »verschriebene« Tätigkeiten wie Lernen und Üben, Probieren und Experimentieren, Konditionieren und bewußt eingesetzte Mittel wie Therapieverträge, Co-Therapeuten oder »Hausaufgaben« gehören hier zum therapeutischen Instrumentarium und können als sinnvolle »Verordnungen« im Sinne der Sinngebung verstanden werden. Die Suche nach einer übergreifenden Sinnorientierung in Form der Einordnung ins »Lebensganze« als Ausdruck von Sinnfindung war in der klassischen Verhaltenstherapie nicht vorgesehen. Dieser Aspekt hat erst nach der »kognitiven Wende« der Verhaltenstherapie eine Berücksichtigung erfahren.

In einer Mittelposition eines durch Konflikthaftigkeit charakterisierten Menschenbildes finden sich die klassische Psychoanalyse und die »anthropologische Psychotherapie«. Freuds widersprüchliches, dualistisches Menschenbild ist durch die gegensätzlichen Therapieziele der Autonomie und sozialen Anpassung gekennzeichnet. Daraus ergibt sich der für die Psychoanalyse zentrale Wert der intellektuellen Einsicht in die Konflikte, die sich aus dieser inneren und äußeren Determiniertheit durch die Triebe und die Außenwelt ergeben (Sinnfindung). Dem steht der Wert des abgrenzenden Autonomiestrebens gegenüber, d. h. ein Sinngebungs-Aspekt in Form der Tendenz, sich dennoch gegen diese Festlegung durchzusetzen und sich durch aktives Tun entsprechend der Werte der Arbeits- und Beziehungsfähigkeit zu befreien.

Auch in der anthropologischen Psychotherapie ist der Mensch durch eine tragische Widersprüchlichkeit und Fehlbarkeit gekennzeichnet. Die Einsicht in seine existentielle Gebrochenheit und sein »immerwährendes Bemühen« machen ihn zu einem »sinnstiftenden und zugleich sinnempfangenden Wesen« *(Bühler/Wyss 1986)*.

Jede Therapieform enthält sowohl in bezug auf ihr Menschenbild als auch ihre Wirkfaktoren Anteile der Sinngebung ebenso wie der Sinnfindung. In diesem Zusammenhang versteht *Whitmont (1993)* die therapeutische Kunst als die Fähigkeit, zwischen einer aktiv-konfrontierenden, abgrenzenden Einstellung und einer einfühlend-identifizierenden Haltung zu wechseln. Für den Psychotherapeuten als »verwundenden Heiler« gilt, daß er den Mut haben muß, zu konfrontieren anstatt sich in »grenzenloser« Empathie zu verlieren. Diese Haltung muß aber durch diejenige des »*verwundeten* Heilers« ergänzt werden, der aufgrund eigener Verletztheit auch zu einer empathischen Haltung fähig ist. Zu diesen beiden Einstellungen muß ein durch richtige »Dosierung« ausgewogenes Verhältnis gefunden werden.

Sinn und Unsinn therapeutischer Abstinenz

Wir haben auf unserer Spurensuche nach Sinn die zwischenmenschliche Beziehung, das personale Begegnen als eine zentrale Sinnerfahrungsmöglichkeit genannt. Auch die Frage nach dem, was heilt und Sinn stiftet in Psychotherapie und Psychoanalyse, verweist auf die Bedeutung der therapeutischen Beziehung, die Rolle der TherapeutInnen und den Stil der therapeutischen Interaktion. Eine Auseinandersetzung mit dem Abstinenzbegriff ist darum wesentlich, mit der Frage, wie aktiv wir als Helfende in den Heilungsprozeß eingreifen dürfen, wie manipulativ und direktiv therapeutisches Verhalten sein kann, aber auch, wie schützend und Grenzen wahrend im Wechselspiel von Nähe und Distanz die therapeutische Gefährtenschaft auf dem Weg zum Sinn erlebt werden kann.

Über Abstinenz zu sprechen bedeutet mehr, als sich auf eine Methodendiskussion einzulassen oder die Technik unterschiedlicher Behandlungsstile zu vergleichen, es geht vielmehr um die tiefgründige Frage nach der Menschlichkeit und die Dimension des Ethischen in der Psychotherapie.

Wie sinnvoll scheint uns die methodische Verweigerung von Natürlichkeit in der Psychoanalyse? Halten wir die »Herrschaft des ›Unmenschlichen‹ als Strategie therapeutischer Humanität« *(Marten 1983)* für ethisch vertretbar? Welches sind die ethischen Positionen und Leitwerte, nach denen der therapeutische Dialog gestaltet wird? Reicht die Ethik des alten medizinischen Grundsatzes »primum nihil nocere« (vor allem nicht schaden) aus, oder braucht es statt einer »Ethik der Abstinenz« eine »Ethik der engagierten Verantwortung« *(Petzold)*?

Die Forderung nach Abstinenz geht auf Freud zurück: »Die analytische Kur soll, soweit es möglich ist, in der Entbehrung – Abstinenz – durchgeführt werden.« Sie hat eine moralische und eine methodische Funktion, entspringt also nicht nur der Angst der Analytiker vor Verführung und Verführtwerden, sondern der psychoanalytischen Überzeugung, daß Einsicht in die unbewußten Wünsche bei den KlientInnen nur über die Erfahrung von Versagung und Frustation möglich ist und erst der Leidensdruck, der durch die Abstinenz erzeugt wird, die Triebkraft darstellt, die zur Heilung drängt. Für die therapeutische Praxis bedeutet dies, daß AnalytikerInnen die unbewußten Triebwünsche ihrer KlientInnen nicht befriedigen, sondern deuten sollen und daß sie sich selbst in der Analyse ihre eigenen Triebwünsche versagen müssen, statt sexuelle oder narzißtische Bedürfnisse durch ihre KlientInnen zu befriedigen.

Zum Mythos der Abstinenz gehört die Forderung nach einem objektiven, unpersönlichen Analytiker. Er ist gefühlskalt, ohne Affekt und menschliches Mitleid, neutral, anonym und undurchsichtig wie eine Spiegelplatte. Er soll seine Meinungen nicht preisgeben, soll schweigen, keine Fragen beantworten, keine Geschenke annehmen oder geben, er soll »vokal, affektiv und existentiell stumm sein – bis auf seine legitime Handlung, das Deuten –, nie krank sein, nie voll Lebensfreude oder deprimiert, abstinent in jeder Hinsicht« *(Parin 1987)*.

Wir können auch die Wirkungsweise der psychoanalytischen Methode im dialektischen Wechselspiel von Sinngebung und Sinnfindung betrachten. Die *moderne* psychoanalytische Technik enthält zwei gegensätzliche Elemente *(Ermann 1993)*. Das *erste Element* hat einen Bezug zur Abgrenzung und damit zur sinngebenden Strukturierung und beruht auf den Wirkfaktoren der intellektuellen *Einsicht* und den analytischen *Rahmenbedingungen.* Die Einsicht wird durch die analytische Deutungsaktivität vermittelt und hat mit abgrenzender Einflußnahme und strukturgebender Orientierung zu tun. Dabei sollen die Deutungen in Form der »Doppelsinnigkeit« (Ambiguität) genügend Spielraum für Eigenaktivität, Phantasie und auch für eine mögliche Abwehr der KlientInnen offen lassen.

Der therapeutische Rahmen umfaßt die analytischen Regeln, die »Grundregel« des freien Assoziierens und das »Arbeitsbündnis«, das mit der fest abgegrenzten Struktur einer zeitlichen und finanziellen Regelung das Realitätsprinzip vertritt, sowie die analytische Haltung in Form der Abstinenz. Diese bedeutet den Verzicht auf direktive Einflußnahme und aktives Eingreifen (Interaktionsvorbehalt) sowie die Haltung der »Neutralität«.

Diese Konfrontation mit dem Realitätsprinzip durch die Aktivität des Deutens, durch das strenge analytische Setting und Arbeitsbündnis und das Gebot, zu verbalisieren statt zu agieren, hat mit Abgrenzung zu tun und kann mit der Sinngebung in Zusammenhang gebracht werden. Dem *zweiten Element* der analytischen Technik wird heute eine gleichwertige Bedeutung beigemessen. Es ist charakterisiert durch die »erfahrungszentrierte Beziehungsarbeit«, das empathische »Holding«, das den Wert der emotionalen Erfahrung, der menschlichen Begegnung sowie die Bedeutung der Übertragungs- und Gegenübertragungsprozesse und die »unbewußte Beziehungsphantasie« in den Mittelpunkt stellt. Dadurch wird in der heutigen Praxis die ursprünglich rigide abgrenzende Form der Abstinenz gelockert im Sinne des »selektiv-expressiven« Charakters des »Prinzips Antwort« *(Heigl-Evers und Heigl),* einer Einstellung, die in flexibler Weise, wenn es therapeutisch indiziert ist, auch persönliche Gefühle, Gedanken und Wertungen der TherapeutInnen zum Ausdruck bringt. Cremerius spricht von modifizierter Abstinenz und vom operationalen Gebrauch der Abstinenzregel.

Dieses *zweite Element* analytischer Technik wurde auch als »mütterliche« Technik der »väterlichen« gegenübergestellt.

Dieses mütterliche Element der Technik beruht auf Offenheit, Unstrukturiertheit und Ent-grenzung. Auf der Seite der KlientInnen ist es das freie Assoziieren, auf derjenigen der TherapeutInnen die »frei schwebende Aufmerksamkeit« und die empathische und emotionale Wärme und Akzeptanz, die eine größtmögliche Offenheit bedeutet. Es geht hier darum, sich von starren Vorstellungsmustern zu lösen und sich dem durch keinerlei Zensur begrenzten Fluß der inneren und äußeren Erfahrung des Augenblicks zu überlassen. Dieses ganzheitliche Erleben entspricht genau dem, was wir mit Sinnfindung bezeichnet haben.

Es verwundert nicht, daß die Sinnhaftigkeit der klassischen Einsichtstherapie mit ihrem Schwerpunkt auf Deutung und Technik schon früh hinterfragt und durch die Therapie der emotionalen Erfahrung ergänzt wurde, die stärker an der sinnstiftenden Qualität der zwischenmenschlichen Beziehung orientiert ist.

Der ursprüngliche Ruf nach Indifferenz und die rigide, puristische Anwendung der Abstinenzregel ist in der psychoanalytischen Literatur später heftig kritisiert worden, die »schafsgesichtigen Analytiker« mit ihrer »affektiven Arteriosklerose« (Greenson) und den »Schweigeduellen«, die »Blechaffen« (Stone) und »Hintercouchler« (Moser) wurden verspottet. Die verhängnisvolle Abstinenz der Psychoanalyse zu gesellschaftlichen Problemlagen, die trotz ihres emanzipatorischen Anspruchs verweigerte Stellungnahme zu Sinn und Unsinn politischen Geschehens hat dazu geführt, daß besonders von gesellschaftspolitisch engagierten Psychoanalytikern die Abstinenz massiv kritisiert wurde und *Parin* zum Beispiel für ihre Abschaffung plädiert. Er vertritt die Auffassung, daß sich die Etablierung der Abstinenzregel »ungünstig, kontraproduktiv oder ganz verderblich« *(Parin 1987)* auf die Analyse ausgewirkt habe, weil durch die Unberührbarkeit des neutralen Analytikers ein Machtgefälle entstehe und die Abstinenz den narzißtischen Allmachtsgenuß theoretisch legitimiere. Wir sind aber der Meinung, daß Abstinenz als ein dynamisches Wechselspiel zwischen einfühlend-akzeptierender Nähe und abgrenzend-konfrontierender Distanz zur therapeutischen Kunst gehört, wenn sie verantwortungsbewußt und mit einer verinnerlichten professionellen Ethik eingesetzt wird. Es geht darum, verläßliche Nähe ebenso wie schützende Distanz anzubieten, damit unsere KlientInnen das Verborgenste zeigen können, ohne sexuell oder narzißtisch ausgebeutet zu werden *(Wirtz 1994)*.

Eine ausgewogene Haltung der TherapeutInnen wirkt dabei modellhaft und aktivierend auf die KlientInnen im Sinne einer ausgewogenen Haltung zwischen Anpassung und Autonomie, zwischen Akzeptanz eigener Schwächen und der Übernahme eigener Verantwortung *(Whitmont 1993 und Lesmeister 1993)*. Dieses lebendige Hin und Her fordert die KlientInnen heraus, sich mit erstarrten neurotischen Einstellungen in Form überwertiger Abgrenzung oder Entgrenzung auseinanderzusetzen. Es zwingt sie, sich aus einer einseitig fixierten Haltung zu befreien, sich wieder dem Wechselspiel zwischen den beiden menschlichen Grundstrebungen von abgrenzender, aggressiver Durchsetzung und entgrenzender, liebender Hingabe zu überlassen und dem Fluß des Lebensprozesses anzuvertrauen.

Der therapeutische Umgang mit der Grenze, das verantwortungsvolle Anwenden der Abstinenz im Sinne von Sinngebung und Sinnfindung hat auch einen Bezug zur spirituellen Praxis. Auch hier besteht eine Wechselwirkung zwischen abgrenzender Askese und strengem Ritual einerseits und der »grenzenlosen« Offenheit der Übung der »reinen«, absichtslosen Aufmerksamkeit andererseits. Es ist auch hier dieses Dilemma zwischen Nähe und Distanz, das »Zen-Paradox«, das »sin arrimo y con arrimo« (näherkommen ohne näherzukommen) des spanischen Mystikers Johannes vom Kreuz, das schließlich dazu zwingt, sich mit der unmittelbaren Wahrnehmung der Wirklichkeit zu konfrontieren. Das Ziel sowohl der spirituellen wie auch der psychotherapeutischen Praxis ist daher im Grunde dasselbe, nämlich die Lösung des menschlichen Dilemmas zwischen Wollen und Absichtslosigkeit, Handeln und Offenheit, Selbstbehauptung und Hingabe, actio und contemplatio, Sinngebung und Sinnfindung. Das letzte Ziel beider Disziplinen ist die Akzeptanz dessen, der ich bin, das therapeutische Paradox der »Veränderung im Sinne der Nichtveränderung«, die auch das Ziel der spirituellen Praxis ist. Es ist die Lösung des »paulinischen Paradoxes«, die Aufforderung des Apostels Paulus: Werde der du bist. Insofern ist Spiritualität sowohl im psychotherapeutischen wie religiös-meditativen Verständnis dasselbe: das Annehmen der Realität, der eigenen und derjenigen der Mitmenschen, eine Haltung der Toleranz in Form des »freudigen Ja zur Andersartigkeit des andern« *(Rupert Lay)*, das wir Liebe nennen und das der Kern aller religiösen Lehren und spirituellen Traditionen der Welt ist.

II.
Der Mensch in der Krise

1. Die Sinnkrise der Gegenwart
An welchem Un-sinn leidet der Mensch?

Bedingung

Wenn es Sinn hätte
zu leben
hätte es Sinn
zu leben

Wenn es Sinn hätte
noch zu hoffen
hätte es Sinn
noch zu hoffen

Wenn es Sinn hätte
sterben zu wollen
hätte es Sinn
sterben zu wollen

Fast alles hätte Sinn
wenn es Sinn hätte.

Erich Fried

Die uralte Frage nach dem Sinn des Lebens, der Zweifel an einem übergeordneten Lebenssinn beschäftigt uns Menschen des postindustriellen Zeitalters ganz besonders. Sinnkrisen sind das zentrale Thema unserer Gegenwart. Wir begegnen heute überall dem Zweifel, ob es überhaupt möglich ist, zu dieser Welt einen sinnvollen Bezug herzustellen. Während der Mensch des griechisch-römischen Altertums in einer Zeit des hoffnungsvollen Aufbruchs vom Wert der persönlichen Freiheit und dem Glauben an seine eigenen Fähigkeiten und Möglichkeiten beseelt und der mittelalterliche Mensch im Schoße der Kirche und ihrer

tradierten Dogmen und Riten wohl geborgen und verankert war, hat sich heute die kollektive Verunsicherung in
einem Ausmaß gesteigert, das Fromm als die »Krankheit
des Jahrhunderts« und Frankl als »existentielles Vakuum«
bezeichnet hat. Wenn die unserem Leben und Sterben
Sinn gebenden Werte verlorengehen, breitet sich das Gefühl der Leere und Sinnlosigkeit aus. Seit der neuzeitli-
chen Proklamierung »Gott ist tot« (Nietzsche) und dem
Verlust der Einbettung in eine göttliche Weltordnung ist
die Beziehung des Menschen zur Welt gestört. Der moderne Mensch ist aus den sinntragenden Bezügen herausgefallen; er hat sich verirrt in der Komplexität des Daseins
und ist einsam und heimatlos geworden.

Diese Sinnkrise ist auch als eine Krise des Symbolischen
zu verstehen.

Wenn die symbolische Ordnung verlorengeht und
nichts mehr auf etwas Bedeutendes, Größeres verweist,
wenn uns sinnstiftende Mythen abhanden kommen und
keine Visionen den Lebenssinn erhellen, dann stirbt die
Seele. Der erschütternde Sinn- und Seelenverlust, wie er in
den USA in den Indianerreservaten zu beobachten ist, die
Zerstörung gemeinschaftlicher Symbole und Rituale und
die Vernichtung spiritueller Werte hat diese Kultur in eine
abgründige Sinnkrise gestürzt. Auch am Beispiel anderer,
sogenannter »primitiver Gesellschaften« ist deutlich geworden, was der Verlust des Numinosen bedeutet. Sie verlieren damit ihren inneren geistigen Gehalt, den tiefen
Sinn ihres Lebens. Die Folge davon ist der Verfall ihrer gesellschaftlichen Ordnung und Kultur.

Auch wir haben alle Dinge ihres Geheimnisses beraubt,
das mythische Bewußtsein durch ein sogenanntes aufge-
klärtes Bewußtsein ersetzt, und doch erscheint uns die Welt
unverständlicher und bedrohlicher als je zuvor. Uns ist
nichts mehr »heilig«. Mit dem Verlust der religiösen Symbole haben wir auch den Sinn verloren. In unseren Alltags-
bezügen leben wir Vereinzelung statt Verbundenheit, wir
sind desorientiert und dissoziiert. Wir haben nicht nur die
instinktive Verbundenheit mit der äußeren Natur verloren,

sondern sind oft genug auch unserem eigenen inneren Wesen entfremdet. Jung hat diesen Verlust des symbolischen Eingebundenseins in kosmische Bezüge für unser Gespaltensein und die Sinnkrise der Gegenwart verantwortlich gemacht.

»Der Mensch steht isoliert im Kosmos da . . . Kein Fluß beherbergt einen Geist, kein Baum bedeutet ein menschliches Leben, keine Schlange ist die Verkörperung der Weisheit, und kein Berg ist noch von einem großen Dämon bewohnt. Auch sprechen die Dinge nicht mehr zu uns und wir mit den Dingen, wie den Steinen, Quellen, Pflanzen und Tieren« *(Jung 1981)*.

Dieses Erleben, ein Fremder, Unbehauster in einer Welt zu sein, die keine Sinnbezüge stiftet, ist schon im Existentialismus als Sinnkrise beschrieben worden. Wenn Menschen miteinander nicht mehr sinnhaft vernetzt sind, können sie auch zu dem, was sie umgibt, keinen sinnhaften Bezug herstellen. Vereinzelung und Fragmentierung produzieren Sinnlosigkeit, Wert- und Orientierungsverlust, der nicht nur das einzelne Individuum, sondern alle erfaßt hat. Das zunehmende Gefühl der Ausweglosigkeit beginnt schon bei den Kindern. Suizid ist unter Jugendlichen die zweithäufigste Todesursache nach dem Unfall. Und ein Blick in die Statistiken belehrt uns, daß sich in der Schweiz täglich vier Menschen umbringen.

Die moderne Bestandsaufnahme unserer kollektiven Sinnkrise im *Spiegel*-Jargon bezeichnet die »Tretmühlen« unserer hochspezialisierten Arbeit und »die Kälte des Kapitalismus« als sinnkriseverdächtig und mokiert sich über die Orientierungslosigkeit in unserer »Ego- und Ellenbogengesellschaft« und deren Flucht ins Spirituelle. »Sehnsucht nach Sinn« ist zur Coverstory dieses Nachrichtenmagazins avanciert, das uns die Menschen ohne Sinnerkenntnis als »sonderbare Tiere« präsentiert *(Der Spiegel, 26. 12. 1994)*. Auch in der Wochenzeitung *»Die Zeit«* gerät die Sinnkrise, die Subkultur der Sinnsüchtigen und die »psychoreligiöse Verblödungsindustrie« zur Zielscheibe des Spottes.

Offensichtlich ist heute die Menschheit an eine kollektive Grenze gestoßen. Eine fundamentale Erschütterung und Verunsicherung ist hinter den Auswüchsen des Esoterik-Booms auszumachen, eine hilflose Suche nach griffigen Wirklichkeitsmodellen, die dem einzelnen wieder einen sinnvollen Platz zuweisen und Orientierung und Sinn stiften. Diese Grenze ist auch eine absolute Grenze, weil es sich bei ihr um die Gefahr eines Endes des menschlichen Lebens überhaupt handelt. Die Entwicklung in der seit Jahrtausenden eingefahrenen und seit der Aufklärung kaum mehr hinterfragten Richtung könnte heute erstmals in der Geschichte in einem nuklearen Holocaust zur Selbstauslöschung der menschlichen Spezies führen. Die atomare und ökologische Bedrohung stellt eine allgegenwärtige Tatsache dar, die der menschlichen Kontrolle entglitten ist und daher gern verdrängt wird. Wir leugnen den Tod und haben gleichzeitig Angst vor ihm; ein ganzheitliches Bewußtsein des »Stirb und Werde«, des existentiellen Kontinuums von Leben und Tod wird kollektiv ausgegrenzt. Der Widerspruch zwischen der Illusion der Machbarkeit und des grenzenlosen naturwissenschaftlichen Fortschritts und der gleichzeitigen Ausgeliefertheit an atomare Bedrohung und Umweltzerstörung schafft Zerrissenheit und eine außerordentlich heilungsbedürftige kollektive Zeitsituation.

Die Ursachen für diese generelle Sinnkrise sind in der Philosophie, Theologie, Soziologie und Psychologie sehr unterschiedlich benannt worden.

Die *Sinnkrise*
- ist eine noogene Neurose *(Frankl)*
- ist Entfremdung von sich selbst, den Mitmenschen, der Natur *(Fromm)*
- ist ein moralisches Vakuum *(Weizsäcker)*
- resultiert aus der Erschütterung kultureller Werttraditionen *(Ch. Bühler)* und der Normenverunsicherung
- ist die Wertblindheit eindimensionalen Werkzeugdenkens *(Marcuse)*

- beruht auf der instrumentellen Vernunft ohne Bezug zu Werten
- charakterisiert das Mitteluniversum und die Eidoslosigkeit des Arbeitens *(Anders)*
- erzeugt eine Sinnlosigkeitsspirale *(Horkheimer)*
- charakterisiert die Lebensnot unserer Zeit, die Orientierungs- und Heimatlosigkeit der Zivilisationswelt *(Zihlmann)*
- hat mit der Hyptertrophie der Information statt der Kommunikation zu tun *(Lay)*
- bedeutet den Verlust des lebendigen Bezugs zum symbolischen Leben *(Barz)*, den Verlust schöpferischer Rituale *(G. Adler)* und die Zerstörung des Numinosen *(Jung)*
- zeugt vom entwurzelten, größenwahnsinnigen Nur-Ich *(Neumann)*
- hat mit dem Untergang des patriarchalen Gottesbildes zu tun, denn Abfall von Gott bedeutet Abfall des Menschen von sich selbst
- beruht auf dem Vergessen des Kreuzes, dem Traum vom reinen Sinn ohne schmerzvollen Durchgang durch den Unsinn *(Lotz)*

Ursachen der Sinnkrise

Wir können als eine ihrer zentralen Ursachen den seit der Aufklärung sich entwickelnden Positivismus mit seiner einseitigen Ausrichtung auf die Werte von Leistung, Fortschritt, rationaler Lebens- und Weltbewältigung, technischer Kontrolle und Ausbeutung der Natur benennen. Außerdem spielt die zunehmende Unüberschaubarkeit und Komplexität der Welt eine entscheidende Rolle, die dazu führt, daß wir »vor lauter Bäumen den Wald nicht mehr sehen«. *Habermas* spricht von der »neuen Unübersichtlichkeit« der Welt.

Die Einsicht in die großen Zusammenhänge, die im Mittelalter für den einzelnen noch gegeben war und von Gesellschaft und Kirche als unangefochtener und gesicherter Besitz über die Generationen hinweg tradiert wurde, ist einer chaotischen Fülle von Werten, Überzeugungen und Informationen gewichen. Die Gegenwartskrise verkörpert sich in einer allgemeinen Orientierungslosigkeit, die auf einem kollektiven Sinnverlust und Wertezerfall beruht und die als eine alle menschlichen Bereiche umfassende Grenzen-, Struktur- und Haltlosigkeit verstanden werden kann. Das grenzenlose Wachstum von Technik, Wissenschaft und Wirtschaft hat zu einem »moralischen Vakuum« *(Karl Steinbuch)* und zu einer Verunsicherung bezüglich einer verbindlichen Wertorientierung geführt, weil dabei stets neue Verhaltensmuster produziert und damit immer neue Fragen an die jeweils geltenden Wertsysteme gestellt werden. Ein weiterer Grund der Verunsicherung ist die Tatsache, daß die traditionellen Vertreter und Hüter der Werte und Normen ihrer Aufgabe, das existentielle Vakuum mit Sinn zu füllen, nicht mehr gerecht werden. Die Kirchen vermögen dem Auftrag der Sinngebung nicht mehr nachzukommen, und wir haben keine Götter mehr, die wir um Hilfe anrufen können. Auch der »Normentransfer«, die Vermittlung von Werten und Normen an die folgende Generation durch die Auseinandersetzung zwische Eltern und Kindern findet nicht mehr statt *(Lay 1990)*.

Die verwirrende Vielfalt und Relativität der Werte steht für *Charlotte Bühler* auch im Zusammenhang mit dem »embarras de richesse«, der Überflußgesellschaft, und mit der Verunsicherung durch die Werbung, die uns Bedürfnisse einzureden vermag, die wir gar nie hatten. Zusätzlich sind wir der überwältigenden Informationsflut der Medien ausgeliefert; Fremderfahrung gilt mehr als Eigenerfahrung, und nur die Fachwissenschaftler sind noch in der Lage, die vielfältigen Phänomene einer immer rätselhafter werdenden Welt zu erfassen. Hinzu kommt die Unglaubwürdigkeit der Vertreter von Politik und Wirtschaft sowie der durch Propaganda verzerrten Information der Medien. Die »Normenverlogenheit« *(Lay)* derer, die Vorbilder in

Familie, Staat und Kirche sein sollten und die für die Einhaltung der Normen verantwortlich sind, untergräbt das Vertrauen in tragende Wert- und Sinnstrukturen *(Lay 1990)*.

Die Unglaubwürdigkeit der Verantwortlichen manifestiert sich in der Abstraktheit politischer Schlagworte wie »Freiheit« und »Solidarität«, die keinerlei praktische Konsequenzen zu haben pflegt, wenn einmal die »Reduktion der Menschen auf Wähler und Käufer« gelungen ist. Anstelle der vielgepriesenen Freiheit herrscht in den westlichen Demokratien der Konsum- und Leistungszwang, und die Spirale der Fortschritts- und Zielorientierung hat eine unaufhaltsame Eigendynamik entwickelt. Selbst die Freizeit wird zum »Konsumraum«, und der Konsum avanciert zum Statussymbol *(Grom/Schmidt 1975)*. So wird auch die Sexualität zum Konsumartikel, den man, von der Person abgetrennt, »verzehrt, wie man Speiseeis lutscht«. Man »vernascht« den Geschlechtspartner oder legt sich einen neuen zu »wie einen neuen Pelz«, oder man »steigt auf eine andere Freundin um wie auf ein anderes Auto« *(R. Affemann, zit. nach Grom/Schmidt 1975)*. Ebenso werden Religion und Kunst zur Konsumware, was deutlich wird, wenn der Prediger *Billy Graham* von sich sagt, er verkaufe Religion wie Seife. *Paul Tiedemann* hat diese Form der Vereinnahmung der Außenwelt durch Ausübung von Macht und Etablierung von Herrschaft als »Konsumismus« bezeichnet. »Das Ziel des Konsumismus ist es, sich Stoff einzuverleiben. Dabei wird gemeinhin völlig verdrängt, daß Konsum nur ein Teilprozeß in einem größeren Zusammenhang ist, den man Stoffwechsel nennt. Stoffwechsel meint nicht nur Einverleiben, sondern auch Ausscheiden« *(Tiedemann 1993)*. Unsere ökologische Krise zeigt, daß die totale Beherrschung der Außenwelt durch deren Einverleibung nicht möglich ist.

Wir leben in einer heil-losen Verwirrung und einer Zeit der Umgestaltung der Werte. Indem wir »alles haben« möchten, verlieren wir alles, so wie es Tolstoi mit unvergleichlicher dichterischer Prägnanz dargestellt hat. Die

Unüberschaubarkeit der modernen Welt mit ihrem Überangebot läßt uns im »Labyrinth von Sinn und Werten« in die Irre gehen. Die Komplexität der gegenwärtigen Welt führt zum Verlust der Relationen: Die Teile werden wichtiger als der Gesamtzusammenhang, die »Teilsinne« erhalten den Vorrang vor dem »Gesamtsinn«, das Sein wird dem Haben untergeordnet: »Der Mensch hat genug, ›wovon‹ er leben, aber zuwenig, ›wofür‹ er leben kann« *(Frankl)*. Das Verhältnis zwischen dem Weg und dem Ziel ist einseitig zugunsten der Zielausrichtung verschoben, und beide sind voneinander abgekoppelt; ankommen ist wichtiger als unterwegs zu sein. Der Sinn ist auf den Zweck reduziert, und das zweckfreie, absichtslose Spiel gilt nichts neben dem Fortschritt und Gewinn. Religion und Kunst erhalten den Zweck, psychischen Ausgleich und Entspannung vom Alltagsstreß zu verschaffen. So werden selbst die »letzten Dinge« für das psychische Wohlbefinden funktionalisiert und instrumentalisiert. Der Sinn wird zum »Kunstsinn« *(Anders)*. Lust und Freude wird zum Konsumartikel, die Qualität der »Sinnes«-Erfahrung wird durch die Quantität des Sensationsrausches ersetzt.

Obschon somit alles ziel- und zweckgerichtet ist, entzieht sich aber der Endzweck paradoxerweise dem Verständnis des einzelnen Menschen. Im Gegensatz zum Handwerker, der das Endprodukt seiner Arbeit sieht, ist in der hocharbeitsteiligen Industrieproduktion Sinn und Zweck des einzelnen Teils der Produktionskette und auch das Endresultat nicht mehr einsehbar und von der Verfügbarkeit des einzelnen Menschen ausgegrenzt *(Anders)*. Die Wirklichkeit als Ganzes ist uns abhanden gekommen, wir können nur noch Ausschnitte von ihr wahrnehmen. Das Ziel und der Weg dahin, die zwei Pole des »Sinns«, sind voneinander getrennt und werden beide sinnlos, da sie nicht mehr aufeinander bezogen sind und keine sinnvolle Einheit mehr bilden. Das »eindimensionale Werkzeugdenken« *(Marcuse)* hat in einer »Gesellschaft der bedingten Reflexe« *(Mitscherlich)* die Oberhand gewonnen. Der Gesamtsinn ist vom Teilsinn entfremdet, die Sinnfindung von der Sinngebung ausgegrenzt. Dabei hat die Sinngebung den Vorrang über die Sinnfindung, das Machen über den Sinn des Gemachten, der aktive »Homo faber« über den Kontemplativen, das Haben über das Sein. Die Entfremdung von uns selbst, von unseren Gefühlen und den eigenen Bedürfnissen ist selbstverständlich geworden, die »Krankheit des Jahrhunderts« ist dabei so verbreitet, daß sie als solche kaum mehr wahrgenommen wird *(Fromm 1972)*.

Schließlich ist die Sinnkrise unseres Zeitalters charakterisiert durch eine gestörte Kommunikation. Statt einem flexiblen Wechsel zwischen Abgrenzung und Öffnung, zwischen Sachbezug und persönlichem, emotionalem Austausch sind die menschlichen Beziehungen oft auf eine technisch-funktionale Dimension und den Transport von Information begrenzt. Anstelle personaler Bedürfnisse stehen die der Institutionen, für die der Gefühlsanteil von Beziehungen störend ist. Der Mensch als Subjekt ist nicht mehr gefragt, er ist vielmehr »zum sinnverwendenden System geworden« *(Fischer/Steinlechner 1992)*.

Der Theologe und Psychoanalytiker Eugen Drewermann hat in seinem Buch »Der tödliche Fortschritt – Von der Zerstörung der Welt und der Menschen im Erbe des Christentums« *(1991)* die Rolle des Christentums und seines Menschenbildes bei der Verursachung der Sinnkrise der Gegenwart dargestellt. Nach Drewermann hat das Christentum die Einseitigkeit der abendländischen Kultur und Geisteshaltung in doppeltem Sinne gefördert, indem es wesentlich zur Ausgrenzung der inneren und äußeren Natur und zur einseitigen Entwicklung im Sinne eines zielorientierten Fortschrittsdenkens beigetragen hat. Die Natur hingegen ist zyklisch organisiert; die Rhythmen der Naturvorgänge verweisen auf die Verschmelzung dynamischer Gegensätze, dargestellt in zahllosen mythischen Bildern von Kreisen und Kreisläufen, z. B. im Symbol des Ouroboros (der Schlange, die sich in den Schwanz beißt) oder im Bild des tanzenden Shiva, der mit der einen Hand die Welt erschafft und sie mit der anderen wieder zurücknimmt.

Auch *J. W. Perry* weist darauf hin, daß in archaischen Kulturen das zyklische Wesen der Naturvorgänge verstanden wurde und daß nur der moderne Mensch von einem illusionären linearen Fortschritt überzeugt ist. »Die Psyche auf dem Weg der Individuation verabscheut Stillstand, so wie die Natur das Vakuum . . . Die Taoisten haben sehr gut verstanden, daß die Gegensätze nicht wirklich selbständige Einheiten, sondern wie Yin und Yang in ständigem Fließen sind und sich in ihrem Wechsel von Drängen und Nachgeben umeinander drehen« *(Perry 1990).* Der Natur geht es nicht primär um das Leben, wie Drewerman schreibt, sondern »um das *Gleichgewicht* zwischen Leben und Tod, und wer den Tod nicht als Bedingung des Lebens anerkennt, wird die Natur niemals bejahen können« *(Drewermann 1991).*

Zur Ausgrenzung der inneren Natur gehört auch die Unterdrückung der »Triebnatur«, wie sie das Christentum propagierte, und die Verdrängung der dem Menschen immanenten archetypischen Religiosität, auf die besonders Jung hingewiesen hat. Mit ihrer Unterdrückung erfolgte gleichzeitig eine Ausgrenzung der Gefühle neben einer übertriebenen Wertschätzung der rationalen Kräfte. In einer patriarchalen Kultur bedeutete dies auch die Ausgrenzung des weiblichen Prinzips, das heißt einer Haltung, die eng verbunden ist mit den Prozessen des Wachsens und Vergehens, den periodischen Rhythmen und Abläufen der Natur. Wenn aber die instinktive Verbundenheit mit der Natur abgewertet wird, ist es nur ein kleiner Schritt zur Ausbeutung eben dieser Natur, wie sie sich in der ökologischen Krise manifestiert.

Die Sinnkrise ist immer auch eine Krise der Sinn-lichkeit in Form der Sinnenfeindschaft, der Lebensverstümmelung. Mit den Sinnen schwindet auch der Sinn fürs Ganze. So bedeutet der Sinnverlust auch den Verlust der Möglichkeit, sich auf etwas Größeres, uns Übersteigendes hin zu entwerfen und teilzuhaben an dem, was die Welt im Innersten zusammenhält.

Reaktionen auf die Sinnkrise

Es fällt heute nicht leicht, uns im Dschungel des »Werterelativismus« zurechtzufinden und eine neue Vision vom Menschen und vom Sinn seines Seins zu entwickeln. Wir müssen neue Mythen erschaffen, die unserem Leben Sinn und Gestalt geben und uns helfen, Orientierung wiederzufinden. Psychotherapie könnte ein Ort sein, der eigenen Existenz einen Sinn zu geben, das je persönliche Sinnmuster zu finden und zuzustimmen, daß es gut ist, *daß* ich bin und *wie* ich bin. Sie könnte wieder die Verbindung zu den verlorenen sinngebenden archetypischen Strukturen herstellen und uns mit unseren Bildern und Träumen rückverbinden.

Peter Sloterdijk erwartet von der Psychotherapie, daß sie dazu verhelfen müsse, in die Katastrophe des eigenen Daseins einzuwilligen. Wie wir damit umgehen, ob wir gewillt sind, die Sinnlosigkeit wahrzunehmen und ihre Ursache aktiv zu bekämpfen, oder ob es uns darum geht, lediglich das Gefühl der Sinnlosigkeit wegzutherapieren und die kollektive Ausgrenzung des Problems weiter mitzumachen, liegt in unserer Freiheit. Wir können als Reaktion auf diese Sinnkrise in die Verdrängung flüchten, das Leiden abspalten und die eigene Subjektivität verleugnen; wir können verzweifeln oder zynisch werden wie *G. Anders*, für den es keinen Sinn gibt. Das süchtige Betäuben der Sinnlosigkeit sei dabei dem Establishment durchaus willkommen, da es die Drogensüchtigen und »Weltschmerzler« als weniger gefährlich als die aktiven Dissidenten betrachte. Wenn *Christopher Lash* unsere Zeit als das Zeitalter des Narzißmus beschreibt, so können wir in diesem Narzißmus auch die mißlungene Suche nach dem eigenen Sinn und dem eigenen Wesen sehen.

Eine andere Möglichkeit, dem Wertezerfall zu begegnen, kann in dem Versuch gesehen werden, ihn durch die Produktion immer neuer Werte und Normen auszugleichen, was zu einem »Normenübermaß« und damit zu einem »Normenüberdruß« *(Lay)* führt. Ein zweiter Versuch, die Unsicherheit zu bannen, ist die einseitige ideologische Verabsolutierung der bestehenden Werte und die gewaltsame Ausgrenzung des als sinnlos erscheinenden Fremden, ein Phänomen, das in der wachsenden Ausländerfeindlichkeit und dem nationalistischen Trend deutlich wird. Die Umdeutung des scheinbar Sinnlosen unter Verleugnung von allem, was nicht ins eigene Konzept paßt, ist eine weitere Variante der Reaktion auf die Sinnkrise. Die Folge ist eine fundamentalistische Begrenztheit des Weltbildes und ein ängstliches Sich-Anklammern an den »einzig wahren« Sinn. Solche Vereinfachungsstrategien werden besonders von parareligiösen Strömungen propagiert, um die Sehnsucht nach Sinn zu befriedigen. Dies kann sich bis zum Wahn-Sinn, z. B. in Form des kollektiven Suizids einer Sekten-Gruppierung, steigern.

Eine weitere Reaktion auf die Sinnlosigkeit in unserer Zeit ist es, aus der Not eine Tugend zu machen, indem sie wie z. B. von *Nietzsche* oder *Sartre* zur »Sinnfreiheit« umgedeutet wird. Sie proklamierten nicht nur den »Tod Gottes«, sondern ebenso den »Tod des Sinns«, indem für sie erst die totale Befreiung von der Sehnsucht nach Sinn den Menschen als autonom und mündig ausweist. Die logische Konsequenz einer solchen »Philosophie der Sinnlosigkeit« ist für *Sartre:* »Es ist sinnlos, daß wir geboren werden; es ist sinnlos, daß wir sterben.«

Auch *Freuds* sarkastischer Hinweis auf die amerikanische Werbung kann ähnlich verstanden werden: »Mir geht ein ›advertisement‹ (Werbespruch) im Kopf herum, das ich für das kühnste und gelungenste Stück amerikanischer Reklame halte: ›Why live, if you can be burried for ten Dollars?‹ (Warum leben, wenn Sie für zehn Dollar bestattet werden können?)« *(Freud 1960).*

Da der Mensch aber von seinem tief verwurzelten Bedürfnis nach Sinn nicht loskommen und im Unsinn nicht leben kann, bemüht er sich, die »Grenzenlosigkeit« des herrschenden Wertrelativismus und die daraus resultierende Angst und Unsicherheit auf vielfache Weise zu kompensieren. Als Strategie gegen den Un-sinn können wir

auch die Revolte sehen, so wie sie im Existentialismus gestaltet wurde, die trotzige Sinngebung des Sinnlosen. Dieser radikalen Haltung gegenüber dem Un-sinn steht die
Resignation der »no-future-people« gegenüber, für die
sich nicht einmal mehr der Protest lohnt, die »null Bock
auf nichts« haben. Eine weitere Reaktionsform ist der »la-
mentierende Protest der Sinnvermisser« *(Lay)*, sind die
Sinn-Nostalgiker, die sich nach der guten alten Zeit zurück-
sehnen oder in die illusionäre Grenzenlosigkeit einer Dro-
gensucht oder »religiösen Sinnsuchbewegung« mit ihren
»professionellen Sinnproduzenten und -vermittlern«
flüchten *(Lay 1990)*. Denkbar ist aber auch die Reaktion
der aktiven Sinnsuche nach einem tragfähigen Sinnkonzept, wie sie *Paul Tiedemann* (1993) in seinem Buch »Über
den Sinn des Lebens« versucht.

Ob tragfähige Sinnkonzepte in unserer Zeit der Entmenschlichung und Entfremdung überhaupt möglich
sind, ob die Fragen nach dem Sinn je auslotbar sind, muß
offenbleiben.

Aus Tauf- Hochzeits- und Grabgeläut
mischt sich der Klang des Lebens
Woher Wohin Wozu?
Du fragst vergebens!

Hausinschrift, Junkergasse Bern

2. Die Sinnkrise der Helfenden
Ausgebrannt und durchgerostet

Die Patienten sind ein Gesindel. Die Patienten sind nur gut, um uns leben zu lassen, und sie sind Stoff zum Lernen. Helfen können wir ihnen ja nicht.

Freud zu Ferenczi

Der Zweifel an der Zunft

Angesichts dieser pessimistischen (oder realistischen?) Grundeinstellung Freuds, dem Vormarsch des Burnout-Syndroms in unserer Profession und der vehementen Kritik an der psychotherapeutischen Zunft in den Massenmedien stellt sich uns die Frage, ob dieser »unmögliche Beruf« *(Freud)* Sinn macht oder die Profession und die Professionellen unvermeidlich in eine Sinnkrise stürzen müssen. Helfenden mag es schwerfallen, den eigenen Berufsstand im Rampenlicht vernichtender Kritik zu sehen, vom »allgegenwärtigen Pfusch auf dem Psycho-Markt« *(Zürcher Tagesanzeiger, 15. 9. 1992),* vom »Stümpern an der Seele« *(Die Zeit, 1992, Nr. 35)* und von »Gauklern oder Heilern« *(Spiegel 25. 7. 1994)* zu lesen.

Wenn ketzerisch nach dem Sinn in der Psychotherapie gefragt wird, fühlen wir uns als Helfende in unserer Berufsmotivation und unserem täglichen Tun gleichzeitig mit in Frage gestellt. Die Sinnkrise der Psychoanalyse, ob »Tiefenschwindel« *(D. Zimmer)* oder ein »Unfug von Scharlatanen«, ob »Irrtum« oder »marodes Wahnsystem«, ob »Unsinn, gefährlich und schädlich«, wie *Jeffrey Masson (1991),* der Drewermann des psychoanalytischen Klerus behauptet, oder nach Meinung des Psychotherapieforschers *Strupp* nur ein »Auslaufmodell«, läßt auch uns Helfende in unserem beruflichen Selbstverständnis nicht unberührt.

Kritik am Psychopfad, am Geschäft mit der Seele, am Scheinheil des Psychobooms begegnet uns heute überall. Wir lesen von der »psychotherapeutischen Verschwörung« und »Lügentherapie« *(Lang 1987)*, vom »Risiko Therapie« *(Giese/Kleiber 1989)*, von den utopischen Versprechen der Psychokultur des Heilseins in einer nicht heilen Welt. Wir erfahren vom »Tatort Couch« *(Heyne 1990)*, von den »schmierigen Zweideutigkeiten auf der Couch« *(Moser 1992)*, von »Verrat« *(Wirtz 1994)* und »Therapieschäden« auf dem Jahrmarkt der Therapien.

Obwohl Psychotherapie zum Hoffnungsträger von Millionen geworden ist, fehle doch – so wird geklagt – immer noch der wissenschaftliche Beweis für ihre Wirksamkeit. Im Dschungel psychotherapeutischer Verfahren seien die Kriterien zur Überprüfung der Wirksamkeit letztlich äußerst vage. Aber nicht nur Psychotherapie und psychosoziale Hilfsangebote stecken in einer Sinnkrise, seit der Glaube an die Effizienz psychotherapeutischer Interventionen brüchig geworden ist.

Im institutionellen Bereich haben die Spar- und Sachzwänge auch die Mitarbeiterinnen und Mitarbeiter in eine Sinnkrise gestürzt. Wenn Rentabilität und Leistungserfassung die zentralen Kriterien sind, wenn sich bei allem Tun die Frage stellt, wie sich diese Arbeit verrechnen lassen kann, wenn größtmögliche Effizienz handlungsbestimmender Wert ist, dann kann der Zweifel am Sinn bei uns Helferinnen und Helfern nicht ausbleiben. Im Zuge zunehmender Professionalisierung haben wir oft nur die eine Gewißheit, daß wir zu wenig wissen. Und wie ertragen wir dieses begrenzte Wissen, wie gehen wir mit Gefühlen der Ohnmacht und Unsicherheit um? Hat Freud recht, wenn er sagt: »Es hat also seinen guten Sinn, wenn man vom Analytiker als Teil seines Befähigungsnachweises ein höheres Maß an seelischer Normalität und Korrektheit fordert« *(Freud 1937)*.

Der Zweifel an uns selbst

Wie steht es bei uns Helfenden mit dieser »seelischen Normalität«?

Wenn wir nach innen schauen, wieviel seelische Gesundheit, Vitalität und Normalität entdecken wir in uns? Wie gut bewältigen wir den Sinn und Unsinn unseres therapeutischen und beraterischen Alltags? Wie lebendig und engagiert sind wir als Helfende? Wer von uns kennt nicht das Bedürfnis, am Abend daheim das Telefon nicht zu beantworten, weil wir es unerträglich finden, noch ein Wort über Erziehungsprobleme oder Partnerschaftskonflikte zu hören, selbst wenn es die beste Freundin wäre? Wer hat sich nicht schon »ausgelaugt und völlig fertig« gefühlt, aber am Abend gleichwohl nicht abschalten und einschlafen können? Und die Klagen über Unzufriedenheit, darüber, daß die Möglichkeiten der Klinik, der Beratungsstelle, der privaten Praxis nicht ausreichen, um angemessen helfen zu können, sind die nicht ein vertrautes Thema unter professionellen Helferinnen? Wer kennt nicht das quälende Gefühl, durch diese Arbeit erschöpft zu werden, an Selbstvertrauen zu verlieren und sich immer weniger leistungsfähig zu fühlen?

Wenn wir zum Beispiel in einer psychiatrischen Institution ein Jahr lang mit einem psychotischen Menschen an der Bedeutung der Medikamente für seinen Stabilisierungsprozeß gearbeitet haben, wenn wir uns engagiert immer wieder gemeinsam über die Probleme, aber auch über die Notwendigkeit der Medikamente auseinandergesetzt haben und dann erkennen müssen, daß sie trotzdem wieder willkürlich abgesetzt wurden und unsere KlientInnen jetzt wieder total psychotisch sind, wie geht es uns dann? Können wir uns das Gefühl bewahren, daß unsere Arbeit Sinn macht? Erinnern wir uns an einen anstrengenden Arbeitstag, an dem wir unser Bestes gegeben haben und wo in der letzten Stunde unsere KlientInnen sagen, diese Sitzung hätte ihnen wieder nichts gebracht, offenbar seien wir nicht so kompetent wie der/die TherapeutIn von nebenan, und überhaupt habe heute in der Zeitung gestanden, daß unsere therapeutische Methode noch gar keinen wissenschaftlich haltbaren Wirksamkeitsnachweis erbracht habe? Sind wir dann nicht versucht, uns mit Freud zu verbünden und die PatientInnen insgeheim ein »Gesindel« zu schimpfen? Haben wir nicht alle schon von älteren Kollegen gehört, daß sie das »Mitleid verlernt« und jegliche »Spontaneität verloren« hätten? Kennen Frauen nicht das Gefühl von Zermürbung, wenn ihr engagiertes Eintreten für einen frauenspezifischen Blickwinkel in Beratung und Therapie im Team zum x-ten Male als »typisch weibliche Überidentifikation« abgeschmettert wird?

Seit *Schmidbauer (1977)* ist das Thema der »hilflosen Helfer« in Fachkreisen ein Diskussionsthema. Wir wissen, daß an der Spitze der Statistik von Scheidungsquoten, die nach Berufen getrennt erhoben worden sind, neben den Schriftstellern und Schauspielern die Psychologen *(Kleiber 1989)* stehen. Wir wissen auch, daß die Selbstmordrate bei psychotherapeutisch tätigen Psychiatern gegenüber anderen Fachärzten erheblich erhöht ist und Alkohol und Tablettenabhängigkeit, emotionale und psychiatrische Störungen in der psychologischen Zunft eine bedeutende Rolle spielen. Was macht dieser »unmögliche Beruf«, wie *Freud* ihn genannt hat, mit uns, den Helfenden? Wir, die als unser wichtigstes Arbeitsinstrument unsere eigene Persönlichkeit mit einbringen, scheinen zunehmend an einer sehr typischen Berufsdeformation zu erkranken, an einer Befindensbeeinträchtigung, die in der Forschung als *Burnout*, als Ausgebranntsein bezeichnet wird.

Das Burnout-Syndrom

Unter dem *Burnout-Syndrom* ist ein Zustandsbild zu verstehen, das durch einen psychophysischen Erschöpfungszustand mit dem Gefühl verminderter Leistungsfähigkeit und dem Erleben der Entfremdung vom eigenen Selbst charakterisiert wird. Es äußert sich im Empfinden, ausgelaugt und schon vor der Arbeit müde zu sein, sowie in Entfremdungs- und Depersonalisationsgefühlen oder in zynischer Distanziertheit als Ausdruck einer überschießenden Haltung von Abgrenzung, indem die KlientInnen als unpersönliche Objekte behandelt werden *(Beerlage/Kleiber 1990)*.

Burnout beginnt oft schleichend mit charakteristischen Alarmzeichen von Ermüdung, Reizbarkeit, Schlaflosigkeit und Ungeduld mit den entsprechenden körperlichen Symptomen wie Kopfschmerzen und Angespanntheit. In der nächsten Phase kann es zu starken Gefühlen der Frustration, der Erfolg- und Machtlosigkeit kommen, zu defensiven Bewältigungsversuchen der emotionalen Abkoppelung, des Rückzugs oder der Flucht in Alkohol, Drogen oder Tabletten. Verzweiflung, völlige Desillusionierung und Widerwillen gegen sich und andere stehen am Ende *(vgl. die Gegenüberstellung der Phasentheorien bei Burisch)*.

Eine Phasenbeschreibung, die metaphorisch in der Bilderwelt des »Brennens« bleibt, bietet *E. H. Müller (1994)*. Er unterscheidet fünf Phasen:
»1. Enthusiasmus/Idealismus (Es beginnt feurig)
2. Realismus/Pragmatismus (Die Flamme brennt)
3. Stagnation/Überdruß (Der Funkenflug wird matter)
4. Frustration/Depression (Arbeiten auf Sparflamme)
5. Apathie/Verzweiflung (Die Glut verlischt)«

Die Palette von Hilflosigkeits- und Erschöpfungsgefühlen, der Verlust von Engagement und Glaube an die Sinnhaftigkeit des eigenen Tuns, die zunehmend fatalistische Haltung zur eigenen Arbeit ist uns nicht nur aus alternativen psychosozialen Projekten vertraut (therapeutische Wohngemeinschaften, Frauenhäuser, Notrufe), wir kennen dieses Zustandsbild auch aus der Arbeit mit Krebskranken und natürlich aus Versorgungsbereichen, in denen die Betreuung der Klientel weniger heilend als leidmindernd ist, zum Beispiel in Aidsberatungsstellen oder in der Hospizbewegung.

Letztlich sind alle Berufsgruppen gefährdet, an solchen Verschleiß- und Abnützungserscheinungen zu leiden, alle

Helferberufe, von denen nicht nur Hilfe im Sinne von Versorgen, Beraten, Heilen erwartet wird, sondern auch kontinuierliche emotionale Zuwendung *(Burisch 1994)*. Wir wissen, wie rasch in autonomen Projekten Resignation und Rückzug einsetzen, wenn Hoffnungen auf Veränderung enttäuscht werden und die gemeinsamen Ideologien nicht mehr tragen. Aber wir kennen auch die Desillusionierung im klinischen Bereich, die uns bei Stichworten wie »Drehtürpsychiatrie« oder »Hospitalismus« einfällt. »Helfen macht müde« *(Fengler 1991)*, laugt aus, verbrennt die Energien, erschöpft die Gefühle, macht resigniert, gleichgültig und leer.

Eine besonders häufige Ursache von Burnout ist das Gefühl therapeutischer Ohnmacht, das verständlicherweise vor allem bei tatsächlicher Hilflosigkeit angesichts progressiver oder unheilbarer Krankheiten wie zum Beispiel Krebs, Aids oder multipler Sklerose auftritt. Hier wird sich die Hilfe manchmal darauf beschränken müssen, die existentielle Grenze der Sterblichkeit anzunehmen und ihren Sinn im Kontext des Lebensganzen zu erkunden und zu respektieren. Besonders burnout-anfällig sind hier Helfende, die aufgrund einer Machbarkeits- oder Allmachtsvorstellung übertrieben kränkbar und enttäuschbar sind. Eine bescheidene, ja demütige Haltung gegenüber unserer Begrenztheit und Endlichkeit wäre hier angezeigt, ein Zulassen der Hilflosigkeit. Es gilt die Trauer auszuhalten und zu durchleiden, statt depressiv, aggressiv und schuldzuweisend oder zunehmend entfremdet und zynisch zu reagieren.

Unter HelferInnen ist nämlich diese Form der Verarbeitung von Hilflosigkeit und Ohnmacht – das Engagement zu reduzieren, KlientInnen durch Fachjargon zu dehumanisieren und sie zu schubladisieren – häufig zu beobachten. Es handelt sich dabei um eine Art beruflicher Deformation, ein eingeschliffenes Routineverhalten, eine Einseitigkeit in Form dogmatischer Begrenztheit der Werte, die zu dem von *Fengler (1991)* zu Recht kritisierten Helfer- und Psychojargon führt, zu dem für psychosoziale Subkulturen typischen Sprach- und Verhaltenskodex.

Besonders in Arbeitsfeldern, in denen wir uns oft unsicher und hilflos fühlen, weil positive Rückmeldungen, Erfolgserlebnisse und klare Handlungsorientierungen fehlen, ist aufgrund einer ideologischen Unsicherheit und Unklarheit über therapeutische Interventionen und Werte die Gefahr groß, sich hinter rigiden dogmatischen Vorstellungen zu verschanzen.

Ein charakteristischer Ausdruck beruflicher Deformation und eine verbreitete Strategie, reale Unsicherheiten und Hilflosigkeiten im therapeutischen Feld anderweitig zu kompensieren, ist auch die therapeutische Unsitte der »Belästigung des Bekanntenkreises als subtiles Therapieangebot«, das zwar auf einen üppigen Markt bereitwilliger Interessenten trifft, wie Fengler meint, »die den Schritt zu einer wirklichen Beratung und Therapie scheuen, aber doch gerne mal an dem bittersüßen Saft Psychologie nippen wollen« *(Fengler 1991)*.

Auch die einzelnen therapeutischen Schulen haben ihre typischen Formen beruflicher Deformation, die mit der Einseitigkeit ihres Menschenbildes und ihrer Methodik zusammenhängen. So ist Tilmann Mosers »Hintercouchler« eine beliebte Witzblattfigur und Karikatur des orthodoxen Psychoanalytikers, während sein Gegenstück, der zum Guru hochstilisierte, selbstverwirklichte Erlebnistherapeut in der Pose des Schamanen eine mögliche Deformation im Rahmen der Humanistischen Psychologie darstellt.

Eine Form sozialwissenschaftlicher Deformation und Überkompensation ist auch in der Burnout-Forschung im Übermaß an »objektiven« Meßwerten und einer »wissenschaftlichen« Pseudogenauigkeit in Form von »signifikanten« Daten zu beobachten. Ein Beispiel dafür ist die Publikation von *Beerlage und Kleiber (1990)*, die neben einer Fülle von statistischen Daten zu Streß und Burnout in der Aids-Arbeit die Sinnthematik, die gerade hier im Vordergrund steht, ganz außer acht läßt.

Die sogenannte »wissenschaftliche« Untersuchung des Forschungsgegenstandes, die sich in einer Vielzahl von Tabellen, Meßwerten und Koeffizienten zur statistischen Signifikanz niederschlägt, übersieht völlig, daß das Wort »Signifikanz« einen Bezug zu Bedeutung und damit zum Sinn hat. Die gegenwärtige Hochkonjunktur der Burnout-Forschung (in der internationalen Bibliographie von *Kleiber und Enzmann* wurden 1990 bereits 2496 Titel genannt) kann nicht darüber hinwegtäuschen, daß Burnout mehr ist als »Ausdruck krisenhafter Entwicklungen des psychosozialen Bereichs einerseits und arbeitsmarktspezifischer Entwicklungen andererseits« *(Kleiber/Enzmann 1990)*.

Burnout und Sinnkrise

Während berufliche Deformation im Gegensatz zum Ausbrennen nicht zu leidvollen Symptomen von Zweifel und Verzweiflung führt, sondern eher als problematischer Selbstschutz, sozusagen als »Hornhaut« gegen tiefere Verunsicherung fungiert, sind Burnout und Sinnkrise eng miteinander verflochten. Burnout kann bedeuten, mit dem Zweifel am Helferberuf auch den Lebenssinn überhaupt zu verlieren.

Burnout ist die Sinnkrise der Helfenden. Trotz der umfangreichen Ursachenforschung zum Burnout-Syndrom – zur Erklärung des Entstehens von Burnout sind unter anderem die Konzepte der Entfremdung, der Arbeitsunzufriedenheit, der Depression und des Streß herangezogen worden – fehlt eine fundierte Berücksichtigung des Sinnverlustes als übergreifender Erklärungsansatz. In unserem Verständnis ist das Ausbrennen aber vor allem ein Verirren im Labyrinth von Wert und Sinn, ein Verlust sinnkonstituierender Erfahrungen. Sinnleere und Wertarmut sind wichtigere Schlüssel zum Verständnis des Burnout-Phänomens als »enttäuschte Rollenerwartungen«, »verfehlte Lebenspläne« und ökologische Burnout-Modelle.

Es ist auffällig, wie sehr die Burnout-Symptomatik in ihrem terminalen Stadium dem gleicht, was *Frankl* das »existentielle Vakuum« oder die »noogene Neurose« genannt hat. Beide Zustandsbilder sind durch eine resigniert-depressive und hoffnungslose Grundstimmung charakterisiert, durch Apathie, Energielosigkeit, Erschöpfungsgefühl und mangelnde Motivation, sich noch für irgend etwas zu engagieren. Die negative Einstellung zum Leben wirkt sich in der Verflachung des emotionalen und sozialen Lebens aus und kann schwere psychosomatische Reaktionen und Selbstmordabsichten nach sich ziehen. *Matthias Burisch*, der bekannte Burnout-Forscher, spricht von »existentieller Verzweiflung« *(Burisch 1994)*, wenn das chronische Gefühl der Hoffnungslosigkeit sich zu einem grundlegenden Sinnlosigkeitsgefühl verdichtet hat.

Die Erfahrung zeigt, daß moralisch-religiöse Paradigmen und das Bewußtsein, daß die eigene Arbeit in ein größeres, sinnvolles Ganzes eingebettet ist, am verläßlichsten vor Burnout schützen. Nicht nur *Viktor Frankl* hat auf die Tatsache verwiesen, daß nur ein Lebenssinn, ein größerer Bezugsrahmen, in den all unser Handeln eingebettet ist, auch in Extremsituationen psychische Stabilität verleiht.

Wenn jedoch eine solche grundsätzliche Orientierung fehlt, wenn wir kein sinnstiftendes »Warum« im Leben haben, sind wir als Helfende in mehrfacher Hinsicht gefährdet. Hingegen macht »Sinn vieles, vielleicht alles ertragbar«, wie C. G. Jung formuliert hat.

Sind wir selbst aber hilf- und haltlos, vermögen wir kaum die KlientInnen bei der Suche nach einem tragenden Grund zu begleiten. Außerdem wird ihre Ungeborgenheit uns auf unsere eigene Sinnkrise zurückwerfen und uns diese immer wieder schmerzlich vor Augen führen. Die KlientInnen erkennen dann oft intuitiv und aufgrund ihrer Leiderfahrung mit einer besonderen »projektiven Hellsichtigkeit« unsere eigene Ungeborgenheit und Hilflosigkeit.

Um die existentiellen Fragen nach den Werten und Zielen, die uns das Leben als sinnvoll erscheinen lassen, geht es letztlich in jeder Psychotherapie. Sie betreffen uns als KlientInnen und als Helfende. Sinnerfahrungen sind für uns alle relevant, weil sie sich auf seelische Vorgänge und zum Teil auch auf körperliche Prozesse sehr positiv auswirken. Wertverlust, Wertkonflikte und Sinnlosigkeitserfahrungen stellen dagegen einen Risikofaktor für seelische Erkrankungen dar. Menschen, die sicher in einem Wertsystem verankert sind, können auch schwierigen Lebensumständen einen Sinn abgewinnen und besser überleben, während ein Wertezerfall dem einzelnen seine Stabilität und Orientierung raubt.

Die Orientierungslosigkeit, die für unseren Zeitgeist mit seiner kollektiven Sinnkrise charakteristisch ist, spiegelt sich bei den Helfenden als Fehlen sinnstiftender, tragender Wertorientierungen, was letztlich zum Ausbrennen oder »Durchrosten« führt. Eine interessante Untersuchung zum Zusammenhang von Sinnverlust und Burnout haben *E. Schmitz/G. Hauke (1994)* in München vorgestellt. Sie versuchten, empirisch den Grad des Ausbrennens und die Dimension des Sinnverlustes zu messen, und verwendeten dazu die Burnout-Skala von *Pines et al. (1992)* und den LOGO-Test von *Elisabeth Lukas (1986)*, mit dem die innere Sinnerfüllung und die existentielle Frustration erhoben wird. Die Ergebnisse waren eindeutig: Charakteristische Merkmale des Ausgebranntseins, wie »Demoralisierungsgefühle« (sich schwach und hilflos fühlen, Angst haben, sich wertlos fühlen, sich gefangen fühlen), »Erschöpfungszustände« (müde, abgearbeitet und erledigt sein, körperlich und emotional ausgelaugt) und »Antriebsverlust« (sich niedergeschlagen fühlen, nie einen guten Tag haben, sich nie tatkräftig und optimistisch fühlen) korrelieren sichtbar mit verringertem Sinnerleben.

Die Autoren folgern aus dem statistisch signifikanten Material: »Wahrscheinlich sind die Sinnerfüllten weniger anfällig, in den Zustand des Ausbrennens zu geraten, während die weniger Sinnerfüllten eher dazu neigen, die Burnout-Symptomatik zu erwerben« *(Schmitz/Hauke 1994)*. Auf die Frage, wie es zu Sinnverlust und Ausbrennen kommt, wird – ähnlich unserer Überzeugung – die Einseitigkeit als Grund angegeben, die beobachtbare Tatsache, daß die betroffenen Personen sich nur über wenige »tragende Prinzipien« definieren. Wenn aber der Selbstwert nur so einseitig reguliert wird und die erwartete und benötigte Bestätigung ausbleibt, was ja für psychotherapeutische Prozesse die Regel ist, führt die Überidentifikation und das einseitige Engagement gefährlich rasch zum Ausbrennen. Wenn sich Helfende nie in anderen Lebens- und Arbeitsbereichen erproben und nicht mit anderen Tätigkeiten experimentieren, die als positive Verstärker für die Regulierung des Selbstwertgefühls dienen können, führt diese »eingleisige Kontinuität« unvermeidlich in eine Sinnkrise. Narzißtische Bedürftigkeit, Lust auf Macht und Kompetenz, ursprüngliche Omnipotenzgefühle, mit denen Helfende als Weltverbesserer »feurig« in die Profession eingestiegen sind, stellen besondere Risikofaktoren dar, bei den nicht ausbleibenden Frustrationen rasch zu verglühen. Wenn keine sinnhaltigen, übergeordneten Werte das berufliche Selbstverständnis und praktische Tun leiten, entsteht ein »interpretatives Vakuum« und eine Sinnleere, wie sie von den Burnout-Forschern beschrieben wurde *(Burisch 1994)*.

In der Logotherapie hat *Frankl* das »existentielle Vakuum« und die »existentielle Frustration« als Ausdruck der Verunsicherung und des Wertverlustes beschrieben.

»Im Gegensatz zum Tier sagen dem Menschen keine Instinkte, was er muß, und im Gegensatz zum Menschen von gestern sagen dem Menschen von heute keine Traditionen mehr, was er soll. Nun, weder wissend, was er muß, noch wissend, was er soll, scheint er oftmals nicht mehr recht zu wissen, was er im Grunde will« *(Frankl 1977)*.

Ähnlich wie bei der beruflichen Deformation die Einseitigkeit des Verhaltens im Vordergrund steht, was den spontanen Lebensfluß einengt und die natürlichen Energieressourcen aufzehrt, können wir auch kollektiv eine einseitige und begrenzte Wertorientierung erkennen. Die einseitige Ausrichtung, die der Sinnkrise der Gegenwart zugrunde liegt, betrifft Werte wie Leistung, unaufhaltsamen Fortschritt, Konsum, Rationalität, Extraversion und blinden Aktivismus anstelle einer Haltung, die auch den gegenteiligen Werten des Geistigen, Gefühlshaften und Irrationalen, der Innenschau und dem zweckfreien und spielerischen Tun einen Raum zubilligt. Diese Ausschließlichkeit der kollektiven Werte wird sich auch auf die persönlichen Werthaltungen und auf die Einstellung der Helfenden gegenüber ihren KlientInnen auswirken. Diese suchen aber oft gerade deshalb Hilfe, weil sie unter der Einseitigkeit ihrer Verhaltensweisen im Konflikt zwischen ihren eigenen Forderungen und denen der Gesellschaft leiden. Dabei ergeben sich für die Helfenden zwei Gefahren, mit dieser Situation ihrerseits in einseitiger Weise umzugehen, indem sie sich mit den KlientInnen gemeinsam in den Elfenbeinturm einer *splendid isolation*, einer schöngeistigen Innenschau oder abgehobenen esoterischen Scheinwelt zurückziehen und den Kontakt mit der sozialen Alltagsrealität verlieren oder indem sie andererseits, selbst von den Machtstrukturen der Leistungsgesellschaft geprägt, ihre KlientInnen in übertriebener Weise an die sozialen Normen anzupassen suchen. Dieses schwierig zu lösende und vielleicht oft kaum bewußte Dilemma zwischen autonomer Abgrenzung und Anpassung an die soziale Realität mag dann bei den Helfenden zum grundsätzlichen Zweifel an der Wirksamkeit der Psychotherapie und damit zu einer weiteren Quelle von Burnout führen.

Einen ungewöhnlichen Ansatz zum Verständnis für eine mögliche Ursache von Burnout bietet das Abstinenz-Verständnis von *R. Lesmeister*, der sich in seinem Buch »Der zerrissene Gott – eine tiefenpsychologische Kritik am Ganzheitsideal« als Jungianer besonders mit dem Ganzheitsbegriff bei Jung kritisch auseinandersetzt *(Lesmeister 1992)*. Er kritisiert, daß im analytischen Verständnis von Ganzheit das Destruktive als Schatten ausgegrenzt wird. Indem *Lesmeister* an die eigentliche Wortbedeutung von »Analyse« = Auflösung erinnert, stellt er die These auf, daß Analyse ihrem Wesen nach durch einen »sadomasochistischen Komplex« gekennzeichnet ist, mit einem sadistischen und masochistischen Anteil sowohl auf seiten der AnalytikerInnen als auch auf seiten der AnalysandInnen. Das Wesen dieses Komplexes wird konstituiert durch die Abstinenz, die für ihn den Kern der therapeutischen Wirksamkeit der Analyse ausmacht.

Abstinenz heißt dabei zunächst Frustration der (infantilen) Wünsche der zu Analysierenden zum Zwecke des Bewußtmachens anstelle der Befriedigung derselben. Dies entspricht dem sadistischen Anteil der Haltung der AnalytikerInnen und gleichzeitig – komplementär – dem masochistischen Anteil des Verhaltens der AnalysandInnen. Auf diese analytische Frustration reagieren die Analysierten mit (Enttäuschungs-)Aggression gegen die AnalytikerInnen. Diese dürfen sie nun aber – wiederum der Abstinenzregel gehorchend – nicht mit Gegenaggression beantworten, sondern müssen sie ertragen (und deuten). Dies entspricht dem masochistischen Part des Analytikerverhaltens bzw. dem sadistischen Part der Analysierten. Nun sind in diesem sadomasochistischen Wechselspiel verständlicherweise beide PartnerInnen oft versucht, aufgrund der mit dem sadomasochistischen Verhalten verbundenen Unlust aus diesem »grausamen Spiel« auszusteigen, sozusagen »den ganzen Quatsch zu lassen und sich wie vernünftige Leute zu vertragen«. Dies würde aber im Verständnis des Abstinenzkonzeptes das Ende der Analyse und damit der Heilungschance bedeuten. Beide müssen – wie auch Freud fordert – den Preis der Unlust auf sich nehmen, die für die analytische Arbeit unabdingbar ist.

Nun glaubt *Lesmeister*, daß trotz der rationalen Einsicht in die Notwendigkeit der Abstinenz die AnalytikerInnen aufgrund dieser sadistischen Komponente ihres Verhaltens latente Schuld- und Schamgefühle entwickeln. Außerdem erzeuge die masochistische Seite, das Ertragen der Enttäuschungsaggressionen der AnalysandInnen, bei den AnalytikerInnen trotz ihrer rationalen Überzeugung der Notwendigkeit der Abstinenz latente Wut, die aber zurückgehalten und aufgestaut werden muß. Alle diese teils bewußten, teils unbewußten Reaktionen von Wut, Schuld- und Schamgefühlen führen schließlich, vor allem bei mangelnder Möglichkeit des Austauschs mit KollegInnen anhand von Super- und Intervision, zu einem Gefühlsstau, der sich am Ende als die »Zeitkrankheit der Helfenden«, als »Burnout-Syndrom« äußert.

Wir tun somit gut daran, uns dieses destruktiven Kerns der Analyse bzw. der Abstinenz stets bewußt zu bleiben, quasi im Sinne des mephistophelischen Prinzips des »Teils jener Kraft, die stets das Böse will und stets das Gute schafft«. Diese destruktive Seite der Analyse mag dabei zudem in Form von Freuds »Thanatos-Prinzip« einen sinnvollen Kontrapunkt schaffen zu allzu schwärmerischen, euphorischen und pseudoreligiösen Metaphern von Ganzheit, die den Eindruck eines besonders hohen Ethos erwecken mögen, aber das destruktive Element der Analyse dem (unbewußten) Schatten überantworten. Doch verdient das scheinbar Destruktive, aus dieser Schattenexistenz »erlöst« zu werden, da ihm als durchaus positivem Agens mehr Respekt gebührt und nur über die Integration dieses Schattenhaften Burnout-Gefühle vermieden werden können.

Wenn Helfen und Heilen letztlich auf das Zurückfinden zur eigenen Mitte zielt, auf das Konstituieren von Sinn, dann werden wir Helfende ständig sowohl mit der Einseitigkeit und Behinderung der Sinnmöglichkeiten unserer KlientInnen als auch mit dem eigenen Unfertigsein und den persönlichen Sinnbeschränkungen konfrontiert. Wir stoßen in dieser Konfrontation auf unsere eigene »Restneurose«, setzen uns einer dauernden Erschütterung aus und sind herausgefordert, uns selbst immer wieder in Frage zu stellen. Wir werden also aus unserer mehr oder weniger »verwirklichten Mitte« stets wieder herausgerissen und müssen uns um eine Balance dauernd neu bemühen, ein Prozeß, der ohne einen fürsorglichen Umgang mit uns selbst unsere psychische Stabilität gefährden kann.

Psychohygiene und Schutz vor Burnout

Da wir uns in der Psychotherapie ständig mit Grenzen auseinandersetzen, Grenzerfahrungen machen, an der
Grenze vom Ich zum Du experimentieren, Grenzen erweitern und Grenzen abstecken, Grenzen erfahrbar und
durchlässig machen, sie respektieren und verinnerlichen
helfen, an unsere eigenen Grenzen stoßen und in glücklichen Momenten über sie hinauswachsen, Grenzen verletzen und zu Grenzüberschreitungen verführen und verführt werden, an Grenzverlusten leiden und mit grenzenlosen Ansprüchen konfrontiert sind, kommt der Notwendigkeit der *Abgrenzung* zum Schutz vor Burnout eine ganz
wesentliche Bedeutung zu.

Kristine Schneider (1990) hat in ihrem Buch zur Praxis der
Gestalttherapie der »Abgrenzung des Therapeuten« ein
ganzes Kapitel gewidmet. Sie nennt vor allem Kenntnis
über die eigenen Anfälligkeiten und Risikofaktoren, Wissen über den ansteckenden Charakter psychischer Störungen und pathogener Stimulierungen, bewußte Wahl der
Klientel, Ökonomie im Umgang mit den Stimulierungs-
prozessen im therapeutischen Prozeß als wesentliche
Aspekte einer heilsamen Kooperation an der gemeinsamen Grenze. In ihrer Beschreibung des fließenden Umgangs mit Nähe und Distanz, des rhythmischen Wechsels
zwischen Identifikation und Desidentifikation macht sie
deutlich, wie im Wagnis der Begegnung die therapeutische
Rolle vor destruktiver Labilisierung schützen kann.

Wir müssen lernen, die Therapeutenpersönlichkeit öko-
nomisch einzusetzen, um nicht aus der Balance zu geraten
und uns mit unseren KlientInnen zu verstricken. Eine für
den Energiehaushalt der Helfenden ökonomische Haltung ist charakterisiert durch eine adäquate und flexible
Handhabung der Grenze zwischen sich selbst und den
KlientInnen. Dann ist das Helferverhalten geprägt von
einem spielerischen Element der Experimentierfreudigkeit anstelle sklavischer Abhängigkeit von begrenzenden
Paradigmen, von »Anfängergeist« und »kultivierter Unsi-

cherheit« *(F. Staemmler 1994),* von Humor und Lebendigkeit.

In der ausufernden Literatur zum Burnout und zum Umgang mit Streß lassen sich viele personenbezogene, institutionsorientierte und organisationsübergreifende Strategien finden, die für die Prävention von Burnout hilfreich sein können. Es ist wichtig, sich mit Methoden zu befassen, die uns Helfende gesund erhalten, und sich auf die Rahmenbedingungen zu besinnen, in denen wir therapeutisch fruchtbar arbeiten können, vor allem aber auf unseren Umgang mit der Gegenübertragung und der Gesamtheit unseres Erlebens im Arbeitsprozeß.

Leider haben die psychotherapeutischen Ausbildungsgänge die Fragen der Psychohygiene, der Helfermotivation und der persönlichen Risikofaktoren, die wir in unseren Beruf mitbringen, immer noch unzureichend in ihr Curriculum integriert.

Copingstrategien, Psychohygiene und Supervision können aber letztlich das Burnout-Syndrom nicht heilen. Auch die Zukunftsmusik institutioneller Veränderungen bewirkt schließlich wenig, wenn nicht die Auseinandersetzung mit der Sinnfrage, mit Sinn und Unsinn von Leben und Tod *in uns selbst* zum Thema wird.

Die Erfahrung des Ausgebranntseins zu bewältigen bedeutet dann, wieder eine Orientierung am Werthorizont zu finden, die Arbeit als sinnvoll zu erleben, für den Schmerz, das Leiden und das Du des anderen wieder offen zu werden. Das vermag ich aber nur, wenn ich lerne, für mich selbst zu sorgen, wenn ich mich annehmen kann und mit mir im reinen bin, wenn ich mir selbst, den anderen Menschen und allem, was mich umgibt, mit Liebe begegne.

Wir wollen hier einige Aspekte möglicher Kraftquellen oder Ressourcen andeuten, die auf diesem Weg hilfreich sind und im Zusammenhang mit einer übergeordneten Sinn- und Wertdimension stehen, weil wir mit *Tausch* der Meinung sind, daß »schwerem Leid zu begegnen und Kraft zum Helfen zu haben ... wahrscheinlich nur mit einer deutlichen religiösen, spirituellen oder philosophischen Auffassung möglich« ist *(Tausch 1993)*.

Meine Erfahrungen im Kriegsgebiet Bosniens und meine (U. W.) Begegnungen mit Chirurgen, Psychiatern, Psychologinnen, Lehrerinnen und Theologinnen dort haben mir sehr deutlich gezeigt, wie stark eine spirituelle Verankerung für die Prävention von Burnout bedeutsam ist. Es schien, daß dann selbst im Unsinn des Krieges immer wieder auch der Sinn einer Kraft und Geborgenheit vermittelnden Wertorientierung und spirituellen Haltung aufleuchten konnte.

Die psychologische Forschung hat erwiesen, daß unser Erleben von Leid, unser Verhalten in existentiellen Grenzzuständen stark davon abhängig ist, wie wir das uns Widerfahrene verstehen, welche Bedeutung und welchen Sinn wir dem uns Geschehenden geben. In der Auseinandersetzung mit Krankheit und Tod wird diese Frage nach dem Sinn besonders virulent, aber wir können sie uns auch ganz bewußt in bezug auf unsere Arbeit stellen. Die therapeutische Begleitung von schwer Leidenden und im medizinischen Sinn unheilbar Kranken kann für uns nicht nur ein Risiko sein, wegen einer möglichen Ohnmachts- und Hilflosigkeitserfahrung auszubrennen, sie vermag auch unseren Horizont zu erweitern, weil sie uns Einsicht in die Vergänglichkeit, in die Grenzen des Machbaren ermöglicht, weil sie uns immer auch mit etwas in Kontakt bringt, was uns übersteigt.

Wir lernen in der psychotherapeutischen Begleitung nicht nur, gemeinsam mit unseren KlientInnen die Realität zu sehen und anzunehmen und sich mit den eigenen inneren Tatsachen auszusöhnen, wir haben auch mit jeder Therapie die Aufgabe und Chance, das Loslassen zu üben, das Loslassen unserer therapeutischen Konzepte und Heilungsvorstellungen und das Loslassen narzißtischer Fehlerwartungen. Aus diesem Grund ist es nicht verwunderlich, daß viele PsychotherapeutInnen nicht nur verschiedene Entspannungsmethoden anwenden, um besseres Loslassen zu üben, sondern nach einer tieferen Balance zwischen der Innen- und Außenorientierung suchen und die *Medita-*

tion wählen. Sie fördert die Durchlässigkeit und Achtsamkeit für sich selbst und die Prozesse im Du, hilft uns bewußter wahrzunehmen statt zu bewerten und fördert die akzeptierende Einstellung zu sich und anderen.

Wenn wir uns im analytischen Prozeß tief auf die Bewegung der Seele einlassen, im Bewußtsein der Bezogenheit auf ein »Drittes«, dann vermögen wir auch ahnungsweise zu begreifen, was Einstein, Pribam und Heisenberg meinen, wenn sie von der »anderen«, »eigentlichen« oder »letzten«, der »wirklichen« Wirklichkeit sprechen, die uns unbegreifbar bleibt. Im Offensein für das Geheimnis und Rätsel des Heilwerdens, im Vertrauen auf einen Prozeß, in dem für uns, rational nicht erklärbar, Heilloses heil wird und die Sinnbotschaft der Krankheit sich symbolisch inszeniert, können wir als Helfende eine Quelle der Kraft für unsere Arbeit erfahren, die uns davor schützt, hoffnungslos auszubrennen.

Eine frische, gesunde Auseinandersetzung mit den Werten und Zielen unseres Berufes, den Chancen und Möglichkeiten, die er auch in Krisensituationen bietet, vermag uns auf dem Weg des Ausbrennens zu bremsen. Wir können uns als Helfende, die wir häufig den Grenzsituationen des Lebens ausgesetzt sind, immer wieder die Frage stellen, was *uns* in unserer Arbeit trägt, welche Werte uns leiten. Gerade die helfenden Berufe bieten uns dauernd die Chance, uns mit dem Wesentlichen in uns, im anderen und in unserer Umwelt auseinanderzusetzen und daran zu wachsen. Der therapeutische Dialog, die analytische Begegnung fordert unser Personsein heraus, unseren Standort zu Fragen der Ethik, das Sicheinlassen auf Sinn und Sinnkrise.

Wenn wir uns darauf einlassen, uns selbst zu befragen, wenn wir uns den Zielen stellen, die wir persönlich als sinnvoll erachten, wird uns auch die oft bis an die eigenen Grenzen führende therapeutische Arbeit Möglichkeiten der Sinnerfüllung eröffnen.

Welches Selbstverständnis prägt uns? Woraus beziehen wir tiefste Befriedigung und Erfüllung im Alltag, im Beruf, in der Freizeit? Was muß in unserem Leben geschehen, damit wir mit dem Gefühl der Zufriedenheit auf den Lebensweg zurückblicken können? Wann haben wir den Eindruck, therapeutisch gut gearbeitet zu haben? Wann finden wir, daß sich unser Leben gelohnt hat? Für welche Werte finden wir es sinnvoll, sich einzusetzen? Was ist das sinn- und haltgebende »Wofür« unseres Lebens?

Da Freud uns schon gelehrt hat, daß wir in Beratung und Therapie nicht weiter kommen, als die eigenen Komplexe und Widerstände es uns gestatten, da unsere Persönlichkeit unser wichtigstes Arbeitsinstrument ist, sind wir immer zu dieser Arbeit an uns selbst herausgefordert. Obwohl dies »Schwerarbeit« ist, wie wir alle wissen, können wir diese kontinuierliche Sorge um die eigene Integrität und die unserer KlientInnen, diese Arbeit an der Sicherung und Erweiterung von Lebensqualität und Sinnerfülltheit auch als etwas verstehen, das uns dankbar machen kann. Wenn wir uns bewußtmachen, wieviel an Vertrauen, Hoffnung und Wahrhaftigkeit uns von unseren KlientInnen entgegengebracht wird, wieviel Wertvolles wir in diesen Begegnungen bekommen haben, wie oft wir Zeuge sein durften von Prozessen, die uns in einer tiefen Dimension berührt haben, dann können wir für diese »Geschenke« dankbar sein und in der so gewonnenen Bescheidenheit einen Schutz vor der Qual des Burnout spüren.

In der letzten Zeit haben die bisher ausgegrenzten Tabuthemen therapeutischer Ethik und Wertauffassungen verstärkt Beachtung erfahren. Wir finden auch im Rückgriff auf solche ethischen Prinzipien wie »Ethik der Ehrfurcht vor dem Leben« (Albert Schweitzer) oder »Ethik der engagierten Verantwortung« (Petzold) eine Möglichkeit, unsere Arbeit als Helfende sinnhaft zu erleben. Wenn wir in einem solchen beraterischen oder therapeutischen, medizinischen oder seelsorgerischen Selbstverständnis gründen, wie Schweitzer seine Ethik beschreibt, sind wir weniger gefährdet auszubrennen.

»Gut ist Leben erhalten und Leben fördern, schlecht ist Leben schädigen und zerstören. Ethik bedeutet Erhaltung des Lebens auf dem höchsten Stand der Entwicklung – meines eigenen Lebens und fremden Lebens –, indem ich mich ihm widme in Hilfsbereitschaft und Liebe« *(Schweitzer 1988).*

Das in Helferkreisen häufige Klagen über unseren »unmöglichen Beruf« übersieht gern, daß wir uns auch in der privilegierten Situation im Leben befinden, uns nicht nur mit den »ersten«, sondern immer auch mit den »letzten Dingen« befassen zu können. Wenn wir unser psychotherapeutisches Handeln als einen Schritt zu emanzipatorischem Denken und Tun begreifen, als Verhinderung von Unterdrückung, als Möglichkeit des Mitleidens und Mithelfens, als Dialog der Liebe, dann kann dieses Bewußtsein unserem Leben Sinn und Wert geben und vor Burnout schützen.

Im Grimmschen Märchen vom »Gevatter Tod« findet sich eine symbolische Darstellung der Gefahr des Ausbrennens bei Helfenden.

Der Gevatter Tod

Einem armen Mann, der schon zwölf Kinder hatte, wurde noch ein dreizehntes geboren. Aus Sorge, für dieses nicht mehr genug Brot zu haben, beschloß er, den ersten, dem er auf der Straße begegnete, zu bitten, die Patenschaft des Kindes zu übernehmen. Dieser Erste war der gütige Gott, den der arme Mann aber nicht als Pate wollte, da er »den Reichen gebe und die Armen verhungern lasse«. Doch wußte er nicht, wie weise Gott Armut und Reichtum verteilt. Der zweite war der Teufel. Auch dem wollte er sein Kind nicht anvertrauen, da er die Menschen in die Irre führe. Der dritte war schließlich der Tod, dem der Mann seinen Sohn gerne als Patenkind übergab, da er »ohne Unterschied Arme und Reiche nehme«.

Als der Junge groß geworden war, zeigte ihm der Tod als Patengeschenk im Wald ein wundertätiges Heilkraut und versprach, ihn zu einem berühmten Arzt zu machen. Er werde am Krankenbett immer auch zugegen sein. Wenn er beim Kopf des Kranken stehe, könne dieser gerettet werden, wenn er aber bei den Füßen stehe, ge-

höre er ihm. Da der junge Mann auf diese Weise immer auf den ersten Blick die Lage gleich erfaßte und das Heilkraut anwendete, wenn der Kranke zu retten war, sonst aber wußte, daß kein Kraut auf Erden mehr wirksam sein konnte, wurde er bald zum berühmtesten Arzt der Welt.

Da wurde er eines Tages zum kranken König gerufen und erkannte gleich, daß er nicht zu retten war, da der Tod zu seinen Füßen stand. Nun griff der Arzt zu einer List, indem er den König so umdrehte, daß der Tod nicht mehr bei den Füßen, sondern beim Kopf zu stehen kam. Der Tod war über ihn sehr erzürnt, drückte aber dieses eine Mal noch ein Auge zu, weil er sein Patensohn war. Doch würde es ihn den Hals kosten, wenn er dies noch einmal täte. Bald darauf erkrankte auch des Königs einziges Kind, die Königstochter. Er ließ im ganzen Land verkünden, daß derjenige, der sie vom Tode erretten könnte, ihr Gemahl werden und einst die Krone erben sollte. Als der Arzt an ihr Bett kam, erkannte er wiederum sogleich, daß sie verloren war, da auch diesmal der Tod zu des Mädchens Füßen stand. Er entschloß sich, betört durch ihre Schönheit und die Aussicht auf die Krone, seine List trotz der Warnung des Todes ein zweites Mal anzuwenden. Das Mädchen kam sogleich wieder zu Kräften, doch packte diesmal der Tod den Arzt mit seiner eiskalten Hand und führte ihn in eine unterirdische Höhle, wo Abertausende von Kerzen brannten, große, mittlere und kleine, die schon am Verlöschen waren.

Jeden Augenblick verloschen einige, andere brannten wieder auf, so daß die Flämmchen in beständigem Wechsel hin und her zu hüpfen schienen. Es waren die Lebenslichter der Menschen. Als der Arzt den Tod nach seinem eigenen Lebenslicht fragte, erschrak er, als er sah, daß es schon fast ganz heruntergebrannt war. So bat er den Tod, ihm ein neues Licht anzuzünden. »Tut es mir zuliebe, damit ich meines Lebens genießen kann, König werde und Gemahl der schönen Königstochter.« Der Tod aber sagte, »ich kann nicht, erst muß eins verlöschen, ehe ein neues anbrennt«. »Dann stelle das alte Licht auf ein neues, das gleich fortbrennt, wenn jenes zu Ende ist«, sagte der Arzt. Der Tod tat so, als würde er seinen Wunsch erfüllen, und langte ein frisches großes Licht herbei; da er aber Rache nehmen wollte, versah er's beim Umstecken absichtlich, und das kleine Stückchen fiel zu Boden und verlosch.

Und alsbald sank der Arzt zu Boden und war jetzt selbst in die Hand des Todes geraten. (Nacherzählung des Grimm-Märchens)

Das Märchen hat mehrere auf unser Thema zutreffende Aspekte. Es wirft ein Licht auf den Sinn der Krankheit, worauf *Whitmont (1993)* hinweist. Krankheit und Heilung, Sterben und Wandlung, Tod und Wiedergeburt sind Seiten derselben archetypischen Gestalt. Krisen sind Chancen der Transformation, und Wachstum und Heilung sind nur möglich, wenn Altes und Verbrauchtes ausgestoßen und verlassen wird und stirbt. Der Tod ist daher der Pate des Arztes, und dieser muß als sein Patensohn ein vertrautes Verhältnis zu seinem eigenen Sterben haben und das Verhaftetsein an Geltung und Besitz loslassen können. Als omnipotenter Arzt, der den Tod überlisten will, wie es in der modernen Medizin nicht selten der Fall ist, muß er bald scheitern. Wenn er hingegen Zugang zu seinem eigenen Leiden und zu seiner eigenen Hilfsbedürfigkeit hat, kann er sich als »verwundeter Heiler« in die Krankheit und das Sterben der PatientInnen einfühlen und sie durch Trauer und Heilungskrisen hindurch begleiten. Außerdem muß er aber als »Patensohn des Todes« auch den Mut haben, im Sinne des »*verwundenden* Heilers« die Kranken mit dem Sinnlosen und Krankhaften, das sie in sich tragen, zu konfrontieren. Er muß das Gift der Krankheit in »potenzierter Form«, wie es in der Homöopathie heißt, als Heilmittel anzuwenden wissen. Die Wirksamkeit der Medizin, das wundertätige Heilkraut, ist das Patengeschenk des Todes und der Krankheit *(Whitmont 1993)*.

Das Märchen lehrt uns aber vor allem, daß der Arzt die Existenz des Todes anerkennen und die Grenzen seiner Kunst akzeptieren muß, anstatt in der anmaßenden Haltung des allmächtigen Heilers zu versuchen, den Tod zu hintergehen. Der Tod steht allgegenwärtig am Bett des Kranken und verweist so auf seine unvermeidliche Existenz. Der Arzt ist kein »Halbgott in Weiß«, sondern ein Günstling in den Händen des Todes, sein Tun ein durch Gehorsam beschränktes, der Weisung des Todes folgendes

Handeln. Die Konstellation des Todes, wie dieser am Krankenbett steht, entscheidet über seine heilenden Möglichkeiten. Er kann seine Möglichkeiten nutzen, aber niemals den Tod besiegen. »Und entweder in Übereinstimmung mit der Macht des Todes ist's ihm vergönnt zu heilen, oder aber er ermißt sich, etwas zu tun, das die Grenzen der Welt zu zersprengen droht und das also ihn selber zurückrufen muß in die Kammern des Todes, um Schaden von der Natur zu nehmen« *(Drewermann 1991)*.

Worauf im Zusammenhang dieses Kapitels besonders hinzuweisen ist, betrifft den Aspekt des Ausbrennens. Wenn der Arzt seine Grenzen mißachtet, wenn er seine Kompetenz im Sinne eines Omnipotenzanspruchs überschreitet und den Tod besiegen will, erlischt auch sein eigenes Lebenslicht, und er brennt aus. Wenn wir als Helfende wie der Arzt im Märchen uns zu sehr durch die Aussicht auf Erfolg, Prestige und Reichtum verführen lassen, müssen wir mit unserer eigenen Lebenskraft bezahlen. Es ist zwar notwendig, sich als Helfende in einem gewissen Maße einzulassen und »gebrauchen« zu lassen. Es ist richtig, die Krankheit in einer angemessenen Weise als Herausforderung zu verstehen, sie stellvertretend auf uns zu nehmen und uns von der Neurose der PatientInnen »infizieren« zu lassen, wie Jung sagte. Doch ist es niemals möglich, den Tod zu überlisten, wie es der Arzt des Märchens versucht.

Es gehört, wie wir früher ausgeführt haben, zur ärztlichen Kunst, zwischen *Szylla und Charybdis,* zwischen der Gefahr distanzierter Abgegrenztheit und Überidentifikation, zwischen Selbst- und Nächstenliebe die Mitte zu finden und zu wahren, um nicht dem Burnout zum Opfer zu fallen. Die größte Gefahr, als Helfende auszubrennen, besteht jedoch darin, in einer Pose der eigenen Omnipotenz die Macht des Todes und der Krankheit zu verleugnen und wie der Arzt im Märchen den Tod überlisten zu wollen, statt ihn zu akzeptieren als eine Realität, die zum Leben gehört.

3. Die Sinnkrise der PatientInnen
Krebs und Aids – sinnloses Sterben?

Der Tod: »Steh auf! Wirf dies ererbte Grauen von dir!
Ich bin nicht schauerlich, bin kein Gerippe!
Aus des Dionysos, der Venus Sippe,
Ein großer Gott der Seele steht vor dir.«

Hugo von Hofmannsthal

O Herr, gieb jedem seinen eigenen Tod,
das Sterben, das aus jenem Leben geht
darin er Liebe hatte, Sinn und Not.

Rainer Maria Rilke, Stunden-Buch

Die Sinnkrisen und schwarzen Verzweiflungen unserer PatientInnen haben viele Gesichter und Gestalten. Wir haben das dunkle Antlitz des Todes gewählt und den Schrecken der Gewalt, um deutlich zu machen, wie in diesen Grenzregionen der Archetyp von Sinn und Sinnlosigkeit erfahrbar wird.

Wir bewegen uns in diesem Kapitel im Grenzland zwischen Medizin und Psychologie, Psychotherapie und Seelsorge, Bewußtem und Unbewußtem, Leben und Tod. Wenn wir mit krebs- und aidskranken Menschen arbeiten, mit Gefolterten und Vergewaltigten, wandern wir durch die »Todeslandschaften« der Seele. Oft erleben wir dabei, daß »etwas« uns den Boden unter den Füßen wegzieht, daß wir überwältigt werden und in eine Tiefe fallen, die Unterwelt-Charakter hat. Wir meinen damit einen Zustand, in den uns die Krankheit oder das Trauma hineingezwungen hat, die stummen Löcher, in die wir fallen und aus deren Perspektive wir das Leben als total verändert erfahren.

Wir sprechen von Grenzerfahrungen und Grenzüberschreitungen, Grenzen der Macht und Grenzen des Machbaren, Grenzen des Leides und des Ertragenkönnens. Wir betreten die Kammern der dunklen Tiefe, der Zerstörung, Auflösung und des Zerfalls. In der Begegnung mit Krebs und Aids treffen wir auf das Ausgegrenzte, Verdrängte, Stigmatisierte und auf die unerbittliche Frage, was diese Krankheit, dieses Sterben und dieses Leben letztlich von mir will. Meine eigene Form finden, meinen Sinn erschaffen angesichts des Todes, meine Kreativität der Begrenzung entgegensetzen, das ist meine Individuation, mein Heimkommen zu mir selbst. Was C. G. Jung den Individuationsweg nennt, ist dieses Ins-eigene-Kommen, die Subjektwerdung, in der Leben und Tod, Lichtes und Dunkles unauflöslich miteinander verknüpft und in einer dauernden Gegensatzspannung aufeinander bezogen sind. Angesichts des Verfalls und der Auflösung der äußeren Form bedrängt die Frage nach dem Muster und der Gestalt meines inneren Wesens in besonderer Weise. Wie kann ich die Idee und die »implizite Ordnung« des eigenen Seins im Chaos der Krankheit finden, Begrenzungen akzeptieren oder transzendieren? Wie kann ich im Labyrinth meiner Krankheit mir selber begegnen? Krebs und Aids machen angst. Es ist die Angst vor der psychischen Vernichtung, vor Desintegration und Enthumanisierung, vor dem Verlust der Kohärenz des Selbst. Es geht um die Angst vor Autonomieverlust, Abhängigkeit und Schmerz, Angst vor Verstümmelung und Verlassenwerden.

In der Psychotherapie müssen wir diese Angst aushalten können, die Sprachlosigkeit unserer PatientInnen, die gemeinsame Grenzerfahrung der Zeiten und die Begrenztheit des Lebensentwurfes. Wir müssen gemeinsam die Dunkelheit ertragen, still sein und vertrauensvoll daran glauben, daß sich im Inneren unserer PatientInnen heilende Kräfte konstellieren, daß aus den Tiefen des Unbewußten schützende Bilder aufsteigen, die eine Neuorientierung und Wandlung von innen bewirken. Die Abgründigkeit dieser Erfahrungen, das Gefährliche und Unvertraute ängstigt uns. Es ist die Angst, die wir empfinden, wenn wir im Innern des Labyrinths unterwegs sind, Angst vor dem, was im Zentrum auf uns lauert, Angst vor dem eigenen »Bösen«, Angst vor dem unwiederbringlichen Hineingezogenwerden in den Prozeß der Wandlung, der Begegnung mit unserem eigenen Inneren. Das Unheimliche und Unabwendbare dieses Wachstums und Zerfalls erschreckt, rüttelt auf, verwandelt. Viele Erkrankte, die sich tief in ihr Labyrinth hineinbegeben haben, strahlen etwas Grenzgängerisches aus. Sie führen ein »Grenzleben« *(Vetter 1994)*, wissend, daß der Eingang ins Labyrinth auch der Ausgang ist, daß Leben und Tod zusammengehören. So ähneln sich auch die Metaphern, die für den Anfang und das Ende stehen, die Höhle als mütterlicher Raum der Geburt und die Erdhöhle als Grab.

Der Begriff Krebs, Karzinom, ist schon von Hippokrates für nichtheilende Geschwüre verwendet worden. Wenn wir die Metaphorik des Krebstieres betrachten, kann uns die Symbolik helfen, die Krankheit und unsere Angst davor besser zu verstehen. Der Krebs hat einerseits die Tendenz, sich durch den Krebsgang ins Dunkel und in die Verborgenheit zurückzuziehen und sich durch seine Schalen zu schützen und abzugrenzen. Dem Krebs haftet der Charakter des Unheimlichen an, weil er auch aus dem Hinterhalt plötzlich angreifen und mit seinen Scheren zupacken und unvermutet Grenzen durchbrechen kann. Diese Symbolik trifft auch auf den Krebs als Krankheit zu. Er ist umgeben mit dem Odium des Unheimlichen und Bösen, das uns plötzlich hinterlistig überfällt *(Hürny u. Adler 1991)*. Er ist eine Metapher für Tod und Sterben, für ein Thema, das in unserer schizoiden, auf Leistung und Fortschritt ausgerichteten Gesellschaft ausgegrenzt und tabuiert ist. Er verkörpert auch den symbolischen Ausdruck dessen, was in unserer hochtechnisierten Welt, in der alles machbar und beherrschbar scheint, besonders gefürchtet wird: das völlig Willkürliche und scheinbar Sinnlose, das sich unserer Kontrolle entzieht und uns aus dem Hinterhalt überrumpelt. Gleichzeitig ist der Krebs auch ein Ausdruck der nicht zu bändigenden Natur, die wir ausgegrenzt haben und die sich durch die Hintertür des Krankheitssymptoms wieder bemerkbar macht im unkontrollierbaren, unheimlichen Wuchern über die natürlichen Grenzen eines Organs hinweg in den ganzen Körper hinein. Der Krebs zerstört Grenzen; er entzieht sich dem Regulationsmechanismus des Gesamtorganismus, ist abgekoppelt, unangepaßt, anarchisch und invasiv. Er infiltriert durch sein chaotisches Wachstum die tieferen Schichten und durchbricht die Grenzmembran der Körperzellen, was in der Regel einen besonderen Grad der Malignität, der Bösartigkeit des Wucherns bedeutet. Wir haben eine irrationale Angst vor Krebs, der in der Häufigkeit der Todesursache hinter den Herz-Kreislauf-Erkrankungen erst an zweiter Stelle steht, aber weit mehr als diese wegen seiner Unheimlichkeit und »Bösartigkeit« gefürchtet wird. »Weltweit sterben jedes Jahr 4,3 Millionen Menschen an Krebs. Ein Zehntel aller Todesfälle sind krebsbedingt, und pro Jahr wird mit ca. 6,35 Millionen neuer Krebsfälle gerechnet« *(Teoh 1989)*.

Dennoch wird das Todesthema in unserer Zeit ausgegrenzt, der Tod und der Sinn bleiben Tabuthemen. Das zeigt sich auch in der bei KrebspatientInnen häufigen Verleugnungstendenz ihrer Krankheit gegenüber, die oft von Ärzten und Pflegepersonal geteilt und damit verstärkt wird. Viele psychodynamische Untersuchungen Krebskranker verweisen auf die starken Abwehrmechanismen in Form von Verdrängung und Verneinung emotionaler Belastungen: Verluste sind in der Biographie von Krebskranken besonders häufig anzutreffen, ohne daß die damit verbundene Angst und Trauer zugelassen wurde. Die Verleugnung als Nicht-wahr-haben-Wollen kann in der Anfangsphase auch als Schutz verstanden werden, mit dem sich das Selbst gegen den Zerfall des Selbst-und Weltbildes zu wehren versucht.

Eine interessante Untersuchung in bezug auf die Angst vor dem Tod *(vgl. Meerwein 1991)* belegt bei Ärzten eine höhere latente Todesangst als bei der Durchschnittsbevölkerung. Auch bei Psychotherapeuten ist die Todesthematik besonders besetzt; wir denken an Freud und den Thanatostrieb, wir erinnern uns an die Selbstmorde seiner Mitarbeiter *Silberer* und *Tausk* und den Selbstmord von *Honegger*, der mit Jung gearbeitet hat. Und ein Blick in die Statistiken zeigt uns, daß die Selbstmordrate unter Ärzten bei Psychiatern am höchsten ist. Vielleicht können wir darin den Sog der Unterwelt mit ihren Augen des Todes erkennen, das Ansteckende des Traumas, die Gefährlichkeit unserer Arbeit mit den Geheimnissen der Tiefe. Für *J. Hillman (1979)* ist der Tod die Grundangst unseres Berufsstandes und der Boom optimistischer, Heilung und Kreativität versprechender Therapien nichts anderes als eine manische Abwehr dieser Todesangst.

In bezug auf Krebs und Aids kann der Omnipotenzanspruch einer Apparatemedizin, die angetreten scheint, den alten Menschheitstraum von der Überwindung des Todes zu verwirklichen, als Überkompensation ihrer verleugneten Todesangst interpretiert werden. Häufig stellen diese Leiden einen kränkenden Angriff auf das berufliche Selbstbild der Ärzte dar. Unter diesen Umständen ist es auch verständlich, daß die Psycho-Onkologen auf den somatischen Krebsstationen keinen leichten Stand haben, da sie ihre Funktion darin sehen, Verleugnungen aufzudecken und zum Ausgegrenzten einen ganzheitlichen Zugang zu finden. Indem sie das Todestabu berühren, werden sie häufig selber tabu und ausgegrenzt. So kommt es oft zur Isolation der PsychologInnen und zu manifester Rivalität von seiten der ÄrztInnen um das adäquatere Denk- und Behandlungsmodell.

Die Spaltung und Ausgrenzung, der Verlust ganzheitlichen Erlebens und das Thema der Entfremdung bilden sich auch im Umgang mit Krebskranken ab, je nachdem, ob der Fokus mehr auf die Beseitigung der Krankheitsursache oder die Vertiefung der Lebensqualität und die schöpferische Anpassung an die Krankheit gerichtet wird. Die charakteristische Krebsstruktur, die sich in der Spaltung von Forschung und Versorgungspraxis zeigt, ist scharf kritisiert worden: »Ein schier uferloses Wachstum des isoliert organismischen Sektors; seine Abspaltung von allen psychischen und sozialen Bezügen; Konzentration auf das Negative und Zerstörerische; Negation des Persönlichen, Subjektiven; Verdrängung von Trauer und Sterben in die sogenannte ›Terminalphase‹; mangelnde Einordnung der einzelnen Teile in eine übergeordnete ›Gestalt‹; kurz: Fragmentierung, Isolation, Negativität, Unlebendigkeit, Verdinglichung und andere Phänomene einer multiplen Entfremdung« *(Canacakis, Schneider 1989).*

In der Sprache der Mythologie bedeutet diese Entfremdung und Fragmentierung den Verlust des zyklischen Bewußtseins, die Ausgrenzung der Großen Mutter, der das Tierkreiszeichen des Krebses zugeordnet ist. Das weibliche Eingebundensein in kosmische Zusammenhänge, in den Zyklus der Natur durch Menstruation und Geburt hat nämlich teil an diesen archetypischen Erfahrungen von Tod, Verfall und Wiedergeburt, an dem sich wandelnden Grund des Seins. Wenn in einer Kultur das weibliche Prinzip unterdrückt und entwertet wird, kann sich dieser Zustand als Leere, Sinnlosigkeit und Fragmentierung darstellen. Das unterdrückte Weibliche in unserer Kultur, der Verlust der Kontinuität von Geburt, Liebe, Aggression, Zerstörung und Wiedergeburt haben zur Sinnkrise unserer Zeit geführt, zur Entfremdung von der Natur und von uns selbst. Psychotherapie zielt auf die Aufhebung der Fragmentierung, auf Integration des Getrennten, auf eine neue, sinnträchtige Orientierung an den Geheimnissen des Lebens und des Sterbens.

Entwürfe neuerer klinisch-onkologischer Handlungsmodelle betonen darum die Integration medizinischer und psychosozialer Aspekte im Sinne einer ganzheitlichen Medizin. Zu diesem ganzheitlichen Ansatz gehört die Erfahrung, daß Werden und Vergehen zum natürlichen Rhythmus des Lebens gehören, daß wir gerade in der Krise solcher Grenzsituationen mit dem Sterben als Teil des Lebens konfrontiert werden. »Wer nicht das Sterben gelernt hat, kann nicht das Leben lernen«, heißt es im Tibetanischen Totenbuch, und um diese Einübung in das Sterben angesichts der Endlichkeit des Lebens geht es in der Psychotherapie mit Krebs- und Aidskranken. Wenn wir uns die Gespräche mit Todkranken vergegenwärtigen, ihre Aufzeich-

nungen lesen, dann beeindruckt, wie häufig diese Grenzerfahrungen zu einer Erweiterung des Lebens führen, zu
einer Bewältigung der Angst und zu einer spirituellen Haltung, die ja sagt zu dem, was ist und wie es ist. Eine Haltung,
die auch in der Unvollkommenheit des eigenen Lebensvollzugs die Vollkommenheit entdecken kann.

Die Sinnfrage in der Krebsbehandlung

Der an Krebs erkrankte *Peter Noll* hat in seinen Diktaten
über Sterben und Tod *(1987)* von seiner Erfahrung gesprochen, daß das Leben angesichts der Befristung durch den
nahen Tod mehr Sinn habe, daß ein anderer Umgang mit
der Zeit entstehe, daß die Werte und Zwänge des Zeitgeistes, Karriere, Statussymbole etc. ihre Bedeutung verlieren,
daß eine andere Freiheit erwachse und der Gedanke an
den Tod das Leben letztlich wertvoller mache. Für die Therapie bedeutet dies, daß wir gemeinsam nach einer neuen,
inneren Perspektive unseres Lebens und von uns selbst suchen, daß wir auf Symbol- und Imaginationsebene dem eigenen Sinnmuster nachspüren und auf die hintergründige
Melodie des eigenen Lebens lauschen.

Besonsders *LeShan* hat in seinen Büchern zur psychotherapeutischen Arbeit mit Krebskranken diesen Sinnaspekt
berücksichtigt. In der umstrittenen Diskussion um die psychische Komponente der Krebsursache und die Chancen
der Psychotherapie bei Krebskranken zitieren wir ihn hier
stellvertretend für eine ganze Gruppe von ForscherInnen,
die engagiert den Standpunkt vom psychischen Anteil der
Krebsverursachung vertreten, während *Bräutigam/Meer-
wein (1985)* und *Hürny/Adler (1993)* die psychosozialen
Teilfaktoren bei der Entstehung maligner Krankheiten für
nicht sicher erwiesen halten und auch nur als unspezifisch
betrachten und der Ansicht sind, daß beim gegenwärtigen
Stand der Psycho-Onkologie keine umfassenden Erklä-
rungsansätze erlaubt seien.

Entsprechend dieser unterschiedlichen Beurteilung der

Bedeutung psychosozialer Faktoren in der Krebsentstehung wird auch die Chance, die der Psychotherapie zugebilligt wird, sehr verschieden beurteilt. Bei *Meerwein* und *Koautoren (1993)* fällt eine ambivalente Haltung auf. So gesteht *Meerwein* der autosuggestiven Methode von *Simonton* und *Simonton* einerseits »erstaunliche Erfolge« zu, andererseits könne »Heilung von solchen Übungen allerdings nicht erwartet werden«, nur eine »bessere Bewältigung der Krankheit«, eine »Stimulierung der Eigenaktivität und Hebung der Lebensqualität« *(Meerwein 1993)*. Zwar ist für ihn die Psychogenese nicht objektivierbar, doch ist sie für die Kranken subjektiv von besonderer Bedeutung im Sinne des sogenannten »Kausalitätsbedürfnisses«, d. h. der Tendenz, »der Krankheit einen Sinn zu geben«. Die Sinnthematik wird von *Meerwein* lediglich als »Kausalitätsbedürfnis« angesprochen, also als die Verknüpfung belastender Konflikte und Lebensumstände mit der Tatsache der Erkrankung, ungeachtet ihrer wissenschaftlichen Objektivierbarkeit. Zum therapeutischen Umgang mit diesem Bedürfnis nach Sinngebung und »Selbstinterpretation« durch die Kranken empfiehlt er Empathie und Zurückhaltung, um nicht die häufigen Scham- und Schuldgefühle zu verstärken. Wir glauben dagegen, daß nur ein Eingehen auf die tatsächlichen oder vermeintlich verpaßten Lebenschancen und Sinnmöglichkeiten zu einer echten Verarbeitung führen kann und Trauern um Versäumtes Platz haben darf. Es scheint uns fraglich, ob ein Vermeiden der von den Kranken ja ausdrücklich nahegelegten Erwartung nach »Sinngebung« ein sinnvolles therapeutisches Vorgehen sein kann.

Das Thema der Sinngebung wird von *Meerwein* erst beim »terminalen«, das heißt beim sterbenden Patienten als bedeutsam eingeschätzt im Sinne des Bedürfnisses, Unerledigtes abzuschließen oder in Form der »Gewißheit, in der Erinnerung der Hinterlassenen als guter, liebenswerter und schöpferischer Mensch zu überleben«. Wie kann er aber auf diese Weise überleben, wenn er nicht zu Lebzeiten noch einmal sein Leben auf Sinngehalt und

Sinnzusammenhänge überschaut? Wir halten diesen Impuls für besonders heilsam, um mit Leben und Sterben Frieden zu machen, und sehen darin auch eine wichtige Aufgabe der Psycho-Onkologie, diesen Prozeß unterstützend zu begleiten.

Da die psychische Mit-Verursachung maligner Erkrankungen für *Meerwein* nicht gesichert war, sah er die Chancen zu ihrer psychotherapeutischen Beeinflussung entsprechend begrenzt und die Aufgabe der Psycho-Onkologie vor allem darin, zu einem entlastenden Umgang mit der Bedrohung durch die Krankheit zu verhelfen. Insbesondere gehörte für ihn ein einfühlender und behutsamer Umgang mit der meist vorhandenen Verleugnung der Diagnose, die auch einen Schutz für die Kranken bedeutet, dazu.

Im Handbuch der Internistischen Krebstherapie rät der Onkologe *Nagel*, die unheilvolle Diagnose zu umgehen und andere Bezeichnungen wie Tumor, Geschwulst, Wucherung zu verwenden, um dadurch die katastrophale Botschaft abzuschwächen. »Der Begriff ›Krebs‹ muß deswegen im Umgang mit Krebskranken vermieden werden« *(1979)*.

Auch *Senn (1981)* plädiert für eine taktvolle »Informations- und Betreuungspolitik«, die den Krebsbegriff vermeiden und statt dessen von »bösartigem Tumor« sprechen soll, um Hoffnungen offenzulassen.

Der psychologischen Führung der Krebskranken wird große Bedeutung zugemessen. Es müsse vor allem vermieden werden, daß die Patienten ihr Leben vom Augenblick der Erkrankung an als sinnlos betrachten. Da Leben dann als sinnvoll erlebt wird, wenn es in eine sinngebende Wirklichkeit eingebettet ist und der Mensch sich als »unentbehrlicher Teil eines Bezugssystems« *(Nagel)* verstehen kann, wird auf die Ermutigung der Krebskranken zur aktiven Lebensgestaltung viel Wert gelegt. Es geht darum, Quellen der inneren Sicherheit und Stärkung zu öffnen und auch die seelsorgerische Dimension mit einzubeziehen.

A. Kiss, Leiter der Abteilung für Psychosomatik am Kantonsspital Basel, beklagt den Umstand, daß psychotherapeutische Unterstützung nicht zum Standardangebot der Krebsbehandlung gehört, obschon auch bei günstigem Verlauf und guter Prognose die Krebskrankheit oft eine große Krise bedeutet. Er sieht die Psychotherapie als eine notwendige Ergänzung der somatischen Behandlung, um »die Krebserkrankung ins eigene Leben einzubauen und ihr selber einen individuellen Sinn zu geben«. Auch soll Psychotherapie die PatientInnen zur Autonomie und Durchsetzung eigener Bedürfnisse ermutigen, doch warnt er davor, ihnen einen Sinn ihrer Krankheit einreden zu wollen. Er fordert, daß jedes Onkologiezentrum die psychosoziale Unterstützung »auf professionelle Füße stellen« soll und daß die seelischen Auswirkungen von Anfang an in den Behandlungsplan einzubeziehen seien. Obschon auch *Kiss* die Beeinflussung des Überlebens Krebskranker durch Psychotherapie als sehr fraglich beurteilt, ist für ihn der Einfluß im Sinne einer Verbesserung der Lebensqualität unbestritten *(Kiss 1995)*.

Auch anläßlich eines internationalen Expertenworkshops der Schweizer Krebs-Liga im Januar 1995 wurde die Wichtigkeit psychosozialer Aspekte in der Aus- und Weiterbildung aller Beteiligten bei der Krebsbehandlung betont. Außerdem sei die Forschung in diesem Bereich voranzutreiben, da ohne einen Wirkungsnachweis der Psychotherapie bei Krebskranken die Kostenübernahme durch die Krankenkassen nicht garantiert sei.

Gleichermaßen überzeugt vom Einbezug der Sinnfrage in die Krebstherapie wie *A. Kiss* sind z. B. die Autoren *Bahnson* und *LeShan*. Für diesen ist über die Psychotherapie eine Stärkung der Abwehr und des Immunsystems möglich, die den Verlauf der Krankheit entscheidend beeinflussen kann. Dasselbe Ziel hat die autosuggestive Methode von *Simonton (1993)*. Sie beruht darauf, daß in der Vorstellung – durch »Visualisierung« – die mangelnde Angriffslust der weißen Blutkörperchen, die ebenso wie die Patienten depressiv darniederliegen, angespornt wird.

LeShan geht in seinem Buch: *Diagnose Krebs, Wendepunkt und Neubeginn (1993)* von einem ganzheitlichen psychotherapeutischen Ansatz aus, der sich an der Gesundheit und nicht primär an der Krankheit orientiert. In Abgrenzung von der Psychoanalyse, die seiner Meinung nach bei Krebskranken fehlindiziert ist, da sie auf einer Defizitmotivation beruht, zielt er mit seinen Fragen auf die positiven Ressourcen der Erkrankten. Statt nach den Ursachen der Krankheit wird nach den Quellen der Begeisterung gesucht, nach dem, was dem Leben Sinn und Freude verleiht. *Le Shan* geht davon aus, daß der Verlust der Hoffnung auf ein befriedigendes Leben, »das vereitelte kreative Feuer«, ein Hauptproblem der Kranken darstellt. Er sieht ihre Verzweiflung auch als Ausdruck eines existentiellen »Dilemmas zwischen Individualität und Popularität«, denn Krebskranke neigen oft aus Furcht davor, für den eigenen individuellen Lebensentwurf abgelehnt zu werden, zu einer übergroßen Anpassung an die Normen der Gesellschaft. Die Fragen, die er als Anregung für die Begleitung Krebskranker zur Mobilisierung von Selbstheilungskräften als fruchtbar erachtet, die wir aber auch im Kontext von Aids und ganz allgemein in der Psychotherapie sinnvoll einsetzen können, wollen wir im folgenden skizzieren *(nach LeShan 1993)*.

Was ist bei mir richtig und in Ordnung?

Welche Formen des Seins, welche Weise der Betätigung, welche Art von Beziehung zu meiner Umwelt entsprechen meiner Persönlichkeit am besten?

Wie klingt die Musik meines Lebens? Welches Lied muß ich anstimmen, um zufrieden zu Bett zu gehen und mich auf den nächsten Tag zu freuen?

Welcher Lebensstil würde mir am meisten entsprechen und Schwung geben?

Welches Leben würde ich führen, wenn ich die Welt nach meinem Wunsche formen könnte?

Beispiel: Stellen Sie sich vor, eine Fee macht Ihnen ein Angebot. In einem halben Jahr kann Ihr inneres und äußeres Leben genauso sein, wie Sie es gern hätten. Sie können alles, was Ihnen beliebt, ändern, Ihre Gefühle, Lebensumstände etc. Sie haben die Chance nur einmal, und zwar jetzt, in den nächsten zehn Minuten.

Welches Leben würden Sie für sich entwerfen, wenn Sie die Macht dazu hätten? Welches Leben würde Ihnen lange Freude machen, wie müßte es aussehen?

Stellen Sie sich vor, Ihr Leben wäre ein Roman, dessen Autor Sie sind. Nun ist die 2. Auflage, und Sie können das Buch noch einmal bearbeiten. Welche Änderungen würden Sie vornehmen, was würden Sie behalten?

Wenn Sie eine Entscheidung Ihres Lebens revidieren könnten, welche wäre das? Warum haben Sie sie getroffen? Was sagt Ihnen das über sich und wie Sie die Welt beurteilt haben? Können Sie sich verzeihen, diese Entscheidung getroffen zu haben? Wenn nicht, warum nicht? Was müssen Sie tun, um sich für Dinge, die Sie getan haben, vergeben zu können? Was müssen Sie tun, um anderen zu vergeben, was sie Ihnen angetan haben?

Was würde Ihrem Leben Freude, Begeisterung und Sinn geben?

Wie müßten Ihr Sinn, Ihr Tun und Ihre Beziehung aussehen, daß Sie sie als sinnerfüllt erleben könnte?

Welches ist Ihr verlorener Traum? Wo und wann ging er verloren?

Was hat Sie bisher an einem erfüllten Leben gehindert?

Was brauchen Sie, um Ihr Leben zu vollenden?

Wenn Ihr ganzes Leben ein Entwurf gewesen wäre, damit Sie etwas lernen können, welches wäre die Lektion gewesen, die Sie hätten lernen sollen?

Welches ist das Leitmotiv Ihres Lebens? Wenn Sie hören könnten, was Ihre Freunde bei der Beerdigung über Sie sagen, was würden Sie am liebsten hören? Und was am liebsten nicht?

Welche Rolle haben Sie im Leben hauptsächlich gespielt, welche Masken getragen?

Wann in Ihrem Leben waren Sie am meisten Sie selbst? Was half Ihnen dabei?

Wie kann ich immer echter werden, damit andere mich erkennen und auf mich zugehen können?

Ganzheitliche Therapie mit
Krebs- und Aidskranken

In seinem Ganzheitsverständnis wird der Mensch als Leib-
Seele-Geist-Einheit wahrgenommen, und die überindividuelle Einheit mit der Menschheit, dem Ökosystem und
dem gesamten Kosmos gehört in dieses Menschenbild mit
hinein. Daraus resultiert die Offenheit für existentielle Fragen, das Ringen um Sinn, wenn Heilung im traditionellen
Sinne des Gesundseins nicht möglich ist, sondern die Heilung, die mit Heil im nichtphysischen Sinn zu tun hat. Hier
hat die religiöse Erfahrung und der spirituelle Bezug eine
wichtige Bedeutung. Für Drewermann wäre dies die Funktion einer glaubwürdigen Religion, »eine Asylstätte der
Unantastbarkeit der metaphysischen Sinngarantie des individuellen Lebens« zu bieten *(Drewermann 1991a)*.

Für diese tiefe Arbeit mit dem Rätsel unserer Existenz,
dem Geheimnis des Leidens, brauchen wir TherapeutInnen, die der spirituellen Dimension gegenüber offen sind
und sich selbst mit den Grundfragen menschlichen Lebens
und Sterbens auseinandergesetzt haben. Nur dann, wenn
wir selbst mit diesen Fragen gerungen haben, wenn wir das
Sterben als Preis des Reifens akzeptieren können, müssen
wir nicht flüchten, sondern können standhalten. Wenn wir
»verwundete Heiler« sind, die selbst durch transformative
Krisen hindurchgegangen sind und um das Potential solcher Schwellensituationen wissen, können wir auch glaub-
haft Hoffnung vermitteln und Mut machen, sich auf Wandlungsprozesse einzulassen.

Wenn auf diese Art und Weise im Sinne eines holistischen, naturheilkundlichen Ansatzes, der die natürlichen
Selbstheilungskräfte des Kranken unterstützt, gearbeitet
wird, dann ist die Mitbeteiligung der PatientInnen an den
Entscheidungen im Krankheitsverlauf ein wesentlicher
Faktor aktiver Lebensgestaltung. Autoren wie LeShan kriti-
sieren die hochtechnisierte Apparatemedizin, die den
Menschen auf ein dysfunktionales Organsystem reduziert
und ihn infantilisiert. Gerade bei fortgeschrittenen Krebs-

erkrankungen, die in den meisten Fällen mit den Mitteln der modernen Medizin nicht mehr geheilt werden, wird zunehmend eine nicht konventionelle Zusatzbehandlung vorgeschlagen, die gezielt auf die Verbesserung der Lebensqualität ausgerichtet ist. In der Schweiz läuft zur Zeit ein Nationales Forschungsprogramm *(NFP 34 Komplementärmedizin)*, eine vergleichende Untersuchung der Lebensqualität von Patientinnen mit metastasierendem Brust- oder Darmkrebs, die mit zwei komplementärmedizinischen Zusatztherapien – der anthroposophischen Behandlung, wie sie in der Lukas-Klinik in Arlesheim eingesetzt wird, und einer sogenannten expressiven supportiven Gruppentherapie nach *D. Spiegel* – behandelt worden sind mit einer Gruppe von Patientinnen, die ausschließlich konventionell behandelt werden. Verschiedene Untersuchungen haben nämlich gezeigt, daß 10–60 % der KrebspatientInnen komplementärmedizinische Methoden anwenden und »daß in den USA viermal mehr für komplementäre Krebstherapien als für die gesamte Krebsforschung des Landes ausgegeben wird« *(Schweiz. Medizinische Wochenschrift 1994)*.Hier muß allerdings auf die Gefahr hingewiesen werden, daß die Hoffnung auf Heilung oder Besserung von paramedizinischen Scharlatanen ausgebeutet werden kann. Die Lebensqualität ist ein hoher Wert und wegleitend für die Behandlung von Krebskranken, die darum vermehrt nach komplementärmedizinischen Wegen suchen, die auch für psychotherapeutische Interventionen Raum lassen, welche nachweislich die Lebensqualität von nicht heilbaren Krebskranken verbessern.

Die Frage, ob »alternativ« auch eine Alternative bei der Behandlung von HIV und Aids ist und ob Schulmedizin mit oder ohne Alternativmedizin, wird seit einigen Jahren in der Schweiz diskutiert. Die Redaktion der Aids-Infothek hat eine Umfrage bei allen Selbsthilfeorganisationen der Schweiz gemacht, und am Kantonsspital Basel wurden 100 HIV-positive und aidskranke Patientinnen und Patienten in einem Fragebogen nach Alternativtherapien befragt. Die Ergebnisse ähneln sich und zeigen deutlich, daß nahezu die Hälfte der HIV-positiven PatientInnen Alternativen versuchen, um ihr Immunsystem zu stärken und eine verbesserte Lebensqualität zu erreichen. Psychotherapie, Homöopathie, gesunde Ernährung, Vitamine, Kräuter, Meditation wurden in dieser Reihenfolge als Alternativtherapien ausgewählt *(Aids-Infothek 1992)*.

Auch die Frage, ob Aids zu einem Paradigmawechsel in der Medizin führe, ist schon früh gestellt worden *(Hässig 1992)*. Der Schwerpunkt der Überlegungen liegt auch hier auf der Betonung der Grenzen, der Anpassung unserer Lebensführung an die von der Natur gesetzten Möglichkeiten und Grenzen und dem Bewußtwerden unserer eigenen Grenzen bei der Gestaltung eines Lebensentwurfes. Eine internationale Gruppe von Wissenschaftlern (»Rethinking Aids«) hat sich intensiv mit der Psychoneuroimmunologie beschäftigt und die Zusammenhänge von Aids und Psyche neu bedacht. Die Forschung hat nämlich gezeigt, daß auf molekularer Ebene Wahrnehmungs-, Bewußtseins- und Denkprozesse direkt ins Immunsystem eingreifen *(Hearing 1992)*. Für unseren Zusammenhang bedeutet dies, daß Sinnorientierung und Sinnerfülltheit, spirituelles Wachsen und ein liebender Bezug zu sich selbst und der Mitwelt auf das psychische Wohlbefinden und die Funktionstüchtigkeit des Immunsystems Einfluß haben. Dieser Zusammenhang bei HIV-Infizierten zwischen Immunkompetenz und Aspekten der Lebensqualität, z. B. der Art und Weise, wie wir mit Streß umgehen, ist an der Universität Fribourg von *M. Perrez* und *H. Zeier* untersucht worden.

Eine ganzheitliche Orientierung, die auch die spirituelle Dimension als heilungsfördernd betrachtet, kommt auch in den Richtlinien zum Ausdruck, die beispielsweise von der New Yorker Aids-Initiative herausgegeben wurden. Die PatientInnen werden angeregt, sich vor allem mit den Tätigkeiten zu beschäftigen, die ihnen das Gefühl von Sinnhaftigkeit, Freude und Erfüllung vermitteln. Sie werden ermutigt, sich selbst liebevolle Aufmerksamkeit zu schenken und die eigenen Bedürfnisse wahrzunehmen und zu pflegen, versöhnlicher zu werden, loszulassen, heilende, kraftspendende Bilder in sich aufsteigen zu lassen und die Liebe zu unserem Lebenssinn zu erheben. Auch der Hinweis, sich zu öffnen und einen positiven Beitrag für andere zu leisten, also zu engagierter Spiritualität aufzurufen, fehlt nicht in diesen Hinweisen, die von dem Geist getragen sind, daß die Krankheit eine Chance zum Wachsen und Reifen werden kann, auch wenn das Leben losgelassen werden muß *(Miller 1994)*.

Die Bedeutung dessen, was Adler das Gemeinschaftsgefühl genannt hat, die heilende Erfahrung von Zugehörigkeit und Verbundenheit, die das Immunsystem zu stärken vermag, zeigt sich in den Aids-Selbsthilfeorganisationen, wo der Wert der Solidarität für die PatientInnen spürbar wird, nachdem sie durch ihre Krankheit in massivster Weise von der Gesellschaft ausgegrenzt und stigmatisiert worden sind. Wer an Aids erkrankt ist, hat ja nicht nur mit der »Hölle« seiner Krankheit und seines Leidens zu tun, sondern mit der Verteufelung der Krankheit durch die Gesellschaft, weil HIV-Infizierte gleich zwei Tabuthemen unserer Gesellschaft sichtbar werden lassen: Sexualität und Tod. Wenn zusätzlich das Reizwort »drogenabhängig« genannt wird, löst das in hohem Maße Ängste und Irritationen aus mit einem breiten »Assoziationsfeld über Haltlosigkeit und Kontrollverlust, Kriminalität und Gemeingefährlichkeit, Sucht und Todesbedrohung« *(Rosenberg 1991)*.

Sie erleben sich wie Ausgestoßene, aus dem Strom der Zeit Herausgefallene, als unheimliche Angehörige einer anderen Welt, die es zu meiden gilt. Inmitten der Einsamkeit der Krankheit, der archetypischen Verlassenheit an der Schwelle des Todes wird nach der Brücke gesucht, die mit den eigenen Wurzeln verbindet, aber auch nach der Brücke, die zu den anderen Menschen, Kranken und Gesunden zurückführt. Auf die Introversion, in die das Krankheitsgeschehen unerbittlich hineinzwingt, folgt oft die Öffnung und ein vertieftes inneres Bezogensein auf ein größeres Ganzes. Nach Isolation und Verlassenheit, in die uns die Krankheit hineingestoßen hat, können wir neu die

Bedeutung des Dialogischen erfahren, den Wert von Vernetzung und Solidarität, das Gefühl fundamentaler Zusammengehörigkeit mit dem gesamten Sein. Die Krankheit vermag auch das oft beschädigte Streben nach Verbundenheit und In-Beziehung-Treten heilend zu wandeln, so daß ein neues Bewußtsein für die Wechselwirkung von allem mit allem entsteht. Psychologische Untersuchungen der Einstellung langfristig überlebender Aids-PatientInnen nennen die Kooperation mit den Behandelnden, die Hingabe an die innere Arbeit mit sich selbst, die selbstlose Hilfe anderen PatientInnen gegenüber und den Aufbau eines stützenden sozialen Netzwerkes als zentrale Momente im »Heilungsprozeß«, in der Wandlung ihrer Lebenseinstellung zu Selbstakzeptanz und Sinnerfülltheit *(Solomon/Temoshok 1994)*.

Ein tief berührendes Beispiel für die gemeinsame Auseinandersetzung mit der Angst, die einer Gruppe unter Immunschwäche leidender Menschen ein tiefes Gefühl der Zusammengehörigkeit und der Offenheit füreinander ermöglichte, ist das Projekt *ÜberLebenszeichen*, das kunsttherapeutische Arbeiten im Zeichen von HIV und Aids *(ÜberLebenszeichen 1994)*.

In München arbeiteten HIV-infizierte und chronisch erkrankte Frauen und Männer in einer wöchentlich stattfindenden Gruppe kunsttherapeutisch an dem Thema »Banner gegen die Angst«. Ziel war, der eigenen Angst zu begegnen, sie zu benennen, zu visualisieren und ihr dann in Form eines bildnerischen Ausdrucks etwas entgegenzusetzen, das die eigenen Kraftressourcen manifestiert. Die Bilder zeigen auf eindrucksvolle Weise, wie der gestalterische Drang auch in der abgründigsten existentiellen Krise überlebt und heilend wirkt. Es sind Ausdrucksweisen gegen die Resignation, Signale der Hoffnung, dank derer ich mich neu gestalten kann und dem Strukturverlust, der drohenden Auflösung und dem Zerfall meine Zeichen, meine Farben, meine Form entgegensetze. Wer das Innere sich formen läßt, wer schöpferisch gestaltet, entwirft sich damit selbst, formt sich selber neu. Das wird auch in den Kunstproduktionen aidskranker Kunstschaffender deutlich, die mit ihren visionären Zeichen Gegenentwürfe zu einer von Aids bedrohten Welt geschaffen haben und in ihren Installationen Trauerarbeit leisten *(vgl. Keith Haring, Ross Bleckner, Felix-Gonzales Torres u. a.)*.

Die Teilnehmenden am gruppentherapeutischen Prozeß »ÜberLebenszeichen« haben ihre Erfahrungen in der Gruppe in dem Katalog zur Ausstellung sehr unmittelbar beschrieben: »Über die Bilder konnte ich mit ihnen kommunizieren, während ich unmittelbar damals nicht dazu in der Lage war . . . das Malen hat mir geholfen, die Welt in ihrer Konkretheit zu sehen . . . wenn ich jetzt durch den Englischen Garten gehe, dann sehe ich eben die Dinge, die Bäume, das Gras usw. Das hat etwas wahnsinnig Beruhigendes, das Gefühl, das ist alles nicht nur eine Ausgeburt von meinem Kopf, sondern existiert real und wird auch noch existieren, wenn ich einmal tot bin« *(ÜberLebenszeichen 1994)*.

In der gestaltenden Therapie wird vom Zusammenhang zwischen psychischer Befindlichkeit und dem Zustand der körpereigenen Abwehrkräfte ausgegangen. Darum ist Ich-Stabilisierung und -Bewußtwerdung gerade bei HIV-positiven Menschen besonders wichtig *(Mayer 1994)*. Über verschiedene Methoden der Kunsttherapie, die sehr strukturbildend eingesetzt werden kann, wird eine Bewegung nach innen verstärkt, um einen tieferen Bezug zu sich selbst herzustellen.

Der Ansatz der bildnerischen Therapie ist der Haltung LeShans sehr ähnlich, indem sie die gesunden Ich-Anteile berücksichtigt und stärkt, nach dem Lebensfunken sucht, nach dem, was trägt und Freude gibt durch alle Verfinsterungen der Krankheit hindurch. Sie ermöglicht die aktive Bearbeitung des Leidens und eine Wiederaneignung entfremdeter Selbstanteile und fragmentierter Körperbilder. Das bildnerische Gestalten reicht auch noch in jene dunklen Räume, die von keinem Wort erhellt werden, es drückt aus, was sich der Versprachlichung entzieht oder verweigert, und ist dadurch ähnlich wie das Träumen ein »königlicher

Weg« (via regia) zum Unbewußten. Hier geht es um den Lebensfluß, um Erkennen und Bewußtwerden dessen, was ist. Gestaltende Kunsttherapie hilft aus dem Totstellreflex hinaus, versucht zum Leben zu verführen, behindernde Blockaden aufzulösen, Ressourcen aufzuspüren und so Durchbrüchen im Bereich des Spirituellen den Weg zu bereiten.

Zu einer Grenzüberschreitung in die spirituelle Dimension kommt es in der Begleitung Aidskranker sehr häufig. *Kübler-Ross (1988)* berichtet von einem Gespräch mit einem zweiundvierzigjährigen Aidskranken in San Francisco, der von sich sagt: »Im religiösen und spirituellen Sinn bin ich ungeheuer gewachsen, besonders im spirituellen. Ich glaube, ich war auf meine Weise immer ein spiritueller Mensch, das heißt, ich habe eine tiefe Beziehung zur Natur, zu den Sternen, zum Himmel und habe mir Gedanken über die Ewigkeit gemacht . . . Ich habe jetzt spirituell und religiös viel mehr Tiefe« *(Kübler-Ross 1988)*.

Drewermann hat diese Fähigkeit, angesichts des Todes über sich selbst hinauszuwachsen, sehr berührend beschrieben: »Dies vermögen wir Menschen, gerade angesichts des Todes: uns auszuspannen bis zum Horizont, weit zu werden bis an die Grenzen der Welt und also den Tod zu besiegen, indem wir begreifen, wer wir sind« *(Drewermann 1991a)*. Wir können darin auch den Glauben der alten Ägypter wiedererkennen, daß sich das Leben gerade an seiner äußersten Grenze zu erneuern vermag.

Gerade an dieser äußersten Grenze zum Tode werden Werte vorrangig, die in allen spirituellen Traditionen eine besondere Bedeutung haben; wir denken an die Übung der Achtsamkeit, die im Kontext von Krebs und Aids zur Alltagsspiritualität gehört und einen sehr praktischen Sinngehalt erfährt in der Zuwendung und Achtsamkeit dem eigenen Körper und seinen Bedürfnissen gegenüber, im Lauschen auf die feinen Zeichen und Botschaften, die er uns vermittelt. Achtsamkeit ist auch eine Übung spirituellen Wachstums, ein wacher Geisteszustand, der es uns ermöglicht, frei und nicht wertend uns selbst und die

110

Welt zu betrachten. So bezieht sich Achtsamkeit auf einen Bewußtseinszustand, der uns mit jedem Atemzug in allem, was wir tun, begleitet. Henry Miller hat diese Haltung sehr schön beschrieben: »In dem Augenblick, in dem man einer Sache seine volle Aufmerksamkeit widmet – und sei es nur ein Grashalm – wird sie zu einer eigenen, geheimnisvollen, ehrfurchtgebietenden und unbeschreiblich großartigen Welt.«

Zu dieser Achtsamkeit gehört die Haltung des Vertrauens, der Aufrichtigkeit und Geduld. Sie läßt mich zentriert sein und ruhig werden, das Leben als sinnvoll erfahren, denn ein achtsames Bezogensein auf mich selbst und meine Mitwelt erweckt meine Mitmenschlichkeit und meine Güte und Dankbarkeit.

Bevor ich in diese innere Haltung hineinreifen kann, werde ich mich in der Therapie wohl auch mit den Schattenthemen von Schuld und Strafe auseinandersetzen, den verinnerlichten Abwertungen durch Kirche und Gesellschaft. Wenn das Gefühl der Sinnlosigkeit mich zu verschlingen droht, stellt sich die Hiobsfrage: »Warum ich, warum gerade ich?« Dieser quälende Aufschrei der Verzweiflung, diese Wut auf die Ungerechtigkeit des Schicksals fehlt selten in der Begegnung mit unheilbar Kranken. Und die Klage des 22. Psalms hat in diesem Kontext eine schmerzliche Eindringlichkeit: »Gott, mein Gott, warum hast du mich verlassen, warum bist du fern meinem Flehen, dem Ruf meiner Klage! Ich rufe am Tage, o Gott, und du hörst nicht; ich rufe in der Nacht, und du hast für mich keine Antwort . . . Steh mir nicht fern in meiner Not, sei mir nahe, denn nirgend ist Hilfe . . . Hingegossen bin ich wie Wasser. Auseinandergerissen ist all mein Gebein. Mein Herz ist geworden wie Wachs, zerflossen in meinem Innern. Vertrocknet wie eine Scherbe ist meine Kehle, die Zunge klebt mir am Gaumen, du hast mich hinabgeführt zum Staube des Todes.« Wir müssen für diese existentiellen Themen innerlich gerüstet sein, denn Verlassenwerden, Verlust und Verrat sind häufige Inhalte der Arbeit mit Aidskranken. Es geht um den Verlust der Zukunft, der

111

Träume und Lebensentwürfe, um den Abschied von anderen aidskranken GefährtInnen des Leidens, um den Verlust von Familienangehörigen, die seit der Krankheit den Kontakt abgebrochen haben, um den Wegfall der fraglosen Überzeugung, daß mein Leben Wert hat.

Trauer um den verlorenen Glauben an die Unsterblichkeit, verlorenes Vertrauen und Treulosigkeit nehmen sehr viel Raum in der therapeutischen Begleitung ein. Der französische Philosoph *André Glucksmann* hat in seinem Buch »*Der Stachel der Liebe*« *(1995)* genau auf diesen Aspekt des Vertrauensverlustes durch die Proklamierung des Kondoms den Finger gelegt. Das Präservativ bringe in die Liebesbeziehung das Schreckgespenst des Todes ein, vergifte, was zwischen Liebenden das Zentrale sei, das grenzenlose, unbedingte Vertrauen zum anderen.

»Man muß zweimal hinschauen. Mit einem Auge auf die Liebe. Mit dem anderen auf den Tod. Eine Gehirnhälfte für das Vertrauen, während die andere daran arbeitet, Mißtrauen zu schüren. Sich schützen heißt verdächtigen, ohne zu wissen, jedoch wissen, daß man alles verdächtigen muß, an erster Stelle die Blindheit der Liebe« *(Glucksmann 1995)*. Diese Verfinsterungen in den partnerschaftlichen Beziehungen schaffen Distanz. Während die Liebe das Unannehmbare annehmbar macht, weicht die Sexualität aus. Sie stellt sich dem Tod nicht. Und der Werbefachmann, der das Präservativ lanciert, hat auch nur im Sinne, die Werte nicht durcheinanderzubringen und das Dasein zu erleichtern: »Für die letzten Dinge ist er nicht zuständig. Jede eschatologische Fragestellung, die sich auf den Zweck des Daseins und den Sinn der Liebe bezieht, klammert er aus. Warum leben? Das ist Ihre Sache. Wie leben? Hier greift er ein« *(Glucksmann 1995)*.

Statt der heiligen Liebe also die sichere Liebe. Über diesen Wahn-sinn schreibt Glucksmann ein engagiertes Buch über die Krankheit, an der unser Weltbild zerbricht, ein Buch, das dafür plädiert, den Tod in die Liebe zu integrieren. In gewisser Weise gehört diese Auffassung, daß einzig die Liebe es vermag, den Tod nicht zu fürchten, in unsere

mythischen Überlieferungen. Dort hören wir von Liebenden, die hinabsteigen, um den Geliebten ins Leben zurück-
zurufen, vom freiwilligen Abstieg zur Höhle des Todes, um
die Geliebten zurückzugewinnen. Die beschwerliche, ge-
fahrvolle Jenseitsreise, die Nachtmeerfahrt in die dunkle
Finsternis der Totenwelt wird nur von denen unternom-
men, die »in der Liebe« sind (vgl. Inanna, Alkestis, Or-
pheus).

Von dieser Liebe brauchen auch wir TherapeutInnen
einen Teil, um den außergewöhnlichen Herausforderun-
gen der Arbeit an der Grenze zwischen Leben und Tod gewachsen zu sein. Gleichzeitig bietet der ständige Kontakt
mit der Dimension des Seins, die auch am Abgrund den
verborgenen Sinn aufleuchten läßt, eine kostbare Chance
für unseren eigenen inneren Reifungsprozeß.

Das Trauma der Gewalt – Der Tod des Sinns?

Media vita mortui sumus – mitten im Leben sind wir tot.

Zeige deine Wunde und ich zeige dir die meine. Male deine Bilder mit meinen Tränen und ich male meine mit den deinen. Und die tiefen Farben werden die Kraft zeigen, die uns unsere Leiden geben. Denn wem die Angst nicht in der Brust sitzt, war immer tot – war nie am Leben.

Joseph Beuys

Wir wollen uns in diesem Kapitel mit Grenzerfahrungen und Sinnkrisen unserer PatientInnen beschäftigen, die in Grenzregionen des Tödlichen, Unterweltlichen führen. Nicht die Sinnlosigkeit süchtigen Lebensvollzuges und der Sinnverlust im suizidalen Erleben ist unser Thema und auch nicht das schwarze Loch psychotischer Sinnentleerung, sondern die Räume der Gewalt, die Kammern des Bösen, die »kosmische Urnacht« zerstörerischer Seelenverfinsterungen. Es ist seelisches Grenzland, das wir betreten, ein Reich, das uns die Grenzen des Verstehbaren vor Augen führt, ein Grenzgebiet, in dem Verzweiflung, Schmerz und Hoffnungslosigkeit, Grauen und Zerstörung beheimatet sind. Wenn wir uns dem Trauma der Gewalt stellen, stoßen wir jäh auf die Grenze unserer Angst, auf die Grenzen unseres an Heil und Heilung orientierten therapeutischen Selbstverständnisses. Auf der Suche nach der Landschaft, die den traumatisierten Menschen »Wohnstatt« ist, begegnen uns Bilder der Verwüstung, Gegenden, von denen wir wie durch eine Grenze getrennt sind, in denen Terror und Tod herrschen. Hier leben Menschen, deren Selbstschutzsystem von traumatischen Ereignissen überrollt und deren Grenzen zerstört wurden.

Es sind die lebendig Toten, die Versteinerten, denen die Seele abhanden gekommen ist, die eine Totenstarre erfaßt hat bei lebendigem Leibe. Nicht nur in den finsteren psychiatrischen Notfallstationen des kriegsverwüsteten Ex-Jugoslawiens begegnen wir diesen lebendig Toten, wir kennen den »Seelenmord« *(Shengold 1979, Wirtz 1989)* auch als »Menticid« und »robotization« *(Meerloo)* im Kontext der Folter. Es ist das gleiche roboterhafte, von Affekten abgespaltene Funktionieren, eine Form des Nicht-Seins, die *Niederland* schon als »Automatisierung des Ich« beschrieben hat, das »Lebendig-tot-Sein« und Leben »als ob«, das auch mit dem Begriff des »Muselmann-Syndroms« oder des »lebenden Leichnams« bezeichnet worden ist.

Wir erkennen diesen Zustand der Entseelung in den Augen der Kinder, die jahrelang ritualisierter sexueller Ausbeutung zum Opfer fielen und die in den Demütigungen und Schändungen jede spontane Lebensenergie, jedes Stück Lebendigsein verloren haben. Die Opfer organisierter Gewalt und von Massenvergewaltigungen gehören in diese Totenwelt wie viele Überlebende von Konzentrationslagern und Gefolterte.

Es gehört zu den schmerzlichen und oft schwer erträglichen Wahrheiten, daß dort, wo alle Sinne wie abgestorben sind, auch kein Sinn mehr erfahren werden kann. Das »Todesbewußtsein«, das wir aus der psychotischen Seelenlandschaft kennen, kennzeichnet auch das Grenzland traumatisierter Menschen, in dem kein Heilkraut zu wachsen scheint. Die aus den modernen Folterkammern Entronnenen teilen die Wahnvorstellungen mit psychotisch Kranken. Wir müssen aushalten können, daß auch unser Glaube an ein sinnvolles, heilsames Wandlungsgeschehen an diesen Pforten der Unterwelt oft an nicht zu überwindende Grenzen stößt. Und doch bedarf es gerade hier, an diesen existentiellen Abgründen menschlicher Grenzzustände, des Vertrauens auf einen letzten, unbeweisbaren Sinn unseres therapeutischen Mitseins und Mittragens. Wie können wir dem Bösen begegnen, ohne daran zu zerbrechen, wie die Ohnmacht aushalten, ohne daß sie uns um den Verstand bringt, wenn der Tod wie im Märchen zu Füßen der Kranken steht und keine PsychotherapeutInnen der Welt sie retten können? Können wir in die Kerker der Unmenschlichkeit eintauchen, ohne selbst unmenschlich zu werden? Wie können wir lernen, über den Wahnsinn des Traumas nicht tödlich zu erschrecken, sondern Gewalt und Folter als Herausforderung für Glaube, Liebe und Hoffnung zu begreifen, auch dort, wo weder Glaube noch Liebe, noch Hoffnung übrig ist?

Ein Trauma hinterläßt oft einen Todesstempel (death imprint), ein inneres Bild äußersten Horrors. Um diesen Todesstempel besser zu erkennen, um uns vertrauter zu machen mit diesen Todeslandschaften und dem Sinn nachzuspüren, haben wir die mythologischen Bilder der Unterwelten herangezogen. Immer schienen uns in der Begegnung mit schwer traumatisierten Menschen die Tore zur Unterwelt geöffnet. In den Erzählungen der Gefolterten tauchten mir (U. W.) die Bilder von Höllenvisionen auf, Bilder von Hieronymus Bosch, in denen die Welt aus den Fugen geraten ist und Satan regiert. In der Auseinandersetzung mit den »Höllenbeschreibungen« in den Publikationen der Dokumentationszentren für Gefolterte und der Fachliteratur zum Trauma hat mich meine innere bildhafte Resonanz auf die archetypischen Ausgestaltungen der Todes- und Jenseitsthematik verwiesen. Die Unterwelt der kalten, toten Tiefe hat sich aufgedrängt, das Totenreich des Anubis, des blauschwarzen Schakals der ägyptischen Totenbücher.

Die Beschäftigung mit den Totenbüchern und Jenseitsreisen, die mythologischen Texte vom Leben und Sterben, von Höllenreisen, Gericht, Tod und Wiedergeburt haben nicht nur den Weg zu diesen PatientInnen geebnet und das Verstehen des Unverstehbaren gefördert, sie haben auch die Bedeutsamkeit der symbolischen Welt und die notwendige Grenzüberschreitung in die spirituelle Dimension erhellt.

Ein Trauma bedeutet immer eine Schädigung und Verletzung, eine Erschütterung der psychischen Organisation eines Menschen, einen Verlust der Flexibilität in der Wahrnehmung von Werten, einen Verlust von Möglichkeiten auf dem Hintergrund der Wirklichkeit. Etymologisch kommt der Begriff »Trauma« aus dem Griechischen, wo es Wunde, Schande, Schaden, Schlappe, Niederlage bedeutet. Das dazugehörige Verb *titroskein* hat die Bedeutung von verwunden, verletzen, beschädigen, durchbohren. In der Chirurgie bezeichnet ein Trauma die Zerstörung von Zellgewebe, und verallgemeinernd sprechen wir daher von Trauma bei den Folgen von Läsionen, die durch Einwirkung äußerer Gewalt entstehen. Das Trauma ist eine Wunde, die gewissermaßen wie ein Riß durch die Seele geht und alle sonst üblichen Bewältigungsmechanismen außer Kraft setzt.

Im Rahmen der analytischen Psychologie C. G. Jungs läßt sich das Trauma auf dem Hintergrund der Komplextheorie verstehen. Traumatische Erlebnisse stellen einen Angriff auf die gesamte Persönlichkeitsorganisation dar und führen häufig zum Zusammenbruch der psychischen Struktur. Der Entstrukturierungsprozeß und der Sinn- und Bedeutungsverlust werden oft wie eine Todeserfahrung erlebt. Ohne Sinnerfahrung fallen wir aus der Geborgenheit des Daseins heraus. Gefolterte Menschen und Frauen, die Opfer von Massenvergewaltigungen wurden, beschreiben die Zerstörung von allem, was die Innen- und Außenwelt ausmacht. Gedanken und Gefühle, die wesentlich zum Menschsein gehören, sind wie ausgelöscht. Alles, was die Individualität ausmacht, die Sprache, das Bewußtsein der eigenen Identität, die Leiblichkeit, hat zu existieren aufgehört. Diese Auflösung von Welt und Ich, diese Entgrenzung im Zeichen der Vernichtung, ist chrakteristisch für traumatische Erfahrungen. *Niederland* hat diesen Bruch im seelischen Ordnungsgefüge, diesen Verlust der personalen Identität an den Schicksalen der Konzentrationslager-Überlebenden aufgezeigt, die für ihre Erfahrung nur diesen einen Satz benutzten: *»Ich bin kein Mensch« (Niederland).*

Es geht immer um eine Form des Zusammenbruchs, um die Zerstörung von Kontinuität, um den »irreparablen Riß in Selbst und Realität« *(Benyakar/Kutz)*. Auch Frauen, die als Kind über Jahre hinweg sexuell ausgebeutet wurden, haben die innere und äußere Realität des Traumas erfahren. Sie kennen die Gefühle von Desintegration und Depersonalisation, die Wahrnehmungszerrüttung und Bewußtseinsveränderung. Sie wissen um die Angst, die elementare Hilflosigkeit, den Zustand archaischer Abhängigkeit. Vernichtet ist der Glaube und das Vertrauen, daß irgendeine sinnvolle natürliche oder göttliche Ordnung die Schöpfung durchzieht. Als »Seelenmord« ist diese Zerstörung der körperlichen und seelischen Integrität bezeichnet worden *(Wirtz 1989)*, und da die Seele das Erleben von Sinn möglich macht, die Erfahrung von Liebe, Liebe zu sich selbst und Liebe zu einem menschlichen oder göttlichen Du, bedeutet das Trauma massiver Gewalterfahrungen immer auch eine tiefe Beschädigung der spirituellen Verankerung.

Im Kontext des Holocaust hat *Elie Wiesel* diesen zerschmetterten Glauben an das Göttliche beschrieben. An der Wand des Holocaust-Museums in Washington ist seine Erschütterung für uns alle sichtbar und hörbar geworden:

»Nie werde ich die Flammen vergessen, die meinen Glauben für immer verzehrten. Nie werde ich das nächtliche Schweigen vergessen, das mich in alle Ewigkeit um die Lust am Leben gebracht hat. Nie werde ich die Augenblicke vergessen, die meinen Gott und meine Seele mordeten und meine Träume in Staub verwandelten. Nie werde ich das vergessen, und wenn ich dazu verurteilt wäre, so lange wie Gott zu leben. Nie.«

Auch Rabbi *Richard Rubenstein* hat im Blick auf die Überlebenden des Holocaust diesen Glaubensverlust ausgedrückt:

»Wir stehen alleine in einem kalten, schweigenden, gefühllosen Kosmos, in dem es keine sinnhafte göttliche Gewalt gibt« *(Roiphe 1988)*.

Die Zerstörung des Urvertrauens in sich selbst, in die Verläßlichkeit menschlicher Bindungen, in die Sinnhaftigkeit des Lebens führt in die Isolation, in Welt- und Menschenferne. Hinzu tritt die Scham, mit der eigenen inneren Wahrheit in Konflikt gekommen zu sein, »die Anliegen des tieferen Selbst zu ›verlassen‹« *(Jacoby 1991).* Traumatische Geschehnisse entwerten uns, beschädigen unser Selbstbild und verursachen exzessive Scham, was die soziale Isolation und das Gefühl der hoffnungslosen Verlassenheit von Gott und den Menschen noch verstärkt.

Abhanden gekommen ist auch das Bewußtsein einer leibseelischen Einheit. Opfer solcher Traumatisierungen fühlen sich nicht mehr bei sich zu Hause, nicht länger beheimatet im eigenen Leib, spüren nicht mehr die Grenze zwischen innen und außen, zwischen sich und anderen und leiden unter Gefühlen tiefster Verwundbarkeit und Vernichtungsangst. Die Grenzzerstörung betrifft sowohl die Grenze in Form der innerpsychischen Strukturen als auch die Grenze zwischen innen und außen, d. h. die Grenze des Selbst gegenüber der Umgebung, was zu einem Identitätsverlust ähnlich wie bei der Psychose führen kann. Charakteristisch für eine solche Grenzzerstörung ist z. B. die Übernahme der Schuldgefühle des Täters durch das Opfer in Form der »Überlebensschuld« *(Becker 1992).* Überlebende fühlen sich schuldig, ein Mensch zu sein, weil Menschen dieses »Werk der Vertierung« *(Primo Levi)* vollbracht haben.

Zwischen der eigenen Realitätswahrnehmung und der Realität der anderen Menschen entsteht eine unüberwindbare Kluft. Das Überwältigende der traumatischen Erfahrung ist nicht kommunizierbar, entzieht sich der Versprachlichung. Wir kennen aus den Zeugnissen von Primo Levi, Jean Améry, Bruno Bettelheim und vielen anderen die Klage darüber, nicht länger eine Sprache für das eigene Selbst zu haben, das in Auschwitz ein anderes, nicht kommunizierbares geworden ist. Auschwitz und Folterkammern bezeichnen innere und äußere Orte, die außerhalb unserer menschlichen Erfahrungen liegen. Wir sind wie durch eine unüberwindbare Grenze von dieser Hölle getrennt, aus der es für viele nur ein physisches Entkommen gibt. *Primo Levi* hat noch 1962 atembeklemmend von der einzigen Wirklichkeit, der Wirklichkeit des Lagers geschrieben, die alles andere hoffnungslos zudeckt. Die Unausdrückbarkeit des zerstörten Selbst, die Stummheit des geschändeten Körpers verweisen die Opfer traumatischer Erfahrungen in eine Isolation, die den Charakter des Totseins mitten im Leben hat, denn die Vernichtung der Innenwelt, der Worte, des Körpers, der sozialen Bindungen bedeutet den Tod der Identität. Überlebende bechreiben, daß sie das »Heimatrecht im Leben« *(Cordelia Edvardson)* verloren haben.

Traumatische Ereignisse vernichten alles, was Sinn erfahren läßt, das Bewußtsein von Autonomie und Zugehörigkeit, von Sicherheit und Geborgenheit in der Welt, von Unverletzlichkeit und Wert des eigenen Selbst, von Handlungsfähigkeit und Kontrolle. In der Begegnung mit traumatisierten Menschen sind wir mit dem inneren Tod konfrontiert, dem lebendigen Totsein. Jean Améry hat immer darauf verwiesen, daß wer gefoltert wurde, gefoltert bleibt und sich nie mehr in der Welt heimisch machen kann, weil das zusammengebrochene Selbst- und Weltvertrauen nicht wieder aufgebaut werden kann. Und doch gibt es immer wieder Menschen, die trotz Auschwitz und Folter, trotz der Erfahrung der »Antischöpfung« *(Primo Levi)* sich neu erschaffen aus den Fragmenten des Terrors *(Edvardson 1989)*, die zurückkehren und »von den Toten auferstehen«.

Es sind diese seelischen Zustände, die in uns die mythischen Bilder der Unterwelt abrufen mit ihrem furchterregenden und faszinierenden Geheimnis von Leben und Tod, Werden und Vergehen. In diesen bildhaften Gestaltungen begegnen wir auch dem Geheimnis, das wir selber sind. Die Bilder der Unterwelt verkörpern seelische Befindlichkeiten, die auch von unseren eigenen seelischen Abgründen sprechen. Wenn wir uns von diesen kollektiven archetypischen Erfahrungen ergreifen lassen, verwandelt uns diese Begegnung mit dem Mythos ebenso, wie wir nicht mehr die gleichen sind, wenn wir mit gefolterten und traumatisierten Menschen die innere Welt geteilt haben.

Wir wollen versuchen, mit dem Blickwinkel auf die Unterwelt existentielle Grenzzustände und Traumen besser zu verstehen. Ohne die überlieferten Erfahrungen unseres kollektiven Unbewußten sind wir in diesen Grenzländern der *conditio inhumana (Améry)* hilflos und ohne Führung. Aus dem Studium dieser mythologischen Bilder können wir lernen, wie die Wunden beschädigten Lebens verheilen können, wie Zerstörung und Erneuerung ein Ganzes bilden und in der Tiefe der Unterwelt, am Ort der Destruktion und des Chaos schöpferische, erneuernde Kräfte geweckt werden können. »Wo aber Gefahr ist, wächst das Rettende auch«, heißt es bei Hölderlin, und ähnlich lautet die Botschaft der Totenbücher von der paradoxen Erneuerung des Lebens im Totenreich. *Joseph Campbell* beschreibt die Botschaft der Mythen als Stimmen der Götter:

»Eine Sache, die in Mythen zur Sprache kommt, ist, daß im tiefsten Abgrund die Stimme der Erlösung ertönt. Wenn alles schwarz ist, das ist der Augenblick, in dem die wirkliche Botschaft der Wandlung kommt. Im dunkelsten Augenblick kommt das Licht« *(Campbell 1994)*.

Wenn wir unsere eigene »dunkle Nacht der Seele« erfahren haben, wie der Mystiker Johannes vom Kreuz die Sinnkrise bildhaft beschrieben hat, wenn unser Ich-Bewußtsein nicht länger strukturierend zu wirken vermag und in der Dunkelheit und tiefsten Schwärze keine Koordinaten mehr die Richtung weisen, dann kann es geschehen, daß in diese Finsternis, von den Alchemisten *nigredo* genannt, das Licht des Numinosen einfällt und die Finsternis erhellt.

In den Unterweltsmythen spielt die erlösende Kraft des Lichtes eine große Rolle. Mit dem Aufleuchten des Lichtes in der Finsternis der Unterwelt wird oft der Heilungsprozeß beschrieben. Im Ägyptischen Totenbuch ist es der Sonnengott Re, der allnächtlich den Toten das Licht bringt und sie aus ihrer Finsternis erlöst. Das Tibetanische Totenbuch beschreibt die Visionen göttlicher und dämonischer Lichtwesen als Stationen auf dem Weg zwischen Tod und Wiedergeburt. In der modernen Bewußtseinsforschung und der Analyse von Nahtoderfahrungen stehen Lichterfahrungen auch im Kontext von Wandlung und Wiedergeburt. Auch die christliche Tradition beschreibt Erlösung und Überwindung des Todes in Metaphern des strahlenden, überirdischen Lichtes.

In diesem Kapitel versuchen wir eine Navigation zwischen zwei Welten, zwischen wissenschaftlicher Erkenntnis und archetypischer Bildhaftigkeit, zwischen Folter und Hölle.

Die psychologische Forschung versucht seit langem, die Persönlichkeitsveränderungen, die durch massive Traumen entstehen, diagnostisch in einer eigenen Kategorie zu erfassen. Schon bei der Erforschung der klinischen Symptome der Holocaust-Überlebenden galt das Konzept der »traumatischen Neurose« als unzulänglich *(Niederland 1980)*. *Judith Herman* diskutiert in ihrem ausgezeichneten Buch *»Die Narben der Gewalt. Traumatische Erfahrungen verstehen und überwinden (1993)* das Bemühen um eine adäquate Konzeptualisierung des traumatischen Syndroms. Sie schlägt die Bezeichnung *»komplexe posttraumatische Belastungsstörung«* vor, die ein Spektrum verschiedener Zustände der Desintegration der Persönlichkeit bezeichnet:

Störungen im Bereich der Affekte

Dazu zählen anhaltende Verstimmungszustände mit chronischen Selbstmordgedanken, extreme Wutausbrüche oder unterdrückte Wut, selbstbeschädigende, selbstverstümmelnde Handlungen und zwanghafte oder extrem gehemmte Sexualität.

Bewußtseinsveränderungen

Grüblerisches Kreisen um das traumatische Geschehen, Verfolgtwerden von Erinnerungen oder totale Amnesie für das traumatische Ereignis, Entfremdungsgefühle, Derealisation und Abspalten des Erlebens.

Gestörte Selbstwahrnehmung

Gefühl der Beschmutzung und Erniedrigung, Ohnmacht, Scham- und Schuldgefühle, Stigmatisierung.

Beziehungsprobleme

Mißtrauen, Isolation, Rückzug.

Veränderung des Wertesystems

Verlust von tragenden Glaubensinhalten und tief verwurzelten Überzeugungen über sich selbst, die Welt und Gott.

Der psychische Ort, den wir hier beschreiben, ist das Haus des *Hades,* des dunklen, verborgenen Todesdämons. Es ist die Unterwelt, das Reich der Toten und der Höllengötter, eine »umgekehrte« Welt.

Die Atmosphäre in der Unterwelt und die Beschreibungen der Toten, die sich dort aufhalten, decken sich mit dieser psychiatrischen Diagnostik. Es herrscht Finsternis und Orientierungslosigkeit in diesem Totenland der Schemen und Schatten. Die Welt ist verkehrt, wie auf den Kopf gestellt; manche Tote gehen auf dem Kopf, das Oberste ist zuunterst und das Unterste zuoberst. »Dort laufen die Menschen mit ihren Füßen an der Decke entlang. Das hat die unangenehme Folge, daß die Verdauung in die entgegengesetzte Richtung geht, die Exkremente kommen folglich aus dem Mund« *(Roscher 1965).* Auch die Worte bedeuten etwas anderes als unter den Lebenden, ihre Sprache ist oft nur ein Flüstern. Die Toten gehen rückwärts statt vorwärts, ihr Schatten fällt, anders als bei den Lebenden, auf die entgegengesetzte Seite. Bei Ovid werden die Toten als körperlose, blut- und knochenlose Schatten beschrieben, die unablässig in der Unterwelt umherwandern.

Viele sind kopflos und wirken seelenlos, abgestumpft, voller Trauer und Verzweiflung, »ohne die leiseste Ahnung, was sie tun oder wohin sie gehen sollten, wer sie wären und was sie hier sollten«. (Vgl. die ausgezeichnete Arbeit von *F. Langegger: Doktor, Tod und Teufel. Vom Wahnsinn und von der Psychiatrie in einer vernünftigen Welt [1983].* Er hat versucht, die chronisch psychisch Kranken in der Psychiatrie mit den Toten in der Unterwelt zu amplifizieren, und hat dafür eine Fülle von Quellen zusammengestellt, auf die wir uns auch hier beziehen.)

Betrachten wir zuerst die Menschen in der Unterwelt, die an Affekt-Störungen leiden: Ein beeindruckendes Bild für die eingefrorenen Affekte begegnet uns in *Dantes »Göttlicher Komödie«,* in der er beschreibt, wie die Toten, im Eissee eingefroren (vgl. den Kupferstich von *Gustave Doré: Der Eissee),* steif vor sich hin starren. In der Psychotherapie wird von der »gefrorenen Abwehrleistung des Ich« (*Bastiaans*) gesprochen. Die im ewigen Eis eingefrorenen Seelen und die schweigend, mit abgewandtem Blick in undurchdringlicher Frostigkeit in der Ecke Hockenden, die niemals Antwort geben, das sind erschütternde bildliche Gestaltungen traumatischer Störungen. Aber auch die Übererregung, die brennende Wut finden wir bei den Toten der Unterwelt, die im Feuer glühen oder desorientiert und wirr umherirren »wie Fledermäuse und wie schreiende, aufgescheuchte Vögel« (zit. bei *Langegger 1983*). Daneben gibt es die zu unaufhörlicher Angst Verdammten, die in Schlünde hineinzufallen drohen oder gefährdet sind, von auf sie einstürzenden Felsen erschlagen zu werden. Wieder andere leiden unter der Angst, von anderen verfolgt zu werden und nicht entrinnen zu können. Im Totenreich leben diejenigen, die von schweren Gewichten belastet sind, die unaufhörlich schwere Lasten tragen, ähnlich wie Sisyphus, der unablässig den großen Felsbrocken den Berg hinaufstoßen muß. Aber die Toten haben keine Tränen für ihre Qualen, sie können nicht mehr weinen, weil ihre Tränen sich in Glas verwandeln. Hoffnungslosigkeit und Chaos erfüllt diese Regionen.

Die Dissoziationen und Fragmentierungen aus der diagnostischen Nomenklatur begegnen uns im Totenreich als Tote, die von Kopf bis Fuß gespalten sind, und das Trauma in Form von Gestalten, »deren Kopf und Herz durch eine horizontale klaffende Wunde voneinander getrennt ist« (zit. bei *Langegger 1983*). Sowohl bei Dante als auch im Tibetanischen Totenbuch werden die Körper immer wieder neu in Stücke zerhackt, damit nicht der natürliche Heilungsprozeß des Zusammenwachsens stattfinden kann. Immer wenn die Selbstheilungstendenz der Teile wieder ein Ganzes bilden will, lauert der Teufel darauf, den Körper erneut zu zerhacken.

Den selbstbeschädigenden Impulsen und der quälenden Suizidalität als Personifikationen begegnet auch Aeneas auf seiner Unterweltfahrt, wenn er an den Ort der Selbstmörder kommt, die Region derer, die sich unendlich quälen müssen und sich selbst verneinen (vgl. *Vergils Aeneis* und *Dantes Inferno*).

Sehr ergreifend werden in den verschiedenen Totenbüchern und Unterweltsberichten die Bewußtseinsveränderungen und »Beziehungsprobleme« der Toten beschrieben. Die Toten verhalten sich wie Einsiedler: »Ihr Wesen verändert sich bis zur Unkenntlichkeit. Ihre Persönlichkeit ist nicht mehr dieselbe wie früher. Besinnungslos liegen sie da, ›Abbilder schlafender Menschen‹«, wie »Schafe, die der Tod weidet« *(Langegger 1983)*. Stummheit und Stumpfsinn, Sinnlosigkeit und Besinnungslosigkeit kennzeichnen diese Toten, die ihr Gegenüber nicht mehr erkennen und dahindämmern. »Schlangen und andere Untiere beißen die Unseligen und fressen sie auf, bis sie zuletzt ganz leer sind« *(Langegger 1983)*.

Seelenleere oder Seelenverlust, Seelenmord oder Seelenraub – mit diesen Bildern der Unterweltmythologien haben wir versucht, das psychische Befinden extrem traumatisierter Menschen näher an unser Verständnis heranzurücken und das Quälende dieser seelischen Not nachvollziehbarer zu machen. Traumatische Akte der Gewalt sind lebensvernichtend, sie bedrohen die Grenze zwischen innen und außen, Leben und Tod. Nach dem Trauma wird die Welt oft als bedrohlich und unvorhersehbar erlebt; es entwickelt sich eine Überlebensschuld, das Gefühl, es nicht zu verdienen, am Leben zu sein, während andere umgekommen sind. Die Überlebenden halten sich für schlecht und unnütz. Traumatische Erlebnisse können einen Verlust des Realitätssinns bewirken, eine Unfähigkeit, zu denken und zu fühlen, einen Prozeß der Bewußtseins- und Affekttrübung, von *Lifton* als »numbing« beschrieben, eine »existentielle Gleichgewichtsstörung« *(Améry)*. *Bettelheim* hat diesen Abwehrvorgang, mit dem das Individuum auf zu bedrohliche und unintegrierbare Geschehnisse reagiert, als »Auslöschung der Gefühle« bezeichnet. Auffällig ist die Zerstörung des sozialen Netzes zwischenmenschlicher Beziehungen *(Lifton 1980)*.

In den Gesprächen mit Gefolterten hören wir immer wieder von dieser Gefühlsstarre, von der Versteinerung, dem Erlöschen der Lebensflamme, der Reduktion auf ein

»Nichts«. Auch in der Therapie mit den »Kindern der Verfolgten«, der zweiten Generation der Holocaust-Überlebenden, sind diese Zustandsbeschreibungen ihrer Eltern ein ständiges Thema. Der »Unterweltcharakter«, das Grundgefühl ihrer Eltern, in beiden Welten zu existieren und wie im Sarg zu leben, prägte ihre ganze Kindheit. Es ist, als ersterben schwer traumatisierten Menschen die Worte auf den Lippen, als lebten sie unter der Glasglocke in undurchdringlichem Nebel, abgestorben wie ein Stein, ein leeres Stück Nichts *(Wirtz 1989)*.

Als traumatisch gelten Ereignisse im Leben eines Menschen, deren Intensität so überwältigend ist, daß sie das Individuum völlig überfluten, existentiell erschüttern und pathologische Reaktionen hervorrufen. Traumatische Erfahrungen sind unerwartete, außerhalb der üblichen Norm liegende Ereignisse, die intensive Vernichtungsangst, Hilflosigkeit und Kontrollverlust bewirken und mit den üblichen Anpassungsmechanismen nicht zu bewältigen sind.

Die Folge ist häufig ein paralysierter Zustand, in dem Menschen sich mit Inhalten und Emotionen überschwemmt fühlen, die nicht verarbeitbar sind. Darum sind der Zusammenbruch des Selbstverteidigungssystems, Entfremdung und Depersonalisation, Gefühlserstarrung und Fragmentierung charakteristisch für die traumatische Reaktion.

Grenzzerstörung und Wertverlust

Neben der desintegrierenden Wirkung der Erfahrung völliger Ausgeliefertheit und Machtlosigkeit sind es vor allem die grundlegende Erschütterung und das Zerbrechen des persönlichen Überzeugungssystems, der Verlust des bisher tragenden Selbst- und Weltverständnisses, welche die traumatische Reaktion kennzeichnen.

Grundsätzlich ordnen wir im Leben alle unsere Erfahrungen mit uns selbst und mit der Welt in eine je persönliche Sicht der Welt, eine individuelle Lebenstheorie ein, um das, was uns geschieht, besser verstehen zu können. Dabei gehen wir, wie es in der psychologischen Forschung von der kognitiven Selbsttheorie vertreten wird, von ganz bestimmten, teils bewußten, teils halbbewußten Überzeugungen aus, von kognitiven Schemata, die den Rahmen dafür bilden, wie wir uns selbst und unsere Beziehung zur Umwelt begreifen. Sie haben im innerseelischen Haushalt die Funktion der Anpassung und sorgen dafür, daß zwischen Lust und Unlust eine gesunde Balance besteht, daß alles Erfahrene in ein sinnvolles Bezugssystem eingeordnet wird und das Selbstwertgefühl relativ stabil bleibt. Mit diesen Funktionen sind menschliche Grundüberzeugungen verbunden, die bei jedem Trauma erschüttert werden:

der Glaube, daß die Welt gutwillig und wir selbst unverwundbar sind, der Glaube, daß die Welt sinnvoll, vorhersehbar, kontrollierbar und gerecht ist, und der Glaube, daß das eigene Selbst wertvoll, liebenswert, gut und mächtig ist *(Epstein 1986, Janoff-Bulmann 1993)*.

Normalerweise hat der Mensch im Laufe seiner Sozialisierung in der Auseinandersetzung mit der Kultur, in der er lebt, eine Perspektive entwickelt, die es ihm ermöglicht, auch schwierige, krisenhafte Geschehnisse in seinem Leben sinnvoll in diese Struktur einzuordnen und angesichts belastender Lebensumstände die Hoffnung nicht zu verlieren *(vgl. dazu das Streßmodell von Lazarus/Folkmann 1984)*.

Einen sehr berührenden Ausdruck für ein solch stabiles Selbst- und Weltkonzept stellt der Tagebucheintrag der holländischen Jüdin E. Hillesum dar:

»All das ist ein Teil des Lebens, und trotzdem ist das Leben schön und sinnvoll noch in seiner Sinnlosigkeit, wenn man nur allen Dingen einen Platz einräumt und das ganze Leben als Einheit in sich aufnimmt, so daß es dennoch zu einem geschlossenen Ganzen wird« *(Hillesum 1993)*.

Während ein sinnvoller Lebensvollzug als Versöhnung der menschlichen Grundbedürfnisse beschrieben werden kann, als harmonisches Gleichgewicht zwischen Anpassung an die äußeren sozialen Bedingungen und dem Bedürfnis, sich selbst zu verwirklichen, zwischen Selbstabgrenzung und vertrauensvoller Öffnung nach außen, ist diese Balance nach einer schweren Traumatisierung massiv gestört. Soweit die Selbstgrenzen nicht überhaupt zerstört sind, findet ein Rückzug in Form übermäßiger Abgrenzung als Schutzreaktion und »Totstellreflex« statt. Anstelle eines flexiblen Wechsels zwischen Abgrenzung und Offenheit, wie er für die Dialektik des gesunden Lebensprozesses charakteristisch ist, tritt eine Lähmung und Erstarrung der Selbstgrenzen und eine Beschränkung auf eine »vita minima«, ein »Leben auf Sparflamme«. Die Grenzen des Selbst müssen als Folge der äußeren Bedrohung gewissermaßen neu definiert und im Sinne einer defensiven Haltung der Vorsicht und des Mißtrauens mehr nach innen verlagert werden. Becker weist darauf hin, daß dabei ein neues Gleichgewicht zwischen Innen- und Außenwelt hergestellt wird, indem extrem traumatisierte Menschen in einer destruktiven Welt sich sozusagen neu »einrichten« müssen, was er als ein »Gleichgewicht der Zerstörung« bezeichnet. Eine Therapie hat dann die Aufgabe, diese Schutzreaktion, das Sich-Gewöhnen an eine destruktive Welt zugunsten einer echten Vertrauenshaltung wieder rückgängig zu machen, was er als »Zerstörung des Gleichgewichts der Zerstörung« beschreibt *(Becker 1992)*.

Traumatische Ereignisse sind in den bisherigen Bezugsrahmen nicht mehr zu integrieren; sie verunmöglichen die vertraute Reaktion und Bewältigungsform und führen zu einer kognitiven Desorganisation. Das eigene Selbst erscheint als wertlos und gedemütigt, die Welt als bedrohlich, unzuverlässig, böse und unkontrollierbar.

Feldmann hat diesen Perspektivewandel bei vergewaltigten Frauen untersucht und die kognitive Umorientierung im Selbstkonzept ähnlich wie *Janoff-Bulmann* in ihrem Buch *»Shattered assumptions« (1993)* als Auswirkung der Viktimisierung beschrieben *(Feldmann 1992)*. Nach traumatischen Geschehnissen müssen diese zertrümmerten Überzeugungen neu zusammengesetzt werden, damit die Sinnhaftigkeit der Welt trotz des Traumas erhalten bleibt. Zu diesen kognitiven Neuorientierungen gehört eine Art »stretching« *(Sgroi 1988)* der bisherigen Schemata, damit auch das Trauma einen Platz in einem sonst positiv geprägten Selbst- und Weltkonzept bekommt. Feldmann erläutert diesen Prozeß bei vergewaltigten Frauen:

»Das bedeutet, die Sicht der Welt als generell böse und unkontrollierbar und seiner selbst als schwach und verwundbar, als nicht repräsentativ für die tatsächliche Realität aufzugeben und sich vielmehr eine persönliche ›Theorie‹ der Realität zu bilden, die realistisch genug ist, das traumatische Ereignis zu assimilieren und zu relativieren und dabei das Leben trotz seiner Begrenzungen als wert erscheinen zu lassen, sich darauf wieder einzulassen« *(Feldmann 1992).*

In der Psychotherapie traumatischer Erfahrungen geht es darum, wie nach dem Einbruch des Unsinns in die relative Ordnung der Welt, wie nach der absoluten Verfinsterung von innen und außen Sinn und Orientierung zurückerobert werden können.

Nicht allein das traumatische Geschehen, die Vergewaltigung oder die Folter ist entscheidend für das Ausmaß der Symptome und die Möglichkeit der Verarbeitung, sondern auch die Art, wie der Mensch das, was ihm zugestoßen ist, versteht und welche Bedeutung er dem Trauma gibt. Die kognitive Organisation eines Menschen, seine Annahmen (assumptions) und Grundüberzeugungen wirken sich darauf aus, wie Erfahrungen bewertet werden. Zwischen jedem Umweltreiz und dem Denken und Fühlen einer Person besteht eine Beziehung. Es findet eine Art Bewertungsprozeß statt, der von der Persönlichkeitsstruktur, den Fähigkeiten und Verletzlichkeiten eines Menschen abhängig ist. Darum wird die gleiche Situation, das gleiche Trauma von verschiedenen Menschen unterschiedlich erfahren und verarbeitet. Die niederländische, jüdische Psychologiestudentin *Etty Hillesum* hat in ihren Tagebüchern diese Beobachtung bei der Deportation festgehalten: »Ab und zu sterben hier Menschen an gebrochenem Geist, weil sie den Sinn nicht mehr erkennen können, junge Menschen. Die ganzen alten Leute wurzeln noch stärker im Boden und nehmen ihr Schicksal würdig und gelassen hin. Ach, man sieht hier so viele Arten von Menschen und beurteilt sie nach ihrer Haltung gegenüber den schwersten und letzten Fragen« *(Hillesum 1993)*.

Die Art und Weise, wie Menschen auf Traumen reagieren, hängt daher von der inneren Einstellung ab, von der Bedeutung, die sie einem solchen Geschehen zuschreiben, von den »Einstellungswerten«, wie *Frankl* dies formulierte. Daraus ergibt sich auch ein Ansatz für die Therapie, indem versucht werden kann, die Bedeutungszuschreibung zu ändern, wie dies z. B. im Neurolinguistischen Programmieren versucht wird. Auch die psychosoziale Arbeit mit Verfolgten und Gefolterten benutzt die Techniken der kognitiven Psychotherapie, der Reattribuierung und Umdeutung von Schwächereaktionen zum Beispiel, um von den vernichtenden Scham- und Schuldgefühlen zu entlasten.

Zu den Persönlichkeitsfaktoren, die für die Einschätzung einer Situation relevant sind, gehören die je eigenen persönlichen Werte und Ziele, die für das Welterleben und Handeln Richtschnur sind. Der Glaube an die Kohärenz der Welt, die Überzeugung, daß letztlich die Welt eine sinnvolle, trotz aller Komplexität verstehbare Struktur hat, in die ich mein Erleben einordnen kann, und das Vertrauen, daß mit großer Wahrscheinlichkeit die Dinge ihren guten Lauf nehmen – gehört zu den Grundüberzeugungen, die gesundes Bewältigungsverhalten möglich machen.

David Becker hat überzeugend dargelegt, wie wesentlich gerade bei Katastrophen, die Menschen gegen Menschen produzieren, ein Bedeutungsrahmen ist, um dieses Trauma zu begreifen. Die Bedeutsamkeit einer politischen Ideologie oder einer religiösen Überzeugung als einer Lesart der Welt, die eine stabile Erklärung für die »Macht- und Schutzverhältnisse« im Leben bietet, ist für die »Reparation« und die Folgen von Traumatisierung nicht hoch genug zu veranschlagen *(Becker 1992)*. Das Wertsystem und der Glaube an die Sinnhaftigkeit haben eine Schlüssel-funktion bei jedem Copingverhalten. Mit Coping hat *Lazarus* das prozeßorientierte, ständig wechselnde Bewälti-gungsverhalten bezeichnet, das Menschen in bezug auf schwierige Probleme und Lebensumstände entwickeln. Die progressiven Bewältigungsstrategien sind von kogniti-ven Schemata abhängig.

Diese kognitiven Schemata lassen sich vergleichen mit dem, was wir in der Psychoanalyse die »Objektbeziehun-gen« nennen. Sie bezeichnen die Art der Beziehung des Subjekts zu seiner Welt. Schon bei dem Versuch, die Cha-rakterveränderungen zu beschreiben, die sich bei Überle-benden von Konzentrationslagern beobachten ließen, wurde auf die gestörten Objektbeziehungen hingewiesen, die sich in »der Haltung zu Arbeit, Umwelt, Mensch und Gott« äußern *(Tanay 1968)*.

Die Art, wie eine traumatische Erfahrung verarbeitet wird, hängt daher wesentlich davon ab, wie frühere Verlet-zungen bewältigt werden konnten, ob das Trauma als eine Retraumatisierung früherer destruktiver Ereignisse erfah-ren wird, oder ob einmal ein Urvertrauen und stabile frühe Objektbeziehungen vorhanden waren.

In der Theorie der Objektbeziehungen und der Ich-Psychologie wird das Trauma nämlich vor allem in seiner zerstörerischen Funktion gesehen mit dem Ziel, in der In-nenwelt die tragenden Objektbeziehungen zu vernichten, auf denen das Selbstbild beruht. Dies führt zu tiefgreifen-den strukturellen Störungen. Die Beeinträchtigung der psychischen Struktur ist immer eine Störung, die mit Ab-grenzen, Entgrenzen und Ausgrenzen zu tun hat. Die Bil-dung intakter Objektbeziehungen beruht dagegen auf einem flexiblen Gleichgewicht zwischen der Fähigkeit zur Selbstabgrenzung und Selbsttranszendenz, was den Auf-bau von Selbstobjekten durch Introjektions- und Projek-tionsvorgänge ermöglicht.

Relevant für das psychische Traumaverständnis ist der Prozeß und die Art und Weise, wie außen und innen auf-einander einwirken. Diese Dialektik von innen und außen und die Wechselwirkung gegensätzlicher Zustände von psychischer Übererregung und Erstarrung bestimmt die traumatische Erfahrung, die das sonst übliche Selbstschutzsystem und die vertrauten Mechanismen und Anpassungsstrategien vernichtet.

Freud hat auf diesen Aspekt der Reizüberflutung in seinem ursprünglichen Traumakonzept Bezug genommen. Er verstand das Trauma als eine derart große »Erregungssumme«, daß sie die üblichen Grenzen, die der Organismus als Reizschutz aufrichtet, durchbricht und Störungen im »Energiebetrieb« bewirkt. Dieses zuerst formulierte »ökonomische« Traumaverständnis als ein »Durchbrechen der Reizschutzschranke« ist später modifiziert und erweitert worden.

Wir beziehen uns in den folgenden Ausführungen auf solche traumatischen Ereignisse, die das Selbstschutzsystem überrollen und gesunde Abgrenzung verunmöglichen. Organisierte Gewalt, Massenvergewaltigungen und Folter zielen auf die Zerstörung der Grenzen zwischen innen und außen, auf die Vernichtung tragender Wertorientierungen und auf das Auslöschen der Identität, die ja durch individuelle Abgrenzungsprozesse und die kollektiven Werte einer Kultur geprägt wird.

Unter Werten verstehen wir Orientierungsstandards und Leitlinien, die unser existentielles Verhältnis zu dem, was uns umgibt, bestimmt. Werte konkretisieren sich in den menschlichen Motivationen, Zielvorstellungen und Sinnorientierungen und charakterisieren damit die Grundverfassung des Individuums im Bezug zu seiner Umwelt. Die Fähigkeit zu werten gehört zur menschlichen Grundausstattung; sie ist – als ein »Existential« ebenso wie die Entscheidungsfreiheit – ein unabweisbarer Teil unserer Existenz. Darum ist der Werteverlust durch Traumatisierung existentiell erschütternd; sie trifft den Menschen im innersten Kern seines Seins und raubt ihm seine fundamentale Sinnorientierung, die Leitlinien seines In-der-Welt-Seins. Deshalb fühlen sich Holocaust-Überlebende und Folteropfer »lebendig tot«, in ihrer Existenz ausgelöscht und im Kern vernichtet, da ihre zentrale Funktion des Wertens und damit des Seins (»ich werte, also bin ich«) beschädigt oder zerstört wurde.

Überall dort, wo Menschen durch andere Menschen traumatisiert werden, wird das individuelle Wertgefüge im Kern erschüttert. Wir denken an Menschen, die über einen längeren Zeitraum totalitärer Herrschaft unterworfen waren, die gefoltert worden sind oder Konzentrationslager überlebt haben. Wir beziehen uns aber auch auf Personen, die in sexuellen oder familiären Beziehungen jahrelang geknechtet, geschlagen, mißhandelt und sexuell ausgebeutet wurden. »Katastrophische Erfahrungen« dieser Art verändern die Persönlichkeit und werden als traumatisch eingestuft. Typische Merkmale sind das wiederholte Erleben des Traumas in sich aufdrängenden Erinnerungen oder Träumen, das anhaltende Gefühl von Betäubtheit und emotionaler Stumpfheit und die Gleichgültigkeit und Teilnahmslosigkeit anderen Menschen gegenüber. Totalitäre Herrschaft, Folter und andere Formen von Gewalt bzw. individueller Ohnmacht zerstören den Austausch zwischen innen und außen in Form einer flexiblen Auseinandersetzung an der Grenze des Selbst. Anstelle eines lebendigen Diskurses tritt einseitige Macht bzw. Ohnmacht und Unterwerfung. Das Hin und Her zwischen Abgrenzung und vertrauensvoller Hingabe, das für den dialektischen Lebensprozeß und damit für den Aufbau individueller Werte konstituierend ist, wird zerstört.

Für das Verständnis posttraumatischer Reaktionen sind die Arbeiten des Psychiaters *Lifton* zur traumatischen Streßforschung wichtige Verstehenshilfen. Er hat die Symptomatik von Überlebenden der Hiroshima-Katastrophe und des Vietnam-Krieges untersucht und daraus eine Theorie entwickelt, die besagt, daß Menschen ihre Lebenserfahrungen immer zu symbolisieren suchen, das heißt ihnen Bedeutung verleihen, indem sie diese zu einem Ordnungssystem in Beziehung setzen. Diese Symbolisierungen verhelfen dem Individuum zu einem Gefühl von Kontinuität *(Lifton 1976)*.

In den Tagebüchern von *Etty Hillesum* ist dieser Prozeß der Symbolisierung sehr anschaulich beschrieben:

»Ich konnte den Sinn des Lebens und den Sinn des Leidens nicht mehr erkennen, ich hatte das Gefühl, unter einem gewaltigen Gewicht zusammenzubrechen, aber auch dadurch habe ich einen Kampf durchgefochten, der mich weitergebracht hat ... Ich habe versucht, dem Leid der Menschheit gerade und ehrlich in die Augen zu schauen, ich habe mich damit auseinandergesetzt. Auf viele verzweifelte Fragen bekam ich Antwort, die große Sinnlosigkeit hat wieder einer gewissen Ordnung und Regelmäßigkeit Platz gemacht, und ich kann weitermachen« *(Hillesum 1993)*.

Traumatische Geschehnisse können jedoch diese Fähigkeit zur Symbolisierung zerstören, sie haben einen de-symbolisierenden Effekt.

Besonders auffällig ist die De-symbolisierung bei psychotischen Menschen *(Benedetti 1993)*. Da Schizophrene aufgrund des Verlustes ihres Selbst (bzw. durch die Selbst-Fragmentierung) nicht zwischen innen und außen abgrenzen können, erleben sie sich in Spiegelbildern der Welt, die aber nicht als solche wahrgenommen, sondern als real erlebt werden. Gott und der Teufel sind für sie keine Symbole, sondern wirkliche Gestalten der Alltagsrealität. Was uns als Wahn und Halluzination entgegenkommt, sind für sie keine Spiegelbilder und Projektionen, sondern höchst reale und daher oft besonders bedrohliche Gestalten und Ereignisse. Es fehlt der Sinn für das Symbolische, die Fähigkeit zu symbolisieren. Deshalb wird *unsere* »Normalität« aus der Perspektive der Schizophrenen als ver-rückt erlebt. Der semantische Charakter *(von griech. sema = Zeichen, Hinweis, Analogie)* des Symbolischen ist nicht einfühlbar. Daher ist unsere Deutung eines Symbols für sie völlig unverständlich und wird als beleidigend erlebt oder verzweifelt zurückgewiesen. Es ist deshalb das Ziel der Therapie, die Symbolisation zu fördern, diese fehlende Fähigkeit, Symbole zu verstehen und zu bilden. *Benedetti* hat diesen Zustand sehr einfühlend beschrieben: »Es sind nicht Bilder, die zum Menschen kommen, die Dinge selbst schlagen meteorenhaft in ihn ein« *(Benedetti 1991)*.

Ähnlich gestört und verletzt ist der Bezug zum Symbolischen oft bei extrem traumatisierten Menschen. Auch hier müssen wir in der Dualität der therapeutischen Beziehung an dieser symbolischen Dimension arbeiten und unsere eigenen Bilder und Träume als Antworten eines empathischen, mitgestaltenden Gegenüber in die Beziehung einbringen, um die Sinnleere aufzufüllen und Kreativität wiederzugewinnen.

Besonders die Ebene des Bedeutungs- und Sinnverlustes bei traumatischen Geschehnissen ist für unser therapeutisches Verständnis wichtig. *Lifton* ist davon überzeugt, daß Heilung oder Veränderung dieser gestörten Erfahrensbereiche nur möglich ist, wenn es dem Individuum gelingt, das traumatische Erlebnis in irgendeiner Form sinnvoll in den Lebenszusammenhang zu integrieren. Ohne das Wiedergewinnen einer Lebenskontinuität kann keine neue Identität entworfen werden. Oft dient das *Schreiben* der Restitution des eigenen Selbst. *Primo Levi* beschreibt diesen Prozeß:

»Ich glaubte, ich könnte mich durch Erzählen reinigen, ich erzählte mündlich und schriftlich so viel, daß es mir schwindelte und daß allmählich ein Buch daraus entstand: Beim Schreiben fühlte ich für kurze Zeit Frieden und fühlte mich wieder ein Mensch werden, ein Mensch (wie jeder) . . . der eine Familie gründet und in die Zukunft und nicht in die Vergangenheit blickt« *(Levi 1987)*.

Wir wissen aus der psychologischen Forschung, daß mangelnde Sinnerfahrung und Verlust von Werthaltigem zu stärksten Frustrationen führt und ein Gefühl von Leere und Depression erzeugt, das von *Viktor Frankl*, dem Begründer der Logotherapie, als »existentielles Vakuum« bezeichnet worden ist. Er selbst hat in vier verschiedenen Konzentrationslagern existentielle »Grenzerfahrungen« gemacht und diesen Sinnaspekt bei der Bewältigung traumatischer Geschehnisse seinem therapeutischen Konzept als Hauptthema zugrunde gelegt. Verkürzt formuliert ließe sich sagen, daß sein Werk eine »Sinnlehre gegen die Sinnleere« darstellt.

»Tatsächlich war die Lektion von Auschwitz, daß der Mensch ein sinnorientiertes Wesen ist. Wenn es überhaupt etwas gibt, das ihn auch noch in einer Grenzsituation aufrechtzuerhalten vermag, dann ist es das Wissen darum, daß das Leben einen Sinn hat, und sei es auch nur, daß sich dieser Sinn erst in der Zukunft erfüllen läßt. Die Botschaft von Auschwitz lautet: der Mensch kann nur überleben, wenn er auf etwas hin lebt« *(Frankl, zit. nach Fabri 1980)*.

Auch *Primo Levi* hat auf die Notwendigkeit einer Zielorientierung für das Überleben verwiesen: »Ziele im Leben sind die beste Verteidigung gegen den Tod: nicht nur im Konzentrationslager« *(Levi 1990)*.

Folter – Von den Kammern des Todes

Lasciate ogni speranza, voi ch'entrate – Laßt jede Hoffnung fahren, die ihr eintretet.

Dante, Inferno

Macht heißt, einen menschlichen Geist in Stücke zu reißen und ihn nach eigenem Gutdünken wieder in neuer Form zusammenzusetzen.

George Orwell

Die Folter ist ein Akt der Zerstörung. Sie zerstört körperliche, seelische, kulturelle, soziale und politische Grenzen. Folter zielt auf die Vernichtung tragender Wertorientierungen und auf das Auslöschen der Identität, die durch individuelle Abgrenzungsprozesse und durch die Werte einer Kultur geprägt wird. Folter ist eine zielgerichtete, organisierte Form von Gewalt, die es bewußt darauf anlegt, die menschlichen Funktionen zu zerstückeln und das Gefühl der Einheit und Subjekthaftigkeit, das Bewußtsein der eigenen Kontinuität zu vernichten. Während Sinn und Sinnhaftigkeit stets auf einem harmonischen und flexiblen Gleichgewicht der Bedürfnisse und Werte beruhen, zielt die Folter bewußt darauf ab, diese Harmonie und Einheit durch Fragmentierung zu vernichten, was die Zerstörung des Sinns zur Folge hat.

Immer geht es dem Folterknecht darum, die Persönlichkeit des Gefolterten zu brechen, seine Überzeugungen und emotionalen Bindungen aufzulösen, seine Sprache und seine Innenwelt auszuhöhlen. Der Folterer will alles vernichten, für das sein Opfer lebt, in der äußeren und inneren Realität. Je größer der Verlust der Welt für das Opfer, desto größer der Machtzuwachs für den Folterer, der Herr ist über Leben und Tod. Die Beziehung des Folterers zum Opfer ist charakterisiert durch ein einseitiges Machtgefälle. Die Grenze zwischen beiden ist unverrückbar gegeben, zwischen dem Subjekt des Täters und dem Opfer, das in sadistischer Weise zum Objekt gemacht wird.

Eng verknüpft mit der Folter ist der Zwang zum Geständnis, zur »Angabe«, die aber letztlich nicht den Sinn hat, einen Namen oder eine Information herauszupressen; diese Vernichtungsstrategie ist vielmehr eigentlich ein Scheinmanöver, das dazu dient, den letzten Rest an Selbstachtung und Selbstrespekt zu demolieren und Zugehörigkeitsgefühle und Abgenzungsbemühungen zu vernichten. Die Methoden der »Gehirnwäsche«, wie sie in der Inquisition, in den Stalinschen Folterkammern und im Koreakrieg von den Chinesen verwendet wurden, dienen vor allem dazu, das Bewertungssystem, die persönlichen, politischen und religiösen Wertmaßstäbe zu vernichten. Die permanente Erniedrigung und Entmenschlichung ist das Ziel psychischer Foltermethoden, die in solche veränderten Bewußtseinszustände führen, wie wir sie vom schizophrenen Erleben her kennen.

Das Ziel der Folter ist daher das diametrale Gegenstück zu den Werten und Zielen einer Therapie. Der Respekt vor der Eigensphäre, Autonomie, Selbstachtung und Würde des andern als der höchste Wert therapeutischer Ethik wird bei der Folter willkürlich und systematisch ins Gegenteil verkehrt.

»Das erpreßte Geständnis, das entrissene Wort ist der

Kulminationspunkt im Prozeß von Entwürdigung und Abhängigkeit. Zu sprechen, zu gestehen beinhaltet, den Folterer als Herrscher anzuerkennen. Im Geständnis bricht der letzte Widerstand, wird das letzte ihm noch Eigene entfremdet. Das gestandene Wort gehört ihm nicht mehr, gehört nun dem Folterer« *(Barudy 1993).*

Die Folter beinhaltet die äußerste Form einer willkürlichen und erzwungenen Entgrenzung des Individuums.

Folter bedeutet die Umwertung aller Werte. Die Wahrheit bekommt ein Janusgesicht, wie dieses Gedicht von *Juan Gonzalo Rose* ausdrückt:

Die Frage

Meine Mutter sagte mir:
wenn du mit Steinen nach Vögeln wirfst,
den kleinen weißen, und sie tötest,
wird Gott dich strafen;
wenn du deinen Freund verprügelst,
den mit dem Gesicht wie ein Esel,
wird Gott dich strafen.

Das Zeichen Gottes
waren zwei Stöcke
und seine zehn theologischen Gebote
paßten in meine Hand
wie zehn zusätzliche Finger

Heute sagen sie mir:
wenn du keine Lust zum Krieg hast,
wenn du nicht täglich eine Taube tötest,
wird Gott dich bestrafen;
wenn du den Neger nicht verprügelst,
wenn du den Roten nicht haßt,
wird Gott dich bestrafen;
wenn du dem Armen Ideen gibst
anstatt einen Kuß,
wenn du von Gerechtigkeit sprichst

anstatt von Liebe,
wird Gott dich strafen
wird Gott dich strafen

Das ist doch nicht unser Gott,
nicht wahr, Mama?

Diese Perversion des Gottes- und Menschenbildes ist auch von *Primo Levi* beschrieben worden: »Mensch ist, wer tötet, Mensch ist, wer Unrecht zufügt oder erleidet: kein Mensch ist, wer jede Zurückhaltung verloren hat und sein Bett mit einem Leichnam teilt« *(Levi 1988).*

Vertrauen wird in Verrat verkehrt, Geborgenheit in Angst, Selbstvertrauen und Selbstwert in Ohnmacht und Scham. Jeder Lebenssinn wird für den Folterer zum Ziel der Vernichtung, jeder Glaube an Werte wird auf sadistische Weise zerschmettert, jedes Vertrauen in Menschenwürde verhöhnt und verraten. Die Überlebenden empfinden häufig eine nicht mehr zu korrigierende Desillusionierung über die menschliche Natur. Der Bruch in der Lebensgeschichte kann die Persönlichkeit und das Wertesystem radikal verändern.

»Folter war für mich etwas Schreckliches, sogar wenn sie gegen einen Folterknecht gerichtet wäre. Heute denke ich anders. Wenn jemand gefoltert hat, sollte man ihn auch foltern. Fotos und Zeichnungen von Folterszenen anzuschauen stört mich heute nicht mehr, ich will es sogar sehen. Ich frage mich, warum ich meine humanistischen Ideen und mein Mitleid mit anderen Menschen verloren habe« *(Protokoll, zit. bei Wicker 1991).*

Hier werden nicht nur alle früher verbindlichen Werte zerstört, sondern in ihr Gegenteil verkehrt. Mit der Vernichtung der Selbst-Grenzen findet eine »Identifikation mit dem Aggressor« statt, so daß jetzt mit dem Verlust der eigenen Identität auch eigene sadistische Impulse auftreten.

Die Psychoanalytikerin *Silvia Amati,* die mit gefolterten Menschen aus Lateinamerika gearbeitet hat, beschreibt, daß die Folter darauf ausgerichtet ist, die Menschen auf hinterlistige Weise in angepaßte, konformistische und opportunistische Wesen zu verwandeln. Folter bedeutet traumatische Regression, »ein archaischer Zustand absoluter Abhängigkeit«, wie Winnicott diese »primäre Agonie« genannt hat.

»Sie konstituiert einen spezifischen Angriff auf alles im Ich Aktive und Kreative, auf das symbolische Denken, die ethische Konfliktfähigkeit und auf die Identität« *(Amati 1993)*.

Auch hier fällt die antithetische Einstellung zum Ziel der Psychotherapie auf. Während der Erwerb der Konfliktfähigkeit zu den Werten jeder therapeutischen Methode gehört, ist das Ziel der Folter, gerade diese Konfliktfähigkeit systematisch zu zerstören. Dort, wo ein Bewußtsein war, das durch differenzierte, in Form einer Selbst-Struktur voneinander abgegrenzte Inhalte gekennzeichnet war, residiert in der Folter nur noch der Schmerz. Obwohl dieser als etwas Fremdes wahrgenommen wird, etwas Feindliches außerhalb der Ichgrenzen, nimmt er so total von den Betroffenen Besitz, daß nicht länger zwischen innen und außen unterschieden werden kann und sich die Grenze zwischen Ich und Nicht-Ich auflöst. Das systematische grausame Zufügen von Schmerz zersetzt die Fähigkeit des Individuums, Widerstand zu leisten und Überlebenskräfte zu mobilisieren. Schmerzen können die Persönlichkeit von innen so aushöhlen, daß ihre Distanzierungsfähigkeit, ihre Möglichkeit, sich zu bewahren, zerbricht.

In solchen Grenzsituationen der totalen Ich-Entleerung und Entfremdung zerbröckeln die hilflosen Versuche metaphysischer Sinndeutungen des Leidens. *Hans Saner (1992)* warnt darum vor der verharmlosenden Teleologisierung des Schmerzes. Angesichts der Folter, die einen Menschen an Leib und Seele zu brechen vermag, müssen wir uns der Sinn- und Zwecklosigkeit des Schmerzes stellen. Der körperliche und seelische Schmerz, der innerhalb gewisser »normaler« Grenzen ebenso wie die Angst für den menschlichen Organismus eine zweckhafte Funktion hat, wird jenseits dieser Grenzen absolut sinnlos.

Die Totalität und Absurdität des Schmerzes hat auch *Elaine Scarry* in ihrem Buch »*Der Körper im Schmerz. Die Chiffren der Verletzlichkeit und die Erfindung der Kultur*« *(1992)* sehr differenziert beschrieben:

»Am Anfang ist der Schmerz ›nicht man selbst‹, und am Ende hat er alles eliminiert, was nicht ›er selbst‹ ist. Am Anfang ist er lediglich ein erschreckendes wiewohl begrenztes inneres Faktum, und am Ende hat er den ganzen Körper mit Beschlag belegt und greift sogar noch darüber hinaus, zieht alles, innen und außen, in seinen Bann, macht beides auf obszöne Weise ununterscheidbar und zerstört, was ihm fremd ist oder seine Ansprüche bedrohen könnte . . .«

Die letzte Konsequenz dieser Absurdität ist nach Meinung *Beckers* die paradoxe Haltung, in der sich Gefolterte »in der Destruktion heimisch fühlen«, so daß ein Häftling sich z. B. nach dem Gefängnis zurücksehnt, weil er sich in der Freiheit nicht mehr zurechtfindet. *Alfred Drees* beschreibt die Hoffnungslosigkeit eines seiner Folterpatienten auf ganz ähnliche Art: »Irgend etwas in ihm hatte beschlossen, so weiterzuleben, kraftlos, sinnlos, ohne Wünsche, ohne Hoffnungen, ohne Interessen, auch ohne Protest« *(Drees 1991)*. *Benedetti* spricht bei psychotischen Menschen davon, daß diese sich in ihrem inneren Tod wie für immer und endgültig einrichten, so daß »jedes Aufdämmern eines neuen Lebens nur noch Störung, neue Gefahr und Verwirrung bedeutet« *(Benedetti 1980)*.

Die physische Gewalt verwandelt jedes Erleben in eine Art Sterben, das den Schmerz zum symbolischen Ersatz für den Tod macht. In der Umgangssprache wird der Grad extremer Schmerzen ähnlich umschrieben mit der Wendung: »Ich bin tausend Tode gestorben.« Extremer Schmerz wirft uns zurück auf ein Stadium, in dem es noch keine Wort gab, sich mitzuteilen. Wer intensiven Schmerz erfahren hat, weiß, wie unausdrückbar die Schmerzerfahrung letztlich ist, wie nur ein Wimmern, ein Stöhnen, ein Auseinanderfallen der Sprache in Laute diese Grenzerfahrung des Schmerzes sichtbar machen kann. Heilung oder »Reparation« *(Becker 1992)* bedeutet hier, die eigene Stimme wiederfinden, aus dem Verstummen heraustreten, die innere und äußere Welt im Wort neu erzeugen. *Karin Lorenz-Lindemann* hat sehr gut beschrieben, daß es ein ganzes Leben braucht, »das Erlittene in das Eigenbild und in das Bild vom Menschen zu integrieren, ohne die lebensbedrohende Erinnerung abzutrennen« *(Lorenz-Lindemann 1991)*.

Die Nichtkommunizierbarkeit extremer Schmerzen garantiert, daß gefolterte Menschen auch Jahre nach den zugefügten Qualen für das, was sie erlebt haben, keine Sprache finden.

»Die wichtigsten Aspekte der Folter werden kaum jemals mitgeteilt . . . Was geschehen ist, ist so außergewöhnlich und schmerzhaft, daß du es vergessen willst und nur die Dinge erzählst, von denen du weißt, daß die Leute sie verstehen werden . . . Ich glaube, daß die wichtigsten Tatsachen, diejenigen, die am schmerzhaftesten sind, nicht erzählt werden. Wir brauchen mehr Zeit und vielleicht eine sensitivere Form der Kommunikation. Wir müssen eine andere Sprache entwickeln, eine, die tiefer geht und schokkiert. Wir besitzen keine Wörter, die die danteähnlichen Situationen beschreiben könnten, die während der Folter entstehen und die so gefüllt sind mit Wahnsinn, Surrealismus und Alpträumen« *(Forest 1982, zitiert bei Wicker 1991)*.

Wie ein kontinuierlicher Triumph des Folterers über den Gefolterten erscheint diese Sprachzerstörung, die gefolterte Menschen in eine abgründige soziale Isolation treibt, in der sie von Einsamkeit, Hilflosigkeit, Verzweiflung und Angst beherrscht werden. Da wir aufgrund der Fähigkeit, uns durch Sprache mitzuteilen, mit anderen Menschen in Berührung kommen, andere Lebenswelten teilen, führt dieser Verlust von Sprache zu einem Bruch im menschlichen Beziehungsgefüge und beraubt damit das Individuum einer ganz zentralen Sinnerfahrung.

Während ein natürliches Maß an Krise und Leiden, wie es der Tragik und Gebrochenheit der menschlichen Existenz entspricht, eine Motivation für die Entwicklung von

Sprache und Kultur darstellt, führt hingegen das absolute Übermaß an Schmerz und Leid bei der Folter zu einem Sprach- und Sinnverlust. Der schreibende Versuch, die Welt im Wort wiederherzustellen, ist darum ein ganz wichtiger Weg aus der »Selbstverwerfung« *(Améry)* heraus in eine neue Selbstbestimmung.

Die Erfahrungen gefolterter Menschen übersteigen die Grenze unseres Vorstellungsvermögens hinsichtlich der Grausamkeit menschlichen Handelns und dem Ertragenkönnen unmenschlicher Qualen. Wenn wir uns den weltweit üblichen Einsatz von sexueller Gewalt als Mittel der Folter vergegenwärtigen, wird sofort deutlich, daß Demütigung und Desintegration, Vernichtung der Subjektivität der »Sinn« dieser Unterwerfungsrituale sind. Dabei sind Frauen besonders häufig Zielscheibe sexueller Gewalt. Sie werden durch abgerichtete Hunde vor den Augen ihrer eigenen Kinder vergewaltigt, durch Katzen und Ratten sexuell stimuliert, mit Stromstößen in die Genitalien gepeinigt, durch Einführung von Gewehrläufen in Vagina und After terrorisiert. Das Eindringen in den Körperinnenraum bewirkt den totalen Verlust von Selbstbestimmung und Würde. Wenn die Grenzen des Körpers durchdrungen und zerstört werden, entspricht das einem totalen Kontrollverlust.

Auch das Verstümmeln von Brüsten und Genitalien, das Aufhängen an Brüsten und Aufschlitzen des Leibes, die aufgezwungenen Masturbationen und das Zuhören- und Zusehenmüssen, wie andere Frauen sexuell gequält werden, sollen physisch und psychisch zerstören und auch für die Zukunft jedes sexuelle Erleben hoffnungslos schädigen. Unter einem ähnlichen Vorzeichen steht auch die sexuelle Folterung von Männern. Man demütigt den Mann, indem man ihn wie eine Frau nimmt *(Seifert 1993)*. Der sexuelle Ausdruck von Aggression hat auch hier die Funktion der Erniedrigung und Unterwerfung, der Mißachtung des personalen Selbst. Hier wird ein wichtiger Teilaspekt der Identität, die Geschlechtsidentität, vernichtet.

Bei den Massenvergewaltigungen in Ex-Jugoslawien und

der Normalität von sexueller Gewalt gegen Frauen als Teil einer Kriegsstrategie wird aber noch ein Aspekt deutlich, der nur geschlechtsspezifisch zu erklären ist. Die patriarchale Kultur, die sich in emotionaler Distanz zum Weiblichen befindet und die Frau als weniger wert betrachtet, ist der Nährboden, auf dem auch ein Haß auf das Weibliche gedeiht. Vergewaltigungen von Frauen gehören zu den »Spielregeln« jedes Krieges, sind Stimulans für Armeen und verkörpern ein »Teilstück männlicher Kommunikation«. Wir haben im Kriegsgeschehen in Ex-Jugoslawien deutlich sehen können, wie Vergewaltigung zur Demoralisierung des Gegners und zur Mobilisierung gegen den Feind funktionalisiert wird. Sexuelle Gewalt gegen Frauen zielt im Krieg darauf ab, die Kultur des Gegners zu zerstören, und hat »eine kulturell verankerte Mißachtung von Frauen als Hintergrund« *(Seifert 1993)*.

In ihrem Buch über den Krieg in Bosnien haben *Bernard* und *Schlaffer* eine ähnliche Position vertreten:

»Die Interpretation, daß die Frau als Besitz des Mannes gesehen wird und man ihn demütigt, indem man seinen Besitz mißbraucht, ist zu einfach. Irgendwie scheint die Frau in einer besonders archaischen Weise ihr Volk, ihre Gruppe zu verkörpern: Wer sie vernichtet, vernichtet kollektiv den Feind« *(Bernard/Schlaffer 1993)*.

Es ist auch denkbar, daß für den Folterer die Frau symbolisch das Leben verkörpert und er als Beherrscher von Leben und Tod über die Vertreterin des Lebens triumphieren will.

Zum Arsenal der Foltermethoden zählt die Technik, den Opfern ihre Zukunft als eine dauernd geschädigte, als sinnloses und hoffnungsloses Dahinvegetieren auszumalen. Den Opfern wird eingetrichtert, daß ihnen später niemand glauben wird, was wirklich geschehen ist, daß man sie für verrückt erklären wird. Es gehört zum deklarierten Ziel der Folterer, ihre Opfer an Leib und Seele zerstört aus den Folterkammern zu entlassen, damit sie gebrochen und demoralisiert als menschliche Schatten eine Warnung für andere darstellen, sich dem herrschenden Regime zu widersetzen. In der Folter wird ihnen unauslöschlich einge-brannt, daß sie nie werden vergessen können, daß nie mehr etwas so sein wird, wie es vorher war, daß sie nur über-leben, aber nie mehr werden leben können. Ähnlich hat *Primo Levi* das »Gift von Auschwitz« empfunden: daß es von innen aushöhlt und zerfrißt, daß die Überlebenden auch dann noch besiegt und zerbrochen bleiben, wenn sie zu-rückkehren.

Es handelt sich um die absolute Zerstörung menschli-cher Würde, indem der Mensch in extremster Weise zum Objekt gemacht und funktionalisiert wird. Mit diesem Würdeentzug ist aber auch ein Lebensentzug verknüpft. Wichtig bei der Folter ist nicht die persönliche Bestrafung, da der Mensch als Subjekt gar nicht mehr in Betracht kommt, sondern er dient lediglich als Objekt der Abschrek-kung für die andern. So wird die individuelle Folter letzt-lich zu einer Folter der ganzen Gesellschaft.

Zur Therapie traumatischer Erfahrungen

Auf der Suche nach dem Sinn des »Sterbens vor dem Ster-ben«, bei der therapeutischen Begleitung von Menschen, die zyklisch immer wieder einen Teil ihres Lebens in der »Unterwelt« verbringen, kann uns das Eintauchen in die archetypische Bilderwelt für diese therapeutische Gefähr-tenschaft in den Todesregionen hilfreich werden und Kraft zum Durchhalten geben. Wir erfahren in diesen Tex-ten, welche Haltung es für diese Jenseitsreise braucht, wel-che Einstellung uns auf diesem gefährlichen Abstieg in le-bensbedrohliche Seelenwüsten vor dem eigenen Sterben und Absterben bewahrt. Ohne begleitende Seelenführer ist der Abstieg in die Hölle ein gefährliches Unternehmen. Auch therapeutisch müssen wir uns supervisorisch gut absi-chern und kundiger Führung anvertrauen, um für die Schrecknisse dieser Therapien gerüstet zu sein.

MitarbeiterInnen in psychosozialen Zentren und Ambu-latorien, die Folteropfer betreuen und behandeln, wissen, wie notwendig die eigene Psychohygiene in dieser Arbeit ist, wie »ansteckend« das Trauma sein kann. Wenn wir uns auf die tödliche Innenwelt gefolterter Menschen einlassen, kann es zu einer Art psychischer Infektion kommen. Heftige Affekte, die nach der massiven Traumatisierung von den Opfern nicht integriert werden konnten, springen auf die Helfenden über. Aus dem Volksglauben rührt die uns bekannte Vorstellung, daß die Dämonen, die bösen Geister, andere Menschen anfallen und versuchen, sie in ihren Besitz zu bringen. TherapeutInnen, die nach besonders berührenden Sitzungen mit gefolterten Menschen sich nicht mehr von den Bildern distanzieren können, die sich von den Inhalten verfolgt fühlen, beschreiben diesen Zustand wie eine »Besessenheit«, gegen die sie sich nicht mehr wehren können. Wie gefährlich unser Beruf ist, belegt auch die Tatsache, daß die Selbstmordrate unter Psychiatern höher ist als unter anderen Fachärzten.

Wir kennen die Übernahme von Symptomen unserer KlientInnen auch aus dem therapeutischen Alltag, aber die »Infizierung« im Kontext von Extremtraumatisierungen hat eine besonders gefährdende Komponente *(Issroff 1980)*. Es ist die Virulenz des Bösen, mit dem wir in Berührung kommen, das auch in uns die heftigsten Affekte abruft *(Danieli 1988)*. Was Menschen anderen Menschen in der Folter antun, löst »höllische« Affekte aus. So gleicht die therapeutische Begleitung ein Stück weit einer »Höllenfahrt«. Wir lesen schon bei Vergil, daß der Abstieg in die Unterwelt gefährlich und eine »Wahnsinnsarbeit« ist, die »Geist« und ein »starkes Gemüt« voraussetze *(zit. bei Langegger 1983)*.

Die Trauma-Therapie muß die Dimension des Todes in das Leben miteinbeziehen, sie muß das Grenzgängerische dieser Menschen im Todeslabyrinth begreifen, die immer wieder – auch in den sogenannt gut laufenden Therapien – phasenweise von der Unterwelt verschluckt werden. Paradies und Hölle liegen nicht nur auf den mythologischen Landkarten nah beieinander. Es scheint oft, als forderte das Totenreich seinen Tribut ein. Wir fühlen uns dann therapeutisch völlig »entmachtet«, können unser Gegenüber nicht mehr erreichen, nicht mehr die gleiche Sprache finden. Unsere PatientInnen bewegen sich, als wären sie in einer anderen Welt, zu der wir nicht mehr gehören und keinen Zutritt haben. Der Archetyp der Grenze rückt dann in den Vordergrund und läßt uns sehr deutlich unsere eigene Grenze spüren, aber auch die Grenze zwischen den Welten, zwischen Lebendigsein und Totsein.

Der Chilene *Jorge Barudy*, der Leiter von EXIL, einem medizinisch-psychosozialen Zentrum für politische Flüchtlinge und Folteropfer, erklärt, diese Arbeit erfordere »eine verzweifelte Option für das Leben, die auf dem Vertrauen basiert« *(Barudy 1993)*. Ohne Vertrauen in das Leben, ohne Hoffnung und liebende Solidarität, ohne den Glauben an den Zyklus von Werden und Vergehen ist diese Arbeit, das »Wiedererwecken« nicht möglich.

C. G. Jung hat den Stellenwert der Sinnfrage für die geistig-seelische Gesundheit des Menschen sehr hoch eingeschätzt: »Wie ein Körper der Nahrung bedarf, und zwar nicht irgendwelcher, sondern nur der ihm zusagenden, so benötigt die Psyche den Sinn ihres Seins« *(Jung 1988)*. Die analytische Psychologie basiert auf einem Verständnis der Psychoneurose als »ein Leiden der Seele, die ihren Sinn nicht gefunden hat« *(Jung 1988)*.

Nur dann, wenn ich diesem Trauma in meinem Lebenskonzept einen Ort zuweisen kann, der für mich Sinn macht, wird sich auch in den anderen Erlebnisbereichen etwas ändern können. Wenn ich mein Leben als sinnlos erlebe, bin ich kaum lebensfähig. Zur psychischen und physischen Gesundheit ist ein wie immer gearteter Lebenssinn unabdingbar. Natürlich kann das Trauma nur dann sinnvoll verarbeitet werden, wenn die Sinnantwort wirklich integrationsfördernd ist und nicht dem krampfhaften Bemühen entspricht, in die Mangelhaftigkeit der Welt, die Unvermeidlichkeit des Übels und den erschreckendsten Un-sinn noch einen Sinn hineinzugeheimnissen. *Mario Jacoby* weist auf die Gefahr hin, die Sinngebung zum ahnungslosen, leeren Geschwätz verkommen zu lassen. Wenn auch »die Stellung des Menschen im Kosmos nach Sinn verlangt«, der uns ein »Gehäuse« gibt, worin wir uns einrichten können, eine Interpretation des Seins, die uns ein sinnvolles Weltbild ermöglicht, so ist es doch »vermessen, Greueln wie Auschwitz und ähnlichem einen Sinn geben zu wollen« *(Jacoby 1976)*.

In der Therapie traumatisierter Menschen ist dieses Ringen um Sinnfindung immer zu beobachten. Jedes therapeutische Konzept der Aufarbeitung traumatischer Geschehnisse muß in seinen verschiedenen Stadien dieser Sinn- und Wertdimension Raum geben, damit wieder ein geistiger Weg zurück ins Leben gefunden werden kann. Sinn als eine Form der Hingabe an einen Wert vermittelt nicht nur Lebenswert, sondern erweist sich vor allem als Überlebenswert.

Gegenwärtig werden wir in der psychotherapeutischen Praxis und in der psychosozialen Betreuung von Flüchtlingen immer häufiger mit Menschen konfrontiert, die traumatische Erfahrungen gemacht haben und Opfer »organisierter Gewalt« geworden sind. Dieser Begriff wurde von der Weltgesundheitsorganisation geprägt und beschreibt die schwerwiegendsten Formen von Leid, die Menschen einander zufügen.

Zur organisierten Gewalt gehören Folter, unmenschliche Behandlung und Strafen, willkürlicher Freiheitsentzug durch Inhaftierung, Geiselnahme und Vergewaltigung. Es wird davon ausgegangen, »daß organisierte Gewalt eine ökologische Katastrophe darstellt, die, in einer Ansammlung von Grenzsituationen, vitale Anpassungsmechanismen der Opfer und das soziale Netz, in dem sie das zum Leben Notwendige (biologisch, sozial und psychologisch) fanden, erschöpft und zerstört« *(Barudy 1993)*.

Im Zuge der verschärften politischen Auseinandersetzungen hat trotz internationaler Abkommen und Menschenrechtskonventionen die Folter weltweit wieder zugenommen. Wir brauchen uns nur an die vom Golfkrieg betroffenen Staaten Irak und Kuweit zu erinnern und uns in der unmittelbaren europäischen Nachbarschaft, in der Türkei und in Ex-Jugoslawien, umzusehen. Es gilt als gesichert, daß gegenwärtig auf allen fünf Kontinenten, auch in Europa, die Folter in alarmierender Weise auf dem Vormarsch ist. Als Reaktion darauf sind in verschiedenen europäischen und außereuropäischen Ländern Behandlungs- und Therapiezentren entstanden, die sich mit der spezifischen Situation traumatisierter, gefolterter Flüchtlinge beschäftigen. In diesem Zusammenhang hat auch die Traumaforschung neue Impulse erfahren, obwohl eine angemessene Konzeptualisierung der Psychotherapie und Betreuung von Foltergeschädigten noch aussteht.

Da sich am Phänomen der Folter und den Auswirkungen dieses Traumas auf die geschädigten Menschen das Grundthema dieses Buches besonders deutlich zeigt, wollen wir dieses Trauma der Gewalt genauer analysieren. Wir sehen hier, wie zentral der Begriff der Grenze für die psychische Organisation eines Menschen ist, wie zerstörerisch der Verlust alles Sinnhaften wirkt.

Die Therapie traumatischer Erfahrungen bezieht sich in ihrem Kern auf seelische Zustände, die durch die Vernichtung von Grenzen charakterisiert sind, durch die Erschütterung des Wertesystems und den Verlust eines sinngebenden »Wozu« im Leben. Da sich an der Grenze zwischen mir und dem anderen Kontakt und Begegnung ereignet und jede Beziehungserfahrung letztlich eine Sinnerfahrung ist, kommt jeder Störung an der Grenze, jeder erstarrten Ichgrenze, jedem Verlust von Abgrenzungsmöglichkeit, jeder Grenzauflösung eine existentielle Bedeutung zu. In der Existenzphilosophie hat darum das »Grenzerlebnis« eine besondere Beachtung erfahren, weil es den Menschen unabwendbar in die Frage nach Sinn und Unsinn menschlichen Lebens und Leidens hineinstößt. Traumatische Erfahrungen sind immer destruktive Grenzerfahrungen, sie vernichten die Grenze, die für die Identität eines Menschen lebensnotwendig ist.

In der Begegnung mit Gefolterten, die durch Extremtraumatisierung Grenzerfahrungen gemacht haben, gerät die Psychotherapie selbst an eine Grenze und stoßen auch die Helfenden auf ihre eigene Begrenzung. An dieser gemeinsamen Grenze stellt sich unausweichlich die Sinnfrage, die Suche nach Werten, die Halt und neue Orientierung geben können, und die Frage, was »Heilung« in diesem traumatischen Erfahrungszusammenhang bedeuten kann.

Wir befinden uns in der Therapie mit Verfolgten oft in der Situation, daß an uns die Hiobs-Frage nach dem »Warum« des Bösen und die Frage »Warum gerade ich?« gestellt wird. Wir müssen aushalten können, auf die alte Frage der Theodizee, wie das Böse in die Welt kam, keine Antwort zu wissen, aber verläßlich dieses zwingende Fragen nach Schuld und Verantwortung zu begleiten. Von uns wird »eine eindeutige Haltung der moralischen Solidarität« *(Herman 1993)* verlangt, die hilft, Würde und Selbstachtung wiederzugewinnen, und die den Prozeß der Neuinterpretation des traumatischen Geschehens unterstützt. Wir müssen eine Haltung einnehmen, die bei dem Versuch hilfreich ist, die eigenen Vorstellungen über die Sinnhaftigkeit des Lebens und die Ordnung und Gerechtigkeit in der Welt neu zusammenzusetzen.

Therapeutische Methoden, die dabei helfen, die eigene Geschichte neu zu interpretieren, sind das »Reframing« und die »Geständnismethode«. Das »Reframing« meint eine therapeutische Technik, bei der es nicht nur darum geht, die traumatische Geschichte zu erzählen, sondern sie in einen neuen Bedeutungsrahmen zu stellen, sie umzudeuten. In der Traumaforschung hat sich nämlich erwiesen, daß bloßes Erzählen nicht unbedingt therapeutisch und kathartisch wirkt, sondern häufig – wenn kein ausreichender Halt und Hoffnung gebender Boden mehr vorhanden ist – zu einer Stimulierung bedrängender Gedanken und Gefühle mit verstärkten, anhaltenden Symptomen führt. Durch das »Reframing« erhalten die traumatischen Geschehnisse einen neuen Bedeutungsrahmen, das Erzählen ist nicht nur Wiederholung des Traumas, sondern es wird durch die therapeutische Interaktion in einer neuen Weise, die Bedeutung und Sinn verleiht, verstanden *(Lindy 1986)*. Mit Hilfe dieser Methode können auch politische und religiöse Sinn- und Überlebensstrukturen aufgebaut oder verstärkt werden.

Die Reinterpretation der traumatischen Geschehnisse sucht Wege der Beantwortung existentieller Fragen nach dem Bösen, dem Leiden und dem Sinn des Lebens. Die »Geständnismethode« ist ein Weg, mit den eigenen Worten möglichst präzise und umfassend Zeugnis abzulegen von dem, was Menschen anderen Menschen antun. Sie verwandelt das Opfer in einen Zeugen, »persönliche Scham in politische Würde« *(Agger 1994)* und verbindet auf diese Weise das Private mit dem Politischen. Sie bedeutet ein Heraustreten aus der Isolation und aus dem Schweigen und läßt die Welt wissen, was geschehen ist. In der Anklage und dem Eintreten für die Wahrheit werden verlorene Werte zurückerobert. Zeugnis ablegen bedeutet, die erfahrene Destruktivität in konstruktive Bahnen zu lenken, das Böse aus sich herauszusetzen durch Sprechen und Schreiben und in einem größeren Kontext verstehbarer und damit auch integrierbarer zu machen. Die eigene Geschichte erzählen bedeutet, Abgespaltenes sich wieder anzueignen, sich in der Erzählung neu zu erschaffen, das traumatische Geschehen im Wort zu bannen. Wir wissen aus den Märchen, zum Beispiel dem Märchen von »Rumpelstilzchen«, wie das Benennen, das Beim-Namen-Nennen das Böse entmachten kann. In vielen Märchen und Mythen ist Erlösung nur über Verstehen und Erkennen möglich, über Wissen und Einsicht.

Eine inhaltlich ähnliche, sprachlich aber sehr ungewöhnliche psychotherapeutische Perspektive der »Erfahrung des Traumas als Wunder« *(Elata-Alster/Maoz 1992)* möchten wir hier vorstellen, die versucht, das Ereignis einer posttraumatischen Reaktion in einer anderen Sicht als »Wunder« zu erleben. Gemeint ist keine religiöse Bekehrung, sondern die Auswertung dieses traumatischen Ereignisses als eine bedeutungsvolle Erfahrung für die Zukunft und als Neuorientierung. Die Umwertung des Traumas als Wunder im Rahmen einer existentiell-humanistischen Psychotherapie zieht die Parallele unseres Sprachgebrauchs heran, nach dem wir bei der Rettung aus einer Todesgefahr (Trauma) von einem »Wunder« sprechen. Die Arbeit in der Therapie besteht darin, zwischen zwei Haltungen zu wählen, wie der Mensch sich in Zukunft seinem Trauma gegenüber einstellen will. Er kann sich durch das vergangene traumatische Leiden zum Schlachtopfer bestimmt fühlen oder mit und trotz dieses Leidens sein Leben auf eine neue Grundlage stellen. Ähnlich wie in der Logotherapie wird davon ausgegangen, daß Erfahrung und Bedeutung zwei verschiedene Dinge sind. Ziel der Therapie ist, »in der ›Erzählung‹ und im dialogischen Gespräch den Weg zu sich selbst« *(Elata-Alster/Maoz 1992)* zurückzufinden, damit es in die Kette des Lebenszyklus eingereiht werden kann. Die Bezeichnung dieses sinnvollen Erlebnisses als Wunder im nichtreligiösen Sinn soll aus der Einsamkeit und Verlassenheit, in die das Trauma hineingezwungen hat, herausführen und eine transsubjektive Sicht begründen, weil das Wunder eine Art Brücke schafft zwischen Mensch und Welt. »Die Anerkennung durch den Therapeuten des subjektiven Wahrseins der Erfahrung der wunderbaren Rettung, so wie der Patient sie in seiner Erzählung in die Sprache hebt (›verwortet‹), reiht dann schließlich den Patienten wieder in den Lauf der menschlichen Geschichte ein« *(Elata-Alster/ Maoz 1992)*.

Einsicht und das Bemühen, den Sinngehalt des Unverstehbaren zu verstehen, ist auch das Thema der Totenbücher. Wissen und Erkenntnis ist Macht und eine wichtige Vorbedingung für das Weiterleben nach dem Tode. Im *Tibetanischen Totenbuch* kennen die Toten sich selbst gar nicht, ihnen fehlt die Einsicht in ihren eigenen Zustand. Die

Fähigkeit, sich zu erinnern, gilt aber in den verschiedenen Traditionen als ein wichtiges Hilfsmittel der Erlösung der Seelen. Auch bei den Griechen war die Überzeugung verbreitet, daß eine »Wiedererinnerung an das, was die Seele einst in ihrer göttlichen Heimat erlebte, helfe, sie zu erlösen« *(Langegger 1983)*. In der Therapie muß sehr sorgfältig erwogen werden, wieviel Erinnerung an traumatisierende Zusammenhänge zugemutet werden kann, wieviel Bewußtwerden und dosierendes Aufdecken sinnvoll ist. Auch in den Totenbüchern gilt die Konfrontation mit »den friedlichen und den zornigen Gottheiten« zum Zwecke der Erkenntnisgewinnung als äußerst gefährlich, da sie »bei schwachen Individuen zu einem Bewußtseinsschwund« *(zit. bei Langegger 1983)* führen könne. Wir würden in der psychologischen Sprache von einer Überschwemmung und Inflationierung des Bewußtseins durch unbewußte Inhalte sprechen.

»Das ›holding‹ und das ›timing‹ sind hier sehr wichtig, die Zeit, die der Patient benötigt, um aus dem Chaos zu treten und um seine ›Gewißheitspunkte‹, die innere Kontinuität und seine eigene Geschichtlichkeit wiederzuerlangen« *(Amati 1993)*.

Dieser Aspekt der Zeit, des *Kairos*, wie der Gott des rechten Augenblicks genannt wurde, spielt in der Therapie auch für unsere Interventionen eine bedeutsame Rolle. Wir müssen uns Zeit lassen, zu schweigen verstehen und mit dem »dritten Ohr« hören – ein Begriff, den Nietzsche geprägt hat und der von Theodor Reik aufgegriffen worden ist. Im Tibetanischen Totenbuch wurden wir darüber informiert, welcher Art das Hören sein muß, um die Jenseitsreise gut zu überstehen.

»Der erste Schritt ist Hörenlernen, Hören wollen, das Durcheinander in sich selbst fallen lassen, es abtun . . . Dieser Schritt bedeutet, daß man nicht länger dazwischenfahren will, nichts ändern will (zunächst auch nicht sich selber), nicht streiten will, keine Meinung äußern will, nicht, was gehört wird, in die übliche Tagessprache übersetzen will, . . . daß man neben dem Millionenheer aufstürmender Denk-, Gefühls- und psychischer Assoziationen ruhig verweilt. Hören können ist eine schwere Sache« *(zit. bei Langegger 1983).*

Wir müssen in unserer Arbeit mit dem Herzen hören, um die heilende innere Stimme zu erkennen, in der sich das Selbst offenbart. Nur wenn wir den Stimmen, die im tiefsten Inneren des Selbst laut werden, wahrhaft zuhören können, kann sich das Wahre und Wesentliche zeigen. Nur wenn wir schweigen können, sprechen die »Geister« zu uns. Wir wirken nicht nur durch das, was wir tun, sondern durch unser Dasein und Mitsein, durch das Vorleben einer Haltung des demütigen, vorurteilsfreien Annehmens dessen, was ist.

Aus der Lyrik von *Nelly Sachs* können wir lernen, wie extrem traumatisierten Menschen zu begegnen ist:

Chor der Geretteten

Wir Geretteten
aus deren hohlem Gebein der Tod schon seine Flöten
schnitt,
an deren Sehnen der Tod schon seinen Bogen strich –
Unsere Leiber klingen noch nach
mit ihrer verstümmelten Musik.
Wir Geretteten,
immer noch hängen die Schlingen für unsere Hälse gedreht
vor uns in der blauen Luft –
immer noch füllen sich die Stundenuhren mit unserem
tropfenden Blut,
wir Geretteten,
immer noch essen an uns die Würmer der Angst,
unser Gestirn ist vergraben im Staub,
wir Geretteten
bitten Euch:
Zeigt uns langsam Eure Sonne:
Führt uns von Stern zu Stern im Schritt,
laßt uns das Leben leise wieder lernen.

Es könnte sonst eines Vogels Lied,
das Füllen des Eimers am Brunnen
unseren schlecht versiegelten Schmerz aufbrechen lassen
und uns wegschäumen –
wir bitten Euch:
Zeigt uns noch nicht einen beißenden Hund –
es könnte sein,
daß wir zu Staub zerfallen –
vor Euren Augen zerfallen in Staub . . .

Hier wird in jeder Gedichtzeile spürbar, wie sich Vergangenes in der Gegenwart aktualisieren kann und wieviel Zeit für den Integrationsprozeß notwendig ist, denn die Folter produziert das totale Chaos, eine »chaotische Reaktion« *(Becker)*, die mit dem Bewußtsein nicht mehr wirklich erfaßt werden kann und darum auch jede Orientierung oder Anpassung verunmöglicht. Die Unausweichlichkeit und Unvorhersehbarkeit, die Erfahrung des Verlustes von Autonomie und Kontrolle bewirkt eine Reaktion, die das Subjekt jeglicher Strukturierungsmöglichkeiten beraubt und in eine totale Verwirrung, Desorientierung und Entfremdung stürzt. Tag und Nacht können nicht mehr unterschieden werden, die Wahrnehmungskontrolle über die Umgebung wird durch Augenbinden und verstopfte Ohren entzogen, die Kontrolle über die eigenen Körperfunktionen läßt sich durch Übermüdung, Schmerz und überflutende Ängste nicht mehr aufrechterhalten. Die Auflösung der Kategorien von Raum, Zeit und Körpererleben, mit denen wir uns orientieren und strukturieren, bedeutet einen zunehmenden Realitäts- und Identitätsverlust.

Parteilichkeit statt Abstinenz

Wir sind der Meinung, daß Sinn- und Wertfragen und ethische Fragestellungen ins Zentrum der Therapie rücken, und zwar Ethik nicht primär als Frage nach dem »guten Leben«, sondern nach dem »Überleben« schlechthin. Wenn

wir die Auseinandersetzung der Psychoanalyse mit »Geschichte als Trauma« betrachten, so fällt auf, wie abstinent
sich die Psychoanalyse gegenüber der Auseinandersetzung
mit Sinnfragen verhalten hat. Es ist daher charakteristisch,
daß beim Psychoanalytiker *Becker* auf die Sinnfrage bei
Traumatisierten kein Bezug genommen wird, weder in der
Konzeptualisierung traumatischer Reaktionen noch in der
Therapie. Ganz anders ist der Ansatz von *Inger Agger*, die
gerade die Sinndimension als zentral für den therapeutischen Prozeß beschreibt.

Vielleicht ist *Freuds* Haltung diesen Grenzbereichen gegenüber immer noch zu präsent:

»Im Moment, da man nach Sinn und Wert des Lebens
fragt, ist man krank, denn beides gibt es ja in objektiver
Weise nicht, man hat nur eingestanden, daß man einen
Vorrat von unbefriedigter Libido hat, und irgend etwas an-
deres muß damit vorgefallen sein, eine Art Gärung, die zu
Trauer und Depression führt« *(Freud 1962)*. Freud betonte
gern, daß man das Recht habe, »die Frage nach dem Zweck
des Lebens abzulehnen«. Wie wir später genauer ausfüh-
ren werden, blieb für ihn das Fragen nach dem Sinn ein
Krankheitssymptom, denn in der Triebtheorie gibt es kein
Sinnstreben, sondern nur das Prinzip der Homöostase, des
Gleichgewichts von Stoffwechselspannungen. In diesem
Konzept reduziert sich das Leben auf einen sinnlosen Um-
weg über die Lust zum Tod.

Auffällig ist auch, daß Freud die Ethik nicht sehr am Herzen lag, und sein Verhältnis zu den Werten ist weder vor
noch nach *Heinz Hartmann (Psychoanalyse und moralische
Werte, 1973)* je systematisch untersucht worden. Es wird ja
von Freud berichtet, daß er sich gern auf Friedrich Theodor Fischers Maxime »Das Moralische versteht sich immer
von selbst« berufen habe. *Strotzka* hat darum noch 1986 in
seinem Buch »*Psychoanalyse und Ethik*« von einem »Ethikdefizit« in der Psychotherapie gesprochen.

Diese Abstinenz in bezug auf Sinn- und Wertfragen ist
aber bei der Arbeit mit schwer traumatisierten Menschen
fehlindiziert. Da jedes Trauma einen objektiv sinnlosen

Eingriff darstellt, einen Verlust der Kohärenz und Kontinuität des Ich, einen Angriff auf das individuelle Wertsystem und Sinnerleben, muß die therapeutische Begleitung dabei helfen, »den objektiv sinnlosen Eingriff in die subjektiven Sinnstrukturen zu integrieren« *(Ehlert/Lorke 1988)*.

Das Trauma hat eine Zerstörung der Selbstgrenze und eine Konfusion zwischen innen und außen zur Folge. Darum würde eine Abstinenz bezüglich Wert- und Sinnfragen verunmöglichen, die Außenwelt als traumatisierend zu objektivieren und zu entlarven. Der Therapeut könnte der Konspiration mit den Folterern verdächtigt werden, was eine massive Retraumatisierung bedeuten würde *(Becker 1992)*. Die Parteilichkeit und aktive Stellungnahme des Therapeuten muß dazu verhelfen, die durch die Folter zerstörte Perspektive wieder zurechtzurücken, wie dies auch in der Therapie von Psychosen oder bei sexuellem Mißbrauch erforderlich ist (zur Modifikation der Abstinenz vgl. *G. Benedetti 1992*).

Dort, wo Innenwelt und Außenwelt keine Konturen mehr haben oder die Grenze zwischen beiden gezielt vernichtet wurde, wo Sinn und Bedeutung verlorengegangen sind, braucht es TherapeutInnen, die dem sozialen oder politischen Kontext, in dem das traumatische Erleben angesiedelt ist, nicht gleichgültig oder neutral gegenüberstehen. Wir brauchen eine politische Psychoanalyse, die nicht von Berührungsängsten mit den gesellschaftlichen Strukturen im allgemeinen und den Strukturen der politischen Gewalt im besonderen geprägt ist, eine Psychotherapie, die Stellung bezieht und nicht an der Zementierung bestehender, veränderungsbedürftiger Zustände mitwirkt. Im Rahmen der feministischen Psychoanalyse und Psychotherapie wird diesem politischen und emanzipatorischen Anspruch längst Rechnung getragen.

David Becker, der als psychoanalytisch orientierter Psychotherapeut in Chile mit Opfern struktureller Gewalt arbeitet, hat in seinem 1992 erschienenen Buch *»Ohne Haß keine Versöhnung. Das Trauma der Verfolgten«* die ganz besondere therapeutische Bindung beschrieben, die für diese

Arbeit fruchtbar ist, den »vinculo comprometido«, bei der Therapeuten und Patienten »unwiderruflich auf der gleichen Seite stehen« *(Becker 1992)*.

Dieser Begriff (*vinculo* = Beziehung, Bindung; *comprometer* = sich einlassen, sich verpflichten) beschreibt eine therapeutische Technik und Haltung bei Extremtraumatisierten in Chile, die einen aktiven, parteiischen Therapeuten fordern, der nicht nur Containerfunktion übernimmt und in der traditionellen spiegelnden und deutenden analytischen Rolle verharrt, sondern zur soziopolitischen Realität der Folter klar Stellung bezieht. Seine Meinung und Wertung ist gefordert, weil der politisch meinungslose, abstinente Therapeut Mißtrauen erweckt und nicht mehr unterschieden werden kann, ob er nicht letztlich auch zu den Folterern gehört. Die Wirklichkeit ist in der Arbeit mit Foltergeschädigten nicht draußen vor der Tür zu halten. Wir müssen mit einer modifizierten Abstinenz, wie Cremerius sie schon lange gefordert hat, in diesen Grenzbereichen arbeiten und uns nicht nur auf die Intersubjektivität und die intrapsychische Dynamik einlassen, sondern auch auf die gewaltproduzierenden gesellschaftlichen Verhältnisse, in denen sich das Geschehene ereignet hat. Auf den Sinn und Unsinn therapeutischer Abstinenz bei Grenzerfahrungen werden wir darum in einem gesonderten Kapitel noch näher eingehen.

Der Begriff des »vinculo comprometido« hat im Zusammenhang mit der Doppelbedeutung des spanischen Wortes *comprometer* noch einen weiteren wichtigen Aspekt, der nach *Becker* für die therapeutische Arbeit mit Extremtraumatisierten besonders bedeutsam ist: »comprometer« heißt sowohl »sich verpflichten« als auch »bloßstellen« (kompromittieren). D. h., es geht in der Therapie sowohl um empathisches »Holding« wie auch um Einsicht aufgrund von Konfrontation und kritischer Reflexion. Der Wechsel zwischen Nähe und Distanz ist besonders wichtig, weil traumatisierte Menschen den natürlichen Rhythmus zwischen beiden Haltungen wieder verstehen und einüben müssen. Diese nach Ansicht Beckers zentrale Aufgabe der

Therapie Traumatisierter kommt auch im Titel seines Buches zum Ausdruck: »*Ohne Haß keine Versöhnung*«. Es geht hier um das Akzeptieren des Nebeneinander beider Einstellungen, der Erfahrung ihrer lebendigen Einheit, die durch das Trauma aufgespalten und zerstört wurde. Für traumatisierte Menschen ist es daher von besonderer Bedeutung, den Wechsel von Nähe und Distanz, entgrenzender Hingabe und kritischer Abgrenzung wieder zu lernen. Als Therapeut die Mitte zu halten zwischen empathischer Parteilichkeit und kritischer Konfrontation ist aber ebenso bedeutsam wie schwierig. Eine übermäßige Parteilichkeit und Identifikation würde die dringend notwendige Entwicklung autonomer Impulse verhindern, während eine übertrieben abstinente Zurückhaltung als Konspiration mit den Folterern mißverstanden würde.

Mit der analytischen Psychologie hat *C. G. Jung* eine Gegenposition zum distanzierten psychoanalytischen Umgang mit ethischen Fragestellungen geschaffen. Das In-Frage-Stellen des Lebenssinns ist für ihn nicht Ausdruck von Krankhaftem, sondern Ausdruck des Menschseins schlechthin. Sinn ist ein »geistiges Etwas«, eine heilende Fiktion, denn »nur das Bedeutende erlöst« *(Jung 1988)*.

Die Grenzziehung zwischen Psychotherapie und Religion fällt darum bei *Jung* ganz anders aus als bei *Freud*. Für *Jung* war das Problem der Heilung letztlich ein religiöses Problem *(Jung 1988)*. Er glaubte, daß niemand wirklich geheilt ist, der seine religiöse Einstellung nicht wieder erreicht hat *(Jung 1988)*.

»Ein unverstandenes Leiden ist bekanntlich schwer zu ertragen, und auf der anderen Seite ist es oft erstaunlich zu sehen, was ein Mensch alles aushalten kann, wenn er das Warum und Wofür versteht. Die Mittel hierzu geben ihm übergeordnete weltanschauliche Voraussetzungen religiöser oder philosophischer Natur, die sich damit zumindest als Heilmethoden psychischer Art ausweisen« *(Jung 1981)*.

In der Trauma-Therapie ist die Dimension des Numinosen, das Religiöse in seiner offensten Form, die Spiritualität eines Menschen, ausgesprochen oder unausgesprochen konstelliert. Gefolterte Menschen haben ja nicht nur den Glauben an ihren eigenen Wert verloren, die Werthaftigkeit der Welt ist ihnen vernichtet worden. Es geht in der Therapie um die Thematik von Tod und Wiedergeburt, um die Erneuerung des Lebens am Ort der größten Verletzung, um das, was den letzten und höchsten Wert für einen Menschen darstellt.

In der Arbeit mit Opfern politischen Terrors hat sich diese Auffassung und auch Nietzsches »Wer ein ›Wozu‹ im Leben hat, kann fast jedes ›Wie‹ ertragen« immer wieder bestätigt. Eine psychologische Untersuchung der Baha'i-Gläubigen, der größten religiösen Minoritätengruppe im Iran, die von der Regierung zwischen 1979 und 1982 verfolgt, gefoltert und getötet worden sind (amnesty international berichtet, daß von 1978 bis 1988 bereits 210 Baha'is umgebracht wurden), verweist auf die spirituelle Verankerung der Gläubigen, ihre Glaubensüberzeugungen und ihre Weltanschauung, die ihnen auch noch angesichts des Todes und der Folter Kraft, Mut und Liebe gegeben hat. Der kanadische Psychiater Abdul-Missagh Ghadirian stellt bei der Untersuchung menschlicher Reaktionen auf massive soziale Stressoren und Leidenssituationen fest, daß der religiöse Glaube und die Kraft spiritueller Wahrheit dem Leiden einen Sinn verleiht und Bewältigungsstrategien möglich macht, die nicht in das übliche Streß-Reaktion-Paradigma fallen *(Fereshteh Taheri Bethel 1986).*

Die schriftlichen Dokumente der getöteten Baha'i-Anhänger legen davon Zeugnis ab, daß der Glaube an eine geistige Wirklichkeit und ein stabiles Wertsystem, die Überzeugung, für einen »höheren Zweck«, ein spirituelles Ideal zu sterben, eine innere Einstellung dem Tod gegenüber ermöglichte, die nicht in psychoanalytischer Terminologie auf Abwehrmechanismen oder Reaktionsbildungen reduziert werden kann.

Auch die Untersuchung der Motive von Menschen, die in der Hitler-Ära nicht Täter oder Mitläufer, sondern Helfer waren, verweist auf die Bedeutung eines Wertgefüges, das sich auch angesichts von Extremsituationen als bestän-

160

dig erweisen kann. Die Forschungsresultate zeigen, daß vor allem ein ausgeprägtes Wertsystem dafür verantwortlich war, daß Menschen angesichts tödlicher Bedrohung über sich selbst hinauszuwachsen vermochten.

Nechama Tec hat in ihrem Buch über die Motivation der Retter *(Tec 1986)* nachgewiesen, daß die typischen Helfer ausgeprägte Individualisten waren, die ihr persönliches Wertesystem situativ flexibel anwendeten und sich dadurch einen persönlichen ethischen Entscheidungsspielraum verschafften. Darum ist das erklärte Ziel totalitärer Systeme und jeder Gewaltherrschaft, das individuelle Wertgefüge zu vernichten, zu Zweideutigkeit zu verführen und die menschliche Verletzlichkeit auszubeuten, damit dem Ich-Ideal nicht länger treu geblieben werden kann.

Menschen, die Extremtraumatisierungen erfahren haben, sind vom Lebenskurs abgekommen und können sich nicht länger sicher im Dasein verorten. Dieser Verlust der fundamentalen Bezugspunkte und das Entgleiten jeden Lebenssinns wirft existentielle Fragen auf und fordert uns als Professionelle in unserem ganzen Menschsein heraus.

Amati beschreibt in ihren Reflexionen über die Folter, daß der Therapeut über den vollen Besitz seiner Fähigkeit, Werturteile zu fällen, verfügen muß. Angesichts der Inkohärenz und Strukturlosigkeit der Überlebenden muß er »kohärente und strukturierende Antworten auf die tiefgehende Verwirrung der Werte geben, in der sich der Patient befindet« *(Amati 1993)*. Ein Helfender, der sich in bezug auf moralische oder soziale Werte abstinent verhält, würde letztlich retraumatisieren und nicht in der Lage sein, dem Prozeß der Dehumanisierung und Fragmentierung etwas entgegenzusetzen. Von den Professionellen wird eine aktivere Haltung gefordert, die »beispringende oder vorausspringende Fürsorge«, wie es in der Daseinsanalyse heißt, und nicht der übliche Interaktionsvorbehalt, der Verzicht auf Wertungen und Koalitionsbildungen, von dem das klassische psychoanalytische Verfahren geprägt ist.

Nur wenn wir therapeutisch eine Holding-Funktion

übernehmen, wenn wir zulassen können, daß Patientinnen und Patienten uns »benutzen«, damit durch unsere eigene Klarheit und Parteilichkeit Strukturen sichtbar werden, die sie an die eigenen verlorenen und zerstörten Strukturen erinnern, kann die Subjekthaftigkeit zurückgewonnen werden. Diese empathische Haltung schließt allerdings eine gleichzeitige Haltung der kritischen Konfrontation nicht aus. Wir müssen bereit sein, für diese Menschen zu einer Person zu werden, die Hoffnung weckt und wieder an das eigene ursprüngliche Bild von Menschlichkeit vor der Traumatisierung anschließt.

In der Daseinsanalyse ist dieses Zur-Verfügung-Stellen der eigenen Strukturen von Boss ganz allgemein als die Aufgabe des Analytikers formuliert worden: »seinem Analysanden im Miteinandersein mit diesem, ihm gleichsam für lange Zeit seine größere, menschliche Freiheit ausleihen, bis dieser den Mut gefunden hat, selber über seine eigenen Verhaltensmöglichkeiten, die ihm als solche mitgegeben sind, frei zu verfügen.« Die Existenzphilosophen, besonders Heidegger, haben uns gelehrt, daß wir einen Menschen nicht heilen können, auch nicht durch die Psychotherapie, wenn wir nicht zuvor sein »Verhältnis zum Sein« wiederherstellen. Bei traumatisierten Menschen ist dieser Bezug zum Sein gerissen. Die entstandene Wunde ist riesengroß. In unseren psychotherapeutischen Praxen sind wir mit diesen Wunden konfrontiert. Die Überlebenden benutzen oft selbst dieses Bild der Wunde für ihren psychischen Zustand.

»Denn jedesmal, wenn ich darüber spreche, öffnet sich die Wunde, und es kommt ›Blut‹ heraus. Man muß dies behandeln, so daß es einmal ein Ende damit hat und die Wunde endgültig verheilt« *(Protokoll, zit. bei Wicker 1991)*.

Ist Heilung möglich?

Werden wir je in der Psychotherapie so weit kommen, daß die Wunden »endgültig verheilen«? Was heißt überhaupt Heilung? Was erwarten die traumatisierten Menschen von uns, und was stellen wir Professionellen uns unter Heilung vor? Im wissenschaftlichen Vokabular der Psychoanalyse *(Laplanche/Pontalis 1973)* taucht dieser Begriff nicht auf. Wie kann in einer Therapie die Seele der Entseelten wieder erweckt werden? Ist dieser Seelenverlust überhaupt heilbar? Ist aus der Hölle je herauszufinden, oder bedeuten Trauma und Folter ewige Verdammnis?

Die ägyptischen Unterweltsbücher enthalten tröstliche Botschaften über die Möglichkeit der Erneuerung des Lebens im Tode. Sie waren darum auch nicht nur für die Verstorbenen gedacht, sondern den Lebenden eine spirituelle Wegweisung. Wenn auch den Sonnengott eine beängstigende Finsternis in der Unterwelt umgibt und er der Ohnmacht ausgeliefert und mit gefährlichen Hindernissen und Widersachern konfrontiert ist, so stehen ihm doch Hilfskräfte zur Verfügung, die den Regenerationsprozeß beschützen *(Schweizer 1994)*.

Ihr symbolisches Verständnis als Zeichen von Erneuerung und Neuanfang, der Glaube an den Kreislauf der Zeit, bettet die Vergänglichkeit des einzelnen in den Sinn und Zyklus des Ganzen. So gibt die Liebe und der Tod dem Leben Sinn und Gefüge.

Im Zusammenhang mit der Frage, wie mit diesen im innersten Kern verletzten Menschen therapeutisch gearbeitet werden kann, glauben wir, daß wir hier viel von den »Schamanen« lernen können, die durch ihre Initiation das Thema von Tod und Wiedergeburt am eigenen Leibe erfahren haben. Sie können die Grenzen zwischen zwei Seinsweisen sprengen und sich in der Trance zwischen Himmel und Hölle bewegen. Wenn wir als TherapeutInnen auch keine Schamanen sind, so müssen wir uns in dieser Arbeit doch Fähigkeiten aneignen und den Leidenden zur Verfügung stellen, die ein Stück weit »schamanistisch« anmuten. Schon Lévy-Strauss *(1967)* hat den Psychoanalytiker mit dem Schamanen verglichen, auf die Wirksamkeit der Übertragungsbeziehung (*Balints* »Droge Arzt«) verwiesen und das Erleben des eigenen Mythos als bedeutungsvoll und heilend beschrieben. Der Schamane ordnet der Krankheit mit Hilfe des Mythos einen Ort im Ganzen zu, der wieder eine zusammenhängende sinnvolle Ordnung herstellt. Auf diese Weise gibt der Schamane dem Kranken mit dem Mythos eine Sprache, in der er sich begreifen kann. Als PsychoanalytikerInnen müssen auch wir bei der Suche nach einer neuen Sprache behilflich sein, die dem Trauma einen Sinn- und Bedeutungsrahmen gibt.

Gerhard Heller *(1994)* weist darauf hin, daß die Praxis der Schamanen tief in das kollektive Unbewußte hineinreicht, während die Psychoanalytiker sich an der individuellen Lebensgeschichte orientieren. *Drees* fordert für die Therapie mit Gefolterten eine ganzheitliche »defokussierende« Arbeitsmethode, »die der subjektzentrierten Fokussierung des unbewußten Materials entkommt« *(Drees)* und Erlebnisbereiche gestaltet, in denen sich imaginativ und spielerisch Phantasien entfalten können, in denen das Leben wieder in seiner sinnlichen Fülle erfahrbar wird und an prätraumatische Erlebnisqualitäten anknüpft. Die Arbeit von *Peter Heinl*, die sich in ihrem Schwerpunkt im sprachlosen Raum ab»spielt« und unverstandene und unbetrauerte Traumen der Kriegs- und Nachkriegskinder intuitiv aufspürt und spielerisch in Objektskulpturen umsetzt, weist auch auf Bewußtseinsprozesse hin – von ihm »Wahrdenkeln« genannt *(Heinl 1994)* –, die eine therapeutische Resonanz aufleuchten lassen, welche an schamanistische Heilungsrituale denken läßt.

Grundsätzlich gilt, daß unsere therapeutische Arbeit im »Unterweltbereich« die tiefsten Affekte berührt, für die wir mehr als Sprache benötigen: die Berührung, das Halten, Ton und Stimme, Malen und Sandspiel, Gestalten mit Ton, Muscheln, Steinen, Bewegung . . . aber alles dies mit liebevoller Sorgfalt und Respekt für die Grenzen, die sich bei der Gestaltung archetypischer Muster aufrichten.

Wir sind der Meinung, daß in der Arbeit mit Extremtraumatisierten der Bezug zum kollektiven Unbewußten und die Offenheit für transzendente Wirklichkeiten unerläßlich ist. In den Verliesen der Sprachlosigkeit müssen wir uns averbal verständigen können. Wir brauchen Symbole und Rituale, um die verlorene Seele »zurückzuholen«. Was im Schamanismus Seelenverlust heißt, bedeutet in unserem therapeutischen Verständnis die Verletzung des innersten Zentrums eines Menschen, die Zerstörung seines Sinns. Schamanen waren immer davon überzeugt, daß Sinnverlust ein Herausfallen aus der Ganzheit und Harmonie bedeutet und notwendigerweise krankmachen muß. Schamanistische Behandlungsmethoden können als ein archetypisches Grundmuster des heilenden Umgangs mit Krankheiten verstanden werden. Schamanen haben einen tiefen Bezug zu anderen Wirklichkeiten, zu veränderten Bewußtseinszuständen und zur symbolischen rituellen Welt. Für die Therapie mit schwer traumatisierten Menschen brauchen wir solche ganzheitlichen Ansätze, die Methoden der Hypnotherapie und therapeutischen Trance, imaginative Verfahren und körperorientierte Techniken, vor allem aber einen therapeutischen Ansatz, der nicht auf der somatischen oder sozialen Ebene steckenbleibt, sondern die spirituelle Dimension miteinbezieht.

In der schamanistischen Tradition gibt es kein Heilen ohne spirituellen Bezug, denn sie weiß um den Sinn von Krankheit, Leben und Tod. Die schamanistischen Heiler glauben an die Notwendigkeit des Einswerdens mit dem zu Heilenden, des stellvertretenden Auf-sich-Nehmens der Krankheit. Ihre Seelenreise führt sie in die Unterwelt, um den dunklen Geistern in einem erschöpfenden Kampf die geraubte Seele wieder zu entreißen. Wie oft haben auch wir als PsychotherapeutInnen den Eindruck, mit den Totengeistern unserer Kranken zu ringen und uns am »Widerstand« zu erschöpfen? Wir kennen auch die Angst, daß es zu spät sein könnte, die Seele unserer

PatientInnen noch zu erreichen, weil sie sich so unendlich weit in die andere Welt zurückgezogen hat, daß wir den Weg dorthin nicht auf uns nehmen können. Selbst die Schamanen können »entflogene Seelen«, die sich zu weit entfernt haben, nicht immer zurückholen. Mit dieser Grenze und Begrenzung müssen wir als Helfende leben lernen.

Oft bewegen wir uns therapeutisch über lange Strecken im seelischen Ödland, das uns an die Hadesschilderungen Homers erinnert. Dort gibt es Bäume, die Früchte tragen, die sie aber vorzeitig abwerfen; nichts reift aus, sondern verdirbt auf halbem Wege, wie *Langegger* am Beispiel der chronischen Psychiatrie-PatientInnen zeigt: »Die Bemühungen um solche Menschen bleiben denn auch ›fruchtlos‹« *(Langegger 1983)*.

Wie oft haben wir aber auch erfahren, daß unser Durchhalten und Aushalten, unser stellvertretendes Glauben und Hoffen den Boden bereiten konnte, in dem nach langer »fruchtloser« Zeit die Früchte des Vertrauens reifen konnten! Wir müssen uns als TherapeutInnen in die innere Welt und Leidenszusammenhänge der traumatisierten Menschen hineinzubegeben versuchen und, wenn wir die Kraft dazu haben, eine Art therapeutischer Nierenfunktion übernehmen, wie es *Benedetti* beschrieben hat. Vielleicht brauchen wir dazu auch eine überdurchschnittliche Leidensfähigkeit, wie sie die Schamanen in ihren Initiationen bewiesen haben. Es geht darum, die destruktiven seelischen Inhalte unserer KlientInnen in uns selbst, »im eigenen psychischen Kreislauf« *(Benedetti 1992)* zu entgiften und heilende Bilder und Visionen in die Beziehung einzubringen. »Die Fähigkeit des Therapeuten, sich positiv ansprechen zu lassen von Dingen, die vordergründig und in dem quälenden subjektiven Erleben der Kranken nur negativ sind, legt den ersten Stein für einen heilenden Dialog« *(Benedetti 1992)*.

Der Abstieg in die Unterwelt ist ein Abstieg nach innen, im Dienste des Lebens, um das Blockierte, Fragmentierte, Verletzte zu »erlösen«. Wie die Reise der Schamanen ist

166

auch diese psychische Reise gefahrvoll und schmerzlich. Wir sollten uns als TherapeutInnen sehr bewußt sein, wie weit wir hinabsteigen können, ohne den Weg zurück zu verlieren, wieviel Kraft wir haben für diesen psychischen Energieaustausch, wenn wir – wie der »Sündenbock« – das Leiden unserer PatientInnen auf uns nehmen.

Becker hält »Heilung« in dem Sinne, daß das Leiden der Extremtraumatisierten zum Verschwinden gebracht werden kann, nicht für möglich. Heilend sei nur das Zulassen des Leidens in der Trauer. *Langegger* spricht von der Psychiatrie, in der die »Unheilbaren« den Heils- und Heilungsanspruch verlieren und nur noch »gepflegt« werden. Er nennt aber auch die idealisierten Fehlerwartungen von PatientInnen, die geheilt werden wollen, während manchmal die Psychotherapie nur leisten könne, mit der seelischen Verformung oder »Abnormalität«, der persönlichen Hölle besser leben und auskommen zu können.

Seine Amplifikation mit der Hölle verweist darauf, daß die Rückkehr vom Tod ins Leben eine höchst seltene Ausnahme ist. Die Mythen sprechen vom Land ohne Wiederkehr, und bei Hiob lesen wir: »Es steigt nicht auf, wer fuhr in die Scheol« *(Langegger 1983).*

Und doch sind alle Mythen reich an Erlösungsvorstellungen; die Auferweckung und Rettung der Toten, ihre Wiederkehr ins Leben ist ein Thema vieler religiöser Traditionen. Wir erfahren in den Totenbüchern von einem Gestaltwandel der Götter: »Sie leben auf und erheben sich aus ihrer Todesmattigkeit«, es gibt neu aufkeimende schöpferische Impulse, die das alte Wertsystem ablösen und verwandeln. Allen »selig Verstorbenen« wird die Lebenskraft zurückgegeben *(Schweizer 1994),* aber gleichzeitig zeugen die Totenbücher von der Notwendigkeit von Opfer und Verlust, der mit jedem schöpferischen Akt verbunden ist.

Auf das Wirken der »Götter« geht diese Herausführung der Toten aus dem Totenreich zurück, auf den Abstieg eines Gottes in die Unterwelt, der durch sein Licht, sein Wort oder seine Berührung den Bann des Todes bricht. Diese Kraft, zu binden und zu lösen, ist im christlichen

Kontext auf die Priester, die Seel-sorger, übergegangen. Wir PsychotherapeutInnen erfahren in der Arbeit mit schwer traumatisierten Menschen, daß es der Hadesfahrt und des »Göttlichen« bedarf, des »Deo concedente«, der Einwilligung des Göttlichen, wenn wir »heilen« wollen. Wie immer wir dieses »Göttliche« bezeichnen wollen: es ist jene Dimension gemeint, die für die höchste und letzte Instanz gehalten wird, die über unser Ich hinausgeht, die *imago dei*, wie *Jung* das Selbst genannt hat. Das Selbst ist die dem Ich übergeordnete Ganzheit, der innere göttliche Mensch, der um die tieferen Zusammenhänge von Leben und Tod weiß. Wir brauchen für den Umgang mit Tod und Sterben das Wissen um »das Unsichtbare, das keinen Namen hat, das keine Materie hat und doch Wirkung« *(Paracelsus)*.

Dann fällt uns das Vertrauen und der Glaube leichter, daß die neue Ordnung aus dem Chaos, aus den Turbulenzen an der Grenze geboren wird, wie die moderne Chaosforschung aufgezeigt hat.

Der Horror des Bösen, dem die Gefolterten ausgeliefert waren, hat viele motiviert, sich nach dem bewußten Akzeptieren der schweren Verletzungen und Beschädigungen auf die Suche nach dem Guten zu begeben und aktiv und engagiert für dieses »Gute« einzutreten. Wir haben erlebt, daß auf dem Boden dieser traumatischen Verletzungen auch das Heilkraut wachsen kann, das keine Psychotherapie zu »erfinden« vermag.

Aus der spirituellen Verwurzelung, in der sich die individuelle Psyche mit dem kollektiven Unbewußten der ganzen Menschheit und dem Kosmos verbunden weiß, kann der Mut und die Kraft, vor allem aber die Liebe erwachsen, die für den Abstieg in die Unterwelt unserer PatientInnen unerläßlich ist.

III.
Pychotherapie unter
Ideologieverdacht

Welche Werte machen Sinn?

Im Labyrinth von Wert und Sinn

Und wer ein Schöpfer sein muß im Guten und Bösen:
wahrlich, der muß ein Vernichter erst sein und Werte zerbrechen.

Friedrich Nietzsche

Ist Psychotherapie eine Ideologie? Um einen Ideologieverdacht besser überprüfen zu können, ist eine Begriffsklä-
rung angezeigt. Der Begriff »Ideologie« wird vor allem in
den Sozialwissenschaften gebraucht, ist aber nicht einheitlich in der Verwendung. Er wird zum Beispiel auf wissenschaftliche Theorien angewandt, die unwahr sind, deren
Falschheit durch unreflektiertes Vorverständnis oder Kom-
munikationsverzerrungen aber nicht gleich erkennbar ist,
oder es wird mit Ideologie ein Gedankengebäude bezeichnet, das zwar wirklichkeitsfremd ist, aber doch einer
Gruppe von Menschen ein Identitätsgefühl zu geben vermag. Ideologien haben in der Regel suggestiven Charakter
und verführen zur Übernahme. Sie werden oft nicht aus rationaler Einsicht übernommen, sondern weil sie Orientierung verheißen und Sinndeutungen vorgeben, ohne diese
bewußtzumachen. »Das Ideologische an den Ideologien
ist . . . ihre Verhüllung, die bewirkt, daß sie vom Rezipien-
ten unbewußt oder unverarbeitet aufgenommen und angenommen wird« *(Tiedemann 1993).*

Rationaler Kritik gegenüber sind Ideologien ziemlich re-
sistent. Die Verabsolutierung bestimmter Überzeugungen
garantiert eine ideologische Geborgenheit und Scheinsi-
cherheit, die nicht gern aufgegeben wird. In der Psychologie ist von Theodor Reik die Ideologie darum als eine Re-
aktionsbildung verstanden worden, eine Art Überkompensation von latentem Zweifel an der eigenen Überzeugung
(Reik 1973). Ferner gehört das Wunschdenken ins Reper-

170

toire von Ideologien, und zudem basieren sie oft auf dem längst überholten Wissenschaftsparadigma einer absolut »objektiven« Wirklichkeit, die es ja nicht gibt. Wirklichkeit ist vielmehr immer im Fluß und wird jeweils durch den Menschen, der wahrnimmt, reflektiert und handelnd mit anderen in Beziehung tritt, konstituiert.

Lebendigsein bedeutet Werden und In-Bewegung-Sein. Ideologie dagegen hat mit Erstarren und Dogmatismus zu tun. Überall dort, wo in therapeutischen Prozessen und psychologischen Theorien statt Emanzipation und Offenheit in Denken und Handeln Dogmatismus und Identifikation gefordert wird, wo nicht »Anfängergeist« (Zen) oder »Unfertigkeit« (Petzold) die Therapieentwürfe prägen, ist ein Ideologieverdacht berechtigt. TherapeutInnen, die offen und befragbar bleiben, ihre Theorien transparent machen, dialogisch und tolerant sind, schützen sich und andere vor ideologischer Fixiertheit und Unterwerfungsritualen.

An der gegenwärtigen polemischen Diskussion um Wirksamkeit und Effizienz psychotherapeutischer Heilmethoden sind neben handfesten ökonomischen und Machtinteressen (es geht ja auch um die Verteilung der »Fleischtöpfe« unter den Schulen, sprich Krankenkassenleistungen) ideologische Positionen des Menschenbildes und Gesundheitsbegriffs überdeutlich geworden. Nicht nur die Fragwürdigkeit von »Effizienz« als höchstem Wert, sondern auch die Orientierung an »symptomfreier Funktionsfähigkeit« läßt den ideologischen Hintergrund solcher Positionen ahnen.

Die Suggestivität und Verführungskraft, mit der eine akademische Psychologie den Alleinvertretungsanspruch behauptet, der ideologische Streit zwischen der sogenannten Alternativmedizin, den ganzheitlichen Heilverfahren und der klassischen Schulmedizin rückt die Frage nach den offen oder verdeckt verheißenen Werten ins Zentrum. Die alte Streitfrage nach dem, was heilt, hat durch den Aspekt kassenzulässiger Finanzierung von Psychotherapien und durch die Bemühungen um eine gesetzliche Regelung des Psychotherapeutenberufes eine verschärfte ideologische Brisanz erfahren.

In der Psychotherapie ist versucht worden, nach einem »Meta-Wertsystem« Ausschau zu halten. Einige psychotherapeutische Schulen haben auf der Suche nach einem »objektiven« Wertsystem ihr Menschenbild und ihre Wertordnung in einem philosophischen System verankert, so die Daseinsanalyse in der Phänomenologie von Heidegger und Husserl, die Logotherapie und Existenzanalyse bei Heidegger und Scheler, die Initiatische Therapie Dürckheims bei Heidegger und beim Zen-Buddhismus, die analytische Psychologie Jungs bei der Alchemie und der östlichen Philosophie, die Gestalttherapie sowie Erich Fromms humanistische Psychoanalyse und die transpersonale Psychologie ebenfalls bei der buddhistischen Philosophie usw.

Wie alle Produkte laufen auch diejenigen des menschlichen Geistes in Form von Ideologien und sinnstiftenden Ideen Gefahr, zu veralten. Religiöse, philosophische und wissenschaftliche Dogmen waren ursprünglich bahnbrechende Ideen, die vom Establishment zunächst oft als ketzerisch ausgegrenzt, dann akzeptiert und schließlich zum allgemein anerkannten Dogma erhoben wurden und dabei erstarrten, bis im Rahmen eines neuen Paradigmas wieder andere Ideen auftauchten und sich dieser Ablauf wiederholte. Dasselbe Phänomen läßt sich nun auch bei den »psychotherapeutischen Sinnstiftern«, den Begründern der therapeutischen Systeme und ihren Jüngern beobachten, indem die »sinnstiftende Potenz«, der »Anfängergeist« in späteren Generationen unter dem zunehmenden Einfluß von Dogmatismus und Orthodoxie verlorenzugehen pflegt. *Shunriu Suzuki* hat in seinem ebenso schlichten wie wundervollen Buch »*Zen-Geist – Anfänger-Geist*« für die Zenpraxis überzeugend dargelegt, daß Sinn und Sinnverwirklichung nur lebendig bleiben kann, wenn jegliche Form von dogmatischer Erstarrung vermieden wird *(Suzuki 1975)*. Das gilt auch für unsere psychotherapeutische Praxis und unsere Psychohygiene als Helfende: Einseitigkeit und Rigidität sind krankmachend und sinnentleerend.

172

Psychotherapeutische Ausbildung und Ideologie

Zum Problem der ideologischen Fixierung des eigenen Wertsystems und Menschenbildes ist aus der Sicht der Psychotherapie noch der Beitrag der psychotherapeutischen Ausbildung zu erwähnen. Besonders die sogenannte Lehranalyse hat unter anderem den »Sinn«, die Werte und den expliziten und impliziten Sinnbegriff der betreffenden Schule zu internalisieren, wenn dies auch nicht auf dem Wege direkter Indoktrination geschehen soll. Es geht hier also darum, den persönlichen Wertekanon der KandidatInnen, das individuelle Leitbild mit demjenigen der gewählten psychotherapeutischen Schule in Kontakt und, wenn möglich, in Übereinstimmung zu bringen. Dies darf nicht durch direkte Beeinflussung von seiten der LehranalytikerInnen geschehen, doch auch in einer noch so »abstinenten« Lehranalyse ist völlige »Wertfreiheit« ein Mythos, da die inneren Werthaltungen uns allen und damit auch den LehranalytikerInnen bekanntlich, wie dies schon Freud nachgewiesen hat, »aus allen Poren zu dringen« pflegen. Diese Gefahr wird nun leider an unseren Ausbildungsinstituten meist nicht nur übersehen, sondern durch den »inzestuösen Filz« und die herrschenden Machtstrukturen oft noch gefördert. Aufgrund mannigfacher realer Verstrickungen pflegt das Thema Macht und Abhängigkeit dabei unbewußt und tabuiert zu bleiben und sich durch unaufgelöste Übertragungen, Rede- und Denkverbote auf spätere Analytikergenerationen – sozusagen »bis ins siebte Glied« – fortzupflanzen. Das gilt nicht nur für den Tabubereich des sexuellen Mißbrauchs oder der narzißtischen Ausbeutung. Zur emotionalen Abhängigkeit von den machthabenden DozentInnen, SupervisorInnen und LehranalytikerInnen, die in der Funktion von »Gralshütern« die ideologische »Linientreue« ihrer KandidatInnen überwachen und allfällige Zweifel und eine kritische Distanz zu den »analytischen Eltern und Großeltern« und zum »Urvater« erschweren oder verunmöglichen, kommt oft noch eine materielle Abhängigkeit, eine Angst um die ökonomische Existenzsicherung hinzu. So kann es geschehen, daß die therapeutische Methode Triebfreundlichkeit, gesunde Aggressivität und emanzipatorisches Denken propagiert, die Praxis der Ausbildungsinstitute aber genau das Gegenteil fördert: Angst, »normopathische« Anpassung und Unterwerfung gegenüber autoritären Strukturen.

Die Tatsache, daß die Lehranalyse ein meist ansehnliches Vermögen kostet und eine große zeitliche und psychische Investition bedeutet, macht ebenfalls ein kritisches Infragestellen des Gelernten nicht immer leicht. Entsprechend dem Märchen von »des Kaisers neuen Kleidern« wird dann das gemeinsame Wertsystem kaum mehr hinterfragt, und die unbewußten Zweifel werden auf fremde Schulen projiziert und dort nachhaltig bekämpft. Das früher berüchtigte »odium theologicum«, der Haß der sich streitenden Theologen, hat sich heute sozusagen in ein »odium psychologicum« verwandelt. Das Bild entspricht genau der Kultur der »paranoiden Familie«, die *H.-E. Richter (1970)* als eine »paranoide Festung« beschrieben hat. Der Blick über den schulenspezifischen Gartenzaun wird durch diese Form der Einmauerung leider noch erschwert.

Die Heilsansprüche oder Heilungsversprechungen der verschiedenen Methoden und die Formulierung der therapeutischen Ziele gründen auf bewußten Entscheidungen für bestimmte Werte, die aber nicht immer explizit behandelt werden. Wir wollen in diesem Kapitel versuchen, die Sinnmuster der verschiedenen therapeutischen Systeme und ihre propagierten Werte deutlicher zu machen. Uns erscheint die gegenseitige Polemik unter den psychotherapeutischen Schulen, die auf einem Exklusivitätsanspruch, auf ideologischer Beschränktheit und Feindbildprojektion beruht, »un-sinnig«. Statt dessen plädieren wir für einen interdisziplinären Dialog, der neben der Öffnung für die andere Position auch die Klärung und differenzierende Abgrenzung der eigenen Haltung und die Rücknahme der Projektion und Bearbeitung der verdrängten Selbstzweifel fördert. Dies sollte gerade uns PsychotherapeutInnen, die

174

ja über die Kenntnis des Projektionsmechanismus verfügen, zumutbar und in besonderem Maße möglich sein. Dabei könnte die Suche nach grundlegenden Gemeinsamkeiten und einer gemeinsamen Sprache als Voraussetzung für eine eklektische Psychotherapie dienen. Diese ist zwar immer noch ein heikles und ausgesprochen tabuiertes Thema, weil viele PsychotherapeutInnen immer noch in einem »objektivierenden« Wissenschaftsparadigma befangen sind *(Huf 1992)*, doch läge in der zunehmenden Tendenz, die nicht quantifizierbaren Fragen von Sinn und Spiritualität in die Psychotherapie einzubringen, die Chance für einen gegenseitigen Austausch als Basis für den Eklektizismus. Wir sind der Meinung, daß die Thematik von Sinn und Werten sich als Grundlage für einen interdisziplinären Dialog anbietet, da schließlich alle Schulen eine »sinnvolle« Therapie anstreben, wenn sich auch die jeweiligen Vorstellungen von Sinnhaftigkeit unterscheiden.

Die Bedeutung der Werte

Hilfreich scheint uns zuerst eine Besinnung auf das, was Werte sind und welchen Stellenwert der Wertediskurs in der Psychotherapie hat. Das Bewerten gehört wie die Entscheidungsfreiheit zur existentiellen Grundausstattung des Menschen: »Ich werte, also bin ich« *(W. Stern)*, d. h., Sein und Werten sind eins. Da der Mensch nicht umhin kann zu werten, wertet er auch sich selbst: »Ich werte, also bin ich *wert*« *(W. Kretschmer)*. Die Werte, die wir verinnerlicht haben, wirken in uns als äußere Richtlinien für unser Verhalten, aber auch als internalisierte Maßstäbe zur Beurteilung unser selbst und von allem, was uns umgibt.

Werte sind Ausdruck der existentiellen Entscheidungsfreiheit und Wahlmöglichkeit des Menschen, und sie leiten ihn als Richtlinie und Orientierungshilfe bei seinen konkreten Wahlentscheidungen. Durch Interpretation der Welt und des eigenen Selbst vermitteln sie Orientierung, Halt und Sicherheit. Damit verwirklichen sie auch

Sinn. *Romano Guardini* beschreibt den Wert als den »Kostbarkeitscharakter der Dinge«, etwas, das uns anrührt und berührt, was wir gefühlsmäßig als etwas Übergeordnetes anerkennen und zu dem wir uns akzeptierend oder strebend verhalten. Werte sind tief verwurzelte Motivationen oder innere Ausrichtungen, die handlungsbestimmend sind. Werten heißt, Objekte mit Bedeutung ausstatten. Dabei führen Werte zu Überzeugungen und zu persönlichen und wissenschaftlichen Theorien, die auch die Gefahr in sich bergen, zu Ideologien zu erstarren. Der Philosoph Nicolai Hartmann hat vor der »Tyrannei der Werte« gewarnt, vor der Gefahr, daß ein einziger Wert Macht über einen Menschen oder eine Gruppe gewinnt und keine lebendige Auseinandersetzung mit ihm mehr stattfindet, sondern daß er tyrannisch aufgezwungen und fanatisch übernommen wird *(Funke 1993)*.

Werte fordern unsere Stellungnahme und Entscheidung heraus. Aus der Fähigkeit des Menschen, zu wählen, aus seiner Entscheidungsfreiheit folgt, daß er dauernd zum Ziehen von Grenzen herausgefordert ist. Bei seinen Entscheidungen spaltet er in Teile auf und läßt sich dabei von Werten leiten, wobei er sich von einem Teil abwendet und gegenüber einem bevorzugten, als wertvoller eingeschätzten Teil öffnet und damit sozusagen dauernd »die Spreu vom Weizen sondert«.

Die menschliche Entwicklung geht mit einem fortlaufenden Entscheidungsprozeß und daher mit einer unablässigen Orientierung an Wertvorstellungen einher. Dabei wenden wir uns von alten Werten ab, und gleichzeitig werden neue Werte im Entwicklungsprozeß erworben. Beides steht in einer dialektischen Wechselbeziehung und ist nicht voneinander zu trennen. Die Fähigkeit und der »Zwang« zu werten gehören zum Wachstumsprozeß und zum menschlichen Leben. Sein und Werden ist wesenhaft mit der Entwicklung bestimmter Werthaltungen und Einstellungen verbunden, die das Selbst, die Identität und Persönlichkeit des Menschen strukturieren und gegenüber der Umwelt konturieren, abgrenzen und wandeln. Dieser

Prozeß verläuft nicht immer bewußt, sondern oft reflexhaft und intuitiv, aufgrund eines internalisierten Wert- und Orientierungsystems, das die Fülle der dauernd eintreffenden Informationen und anstehenden Entscheidungen zusammenfaßt, ordnet und vereinfacht.

Dabei findet auch eine stetige Auseinandersetzung bzw. ein Konflikt zwischen dem individuellen Wertsystem und den allgemeingültigen Werten und sozialen Normen statt. Der Verlust einheitlicher gesellschaftlicher Werte und tradierter kultureller Normen in der Gegenwart hat die Grenzkonflikte zwischen dem Individuum und der Sozietät und zwischen verschiedenen gesellschaftlichen Gruppen derart kompliziert und verschärft, daß der Mensch »im Labyrinth von Wert und Sinn« oft überfordert ist. Daher ist es verständlich, wenn er häufig der Versuchung erliegt, sich in Ideologien und Dogmen zu flüchten und sich vor dem »Schwindelgefühl des Wertrelativismus« zu retten. Der Fundamentalismus, Dogmatismus und vielerlei andere -ismen und Wert-Tyranneien haben heute Hochkonjunktur. Zwar schränken die starr abgegrenzten ideologischen Leitbilder die Spontaneität und Beweglichkeit ein, verschaffen aber anderseits Halt und Sicherheit in einer von Reizüberflutung und »Grenzenlosigkeit« gekennzeichneten Massen- und Konsumgesellschaft.

Wir können Werte auch als verhaltensprägende Konzeption des Wünschenswerten verstehen. Sie wandeln sich gemäß den Vorstellungen und Wünschen, die Menschen an das Leben haben. In der europäischen Wertestudie ist zum Beispiel versucht worden, den Wandel der Wertvorstellungen in den europäischen Ländern zu erfassen. Eine deutliche Verschiebung von den materialistischen Werten (wirtschaftliche und physische Sicherheit) zu postmaterialistischen Werten (Unabhängigkeit, Selbstverwirklichung und Lebensqualität) war festzustellen. Im Postmaterialismus finden sich »Hinweise auf eine höhere Ehrfurcht vor der Natur und eine stärkere Beschäftigung mit der Frage nach dem Sinn und Zweck des Lebens« *(Inglehart 1990)*.

Werte haben die Funktion von Orientierungsstandards

und verkörpern eine Art Leitlinie, die unser Verhalten lenkt, Entscheidungshilfen bietet, unsere Selbstdarstellung färbt und das Selbstwertgefühl stabilisiert. Sie liefern Kriterien zur Stellungnahme in sozialen und politischen Belangen, zur Beurteilung von Menschen und Situationen. Die europäische Wertestudie macht deutlich, daß in den westlichen Ländern eine höhere Wertschätzung von »Sein« gegenüber »Haben« festzustellen ist und der übergeordnete Wert der individuellen Person mit ihrem Streben nach Selbstentfaltung und persönlicher Unabhängigkeit vorherrscht.

Im Zuge des Sozialisationsprozesses bilden sich die individuellen Werte heraus, die zum Orientierungsmaßstab für die persönliche Daseinsgestaltung werden. Sie reflektieren den persönlichen Lebensstil, die eigenen Bedürfnisse und Einstellungen und werden somit zur zweiten Natur des Menschen. Dieser Sektor der persönlichen Lebenswerte ist soziologisch gründlich erforscht worden. Dabei galt als »deutlichster Wertwandlungsschub . . . auf deutschem Boden« *(Klages 1984)* die Aufwertung von Selbstentfaltungswerten und die Abwertung von Pflicht- und Akzeptanzwerten. Die Tendenz zu Selbstverwirklichung und Individualismus, die stärkere Betonung von Lebensfreude statt Fleiß, Treue und Leistung, die Höherbewertung von Freizeit und Privatsphäre und der verstärkte Rückzug ins Private charakterisieren die veränderte Wertstruktur der gegenwärtigen Gesellschaft. Die protestantische Arbeitsethik mit ihren Werten von Sparsamkeit, Verzicht und Fleiß ist längst zerbröckelt, und traditionelle Werte-Instanzen, wie zum Beispiel die Kirche, haben ihre Glaubwürdigkeit eingebüßt. Die Unsicherheit in bezug auf eine verläßliche Werte-Basis, die dem Leben Struktur und Kontinuität verleiht, charakterisiert unseren Zeitgeist mit seiner Sehnsucht nach Sinn.

Dieser Wertewandel ist nicht nur ein kollektives Phänomen, sondern auch in den einzelnen Lebensphasen verschieben sich die Werthierarchien. Die »Wertpyramide« *(Maslow)* von »niederen« und »höheren« Werten ist dabei aber nicht als ein »besser« oder »schlechter« zu verstehen. Die ökonomischen, sozialen und biologischen Werte sind nicht geringer zu achten als die nach Autonomie und schöpferischer Expansion. Wenn zum Beispiel die biologischen Werte eines gesunden und lebendigen Bezuges zum Körper vernachlässigt werden, kann dies zu einer gefährlichen Einseitigkeit und Mißachtung der Vitalsphäre führen, wovor besonders die Integrative Gestalttherapie und die körperorientierten Therapieformen warnen. In der Gestalttherapie ist die einseitige Ausrichtung auf Ratio und Gedankenarbeit als »mind-fucking« angeprangert worden, und in der »Initiatischen Therapie« *Dürckheims* gehören die »horizontalen« Kräfte des »Leibes, der wir sind« mit den »vertikalen« Kräften des »geistigen Wesens« als zwei sich ergänzende Pole zusammen. Es wäre daher nicht sinnvoll, das Ganze gegen den Teil, die »höheren« gegen die »niederen« Werte und Bedürfnisse auszuspielen. Erst in ihrem Zusammenspiel kann sich Sinn konstituieren.

Philipp Lersch (1970) hat versucht, in einer Schichtentheorie die menschlichen Grundwerte in drei Kategorien einzuteilen:

1. Die Lebenswerte

Darunter versteht er die menschlichen Antriebserlebnisse, Lust, Genuß, Tätigkeitsdrang, Erlebnisdrang.

2. Die Bedeutungswerte

Dazu zählen der Selbsterhaltungstrieb, der Wille zur Macht, das Streben nach Anerkennung und Geltung.

3. Die Sinnwerte

Zu dieser Kategorie gehören Antriebserlebnisse, in denen der Mensch Sinnerfahrungen macht, Kontaktbereitschaft, erotische Liebe, Schaffensdrang, Interesse, Ideale und Suche nach dem Absoluten, aber auch Strebungen der verpflichtenden Teilhabe, mit denen der Mensch sich sinnvoll in den Dienst der Welt stellt.

Nach dieser Einteilung wird leicht verständlich, daß in unterschiedlichen Lebensphasen andere Akzente gesetzt werden. In der Psychotherapie mit jungen Menschen kann das, was Sinn und Lebensqualität ausmacht, anders aussehen als in der therapeutischen Begleitung eines Menschen in der Lebensmitte. Das Bedürfnis nach übergeordneten, letzten Werten mag besonders beim älteren Menschen seinem Leben Richtung und Ziel geben und ihn daher eine psychotherapeutische Methode wählen lassen, die für diesen Aspekt besonders offen ist (zum Beispiel die analytische Psychologie C. G. Jungs mit ihrer Betonung des Individuationsweges und der religiösen Funktion der Psyche).

Die Frage, »wieviel Sinn« der Mensch braucht, mag im jeweiligen Lebensalter unterschiedlich beantwortet werden. Psychotherapeutische Methoden können sich hinsichtlich ihrer Orientierung am Teilsinn (einer sozialen Funktionstüchtigkeit) oder einer existentiellen Sinnorientierung (der Suche nach einem Lebenssinn) ergänzen, statt sich gegenseitig zu bewerten, wer der »Klassenbeste« ist. Ähnlich wie es bei der Diskussion um die Abstinenz nicht um die Frage geht, Abstinenz ja oder nein, sondern wieviel Abstinenz wann, mit welchen PatientInnen, ist auch die Sinnfrage nicht zwischen dem Teilsinn der konkreten Lebensbewältigung oder dem Gesamtsinn einer umfassenden Lebensorientierung aufzuspalten.

Die Unterschiedlichkeit der menschlichen Bedürfnisse, Lebensstile und kulturellen Prägungen führt zur Verschiedenheit menschlicher Wertungen, die sich auch in den Haltungen und Ideologien von Therapeutinnen und Therapeuten ausdrücken. Dabei sind die unterschiedlichen analytischen Stile und therapeutischen Spielregeln von subjektiven Werten abhängig. *Riemann (1979)* hat in seiner Analyse der Persönlichkeitsstrukturen von Analytikern und Predigern deutlich gemacht, wie sehr die Typologie und Charakterstruktur – ob hysterisch, zwanghaft, schizoid oder depressiv – die Werthaltungen und den Stil der Therapie prägen kann.

Der Jungianer *Rudolf Blomeyer (1982)* hat in seinem geistreichen Aufsatz über »Wertungen unter Analytikern« typische Gegensätze beschrieben, die mit den Persönlichkeitsstrukturen und individuellen Wertsystemen zusammenhängen. So sei bei *Freud* seine Introvertiertheit an den

Regeln des analytischen Umgangs und des Settings ersichtlich, während die therapeutische Zielsetzung der Wiederherstellung von Arbeits- und Liebesfähigkeit von seiner extravertierten, kompensatorischen Empfindung her zu verstehen sei. *Jung* hingegen zeigt in seiner Zielsetzung des Ganzheitsstrebens und der Sinnsuche mehr Introversion, während er sich in der Beziehungsgestaltung extravertiert verhält. Während Freudianer bekanntlich darauf stolz seien, gut denken zu können, rühmen sich die Jungianer ihrer Leidenschaft fürs Intuitive, aber in der Wahl der Technik setzen beide auf ihre Hilfsfunktionen: *Freud* vertraue der Intuition im freien Assoziieren und glaube, daß so das Richtige getroffen würde, während *Jung* mit der Methode der Amplifikation das gerichtete Denken vorziehe, weil das intuitive Assoziieren ins Uferlose führe. Solche bewußten und unbewußten Wertungen seien für die »Glaubenskriege« unter den Schulen charakteristisch, wobei hinter der vordergründigen Auseinandersetzung um mehr oder weniger Wissenschaftlichkeit der Methode ein sehr viel giftigerer Streit um Wien oder Zürich, Eigenes oder Fremdes, Jüdisches oder Christliches ausgetragen worden sei.

Die Funktion der Werte in der Psychotherapie

Obwohl sich die moderne Psychotherapie gern auf ihre Bemühung um Neutralität und bedingungslose, wertfreie Akzeptanz beruft, enthalten alle therapeutischen Systeme Annahmen und Wertungen darüber, welches Verhalten gesund oder krankmachend ist. Jede Interventionsmethode und jede Persönlichkeits- und Entwicklungstheorie impliziert Wertungen. Die diagnostische Nomenklatur, die Etikettierungen, dank derer Menschen für gesund oder krank erklärt werden, sagen etwas aus über die Verschränkung von Normen und Werten der Gesellschaft mit den Wertsystemen therapeutischer Modelle. *Thomas Szasz*, der Kritiker der Psychiatrie, hat darum die PsychotherapeutInnen angeprangert, über ihre Setzungen von gesund und krank massiven sozialen Druck auszuüben und letzlich herrschaftsstabilisierende Kontrollfunktion zu übernehmen. Jede therapeutische Schule drückt in ihren Wertungen neben der jeweiligen Gründerpersönlichkeit den Zeitgeist aus, den je eigenen Blick auf das Individuum und seine Einbindung in den ökologischen, sozialen und psychischen Raum.

In der Psychotherapie vollzieht sich aber nicht nur ein Bewußtmachen der individuellen Werte und innerpsychischen Konflikte, sondern es geht auch um ein Erkennen der Widersprüche sozialer Normen und Werte. Psychotherapie ist mit gesellschaftlichen Strukturen untrennbar verknüpft. Sie ist daher weder wertfrei noch neutral oder unpolitisch, obwohl vielen Schulen zu Recht sozialkritische Abstinenz oder gar Naivität und Wertblindheit vorgeworfen werden kann. Von *Parin* über *Richter* und *Petzold* ist auf die Notwendigkeit verwiesen worden, über eine individualisierende Psychotherapie hinauszugehen und den gesellschaftlichen Kontext in eine klinische Gesundheits- und Krankheitstheorie mit einzubeziehen. Dabei hat vor allem *Petzold* die »multiplen Entfremdungsdimensionen«, die Demontage der Wertewelt in unserer Kultur »durch Verrohung, Anomie, Kriminalität, Gleichgültigkeit und Zerstörung der ökologischen Bezüge« als Kernkonzept einer neuen anthropologischen Krankheitslehre beschrieben *(Petzold 1994)*.

Unsere Werte bestimmen die Therapie- und Entwicklungsziele, und das Überprüfen und gegebenenfalls das Revidieren des eigenen Wertsystems gehört zum therapeutischen Prozeß. Wertfreiheit in der Psychotherapie ist ein Mythos und Wertabstinenz zu behaupten eine gefährliche ideologische Verführung, weil sich dann die Werte nur verhüllt durch die Hintertür einschleichen und den therapeutischen Prozeß unterschwellig infiltrieren. Wir bewerten, wenn beispielsweise im Sinne der Handlungstheorie entschieden wird, welche Ziele mit welchen Mitteln zu welchem Zweck zu verfolgen sind. Die Abmachungen über die Therapieziele sind dabei nicht nur von den Normen und Wertvorstellungen der Gesellschaft und der therapeutischen Schule abhängig, sondern auch von lebensgeschichtlich erworbenen Überzeugungen und Haltungen der Helfenden.

Für professionell Helfende ist es wichtig, sich der persönlichen Werthierarchien bewußt zu werden. Fragen zur eigenen Biographie im Sinne der Genogrammarbeit *(Peter Heinl 1986)* sind hier hilfreich: Welche Werte wurden in meiner Familie gelebt und gefördert? Was wurde als wertlos ausgegrenzt? Welchen Wertewandel habe ich in meinen verschiedenen Lebensphasen und im Studium erlebt, und wie ist die Motivation zu meinem Beruf mit meiner Wertstruktur verknüpft? Welches sind die Werte meiner beruflichen Sozialisierung? Welche Wertkonflikte erlebe ich im Team meiner Arbeitsstelle, meiner Wohn- und Hausgemeinschaft, meiner Partnerschaft? Wie stark hat die soziale Schicht, aus der ich stamme, das Land und die Kultur, in der ich aufgewachsen bin, meine Wertvorstellungen geprägt?

Wertkonflikte können auch für Therapieabbrüche und entgleiste therapeutische Dialoge verantwortlich sein. Scheitern können Therapien, wenn die Diskrepanz im Werteverständnis zwischen TherapeutInnen und KlientInnen unüberbrückbar ist und auf dem Boden total divergierender Wertauffassungen keine gemeinsame Sprache und kein Dialog mehr stattfinden kann.

Therapeutische Interventionen hängen von Bewertungen ab. Ob eine Deutung zu diesem Zeitpunkt zu früh ist, ob ein traumatischer Inhalt integrierbar ist, ob ein Symptom Krankheitswert hat, oder ob es verstanden wird als Botschaft der Seele, sich umzuorientieren, hängt von Wertungen ab, die für den therapeutischen Verlauf bedeutsam sein können. In therapeutischen Zielsetzungen, die sich z. B. darin äußern, angstfrei Lift fahren zu können oder einen besseren Zugang zum Unbewußten zu finden, klingen die unterschiedlichsten Wertvorstellungen der therapeutischen Schulen an. Jedes Krankheits- und Gesundheitsverständnis basiert auf einem Menschenbild, das bestimmte Werte propagiert.

Damit kommt aber der Rolle der PsychotherapeutInnen eine nicht zu unterschätzende Bedeutung und Macht zu, weil die Gefahr besteht, daß sie moralische Verhaltensvorschriften für das, was gut, richtig und gesund ist, in ihre therapeutischen Deutungen hineinverweben. Obwohl in der englischsprachigen Fachliteratur schon früh Ansätze gemacht worden sind, die moralischen und bürgerlichen Ideale hinter den psychoanalytischen Theorien aufzuspüren und der Frage nachzugehen, wie im Prozeß der Therapie die Werte der Therapeuten vermittelt werden, blieb dieser Forschungsbereich lange tabu. Es ist auf den ideologischen Charakter von Therapien verwiesen worden, weil die Werte und was sich daraus an Haltungen ergibt nicht ohne weiteres von den KlientInnen erkannt werden können. PsychiaterInnen stehen oft in naturwissenschaftlicher Tradition bei der Deutung von seelischen Phänomenen und greifen eher zu medikamentöser Therapie als psychodynamisch ausgerichtete TherapeutInnen, und das Menschenbild und die Krankheits- bzw. Gesundheitslehre der unterschiedlichen Methoden wird zu einer anderen Akzentuierung in bezug auf das Verstehen und Verhalten führen, die für den Hilfesuchenden nicht rasch durchschaubar ist.

So wurde gerade in den USA schon früh die Frage aufgeworfen, welche Rolle PsychotherapeutInnen als Trendsetter bei der Übermittlung kulturell verankerter Werte spielen. Die Tatsache, daß Psychotherapie und »Shrinks« (Psychiater) nicht nur in Hollywood-Filmen zum Partythema der amerikanischen Gesellschaft avancierten und ein Boom von Pop-Psycho-Ratgebern zum glücklichen Leben einsetzte, hat zur Feststellung geführt, daß Psychotherapie in Amerika zu einer Art Populärwissenschaft geworden ist *(M. Lakin 1988).* In den achtziger Jahren haben sich Arbeiten gehäuft, die sich mit der Funktion der PsychotherapeutInnen als Werte-Pusher auseinandersetzten und die narzißtische Orientierung und Verantwortungslosigkeit der therapeutischen Zunft mit ihrer Ausrichtung auf Selbstverwirklichung, Glück und Wohlbefinden kritisierten. Die Überbewertung des individuellen Glücksstrebens, das Bedürfnis nach Erfolg und Wohlergehen habe zur Vernachlässigung von Werten geführt, die mit zwischenmenschlichen Beziehungen, mit Bindungsfähigkeit und sozialer Verantwortung zu tun haben. Die Klientenzentriertheit der Psychotherapie habe Therapeuten verführt, sich als Manager zu begreifen und einen Prozeß zu unterstützen, in dem es nicht primär um Erkenntnis und Wahrheit geht, sondern um positive Gefühle und Effizienz auf der persönlichen und zwischenmenschlichen Ebene.

Auffällig ist inzwischen der Trend zu einer vertieften Auseinandersetzung mit Werten und ethischen Fragen in bezug auf die Psychotherapie in Theorie und Forschung, die nicht erst mit der Enttabuisierung des narzißtischen und sexuellen Mißbrauchs eingesetzt hat. In der Zeitschrift »Counseling and Values« wird seit einigen Jahren ein sehr interessanter Diskurs über die Werte in Beratung und Therapie geführt, und auch ein Sonderheft von »Psychotherapy« ist ganz der Wertethematik gewidmet. Interessant sind in diesem Zusammenhang die Arbeiten von *Allen E. Bergin*, der ein Wertspektrum für die Psychotherapie vorschlägt, das auf sogenannten Konsensus-Werten der helfenden Profession beruht. Er vertritt die Auffassung, daß eine Gruppe von Werten und Zielen für den therapeutischen Prozeß besonders bedeutungsvoll ist, weil sie die Gesundheit (mental health) fördern, und daß TherapeutInnen diese Ziele offenlegen sollen *(Bergin 1985)*. Nur wenn wir unsere Werte transparent machen, können wir vermeiden, zu geheimen Verführern zu werden und unsere KlientInnen zu manipulieren; nur dann erweitern wir die Wahlmöglichkeit und Freiheit der Hilfesuchenden, wenn wir deutlich machen, worin für uns Gesundheit besteht und warum wir glauben, daß dieses oder jenes Verhalten die Lebensqualität verbessert. Abstinenz ist hier nur im Sinne der Manipulationsabstinenz gefordert. Wir müssen die Wahl unseren KlientInnen überlassen, wir dürfen in ihren Prozeß der Wert- und Sinnsuche nicht eingreifen, aber das selektive Offenlegen unseres Menschenbildes und unserer

Werte schützt die KlientInnen vor ideologischer Verführung.

Bergin nennt folgende Werte:

Freiheit, Verantwortung, Autonomie, Liebe und Beziehungsfähigkeit, Selbstbewußtsein und Selbstwert, Wahrhaftigkeit und Authentizität, Wert- und Sinnorientierung, Bewältigungs- und Regulierungsfähigkeiten, Arbeitsfähigkeit.

Die verschiedenen Persönlichkeitstheorien orientieren sich mehr oder weniger an diesen Werten. Uneinigkeit besteht nur über die Bedeutung spiritueller Werte in der Psychotherapie, obwohl in Amerika und auch in Deutschland und in der Schweiz der Trend zu spirituellen Suchbewegungen deutlich zu erkennen ist.

Wir können in den genannten Werten die gesundheitstheoretischen Konzepte der humanistischen Psychologie erkennen, wie sie auch von *Jahoda* schon dargestellt worden sind: Selbstverwirklichung, Autonomie, positive Einstellung zu sich selbst, das Bewältigen von Anforderungen, Realitätsbewußtsein und Integration von Erfahrungen (*Jahoda 1958*). Längst sind zum Freudschen Wertekanon der Genuß-, Liebes- und Arbeitsfähigkeit die Werte der Autonomie, Eigenverantwortung, Würde, Entscheidungsfähigkeit und Persönlichkeitsentfaltung hinzugetreten.

In der modernen psychologischen Forschung hat neben den Regulationskompetenzmodellen und den Selbstaktualisierungs- und Sinnfindungsmodellen das sozioökologische Bewußtsein das Wertespektrum erweitert, wie an der Gesundheitsdefinition der Integrativen Therapie, in Abgrenzung von der idealisierenden Definition der WHO, deutlich geworden ist. »Gesundheit ist dieser Ansicht zufolge wesentlich dadurch gekennzeichnet, daß der Mensch sich selbst, ganzheitlich und differentiell, in leiblich-konkreter Verbundenheit mit dem Lebenszusammenhang (Kontext und Kontinuum) wahrnimmt und im Wechselspiel von protektiven und Risikofaktoren entsprechend seiner Vitalität/Vulnerabilität, Bewältigungspotentiale, Kompetenzen und Ressourcenlage, kritische Lebensereignisse bzw. Probleme zu handhaben und sich zu regulieren und erhalten vermag, schließlich, daß er auf dieser Grundlage seine körperlichen, seelischen, geistigen, sozialen und ökologischen Potentiale ko-kreativ und konstruktiv entfalten und gestalten kann und so ein Gefühl von Kohärenz, Sinnhaftigkeit, Integrität und Wohlbefinden entwickelt« *(Petzold 1992)*.

Beim Vergleich der verschiedenen Menschenbilder und Wertsysteme therapeutischer Schulen sind gewisse Grundstrukturen erkennbar, die erstmals von *Charlotte Bühler* systematisch erforscht und im Überblick zusammengefaßt wurden *(Bühler 1975)*. Sie unterscheidet zwei gegensätzliche Gruppen:

1. Bei der einen wird der Mensch als ein auf soziale Einflüsse passiv reagierendes Objekt verstanden, woraus sich als zentraler Wert und als Therapieziel die Anpassung an die gesellschaftlichen Bedingungen zum Zweck optimalen Funktionierens bzw. einer bloßen Symptomreduktion ergibt. Als Beispiel dafür wird der Behaviourismus angeführt.

Das Gegenstück zu dieser Gruppe bilden

2. die therapeutischen Schulen, die den Menschen als aktiv handelndes, autonom planendes und schöpferisch improvisierendes Subjekt verstehen, wobei sich als Therapieziel folgerichtig die Veränderung im Sinne des aktiven Strebens nach Werten ableiten läßt. Es wird vom Selbst als einem inneren Wert und einer immanenten richtunggebenden Kraft ausgegangen, die es zu verwirklichen und zu entwickeln gilt. Beispiele dafür sind die humanistische und die analytische Psychologie.

Zwischen diesen beiden Extremen sind in einer Mittelposition Methoden angesiedelt, welche den Menschen als ein konflikthaftes Wesen im Widerstreit zwischen den Werten von Autonomie und Anpassung im Sinne innerer triebbedingter oder äußerer sozialer Determiniertheit begreifen. Zu dieser Gruppe rechnet *Charlotte Bühler* die Psychoanalyse, für die der Mensch in einem Konflikt steht zwischen den triebgebundenen und den durch soziale Forderungen bedingten Werten, die sich im Überich niederschlagen.

In diesem Bühlerschen Konzept sind wiederum die beiden Grundtendenzen des menschlichen Wachstums- und Lebensprozesses erkennbar, das Bedürfnis nach autonomer Selbstverwirklichung, aggressiver Durchsetzung und Abgrenzung gegenüber den Forderungen der Umgebung einerseits und der ebenso fundamentalen, unabdingbar zum Menschsein gehörenden Strebung andererseits, die eigenen Grenzen und Bedürfnisse zu transzendieren und sich den anderen Menschen und der Welt in liebender Hingabe zu öffnen. Es geht darum, ein flexibles Gleichgewicht zu finden zwischen den gegensätzlichen Strebungen nach Bedürfnisbefriedigung im Sinne von Wohlbehagen und Entspannung, schöpferischer Expansion einerseits und der Tendenz zu Anpassung, Kontakt und Sicherheit andererseits. Der Widerspruch, der durch diesen menschlichen Grundkonflikt gegeben ist, erfordert eine Sinnorientierung, ohne die kein Gelingen der Konfliktlösung möglich ist. Aus der Konflikthaftigkeit, die dem Menschenbild dieser eben genannten Schulrichtungen zugrunde liegt, folgt als Therapieziel die Lösung oder zumindest die Auseinandersetzung mit dem existentiellen Widerspruch der Bedürfnisse und Werte im Sinne eines harmonischen Ausgleichs, womit die Konflikthaftigkeit auch zum eigentlichen Motiv der Sinnfindung wird.

Wenn Sinn daher bedeutet, die Widersprüche zwischen den übrigen Bedürfnissen miteinander zu versöhnen, erfordert die Befriedigung einer bestimmten Strebung die Versagung einer anderen, so daß die Bereitschaft zu Verzicht und Opfer zu den Grundlagen der Sinnerfahrung gehört. Besonders in existentiellen Grenzsituationen ist Sinnerleben nur möglich in einer Haltung, die bereit ist, das Unvermeidliche anzunehmen und in Krisen auch Wachstums- und Wandlungschancen zu erkennen.

Psychotherapie kann eine Orientierung geben, wenn es darum geht, den Menschen aus einer Haltung neurotischer Fixierung und ideologischer Einseitigkeit herauszuhelfen und zu Ausgeglichenheit und Flexibilität des Wertespektrums fähig zu werden, das heißt zur Erweiterung des

»Wertpotentials« *(Charlotte Bühler)* bzw. »Werthorizontes« *(Frankl)*. Damit ist der psychotherapeutische Prozeß ein möglicher Weg, sich selbst im eigenen Lebensganzen besser zu verstehen, mit sich und anderen in Fühlung zu kommen und dadurch Sinn zu erfahren.

Wir wollen im nächsten Kapitel den Versuch unternehmen, die Sinn- und Wertorientierung der verschiedenen therapeutischen Richtungen deutlich zu machen.

1. Die Sinnfrage: ein Krankheitssymptom?
Eine Anfrage an die Psychoanalyse

Im Moment, da man nach dem Sinn und Wert des Lebens fragt, ist man krank, denn beides gibt es ja in objektiver Weise nicht; man hat nur eingestanden, daß man einen Vorrat an unbefriedigter Libido hat, und irgend etwas anderes muß damit vorgefallen sein, eine Art Gärung, die zur Trauer und Depression führt.

Sigmund Freud, Brief an Marie Bonaparte

Die Haltung Freuds gegenüber Sinn und Werten ist geprägt durch sein Konzept des Menschen als eines triebbedingten Wesens, dem wenig Spielraum bleibt, sich frei für die existentielle Dimension von geistigen und spirituellen Werten und für einen Sinn zu entscheiden. Das Werten spielt zwar sowohl in der klassischen Psychoanlayse als auch in der modernen Narzißmustheorie eine große Rolle, doch nur als triebabhängige Funktion. Danach ist Triebgemäßes positiv, Angsterzeugendes negativ. Im Freudschen Verständnis beschränkt sich der Sinn auf das Praktische. Die zentralen Werte der Psychoanalyse orientieren sich an einer Gesundheitsvorstellung, die ein ausreichendes Maß an Genuß-, Liebes- und Arbeitsfähigkeit garantiert. Psychische Krankheit hat mit der Beziehung zwischen der Stärke des Triebes und der Stärke des Ich zu tun.

Für die klassische Psychoanalyse werden Neurosen durch innerseelische Konflikte zwischen unvereinbaren Trieben bzw. zwischen den Trieben (dem Es) und den Forderungen des Überich und seiner Werte verursacht. Dabei hat das Ich die Aufgabe, die Konflikte zu lösen, indem es die unakzeptablen Triebwünsche vom Bewußtsein durch die sogenannten Abwehrmechanismen fernhält, deren wichtigster die Verdrängung ist. Entsprechend dem Triebmodell besteht außerdem ein grundsätzlicher Konflikt zwischen den »Eros- oder Lebenstrieben« (Sexualität, Selbsterhaltungstriebe wie Oralität, Kontaktstreben usw.) und den »Thanatos- bzw. Todestrieben« (aggressive Destruktion, die nach außen gewendet zur Tendenz nach Bemächtigung und nach Abgrenzung zum Schutz des Individuums führt). Daraus ergibt sich ein Widerspruch in der psychoanalytischen Theorie und ihrer Zielsetzung, indem der Triebdeterminismus im Gegensatz zum Therapieziel, dem Wert von Autonomie und Emanzipation steht. Die Charakterisierung des menschlichen Schicksals als Versklavung durch die Macht der Triebe widerspricht dem hohen psychoanalytischen Ideal der Befreiung durch die Aufhebung der Verdrängung und der Freudschen Forderung: »Wo Es war soll Ich werden.« Dieses Paradox entspricht *Freuds* ambivalenter Haltung gegenüber den unbewußten Triebwünschen und der Frage, ob sie »als Gegner zu bekämpfen oder zu befreien sind« *(Adamszek 1987)*. *Adamszek* sieht in diesem prinzipiellen und unlösbaren Widerspruch die Grundlage des »fundamentalen Pessimismus der Psychoanalyse«. Auch in *Freuds* Brief an seinen Freund *Fliess* ist wenig therapeutischer Enthusiasmus zu spüren: »Therapeut bin ich wider Willen geworden« *(Freud 1986)*. In *Ferenczis* Tagebuch lesen wir am 1. Mai 1932 einen Eintrag, daß Freud zu ihm gesagt habe: »Die Patienten sind ein Gesindel. Die Patienten sind nur gut, um uns leben zu lassen, und sie sind Stoff zum Lernen. Helfen können wir ihnen ja nicht« *(Ferenczi 1932)*.

Es scheint also weniger der Impuls zu helfen und zu heilen zu Freuds Selbstverständnis zu gehören, als die Suche nach der Wahrheit, die Bedeutung der Einsicht in das, was ist, und die Überzeugung, daß »glücklich sein im Schöpfungsplan nicht vorgesehen« ist *(Shaked 1993)*. Vielleicht sind solche Äußerungen mit dafür verantwortlich, daß sich mit dem populären Bild des Psychoanalytikers die Vorstellung verbindet, er sei ein Zyniker, der Werte herabsetze und zerstöre. *Hartmann* begegnet diesem Einwand mit dem Hinweis darauf, daß das, was gewöhnlich der »Sinn des Lebens« genannt wird, mit den Einstellungen des Menschen gegenüber seiner Wirklichkeit zu tun hat. Nun ist es aber gerade das Ziel der Psychoanalyse, diese Einstellung gegenüber der Wirklichkeit zu verändern und ein klareres Bewußtsein der Organisation des eigenen Selbst zu erarbeiten, ein Prozeß, der letztlich Sinn vermittelt und gerade nicht in den Nihilismus führt *(Hartmann 1992)*.

Für die klassische Psychoanalyse ist die Aufgabe des Ich und das Ziel des menschlichen Organismus, die Konflikte zwischen den gegensätzlichen Strebungen zu lösen und einen Spannungsausgleich zwischen den Es-Trieben und dem Überich (dem Niederschlag der individuellen und kulturellen Normierung) im Sinne eines »homöostatischen Gleichgewichtes« zu schaffen. Die Metaphorik dieser »Physik der Triebe« ist dem mechanistischen Weltbild der damaligen positivistischen Naturwissenschaft entlehnt, das heute selbst für die moderne Physik als längst überholt gilt. Ziel des Lebens ist dabei die Herstellung des spannungsärmsten Zustandes, die »Ruhe des Anorganischen«, d. h. der Tod. »Das Ziel alles Lebens ist der Tod« *(Freud)*. Das Leben wird daher zum »sinnlosen Umweg über die Lust, über den Abbau der Triebspannung zum Tod« *(Grom/Schmidt 1975)*. Der Sinn wird auf das Lustprinzip reduziert, und aufgrund der Triebtheorie erscheint eine »personale Motivation des Sinnstrebens« unmöglich. Sinnsuche wird zum Ausdruck einer unausgeglichenen, negativen Triebbilanz; sie ist entweder »Ersatz und illusionäre Vertröstung« oder Sublimation, d. h. eine Ablenkung der Triebe auf ein nichtsexuelles Ziel bei einem Vorrat an überflüssiger Libido.

Anstelle einer positiven Motivation besteht eine Defizitmotivation zur Sinnsuche aufgrund eines Mangelbedürfnisses. *Grom/Schmidt* sehen daher aufgrund der Metapsychologie *Freuds*, die »weder die Kategorie der Freiheit noch der Geistigkeit und Personalität kennt«, in der Psychoanalyse keine Grundlage für ein Sinnstreben.

Auch *Charlotte Bühler* konnte bei den klassischen Freudianern neben dem Wert der intellektuellen Einsicht kaum ein Interesse an Wertproblemen erkennen, wobei sich aber auch bei ihnen selbst die Überzeugung verbreite, daß die Einsicht als einziges Therapieziel nicht mehr ausreiche und zudem die Gefahr der Passivität und des Intellektualisierens als Abwehrmechanismus in sich berge *(Charlotte Bühler 1975)*.

Da Freud die Psychoanalyse nicht als eine Weltanschauung verstand, sondern als ein »parteiloses Instrument«, forderte er, daß die Beziehung der Analyse zu Wertproblemen die gleiche sein müsse wie die anderer Wissenschaften. Moralische Überlegungen haben daher keinen Platz in dieser Methode, der es um Wahrheitsfindung und Selbsterkenntnis geht.

Der Aspekt »Freud und die Werte« ist weder vor noch nach *Heinz Hartmann* je systematisch untersucht worden *(Hartmann 1992)*. Obwohl die Psychoanalyse wesentlich an den Veränderungen unserer Wertmaßstäbe beteiligt ist und sich in der heutigen Form ihrer Theorie mit den moralischen Wertungen des Individuums und der Gesellschaft auseinandersetzt, hat Freud selbst sich wenig mit der Ethik beschäftigt. Es heißt, daß er sich gern auf die Maxime *Friedrich Theodor Vischers* berufen habe: »Das Moralische versteht sich immer von selbst« *(zit. bei Hartmann 1992)*. Strotzka hat darum noch 1986 in seinem Buch »*Psychoanalyse und Ethik*« ein »Ethikdefizit« in der Psychotherapie beklagt.

Später ist das Verhältnis der Psychoanalyse zu den Werten vor allem im Kontext der Auseinandersetzung mit der Geschichte als Trauma thematisiert worden. Wir erinnern an den Hamburger psychoanalytischen Kongreß 1988, der die Haltung der Psychoanalyse im Nationalsozialismus kritisch hinterfragte. Die »deutsche Seelenheilkunde« zur Zeit des Nationalsozialismus hatte ja sehr explizite Wertvorstellungen. »In der Psychotherapie bestimmen Wertgefühl, Wille, Blut, Leben das Ziel und nicht die Wissenschaft . . . Ein Volk hat einen Anspruch darauf, daß auch die psychotherapeutischen Wertsetzungen der Gesamtheit der Werte eingeordnet werden« *(Schultz-Hencke 1934)*. Heute hat sich die Wertdiskussion im Rahmen der Psychoanalyse besonders an der Behandlung der Geschlechterdifferenz, den wertenden psychoanalytischen Theorien über die Weiblichkeit und an der Notwendigkeit, psychoanalytische Ethik-Kommissionen zu gründen, entzündet.

Wir wollen hier das Verhältnis *Freuds* zu den Werten vor allem in bezug zur Sinnthematik betrachten und in seiner Einstellung gegenüber der Religion, die einen ähnlich polemischen Charakter hat wie seine Haltung zum Sinn.

Auch die Religion ist für *Freud* ein pathologisches Phänomen, eine »kollektive Zwangsneurose«, d. h., sie ist wie die allgemeine Kulturentwicklung Ausdruck der Verdrängung. Im Gegensatz zur Unterdrückung sexueller und aggressiver Regungen bei der Zwangsneurose sind es hier verdrängte egoistische oder sozialschädigende Strebungen. Nach Ansicht *Fromms* richtet sich jedoch *Freuds* Kritik im Grund nur gegen ein infantiles, regressives Religionsverständnis im Sinne einer »autoritären Religionsform« oder eines anthropomorphen Gottesbildes *(Fromm 1972)*. Für Freud ist das verborgene Motiv des Glaubens die infantile Hilflosigkeit und ein Wunschdenken in Form der Sehnsucht nach väterlichem Schutz durch eine projizierte Vater-Imago und einen transzendenten Erlöser. Er kehrte dabei die biblische und theologische Vorstellung, daß Gott den Menschen schuf, um, indem er das Gottesbild als eine Schöpfung des Menschen, als Projektion interpretierte.

Die religiöse Sinnantwort ist für *Freud* nichts anderes als das menschliche Bedürfnis nach einem Ordnungsprinzip. Freud fordert daher, daß die Religion durch Wissenschaft und Vernunft zu ersetzen sei, d. h., er tritt für den Wert der »Erziehung zur Realität« ein, für die Konzentration auf das irdische Leben statt der illusionären Erwartung eines Jenseits. Er plädiert dafür, erwachsen zu werden und sich den unabwendbaren Schicksalsnotwendigkeiten zu stellen, statt – wie bei allen Weltanschauungen – die Lebensprobleme aufgrund einer übergeordneten Annahme einheitlich lösen zu wollen. Er fordert also mit andern Worten eine individuelle anstelle einer allgemeinen und abstrakten »Sinnantwort«. Neben den »andern zwei Illusionen des

Menschen, der Philosophie und der Kunst«, ist jedoch nach Freuds Meinung die Religion »der ernsthafte Feind«, weil dabei die stärksten Emotionen beteiligt sind. Er grenzt sich von der Religion ab, die er in dieser Form als gefährlich erachtet, weil sie das kritische Denken unterbindet und die ethischen Normen durch göttliche Gebote und einen Gottesglauben begründet. Die ethischen Forderungen und Werte werden für ihn dadurch auf einen unsicheren Boden gestellt und pflegen den Menschen an die Macht willkürlicher Institutionen auszuliefern.

»Das zusammenfassende Urteil der Wissenschaft über die religiöse Weltanschauung lautet also: Während die einzelnen Religionen miteinander hadern, welche von ihnen im Besitz der Wahrheit sei, meinen wir, daß der Wahrheitsgehalt der Religionen überhaupt vernachlässigt werden darf . . . Ihre Lehren tragen das Gepräge der Zeiten, in denen sie entstanden sind, der unwissenden Kinderzeiten der Menschheit. Ihre Tröstungen verdienen kein Vertrauen. Die Erfahrung lehrt uns: Die Welt ist keine Kinderstube« *(Freud)*.

Freud – Atheist oder Religiöser wider Willen?

Trotz dieser ablehnenden Haltung *Freuds* gegenüber der Religion versucht *Erich Fromm* in »Zen-Buddhismus und Psychoanalyse« aufzuzeigen, daß *Freud* zwar eine »autoritäre« Form der Religion ablehnte, entgegen einer weitverbreiteten Ansicht aber nicht die Existenz eines tiefen menschlichen Bedürfnisses nach geistiger Orientierung, also im Grunde nach einer Sinnantwort im humanistischen Geiste der Freiheit und Eigenverantwortung. Mit einer fast charismatischen Eindringlichkeit bemüht sich Fromm nachzuweisen, daß *Freuds* Werte und Ziele »über eine Theorie von ›Krankheit‹ und ›Heilung‹ hinausgingen und sich mit der ›Erlösung‹ des Menschen und nicht nur mit einer Therapie für geisteskranke Patienten befaßte« *(Fromm 1972)*. Ziel der »psychoanalytischen Bewegung«

war »die Befreiung des Menschen aus der Macht des Unbe-wußten« *(Fromm 1972)*. Dies war zwar schon das utopische Ziel der Aufklärung gewesen, doch stellte es *Freud* auf eine wissenschaftliche Basis und zeigte einen Weg zu seiner Ver-wirklichung. Damit geriet er nach *Fromms* Auffassung auch in einen Gegensatz zum westlichen Denken, indem er eine Synthese des humanistischen Rationalismus der Aufklä-rung mit der Irrationalität der Romantik schuf. So steht z. B. die psychoanalytische »Grundregel«, das »freie Assozi-ieren«, in klarem Gegensatz zur Betonung des logischen Denkens in unserer Kultur. Auch bescheinigt Fromm der Psychonanalyse Mut zur Stellungnahme gegen die utilitari-stische Haltung der westlichen Welt. Freud wagte »zu sa-gen, es habe Sinn, mit einer Person Jahre zu verbringen, um ihr zu helfen, sich selbst zu verstehen. Vom Standpunkt der Nützlichkeit, vom Standpunkt des Gewinns und Verlu-stes ist das nicht sehr sinnvoll« *(Fromm 1972)*.

Andererseits weist *Fromm* auf den eingeengten Gesund-heitsbegriff *Freuds* hin. Seine Definition der Gesundheit als »Fähigkeit zur uneingeschränkten Funktion des Ge-schlechtstriebes« ist nach *Fromm* unzureichend *(Fromm 1972)* und bedarf der Ergänzung einer humanistischen Psychoanalyse mit den zentralen Werten der Freiheit, Ei-genverantwortlichkeit und Vernunft. Psychische Gesund-heit wurde auch von anderen Psychoanalytikern an Werten der Selbstakzeptierung und des Selbstvertrauens gemes-sen. In *Fromms* Verständnis ist das Therapieziel der Psycho-analyse nicht mehr das Fehlen von Krankheit, sondern das Vorhandensein von Gesundheit. Seine »vorläufige Defini-tion der Gesundheit« lautet dabei: »Gesund sein heißt, mit der Natur des Menschen in Einklang stehen«, wobei mit Natur die Gegebenheiten der menschlichen Existenz im Gegensatz zum Tier gemeint sind, das aufgrund der In-stinkte einen Mechanismus der Anpassung an die Umwelt besitzt und dadurch ganz in der Natur aufgeht. Freiheit heißt für *Fromm* »ganz geboren werden«, statt in einer re-gressiven Suche nach Harmonie »an der Hand der Mutter oder am Befehl des Vaters hängenzubleiben«. Für ihn gibt es daher zwei grundlegend verschiedene Antworten auf die Frage der Existenz: entweder »die Rückkehr in die vor-bewußte, vormenschliche Harmonie des Paradieses« oder »das Bewußtsein, die Vernunft, die Fähigkeit zu lieben bis zu einem Grad zu entwickeln, daß man die eigene egozen-trische Einbezogenheit hinter sich läßt und zu einer neuen Harmonie, einem neuen Einssein mit der Welt gelangt« *(Fromm 1972)*. Dazu gehört aber auch, daß nicht nur die Werte, die innerpsychisch verortet sind, eine Bedeutung haben, sondern es bedarf einer Öffnung für die historisch-soziale Realität, die psychoanalytisch gern ausgeblendet worden ist.

Fromm plädiert für eine Religion ohne Gottesbild und einen Sinnbegriff jenseits jeder dogmatischen Begrenzt-heit: »Paradoxerweise folge ich dann dem Willen Gottes richtig, wenn ich Gott selbst vergesse« *(Fromm 1972)*. Damit deckt sich das Ziel der Psychoanalyse in *Fromms* Verständnis mit dem Ziel des Zen-Buddhismus. Außer einer mehr ober-flächlichen Gemeinsamkeit im Sinne einer ähnlichen ethi-schen Orientierung, die eine Überwindung der Gier nach Besitz und Geltung fordert (d. h. einer Entwicklung der Li-bido von der prägenitalen zur genitalen Stufe bei *Freud* bzw. von der ausbeuterischen zur produktiven Orientie-rung bei *Fromm*), ist das Hauptziel sowohl der Psychoana-lyse als auch des Zen die Aufhebung der Verdrängung, d. h. das unmittelbare Erfassen der Wirklichkeit vor der Subjekt-Objekt-Spaltung, das Wahrnehmen der Welt durch das Kind vor der Trennung in Ich und Nicht-Ich, »sein Erlebnis, (beim Spiel) den Ball wirklich rollen zu se-hen«: »Es befindet sich vollkommen *in* diesem Erlebnis und kann es deshalb endlos mit stets der gleichen Freude wiederholen« *(Fromm 1972)*. In der biblischen Sprache aus-gedrückt, handelt es sich um die »messianische Zeit«, die »Zeit des Gartens Eden und doch ihr Gegenteil. Sie ist die Einheit, Unmittelbarkeit und Ganzheit des vollentwickel-ten Menschen, der wieder zum Kind geworden und doch darüber hinausgewachsen ist . . . Dann haben wir wirklich das Erlebnis, das das das Neue Testament folgendermaßen beschreibt: ›Wir sehen jetzt durch einen Spiegel in einem dunkeln Wort; dann aber von Angesicht zu Angesicht. Jetzt erkenne ich's stückweise; dann aber werde ich erkennen, gleichwie ich erkannt bin‹« *(Fromm 1972)*.

Für zeitgenössische Vertreter der Psychoanalyse wie *J. Shaked* beruht die herausragende Bedeutung der Wahrheit im Wertekatalog Freuds auf seiner unbedingten Verpflichtung gegenüber der objektiven Wissenschaft. Doch trat inzwischen anstelle des »alten Ideals des Analytikers als objektiver Vertreter der Realität« der Analytiker als *teilnehmender* Beobachter, der sich in die intersubjektive Beziehung einläßt *(Shaked 1993)*. Auch *Rhanefeld* verweist darauf, daß *Freud* schon selber erkannte, wie sehr die Einsicht der Liebe bedarf, damit sie vermittelt werden kann, »denn glaubwürdig ist der, den man mag« *(Rahnefeld 1993)*. Die bloße intellektuelle Einsicht in die analytisch rekonstruierte Vergangenheit ist in der modernen Psychoanalyse durch den »gleitenden Fokus« ersetzt worden, der das »Hier und Jetzt« der Übertragungsbeziehung mit einbezieht. Die Kraft des Intellekts ist ungenügend: Der Analysand mag dessen leise Stimme hören, »allein es fehlt der Glaube, der Berge versetzt« *(Rahnefeld 1993)*. *Ferenczi* hat darum für den Heilungsprozeß schon beides gefordert, »Liebe und Verständnis« *(Ferenczi 1932)*, denn ohne Sympathie sei keine Heilung möglich. Zu Recht fragt *Heynal*, ob nicht dieser Wert der Liebe als Heilfaktor letztlich in Freuds Technik, dem unbeirrt nicht verurteilenden Zuhören, bereits enthalten ist, denn das nicht wertende Erfassen der anderen Person sei doch ein Akt des Annehmens, der Liebe *(Heynal 1993)*.

Die Betonung des »analytischen Erlebnisses«, d. h. der ganzheitlichen affektiven Erfahrung neben der bloß intellektuellen Einsicht, bezeichnet *Heynal* als die »kopernikanische Wende«. Es ist in der zeitgenössischen Psychoanalyse zu einem zentralen Wert und Wirkfaktor geworden. Diese Akzentverschiebung vom Wert der Einsicht zum »analytischen Erlebnis« ist auch mit einem Wandel der analytischen Technik verbunden.

Entsprechend den beiden Schwerpunkten der für die Psychoanalyse relevanten Werte, der intellektuellen Einsicht in die Wahrheit (bzw. des unmittelbaren Erfassens der Realität), der im Verlauf der Geschichte der Psychoanalyse durch den zweiten Schwerpunkt, den Wert der emotionellen Erfahrung in der therapeutischen Beziehung ergänzt wurde, gibt es auch »zwei Elemente« der psychoanalytischen Technik, die jedoch eng miteinander verknüpft sind: die Deutungsaktivität und die erfahrungsbezogene Beziehungsarbeit, die auch als »väterliche« und »mütterliche« Technik bezeichnet wurden *(Mertens 1993)*. Wir sind im Kontext von Sinngebung und Sinnfindung auf dieses Abstinenzkonzept schon eingegangen. Die richtige Dosierung dieser beiden technischen Elemente macht die spezifische Wirksamkeit der Psychoanalyse und die »therapeutische Kunst« der Psychotherapie im allgemeinen aus. Während die analytische Therapie somit auf der Verbindung und dialektischen Wechselwirkung beider Elemente beruht, sind deren Anteile jedoch je nach der »Tiefe« der zu behandelnden Störung verschieden. Bei »ichstrukturellem Defizit« bzw. bei narzißtischen Frühstörungen ist ein höherer Anteil an empathischem »Holding« erforderlich, während bei »höherstrukturierten« Störungen im Sinne von Triebkonflikten der Akzent mehr auf der Komponente der deutenden Konfrontation von Widerstand und Übertragung liegen muß. Aufgrund der Zunahme der nazißtischen Früh- und Borderline-Störungen im Rahmen der »Schizoidisierung« unserer Gesellschaft seit den Anfängen der Psychoanalyse hat daher auch in ihren eigenen Reihen eine Akzentverschiebung vom Wert der intellektuellen Einsicht zu dem der »emotionellen Neuerfahrung« aufgrund der intersubjektiven Beziehung stattgefunden.

Freud erkannte schon früh, daß Grenzverluste und Übergriffe in der Therapie, die Verletzung der Grenze der analytischen Abstinenz, nicht nur die therapeutische Potenz seiner Methode außer Kraft setzt, sondern darüber hinaus einen traumatischen Eingriff in die personale Integrität und eine oft kaum reversible Vertrauensverletzung der Betroffenen bedeutet. Die Freudsche Forderung, daß »die Kur in der Abstinenz geführt werden muß« und eine Vereinigung von Liebesverhältnis und analytischer Behandlung »ein Unding« ist, hat ihre grundsätzliche Gültigkeit behalten und sich in die ethischen Richtlinien des Heilberufes eingeschrieben, auch wenn inzwischen *Freuds* Auffassung der Abstinenzregel im Sinne eines »operationalen Gebrauchs« *(Cremerius)* modifiziert worden ist.

Mit der Entdeckung des Unbewußten, dem Erkennen der irrationalen und als bedrohlich abgewehrten Seite jenseits der Grenze des Bewußtseins und der Entdeckung vom Sinn der Träume und Phantasien hat *Freud* Bedeutendes geleistet. Als Motto hatte er seiner »Traumdeutung« vorausgestellt: »Acheronta movebo« – ich werde die Wasser der Unterwelt aufwühlen. Es war ihm wohl bewußt, worauf er sich einließ, wenn er sich dazu aufmachte, den »Acheron«, den Grenzfluß zur Unterwelt, zu überqueren. Hier ist für *Freud* die Sinnfrage angesiedelt; als Frage nach dem Sinn der Träume, dem Sinn der Fehlleistungen und dem Sinn eines Symptoms wird sie zum Leitmotiv psychoanalytischer Deutung.

Wenn wir *Erich Fromm* folgen, war *Freud* hinter seiner oberflächlich polemisch erscheinenden Haltung gegenüber der Sinnthematik und Religion im Grunde von einer Wahrheitssuche besessen, die man nicht anders als in einem tieferen Sinne »religiös« bezeichnen kann. Dies bedeutet, daß er bemüht war, die durch unsere Wahrnehmung begrenzte Auffassung der Wirklichkeit zu durchbrechen. Wenn er auch aus einer dogmatisch begrenzten theologischen Perspektive als Agnostiker erscheinen mag, dürfte er doch im Sinne einer mystischen »Religiosität ohne Religion« durchaus als ein Gläubiger oder zumindest Suchender gelten.

Wenn wir zusammenfassend die Einstellung *Freuds* zum »Sinn« und den Bezug seines Menschen- und Weltbildes zu den einzelnen Aspekten des Sinnbegriffs betrachten, läßt sich trotz seiner polemischen Äußerungen bei ihm eine ambivalente Haltung erkennen. Er war angetreten, die Menschen aus der Macht des Irrationalen in der negativen Wortbedeutung der Unvernunft, aus der selbstverschuldeten Unmündigkeit und Abhängigkeit von Autoritäten wie der Kirche und einer dogmatisch begrenzten Religion zu befreien. Anderseits war er als Sohn der Aufklärung selbst ein »gläubiger« Anhänger einer positivistischen Weltanschauung. Einerseits kämpfte er als Entdecker des Unbewußten und des Projektionsmechanismus der Psyche gegen Vorurteile und Borniertheit und war damit im Sinne des neuen Paradigmas seiner Zeit weit voraus. Er verschaffte der unbewußten und gefühlshaften Seite der menschlichen Seele, die seit der Romantik verlorengegangen war, als einer der mächtigsten Determinanten unseres Verhaltens wieder Respekt. Er räumte auf mit Irr- und Aberglauben aller Art und plädierte für eine schonungslose Konfrontation mit der Wirklichkeit. Gleichzeitig fiel er jedoch selbst autoritären Seiten seiner eigenen Person zum Opfer und war z. B. streng darauf bedacht, daß seine Schüler das psychoanalytische Credo und dogmatische Lehrgebäude nicht in Frage stellten. Seinen kritischen Jüngern, vor allem Jung gegenüber, seinem anfangs am höchsten geschätzten »Kronprinzen« und begabtesten Schüler, wie er ihn selber nannte, begegnete er schließlich mit einer unbeugsam autoritären Haltung, wovon auch seine zunehmend in der Gegenwart *Jungs* auftretenden Ohnmachtsanfälle zeugten.

Nicht nur *Freuds* Persönlichkeit, sondern auch seine theoretischen Positionen sind in mehrfacher Hinsicht widersprüchlich. Er selbst fiel hinter seine therapeutischen Ideale von Autonomie, Freiheit und Wahrhaftigkeit zurück, aber auch in seiner Theorie ist der Gegensatz dieser Werte zum Triebdeterminismus unübersehbar. Es scheint nun, wie wenn diese Gegensatzspannung und Gespaltenheit, die sich z. B. auch im Dualismus zwischen dem Eros- und Thanatosprinzip äußert, sich in extremen Stellungnahmen *Freud* und der Psychoanalyse gegenüber widerspiegelt. Zwei Beispiele dafür sind die erwähnten Positionen von *Fromm* und *Grom/Schmidt*. Während *Fromm* in *Freuds* fanatischer Wahrheitssuche ein ausgesprochen religiöses Moment sieht, sprechen ihm die Theologen *Grom* und *Schmidt* jede Grundlage für ein Verständnis der Sinndimension ab. Wir können keiner der beiden Auffassungen vorbehaltlos folgen oder müßten beiden zustimmen, indem wir bei Freud sowohl Aspekte eines eingeschränkten *»Teilsinn«*-Verständnisses als auch ein Ringen um Erkenntnis feststellen, dem wir trotz seiner polemischen Äußerungen den Charakter der Suche nach einem umfassenden Sinn nicht absprechen können. *Freud* räumte radikal mit unechten Metaphern von Ganzheit, mit Götzen und Gottesbildern auf und schrieb die schlichten Werte der Genuß-, Arbeits- und Liebesfähigkeit auf sein therapeutisches Banner. Er propagierte eine hedonistische Befreiung der Triebe, wobei er freilich ins andere Extrem verfiel und die Bedeutung der Sexualität zum Dogma erhob. Er war ein Verfechter des Teilsinns in Form einer konkreten, aktiven und eigenverantwortlichen Lebensbewältigung, die sich der Mensch, unabhängig von fremden Göttern und Propheten, selbst geben muß. Entgegen der Haltung eines blinden Aktivismus im Sinne einer reinen »Sinngebung« tragen aber sein Welt- und Menschenbild und seine Methode auch Züge der *»Sinnfindung«*, der »freischwebenden Aufmerksamkeit«, des Respekts und der Offenheit für das umgreifende Ganze, das hinter allen einschränkenden Dogmen und Rationalisierungen steht. Doch war er noch zu sehr im positivistischen Glauben seiner Zeit verhaftet, als daß er eine »paulinische Wendung« hätte vollziehen können und sich wie seine Schüler *Jung, Adler, Fromm, Reich, Boss* u. a. zu einer freieren und offeneren Haltung gegenüber Sinn und Religion hätte durchringen können.

Die Positionen der modernen Psychoanalyse schließlich dürfen nicht mit der einseitigen Haltung *Freuds* verwechselt werden. Sie sind hier überwunden, und der Schwerpunkt ist zugunsten einer vermehrten Wertschätzung der Empathie und emotionalen Wärme in der therapeutischen

Beziehung verschoben, so daß *Heynal* sogar von einer »kopernikanischen Wende« spricht. Neben dem »Teilsinn« der intellektuellen Einsicht und Ichstärkung wird heute den umfassenderen Werten im Hier und Jetzt der menschlichen Begegnung und Liebe die größte Bedeutung zugemessen.

2. Die Krankheit der Seele, die ihren Sinn nicht gefunden hat
Der Sinnbegriff in der analytischen Psychologie C. G. Jungs

Die Psychoneurose ist im letzten Verstande ein Leiden der Seele, die ihren Sinn nicht gefunden hat.

C. G. Jung

Wahrscheinlich ist, wie bei allen metaphysischen Fragen, beides wahr: Das Leben ist Sinn und Unsinn, oder es hat Sinn und Unsinn. Ich habe die ängstliche Hoffnung, der Sinn werde überwiegen und die Schlacht gewinnen.

C. G. Jung

Die analytische Psychologie ist eine Psychologie an der Grenze, und *Jung* selbst ist in seinem Selbst- und Weltverständnis an Grenzen geraten und hat Grenzen überschritten. Abgrenzung war für ihn ein auffallend wichtiges Thema, und er betonte oft: »Ich bin kein Theologe, ich bin kein Philosoph, ich treibe keine Metaphysik, ich bin Seelenarzt, nur Arzt, nur Psychologe.«

Die Beschäftigung mit den Archetypen des kollektiven Unbewußten sprengt aber auch die einengenden Grenzen des Bewußtseins und überschreitet die Grenzen zur Transzendenz. Eine Psychologie, die an der Idee der ganzheitlichen Beziehung zum Ganzen orientiert ist, muß Grenzen überwinden und in Frage stellen. Von den Grenzen und Begrenzungen des Lebens her richtet *Jung* seinen Blick auf das Ganze des Lebens. Er geht davon aus, daß unsere Seele darauf angelegt ist, ihren Sinn zu suchen und zu verwirklichen, denn der Mensch ist aufgrund seiner Fähigkeit des reflektierenden Bewußtseins das einzige Wesen, das »Sinn« überhaupt feststellen kann.

Die größte Krankheit des Zeitgeistes ist für ihn darum die allgemeine Sinnlosigkeit. Die Auseinandersetzung mit dem Archetyp von Sinn und Sinnlosigkeit und der Schwierigkeit, Sinnloses in Sinn zu verwandeln, charakterisiert Jungsches Denken *(Neumann 1957)*. Wenn auch der Sinn häufig etwas ist, das man auch Unsinn nennen könnte, so gilt für *Jung* doch die Aufgabe und Schwierigkeit, »diesen Sinn zu erschaffen« *(Jung 1988)*.

Die analytische Psychologie ist als eine sinnstiftende Psychologie bezeichnet worden, die die Selbstwerdung, die innere und spirituelle Erfahrung als sinngebend beschreibt. Sie geht davon aus, daß die Psyche »den *Sinn* ihres Seins« *(Jung 1988)* benötigt und Sinnlosigkeit die Fülle des Lebens verhindert und krank macht, weil der Mensch ohne inneres, geistiges Leben bleibt. »Die Psychoneurose ist im letzten Verstande ein Leiden der Seele, die ihren Sinn nicht gefunden hat« *(Jung 1989)*. *Jung* geht davon aus, daß wir allgemeine Ideen und Überzeugungen brauchen, weil sie unserem Dasein Sinn zu geben vermögen, und daß auch der Zweck der religiösen Symbole in ihrer sinngebenden Funktion liegt. Der Sinn ist darum ein zentraler Wert, weil Menschen unvorstellbare Nöte und Leiden auszuhalten vermögen, wenn sie von ihrem Sinn überzeugt sind. Wenn es uns an moralischen und spirituellen Werten mangelt, leidet unsere Seele an Desorientiertheit und Angst, weil sie führungslos geworden ist. Die Selbstentfremdung als Entfremdung von der Möglichkeit, sein eigenes Wesen zu leben, Stagnation der Lebensenergie und Werdenshemmung und der Verlust der symbolischen Dimension der Seele sind charakteristische Ausdrucksformen dieser Sinnkrise. Ob wir deswegen so weit gehen müssen, wie der Jungianer *Giegerich* radikal einfordert: Verzicht auf Sinn, Selbst und Individuation *(Giegerich 1981)*, scheint uns mehr als fraglich.

Auch auf der kollektiven Ebene versteht *Jung* die Sinnlosigkeit des Lebens als ein seelisches Leiden, das für unseren Zeitgeist charakteristisch ist. Etwa ein Drittel seiner Fälle litten nicht an einer klinisch bestimmbaren Neurose, sondern an der Sinn- und Gegenstandslosigkeit ihres Lebens *(Jung 1991)*. Die heutige Entwicklung mit ihren charakteristischen Erscheinungsformen der Selbstentfremdung, der inneren Leere und dem Zunehmen der Suchtproblematik hat gezeigt, daß es sich weder damals noch heute um ein Pseudoproblem einer elitären Gesellschaftsschicht handelt. Sinnkrise und Wertverlust sind keine Probleme von gestern; Sehnsucht nach Sinn und Sorge um das Seelenheil ist von brennender Aktualität, wie der Wildwuchs auf dem Psychomarkt und der Esoterik-Boom überdeutlich zeigen.

Für *Jung* ist »der Ort des Heils und der Erlösung« *(Jung 1981)* die Tiefe des Unbewußten. Dort liegt der Schlüssel zum ganzen Sein verborgen. *Jung* bezieht sich auf den Zusammenhang von *heilig* mit *heil* oder *ganz sein*. Der Zustand des Geheiltseins ist dann erreicht, wenn die Fragmente und Bruchstücke unseres Wesens wieder zusammengefügt werden. Es ist die Erfahrung, vollständiger zu werden, ganzheitlicher, erfüllt mit Lebenssinn, der als prozeßhafter, dynamischer Sinn in jeder Altersstufe eine andere Färbung bekommen kann.

Die Jungsche Psychologie betont das Verbindende, das Zusammengehören von Teil- und Gesamtsinn, von Sinngebung und Sinnfindung. Mit *Dürckheim, Assagioli, Boss* oder auch *Rudolf Steiner* ist er ein europäischer Vorläufer der später von Amerika ausgehenden Strömungen der transpersonalen Psychologie und des neuen Paradigma. *Jung* erkannte schon früh die Bedeutung des Paradoxen, der *coniunctio oppositorum* für das Verständnis der menschlichen Seele und den heilenden Wert des Symbolischen, Intuitiven und Kreativen als konkrete Möglichkeit, das Gegensätzliche zu verbinden und dem Unsagbaren eine Stimme zu geben. In Zusammenarbeit mit dem Zürcher Physiker *Pauli* diskutierte er Phänomene wie die Synchronizität, die die Grenzen unseres rationalen Verständnisses der Wirklichkeit transzendieren. Im Mythos sah er eine Möglichkeit, das Unbeantwortbare zu beantworten. Er betonte die *Identität* des Teils mit dem Ganzen, *des Teilsinns mit dem Gesamtsinn.* Sinn war für ihn das Nächste, Nötigste und ganz Einfache des alltäglichen Lebensvollzugs und gleichzeitig ein vom Menschen unabhängiges *a priori*, ebenso das »einmalig begrenzte Nur-Ich« wie das »ewig unbegrenzte Selbst«, die Aufhebung der Spaltung zwischen Persona und Schatten und ihre Verbindung zur »Einheitswirklichkeit«.

Die Jungsche Psychologie bildet einen Gegenpol zu einer rationalistischen und materialistischen Weltsicht und versucht mit ihrer Umwertung der Werte den Dualismus und die Spaltung zwischen bewußt und unbewußt, innen und außen, Materie und Geist zu heilen. Sie betont die Kraft des weiblichen Prinzips und verweist auf die Notwendigkeit der »Rückkehr der Göttin« *(Whitmont 1993).*

Seelische Prozesse werden synthetisch betrachtet, und die Annäherung der Gegensätze, ihre Aussöhnung und das Zusammenwachsen zu einer ursprünglichen potentiellen Einheit und Ganzheit werden als das Ziel des Individuationsprozesses gesehen. Darunter versteht *Jung* einen inneren Zentrierungsvorgang. Individuation bedeutet eine kontinuierliche Auseinandersetzung mit dem Wozu des eigenen Lebens, denn nur in der Verwirklichung des Selbst, unseres Wahrnehmungsorgans für die Ganzheit, ist der Sinn unserer lebendigen Existenz erfahrbar. Sinnmitte und letzter Ursprung der Werte ist die Erfahrung des Selbst.

Der Sinn dieses Prozesses der Selbstwerdung ergibt sich aus der Numinosität des Selbst, denn wenn jeder einzelne in sich die größtmögliche Fülle des Lebens entfaltet, so verwirklicht er damit im Verständnis der analytischen Psychologie ein »Göttliches« im Menschlichen. Für *Jung* hat der Individuationsprozeß den Sinn von Seinsverwirklichung, denn er entspricht »dem natürlichen Ablauf eines Lebens, in welchem das Individuum zu dem wird, was es schon immer war« *(Jung 1988)*. In der analytischen Psychologie ist die Treue zum eigenen Wesen, die Erkenntnis des je persönlichen Lebensmusters eine ethische Verpflichtung. Das paulinische Paradox: Werde, der du bist – das Shakespearesche »To thy own self be true«, die Worte des apokryphen St.-Thomas-Evangeliums: »Wenn du erschaffst, was in dir ist, wird das, was du erschaffst, dich retten; wenn du nicht erschaffst, was in dir ist, wird das, was du nicht erschaffst, dich töten« – bilden den Hintergrund für *Jungs* Individuationsverständnis. Philosophisch läßt sich das Konzept des Selbst auf die aristotelische *Nikomacheische Ethik* und die Idee des »Daimonion« zurückführen. Dieser Begriff bezieht sich auf das wahre Wesen des Menschen, seine Potentialität, die zu verwirklichen den Sinn des Lebens ausmacht. Selbsterkenntnis ist eine spirituelle Verpflichtung und Unbewußtsein über die eigene wahre Natur im Jungschen Verständnis »die größte Sünde«.

Der Wert der Spiritualität, der Erkenntnis, daß der Mensch »nicht vom Brot allein lebt«, daß er sein Alltagsbewußtsein transzendieren muß, um zu seinem wahren Wesen und dem der anderen und der Welt vorzustoßen, wird von *Jung* besonders hervorgehoben. Im Individuationsprozeß lernt der Mensch, sein vereinzeltes, einsames Ich in eine höhere Sinnordnung einzufügen. Wenn in Träumen und Phantasien die Eigentätigkeit der Seele spürbar wird, wenn etwas in uns, das nicht Ich ist, die Führung übernimmt, in der psychologischen Sprache das Selbst, in der religiösen Formulierung Gott, dann ist Sinn erfahrbar. Im religiösen Erleben können Sinn und Sein zusammenfallen, kann eine Ahnung von dem aufleuchten, was *Jung* den »Unus mundus« genannt hat.

Diese spirituelle Dimension gehört von allem Ursprung an zu unserer Natur. Sie verbindet uns mit Werden und Vergehen, macht uns lebensfähig und todesfähig. Die analytische Psychologie geht nämlich davon aus, daß unsere Seele in Schichten hineinreicht, die jenseits der Kategorien von Raum und Zeit liegen, in der unsere Geburt ein Tod und unser Tod eine Geburt ist. So kann auch zum Tod noch ein Sinnbezug hergestellt werden, denn Wandlung und Zerstörung sind Aspekte des gleichen Lebensprozesses.

Verantwortetes Dasein bedeutet im Jungschen Verständnis ein Sich-Öffnen für das, was in uns zur Verwirklichung drängt, Erschaffung eines Sinns, indem wir stillschweigend und mit Überzeugung das Nächste und Nötigste tun. Ähnlich wie *Frankl* nimmt *Jung* das Leben als eine Herausforderung wahr, als die an uns herangetragene Aufgabe, Sinn zu verwirklichen. »Es ist der Sinn meiner Existenz, daß das Leben eine Frage an mich hat. Oder umgekehrt: Ich selber bin eine Frage, die an die Welt gerichtet ist, und ich muß meine Antwort beibringen« *(Jung 1976)*.

So sieht *Jung* auch in der Krankheit, im Leiden, in der Neurose den Sinn als die Herausforderung, eine vollständige Persönlichkeit zu werden und Verantwortung für die guten und schlechten Seiten des eigenen Wesens zu übernehmen. Krankheit ist im Verständnis der analytischen Psychologie der Versuch der Natur, den Menschen zu heilen, ihn aufzurütteln, ihn durch das Hinabsteigen in die eigene Tiefe wieder mit den Quellen seines seelischen Lebens zu verbinden. In ihrem Krankheitsverständnis bedeutet Krankheit nicht in erster Linie einen Mangel, der mit Scham und Schuld besetzt ist, sondern schmerzliches Bewußtwerden eines Selbst- und Sinnverlustes, Reifungskrise und Chance im Prozeß der Individuation. In der Therapie geht es darum, den Sinn des Krankseins zu begreifen, den Verweisungscharakter von Symptomen aufzuschlüsseln und nicht beim oberflächlichen Kurieren des Symptoms haltzumachen. Die analytische Psychologie geht von einem ganzheitlichen Verständnis des Menschen aus und setzt sich entschieden von den Normen und Werten einer Gesellschaft ab, die sich am Ideal eines fragwürdigen Gesundheitsbegriffs orientiert, der mit Funktionstüchtigkeit zu tun hat und Krankheit als Schuld, Strafe oder Schwäche ausgrenzt.

Hilfreich ist in diesem durch das Unbewußte gesteuerten Prozeß »die transzendente Funktion«. Sie ist »eine lebendige Geburt, die eine neue Stufe des Seins, eine neue Situation herbeiführt. Die transzendente Funktion offenbart sich als eine Eigenschaft angenäherter Gegensätze«

(Jung 1989). Sie kann als eine zielgerichtete, autonome, transformative Kraft erfahren werden, die uns hilft, die zu werden, die wir zu sein gemeint sind. Sie ist ein hoher Wert und besonders in Grenzsituationen von grundlegender Bedeutung für die Seele, weil sie eine Wandlungsenergie darstellt, die sich in Träumen, Visionen und spontanen Phantasiebildungen manifestiert *(Jung 1989).* Ihre Funktion ist transzendent nicht im Sinne des Geheimnisvollen, Übersinnlichen oder Metaphysischen, sondern weil sie aus einer Vereinigung bewußter und unbewußter Inhalte hervorgeht *(Jung 1987)* und den Übergang von einer inneren Einstellung in eine andere möglich macht. Sie entsteht aus der Gegensatzspannung und verkörpert das Dritte, das über die Gegensätze hinausführt. Dieses Konzept wurde von *Jung* entwickelt, als er selbst psychisch in einer fast unerträglichen Gegensatzspannung lebte und nach einem sinnvollen Ordnungsprinzip suchte, das seine eigenen Erfahrungen mit den dialektischen Kräften seines Unbewußten verstehbar machte *(McFarland 1994).* Viele der Grundauffassungen in der analytischen Psychologie berühren sich mit den Erkenntnissen der modernen Physik und den Einsichten der Mystiker. Das Wissen um das Paradoxe jeder Sinnantwort kennzeichnet die jungianische Psychologie, aber auch das Wissen um eine apriorische Einheit des Seins, »denn in allem Chaos ist Kosmos und in aller Unordnung geheime Ordnung, in aller Willkür stetiges Gesetz, denn alles Wirkende beruht auf dem Gegensatz« *(Jung 1989).*

Kritik des Ganzheitsideals

Der Ganzheitsbegriff, der bei *Jung* eine sehr große Rolle spielt, ist gegenwärtig von *Roman Lesmeister (1992)* umfassend kritisiert worden. Nach *Lesmeister* hat schon von Anfang an, bereits bei *Freud* und *Jung* (und es wäre beizufügen, auch bei *Adler*), der Ganzheitsbegriff in der Tiefenpsychologie eine wichtige Bedeutung und wird den psychischen Teilphänomenen, denen er übergeordnet ist, gegenübergestellt. Entsprechend der Idee Platos, daß Mann und Frau zwei Halbkugeln gleichen, die durch *Eros* zur Wiedervereinigung gedrängt werden, haben auch *Freud* und seine Schüler die Vorstellung, daß Ganzheit als Therapieziel auf der Vereinigung von Teilsystemen beruht. Dies heißt in der Psychoanalyse, daß die Partialtriebe dem Primat der genitalen Sexualität untergeordnet und der Narzißmus durch Objektbeziehungen überwunden werden muß. In der analytischen Psychologie werden die »Komplexe«, die ein willkürliches Eigenleben führen, der zentralen Instanz des Selbstarchetyps untergeordnet, und auch in der Individualpsychologie *Adlers* ist es das Denken in Gegensätzen, die Ambivalenz und »Doppelnatur der Seele«, die sich besonders im Gegensatz männlich/weiblich darstellt und die sich zum »psychischen Hermaphroditen« und zum Ganzheitsbegriff der Vollkommenheit verbinden muß *(Hillman 1986).*

Die Wichtigkeit des Ganzheitssymbols wird nach Ansicht Lesmeisters noch betont durch seinen Bezug zum Religiösen. Von *Jung* erhält das Selbst eine göttliche Qualität in der Art eines mystischen Religionsverständnisses. Bei *Freud* ist aus der Bedeutung, die er dem Phallus beimißt, abzuleiten, daß dieser gleichsam in die Würde des Numinosen erhoben wird, die er allerdings in der Mythologie schon immer hatte, und auch für *Adler* hat die Idee der Vollkommenheit einen quasi-religiösen Nimbus im Sinne einer Heils- und Erlösungsvorstellung für die Menschheit der Zukunft. Der Ganzheitsbegriff hat damit einen Bezug zum absolut Guten, was jedoch notwendigerweise den »Schatten« des »Bösen«, der Destruktivität, Macht und Willkür auf den Plan ruft.

Der Machtaspekt des Ganzheitsschattens erscheint in der Jungschen Psychologie als Inflation. Sie ist die Folge der Identifikation des Ich mit dem Selbstarchetyp, indem *Jung* die Ganzheit nicht nur als idealtypische Forderung und normatives Leitbild versteht, sondern indem er sie für etwas im Leben tatsächlich Realisierbares hält, was *Lesmeister* aus zahlreichen Textstellen bei *Jung* ableitet. Die

211

Gleichsetzung des Selbst und des Gottesbildes erschwert die Kritik an *Jungs* Ganzheitsbegriff und steigert damit noch zusätzlich seinen Omnipotenzcharakter. Dieser Aspekt von Macht und Destruktivität war schon in Platons Idee der ursprünglichen »Kugelmenschen« enthalten. Durch ihre Ganzheit verfügten die »Kugelmenschen« über eine gewaltige Macht und versuchten die Götter zu stürzen. Es ist das Thema der titanischen Anmaßung und Mißachtung menschlicher Grenzen. Zur Strafe wurden sie dann in zwei Hälften geteilt und sind seither von der Sehnsucht nach Erlösung durch die Liebe umgetrieben *(Lesmeister 1992)*.

Der Schatten des Ganzheitsideals, der Aspekt destruktiver Macht muß nun aber in der Verdrängung gehalten werden. Dies geschieht durch Aus- oder Eingrenzung. Er wird entweder gewaltsam ausgegrenzt, auf ein Feindbild projiziert und bekämpft. Die Ausgrenzung der Destruktivität und des Todesthemas geschieht aufgrund der »heroischen Ich-Identifikation«, die nach *Lesmeister* in der analytischen Psychologie zu sehr aufgewertet wurde. Oder die unbewußte Kehrseite der Ganzheit wird durch Bemächtigung in ausbeuterischer Weise »einverleibt«, wobei alles, was sich jeweils nicht mit der eigenen Ganzheitsvorstellung verträgt, zurechtgebogen wird. *Lesmeister* sieht in der Aneignung des Unbewußten durch die Tiefenpsychologie den Ausdruck einer »ökonomisch-politischen Wachstumsideologie«, eine »kolonialistische Ausbeutung« und »Aneigung des dunklen Kontinents Psyche«. Dem entspricht das Bild *Freuds,* das Bewußtmachen des Unbewußten gleiche dem Ringen um Land bei der Trockenlegung der Zuidersee. Auch seine Maxime »Wo Es war soll Ich werden« hat für *Lesmeister* etwas Gewaltsames, indem sie »wie ein Marschbefehl tönt«, und auch sonst finden sich in *Freuds* Terminologie viele Anklänge an militärische Begriffe wie »Abwehr«, »besetzen«, »bewältigen« usw.

Auf diese Weise erhält die Totalität etwas Totalitäres, einen Bezug zum faschistischen Macht- und Elitewahn. *Lesmeister* versucht so auch »Jungs Schatten« in Form seiner

Affinität zur Nazi-Ideologie als Kehrseite seines Ganzheitsideals zu deuten. Den destruktiven Schatten hat der Ganzheitsbegriff mit dem jüdisch-christlichen Gottesbild ge-
mein. Bei diesem besteht bekanntlich dieselbe Schwierigkeit, die Herkunft des Bösen zu erklären und zu vermeiden, daß es einfach auf den Teufel projiziert wird, dessen
Herkunft dann gleichfalls im dunkeln liegt.

Einen Repräsentanten der schattenhaften Kehrseite des
Fortschritts- und Ganzheitswahns der Gegenwart sieht *Lesmeister* außerdem im »Zombie«, dem »lebenden Toten« des
Horrorfilms. In grenzenlosem Haß und »Neid auf alles, was
noch nicht tot ist«, hat er den Wunsch, sich seine fehlende
Menschlichkeit durch »oralsadistischen« Kannibalismus
einzuverleiben. Er ist die Personifikation der Destruktion
und Allmacht in höchster Form: Der Zombie ist unsterb-
lich. Aus der Verbindung des (unsterblichen) Totengeistes
und des (sterblichen) Körpers geht ein unsterblicher Körper mit einem Totengeist und damit die »fleischgewor-
dene Omnipotenz« hervor.

So wie Destruktion und Machtmißbrauch die schattenhafte Kehrseit der Ganzheit bilden, hat nun aber das Destruktive seinerseits eine positive Kehrseite, nämlich den
Aspekt der Wandlung. Indem das Schattenhafte, Kranke
und Minderwertige akzeptiert wird, ergibt sich daraus die
Chance der Transformation. *Lesmeister* erläutert diesen Zusammenhang am Beispiel des Mythos. Er verweist auf den
Dionysos-Mythos als das Urbild der Zerstörung.

Dionysos, unehelicher Sohn von Zeus, wird von dessen ei-
fersüchtiger Gattin Hera nach der Geburt zerstückelt. Die
Vernichtung des Kindes Dionysos als Lebensprinzip und
Hoffnungsträger durch Hera, die Repräsentantin des Kon-
servativen, führt jedoch zur Transformation: Die Teil-
stücke werden verbrannt und begraben, und aus ihrer
Asche sprießt der Weinstock hervor. Damit erhält das Dionysische neben seiner dunklen auch eine helle Seite: den
Wein als das Symbol dionysischer Lebensfreude. Nach
einer anderen Version des Mythos werden die Teile durch

Apollo, den Halbbruder des Dionysos, unter dem Dreifuß des delphischen Orakels begraben, was den dionysischen Aspekt der Kunst der Weissagung begründet.

Dionysos, der »zerrissene Gott«, ist ein Symbol der Verwandlung des Destruktiven ins Dionysische im Sinne der rauschhaften Entgrenzung und Lebensbejahung. Er ist außerdem nicht nur der Zerrissene, sondern auch der Zerreißer, der Anarchist, ein radikaler Erneuerer und Befreier aus einengenden Begrenzungen. »Der Rückgriff auf das dionysische Mysterium der Zerstückelung ... stellt den Versuch dar, die archetypische Dimension der Destruktivität aus der Verbannung zurückzuholen und ihr einen imaginalen Raum zur Verfügung zu stellen, in dem sie sich ausdrücken kann« *(Lesmeister 1992)*. In dieser Seinserfahrung geht es nicht wie im Christentum darum, den Tod zu überwinden und das Leben auf diese Weise zu einem ewigen zu machen. Sie plädiert auch nicht für eine Art friedlicher Koexistenz von Leben und Tod, sondern beläßt das Glück und den Schrecken an ihrem Platz und hält diese Spannung aus.

Als weiteres Beispiel für den Wandlungsaspekt des Destruktiven nennt *Lesmeister* die *Alchemie*. Auch hier folgt auf die Tötung und Verwesung, nach der *»nigredo«*, der »Totenschwärze«, nach dem Durchgang durch Verzweiflung und Sinnlosigkeit die Transformation.

Auch *Freuds Todestrieb*-Hypothese gehört in diesen Zusammenhang. *Freud* propagierte den Todestrieb *(Thanatos)* als Antagonist zum Lebenstrieb *(Eros)*. Damit schuf er einen Kontrapunkt zu einem euphorischen Fortschrittsglauben. *Thanatos* steht auch im Gegensatz zum uneingeschränkten Optimismus der Humanistischen Psychologie oder zur Überzeugung der Logotherapie, daß allem Negativen ein Sinn abzugewinnen sei. Freuds Devise lautet statt dessen *»si vis vitam, para mortem«* (wenn du das Leben willst, bereite dich für den Tod) – in Anlehnung an das römische *»si vis pacem, para bellum«* (wenn du Frieden willst, bereite den Krieg vor).

Schließlich ist die *analytische Therapie* selbst ein Beispiel für eine »heilsame Destruktion«, indem sie die scheinbar heile Ganzheit illusionärer Selbstbilder zerstört und damit die volle Erkenntnis der Realität ermöglicht. Aufgrund des freien Assoziierens werden wie in der Zen-Meditation die Konstrukte unserer Begriffs- und Bedeutungsstrukturen schrittweise aufgelöst. Dadurch wird die illusionäre, neurotische Ganzheit in eine echte, realistische Wahrnehmung und Einschätzung des Ich/Selbst und der Welt verwandelt. Dadurch enthält nach *Lesmeister* die Analyse in ihrem Wesen sadomasochistische Züge. Die Abstinenzregel bewirkt eine »sadistische« Frustration der Wünsche der AnalysandInnen. Dies führt zu Enttäuschungsaggressionen gegen die AnalytikerInnen, was bei ihnen – ebenfalls im Rahmen der Abstinenz – eine »masochistische« Haltung des Erduldens zur Folge hat.

»Während sich meiner These vom Sadismus des Analytikers möglicherweise heftige emotionale Widerstände entgegenstellen, dürften sich die meisten in diesem Beruf Tätigen darin einig sein, daß der Analytiker bei seiner Arbeit schnell in eine masochistische Position hineingezogen wird. Man kann sich kaum einen Beruf vorstellen, in dem ein Mensch bereit ist (und bereit sein muß), sich von einem anderen so viel bieten zu lassen wie der Analytiker vom Analysanden . . . Alle Praktiker auf diesem Gebiet wissen, wie persönlich belastend die schweren Aggressionen eines Patienten sein können und wie überhaupt die Zumutungen, denen der Analytiker ständig ausgesetzt ist, seinen normalen Narzißmus kränken« *(Lesmeister 1992)*.

Lesmeister weist hier auf die Gefahr des Burnout hin, das auch nach seiner Meinung als Thema noch weitgehend tabuiert ist.

Er zieht aus seinen Ausführungen den Schluß, daß der Ganzheitsbegriff vollständig aufzugeben sei, da er illusionär, inflationär und mit dem Schatten von Allmacht und Destruktivität behaftet sei. Während Ganzheit als ein Ideal, das als Grenzwert tatsächlich verwirklicht werden kann, verlassen werden muß, ist sie aber als archetypisches Bild weiterhin ein nachweisbares psychologisches Faktum, das über mächtige integrative Kräfte verfügt.

Indem somit die Ganzheit als *Begriff* und »ideale Super-struktur« verlassen werden soll, ist sie hingegen als Ganz-heits-*Erfahrung* durchaus realistisch. Als tiefes emotionales Erleben oder als bedeutsame Einsicht hat sie einen unan-fechtbaren Realitätscharakter. Hier bestehen dann flie-ßende Übergänge zur »spirituellen Grenzerfahrung«, in der die Ganzheit als plötzliche Erkenntnis der grenzenlo-sen Verbundenheit von Ich, Selbst und Kosmos in Erschei-nung tritt.

Aufgrund ihres kreativen und transformatorischen Po-tentials fordert *Lesmeister*, die Spannung zwischen dem Ganzheitlichen und Fragmentarischen, zwischen Leben und Tod, Eros und Thanatos auszuhalten, anstatt sie auszu-schalten oder vorschnell zu harmonisieren. Er geht damit z. B. auch mit *Alfred Adler* einig, der ebenfalls seinen Begriff der Ganzheit und Vollkommenheit lediglich als »Leitfik-tion« verstanden wissen wollte, die die Aufgabe hat, die krea-tive Spannung zur Überwindung der dem Menschen ange-borenen »Minderwertigkeit« aufrechtzuerhalten. So erhält das Minderwertige, Schwache und Destruktive eine hei-lende und numinose Qualität, entsprechend den Mythen von *Chiron*, dem Stammvater der Heilkundigen, oder *He-phaistos*, dem göttlichen Schmied. Beide sind behindert, He-phaistos durch körperliche Invalidität und Chiron durch eine sich nie schließende Wunde. Doch sind diese Schwä-chen gleichzeitig Bilder und Motive ihrer transformatori-schen und kreativen Potenz, der Heil- und Schmiedekunst.

Die Kritik an *Jung* und an der analytischen Psychologie bezieht sich – außer auf die Verstrickung Jungs in den Na-tionalsozialismus – häufig darauf, daß sie sich primär in der Innerlichkeit verorte und keinen gesellschaftsrelevanten Beitrag leiste. Die Intersubjektivität würde zu wenig be-rücksichtigt, der Weltbezug komme zu kurz, und es wurde auf die Gefahr des elfenbeinernen Turms und der subjekti-ven Nabelschau verwiesen. Jung hatte ja geäußert, daß die großen Ereignisse der Weltgeschichte im Grunde von tiefster Belanglosigkeit seien und nur das subjektive Erleben des einzelnen zähle, weil dieses allein Geschichte mache und alle Zukunft der Weltgeschichte aus diesen verborgenen Quellen stamme. Im Konzept der Individuation ist der Bezug auf die Gesellschaft mitgedacht: »Individuation schließt die Gesellschaft nicht aus, sondern ein« *(Jung 1987)*. Nur im Spiegel unseres Weltbildes erkennen wir uns selbst; darum steht für *Jung* die Frage nach der Weltanschauung, nach dem Sinn von Leben und Welt, nach dem schöpferischen Sein und Werden des Selbst im Zentrum.

Die analytische Psychologie mit ihrer Wertschätzung des kollektiven Unbewußten und dessen archetypischen Bildern und Symbolen bietet einen fruchtbaren Ansatz, gesellschaftliche Strukturen und politisches Handeln auf die ihnen zugrunde liegenden unbewußten Phantasien zu befragen. Jungsche AnalytikerInnen haben auf diesem Hintergrund z. B. die Frage der Randständigkeit von Gruppen, der Gewalt und Aggressivität thematisiert. Auch wurde das Geschlechterverhältnis einer kritischen Reflexion unterzogen. Über Selbst- und Weltzerstörung, Sinnkrise und Sinnsuche ist in dieser therapeutischen Richtung in der Nachfolge *Jungs* viel gearbeitet worden.

Jung sah sich häufig mit PatientInnen konfrontiert, die in der sozialen Nützlichkeit für die Gesellschaft keinen Sinn mehr erkennen konnten und darum »auf die tiefere und gefährlichere Frage des Sinns ihres individuellen Lebens gestoßen sind« *(Jung 1991)*. Wenn unsere KlientInnen in der Therapie nach dem suchen, was ihrem Leben sinnvolle Gestalt verleiht, findet auch in uns das archetypische Bedürfnis nach Sinn Resonanz. *Jung* hat die Frage aufgeworfen, wie wir uns verhalten, wenn wir sehen, woran ein Patient krankt, »daß er nämlich keine Liebe hat, sondern bloß Sexualität, keinen Glauben, weil ihn die Blindheit schreckt, keine Hoffnung, weil ihn Welt und Leben desillusioniert haben, und keine Erkenntnis, weil er seinen eigenen Sinn nicht erkannt hat« *(Jung 1988)*.

Wie reagieren wir als TherapeutInnen darauf? Welche Weltanschauung leitet unser Leben und unsere therapeutische Haltung? Dürfen wir dann unsere eigene Wertorientierung offenlegen, oder ist Abstinenz in bezug auf Sinn- und Wertfragen angezeigt? Ist es in einer Zeit des allseits beklagten Werterelativismus die Aufgabe von TherapeutInnen, Sinnperspektiven aufzuzeigen, oder gerät Psychotherapie damit in die Nähe einer schwarzen Pädagogik, wird sie zur schwarzen Psychotherapie, die die Menschen nicht nur etikettiert und an der gesellschaftlichen Meßlatte einer idealen Gesundheitsnorm mißt, sondern ihnen auch noch den subjektiven Sinn oder Unsinn von Helfenden aufklebt? Sollen TherapeutInnen im Sinne der Humanistischen Psychologie darauf vertrauen, daß ein spontanes Wachstumspotential den Menschen zur Vervollkommnung führt, daß die Psyche sich selbst reguliert, wie *Jung* meint, oder muß der Patient mit erzieherischem Willen in andere Bahnen »gezogen« werden, wie *Adler* glaubte, der ja bei Erziehern und Geistlichen, ähnlich wie *Frankl*, den größten Anklang fand. *Jung* hat sich dazu sehr deutlich geäußert:

»Die weltanschauliche Auseinandersetzung ist eine Aufgabe, die sich die Psychotherapie unweigerlich selber stellt ... die Frage der Maßstäbe, mit denen gemessen werden soll, und die der ethischen Kriterien, die unser Handeln bestimmen sollen, muß irgendwie beantwortet werden, denn gegebenenfalls erwartet der Patient Rechenschaft über unsere Urteile und Entscheidungen ... Mit anderen Worten fordert also die Kunst der Psychotherapie, daß sich der Therapeut im Besitze einer angebbaren, glaub- und verteidigungswürdigen, letzthinnigen Überzeugung befinde, die ihre Tüchtigkeit dadurch bewiesen hat, daß sie auch bei ihm selber neurotische Dissoziationen entweder aufgehoben hat oder nicht aufkommen läßt« *(Jung 1991)*. Da in der analytischen Psychologie die Selbstregulation der Psyche, die der Seele innewohnende Tendenz, nach Ganzheit zu streben, ein zentraler Wert ist, bedeutet eine klare weltanschauliche Position nicht, daß diese den KlientInnen übergestülpt wird oder daß TherapeutInnen direktiv zu beeinflussen versuchen. Das Vertrauen darauf, daß

218

letztlich das Unbewußte den Heilungsprozeß bewirkt und steuert, läßt Jung eher als einen Protagonisten »der Nicht-Methode und Nicht-Technik« erscheinen, wie Ursula Eschenbach formuliert *(Eschenbach 1979)*. Die Machbarkeitsideologie und das Menschenbild einer modernen Apparatemedizin ist dem analytischen jungianischen Denken fremd. Hier geht es nicht in erster Linie um Eingreifen und Machen, sondern um Einsicht und Versöhnung mit den eigenen Tatsachen, um den Dienst an der Seele und den Lernprozeß, »den Feind im eigenen Herzen lieben und zum Wolf ›Bruder‹ sagen« *(Jung 1988)*.

Mit der Sinnthematik ist die Polarität von Sinnfindung und Sinngebung unauflöslich verknüpft. Sinn wird als »Mythus« immer wieder neu erschaffen, »um Unbeantwortbares zu beantworten« *(Jaffé 1983)*, und gleichzeitig ist Sinn a priori vom Menschen unabhängig gegeben und zum Beispiel in der Synchronizität erfahrbar. Für *Jung* ist Sinn ein »geistiges Etwas«, eine »Fiktion« *(Jung 1988)*, und es stellt sich die Frage, ob Psychotherapie eine heilende Fiktion, eine geistige Bedeutung anzubieten hat. Die Reduktion auf die Triebpsychologie *(Freud und Adler)* ist im Jungschen Verständnis zu einseitig, eine Psychologie ohne Seele, zu wenig fiktiv und zu wenig imaginativ, und das heißt für Jung zu wenig sinngebend, denn »nur das Bedeutende erlöst« *(Jung 1988)*.

Religiosität – ein Grundbedürfnis des Menschen

In der analytischen Psychologie werden drei Sinnebenen angesprochen, die auch den drei Ebenen des Bewußtseins entsprechen: die Weltbeziehung, die Selbstbeziehung und die Beziehung zur Transzendenz *(Schock 1994)*. Am Ganzheitsbegriff, der sowohl das Ganze des Individuums und seiner Welt als auch das Ganze der absoluten Sinntotalität meint, wird der Einbezug der religiösen Sinndimension verständlich. *Jung* hat deutlich gemacht, wie bedeutungsvoll Mythos und Traum »für ein transpersonales, nahezu objektives Reich des Sinnzusammenhangs« sind *(Whitmont 1993b)*. Die Träume als Bildersprache unserer Seele, als »Götterbotschaft«, sind eine Aufforderung zur Suche nach dem Sinn.

In der analytischen Psychologie wird der Wert innerer Erfahrung, die Bedeutung von Intuition und Kreativität, die heilende Kraft des Symbolischen betont. »Das gibt inneren Frieden, wenn Menschen das Gefühl haben, daß sie das symbolische Leben führen, daß sie Schauspieler im göttlichen Drama sind. Das ist das einzige, was dem menschlichen Leben einen Sinn verleiht« *(Jung 1981)*.

Auch das religiöse Bedürfnis ist im Verständnis *Jungs* ein apriorisches Grundbedürfnis, ähnlich wie das Bedürfnis nach Sinn. Jung hat vor allem die Notwendigkeit der religiösen Einstellung hervorgehoben. Es geht hier um ein Verständnis von Religion, das nichts mit dogmatischer Einbindung zu tun hat, sondern zutiefst heilend ist. Es erinnert an *Einsteins* Definition von »religiös sein« als »eine Antwort auf die Frage nach dem Sinn des Lebens wissen«.

Jung glaubte, das Problem der Heilung sei eigentlich ein religiöses Problem und niemand könne wirklich geheilt werden, ohne daß er seine religiöse Einstellung wiederfinde. Er hielt die Religionen für psychotherapeutische Systeme in des Wortes eigentlichster Bedeutung, denn Religion und Psychotherapie versuchen, das Leiden des menschlichen Geistes und der Seele zu heilen. »Deshalb ist Gott selbst ein Heiler; er ist Arzt, er heilt die Kranken, und er befaßt sich mit den Störungen der Seele; und das ist genau, was wir Psychotherapie nennen« *(Jung 1981)*. Nur wenn zu den numinosen Erfahrungen vorgestoßen werde, sei Heilung möglich. Für ihn war das Hineinragen des Göttlichen, der transpersonalen Dimension in das Menschliche eine unumstößliche Wahrheit. Der Spruch, den er über der Eingangstür seines Hauses in Küsnacht einmeißeln ließ, macht das sehr deutlich:

VOCATUS ADQUE NON VOCATUS DEUS ADERIT (Gerufen und nicht gerufen, Gott ist da).

Aniela Jaffé (1983) hat *Jungs* Auffassung eines sinnerfüllten Gegenüber von Mensch und Gott, eines Schöpfers, der des Menschen ebenso bedarf wie der Mensch des Gottes bedarf, in den Zusammenhang der Mystiker und Dichtung gestellt.

Ich weiß, daß ohne mich Gott nicht ein Nu kann leben;
Werd ich zunicht, er muß vor Not den Geist aufgeben.
Ich selbst muß Sonne sein, ich muß mit meinem Strahlen
Das farbenlose Meer der ganzen Gottheit malen.

Angelus Silesius

Auch für die Dichter war das Ineinander-verschränkt-Sein der menschlichen und der göttlichen Dimension eine tiefe Erfahrung. *Rilke* hat dieses Thema in seinem *Stunden-Buch* sehr berührend gestaltet:

Was wirst du tun, Gott, wenn ich sterbe?
Ich bin dein Krug (wenn ich zerscherbe)?
Ich bin dein Trank (wenn ich verderbe)?
Bin dein Gewand und dein Gewerbe.
Mit mir verlierst du deinen Sinn.

Jung äußerte 1932 von seinen Patienten jenseits der Lebensmitte, daß darunter nicht ein einziger sei, dessen »endgültiges Problem nicht das der religiösen Einstellung wäre« *(Jung 1988)*. Dabei versteht *Jung* unter Religion eine »besondere Einstellung des menschlichen Geistes, welche man in Übereinstimmung mit dem ursprünglichen Gebrauch des Begriffes ›religio‹ formulieren könnte als *sorgfältige Berücksichtigung und Beobachtung* gewisser dynamischer Faktoren, die aufgefaßt werden als ›Mächte‹: Geister, Dämonen, Götter, Gesetze, Ideen, Ideale . . .« *(Jung 1988)*. Einer ähnlichen Auffassung von der Aufgabe der Psychologie, den Menschen wieder zu den verleugneten zutiefst religiösen Schichten seiner Seele zurückzuführen (*re-ligio* hier in der zweiten Wortbedeutung von »Rück-Bindung«), begegnen wir heute in den Aussagen *Drewermanns*. Er glaubt, daß die Rettung des Lebens auf unserem Planeten nur durch die Rückverbindung mit den

Kräften der Seele möglich sei. »Es läßt sich daher allen Ernstes und mit vollem Nachdruck sagen, daß die Rettung des Menschen und die Rettung des Lebens auf diesem Planeten auf das Innigste zusammenhängen . . . mit der Wiedererinnerung des Religiösen. Die Krise der ›Umwelt‹ ist eine Krise der menschlichen Psyche« *(Drewermann 1991).*

Diese anspruchsvolle Auffassung von den Zielen der Psychotherapie fordert ein dialektisches Verständnis der analytischen Beziehung, in der sich der Therapeut sowohl als Fragender wie als Antwortender auf die Begegnung einlassen muß, »nicht mehr als Übergeordneter, Wissender, Richter und Ratgeber, sondern als ein Miterlebender, der ebenso im dialektischen Prozeß sich befindet, wie der nunmehr sogenannte Patient« *(Jung 1991).*

Für *Jung* verfügt der Therapeut nicht über eine Methode im Sinne einer Technik, sondern er selber ist sie: »Ars totum requirit hominem.« Unsere Kunst fordert den unbedingten Einsatz der ganzen Persönlichkeit *(Jung 1988).* Weil die Persönlichkeit des Helfenden ein großer Heilfaktor und unser wichtigstes Arbeitsinstrument ist, müssen wir wirklich die Menschen sein, als die wir wirken wollen, denn das Tiefste, was wir einem anderen Menschen zu geben haben, ist unser eigenes Wesen. Da wir bei unseren Klientinnen und Klienten in der Therapie nur so weit kommen können, wie unsere eigenen Komplexe und Widerstände es uns gestattten, wie *Freud* schon formulierte, ist die wirkliche Arbeit, die wir zu leisten haben, gleichzeitig immer eine Arbeit an uns selbst.

In jeder Analyse ist der Therapeut und die Therapeutin im gesamten Menschsein herausgefordert: ein Therapieverständnis, das zutiefst dialogisch ist und an Heilung aus der Begegnung glaubt. TherapeutInnen sind in diesem Verständnis keine handelnden Subjekte, sondern »Miterlebende eines individuellen Entwicklungsprozesses« *(Jung 1991).* Die Qualität der psychotherapeutischen Begegnung, die Wahrhaftigkeit auf der Suche nach Sinn und die Gefährtenschaft im Leiden wird damit zu einer weiteren Möglichkeit der Sinnerfahrung. Natürlich können wir in der Psychotherapie den Sinn weder lehren noch geben, genausowenig wie wir den Kranken das geben können, wonach sie sich sehnen, Glaube, Liebe, Hoffnung und Erkenntnis, aber wir können mit dem »unbedingten Einsatz der ganzen Persönlichkeit«, mit unserem Ja zum Sosein des anderen, mit unserer Achtung und Demut vor dem Rätsel menschlicher Existenz Glaube, Liebe, Hoffnung und Sinn erfahrbar machen. So sehr *Jung* fordert, daß der Analytiker auf »alles Einwirken-Wollen, Besserwissen, auf alle Autorität verzichten« *(Jung 1991)* muß, so gilt gleichzeitig auch, daß die Persönlichkeit der TherapeutInnen ein wesentliches Agens im Heilungsprozeß ist, denn es ist überhaupt nicht zu vermeiden, daß die Behandlung das Produkt einer gegenseitigen Beeinflussung ist. »Das Zusammentreffen von zwei Persönlichkeiten ist wie die Mischung zweier verschiedener chemischer Körper: Tritt eine Verbindung überhaupt ein, sind beide gewandelt« *(Jung 1991)*. Dieser Prozeß erfordert eine therapeutische Grundhaltung der Demut, in der wir uns der Führung durch das Unbewußte überlassen und auf das Wirken des »göttlichen Heilers in uns« vertrauen.

Die Analyse ist im Verständnis der analytischen Psychologie eine »Queste«, eine Entdeckungsfahrt und Suchwanderung, um das Mysterium der Seele zu ergründen, vergleichbar einer spirituellen Suche, im Sinne von »der Weg ist das Ziel«.

»Die großen Lebensprobleme sind nie auf immer gelöst. Sind sie es einmal anscheinend, so ist es immer ein Verlust. Ihr Sinn und Zweck scheint nicht in ihrer Lösung zu liegen, sondern darin, daß wir unablässig an ihnen arbeiten. Das allein bewahrt uns vor Verdummung und Versteinerung« *(Jung 1987)*.

Für *Jung* sind auch die Aspekte der *Sinngebung und Sinnfindung*, die er zwar deutlich voneinander unterscheidet, eng miteinander verknüpft. Das aktive Sinngeben in Form des Erschaffens eines persönlichen Mythos ist gleichzeitig ein Sich-Einfügen in die Gesetze einer umfassenden archetypischen Ordnung, die es zu erkennnen gilt. Die Sinngebung entspricht wie bei *Frankl* der ganz persönlichen Sinnantwort, die jeder Mensch auf die Frage beizubringen hat, die das Leben an *ihn* stellt.

An *Jungs* persönlicher Auseinandersetzung mit der Sinnfrage ist die tastende Vorsicht vorschnellen Antworten gegenüber spürbar. Gegen Ende seines Lebens hat er sehr undogmatisch zu der Frage Stellung genommen, ob die Sinnlosigkeit oder der Sinn im Leben überwiege:

»Es ist Temperamentssache zu glauben, was überwiege: die Sinnlosigkeit oder der Sinn . . . Wahrscheinlich ist wie bei allen metaphysischen Fragen beides wahr: Das Leben ist Sinn und Unsinn, oder es hat Sinn und Unsinn. Ich habe die ängstliche Hoffnung, der Sinn werde überwiegen und die Schlacht gewinnen« *(Jung 1976)*.

Wir begegnen in dieser Aussage nicht der heldenhaften Pose eines sinngewissen Menschen, sondern der demütigen Einsicht ins paradoxe Wesen des Sinns. In der Sprache der analytischen Psychologie heißt dies, daß der Sinn ein Archetypus ist, unauslotbar, gegensätzlich, geheimnisvoll. Sinnerfahrungen haben darum oft den Charakter numinoser Erlebnisse, sie ergreifen zutiefst und lassen uns die Existenz einer anderen Wirklichkeit innewerden, die über unser Alltagsbewußtsein hinausreicht und doch als zu uns gehörig erfahrbar wird. So kann Sinn als ein Heimkommen oder Ankommen spürbar werden, ein Entdecken dessen, was man immer schon war und immer schon hatte, das sich jeder Versprachlichung entzieht, aber »vieles, vielleicht alles ertragbar« macht *(Jung 1976)*.

3. Durch das Gemeinschaftsgefühl zur Vollkommenheit
Der Sinn des Lebens bei Alfred Adler

Das Streben nach Vollkommenheit zieht uns hinan.

Alfred Adler

In seinem Buch »*Wozu leben wir?*« *(1979)* und besonders in seinem letzten größeren Werk »*Der Sinn des Lebens*« *(1973)* setzt sich *Alfred Adler* eingehend mit der Sinnthematik und ihrem Bezug zu der von ihm begründeten Individualpsychologie auseinander. Er unterscheidet dabei zwei Bedeutungen von Sinn. Die eine betrifft den individuellen Sinn, der auf den persönlichen Überzeugungen und Meinungen beruht, die sich ein Mensch von sich selbst, seinen Mitmenschen, der Welt und dem Leben gebildet hat und der mit seinem »Lebensstil« zusammenhängt. Wir haben diesen Sinn den Teilsinn genannt. Der zweite Aspekt betrifft die überindividuelle Bedeutung des Sinns und wird von *Adler* auch als der »wahre« Sinn bezeichnet; in unserer Terminologie entspräche dies dem Gesamtsinn. Er hat das Wohl der gesamten Menschheit zum Ziel und beruht auf dem »Gemeinschaftsgefühl«, einem bei *Adler* angeborenen Drang, der den Menschen für die Werte der Verantwortlichkeit, Verläßlichkeit und Treue motiviert. Diese Zentrierung auf die Gruppe beruht auf *Adlers* Überzeugung, daß der Mensch nicht als Einzelgänger geschaffen, sondern Teil eines größeren Ganzen ist. Er ist daher zu Gleichberechtigung und Toleranz gegenüber den Mitmenschen verpflichtet; gleichzeitig ist er aber auch mit einem angeborenen Drang nach Vollkommenheit und Überlegenheit ausgestattet, die *Adler* jedoch nicht als Überlegenheit gegen oder über die andern, sondern *mit* den andern versteht. Das *Gemeinschaftsgefühl* ist der zentrale Wert im Menschenbild der Individualpsychologie. Für *Adler* ist alles Wertvolle und Vollkommene das Produkt des Gemeinschaftsgefühls *(Metzger 1973)*, und für ihn gehören Gemeinschaftsgefühl und Mitmenschlichkeit als »Notwendigkeit des Seins« zur psychischen Grundausstattung des Menschen. Je reifer sein Wesen ist, desto stärker ist er in seinem Streben von sozialen Zielen bestimmt. »Unsere Idee des Gemeinschaftsgefühls als der letzten Form der Menschheit, eines Zustandes, in dem wir uns alle Fragen des Lebens, alle Beziehungen der Außenwelt gelöst vorstellen, ein richtendes Ideal, ein richtunggebendes Ziel, dieses Ziel der Vollendung muß in sich das Ziel einer idealen Gemeinschaft tragen, weil alles, was wir wertvoll finden im Leben, was besteht und bestehen bleibt, für ewig ein Produkt dieses Gemeinschaftsgefühls ist« *(Adler 1973)*.

Adlers dynamisch-teleologische Betrachtungsweise des Lebenssinns steht in der Tradition eines naturgesetzlich-evolutionären Denkens. Für ihn ist der Gemeinschaftssinn angeboren und sein Ziel einer idealen Gemeinschaft der ganzen Menschheit »die letzte Erfüllung der Evolution« *(Adler 1973)*. Im Gegensatz zu *Frankl* und seiner Logotherapie ist das Adlersche Sinnverständnis vor allem an sozialer Sinnerfüllung orientiert, am Nutzwert einer »seelischen Gesundheit«, die sich auf rein diesseitige Lebensziele beschränkt und nicht jene fundamentale Sinnorientiertheit ins Blickfeld nimmt, die den Menschen transzendiert.

J. Hillman, der in seinem Buch *»Die Heilung erfinden«* *(1986)* eine differenzierte Darstellung von »Adlers Vorstellung von der Minderwertigkeit« und der Individualpsychologie vermittelt, macht darauf aufmerksam, wie sehr für Adler das Gefühl der Unvollkommenheit, Schwäche und Hilflosigkeit und nicht die hehren Ideale der Tugend und Vollkommenheit die Basis für das Gefühl der Gemeinsamkeit und Zusammengehörigkeit unter den Menschen bilden.

Das Vollkommenheitsstreben gründet bei *Adler* in einem

angeborenen Minderwertigkeitsgefühl. »Mensch sein heißt: sich minderwertig fühlen«, und er erklärt, daß dem Menschen »›als Segen ein starkes Minderwertigkeitsgefühl mitgegeben ist‹ ... *Auflehnung* (dagegen) ist die Grundlage der Menschheitsentwicklung und wird *glücklicherweise* in jedem Kind aufs neue erweckt. Der Lebenslauf des einzelnen ist, ebenso wie die geschichtliche Bewegung der Menschheit, als die Geschichte des Minderwertigkeitsgefühls und der Versuch seiner Überwindung anzusehen« *(Metzger 1973).*

In der Psychotherapie ist es darum eine wichtige Aufgabe, der Frage der Macht nachzuspüren, Machtkomplexe deutlich zu machen, soziale Verantwortung zu fördern und die zwischenmenschlichen Beziehungen zu verbessern. Der Wert der Verantwortlichkeit ist in der Individualpsychologie besonders wichtig. Ihr haftet in der Art, wie vom einzelnen die Verantwortung und Leistung für seine Mitwelt eingefordert wird, oft der Charakter des Normendrucks und des Moralisierens an.

Der Mensch ist somit vor allem auf das eine, wichtigste Ziel der Vollkommenheit ausgerichtet. Indem er das ihm angeborene Minderwertigkeitsgefühl überwindet, konstituiert er Sinn. Während *Frankl* primär auf das Sinnlosigkeitsgefühl fokussiert, bezieht sich *Adler* vor allem auf das Minderwertigkeitsgefühl. Die charakteristischen Lebensfragen bei Adler kreisen um die Themen Gemeinschaft, Beruf und Ehe. Nach Ansicht von *Birnbaum* betont er die Schaffenswerte, während *Frankl* mit seinen Einstellungswerten und seiner Auffassung eines Willens zum Sinn statt des Willens zur Macht eine existentiellere Dimension und ein »parareligiöses« Sinnmoment einführt, »wo das menschliche Sinndenken vor Unfaßbarem steht« *(Birnbaum, zitiert bei Kühn 1991).*

Das Menschenbild der Individualpsychologie beruht auf der existentiellen Konflikthaftigkeit des Menschen, auf der Spannung zwischen dem Ist-Zustand seiner faktischen Unerlöstheit und der Sehnsucht nach Harmonie und Ganzheit. Dieses Ziel bleibt für *Adler* immer eine unerreichbare

Fiktion. Das Gefühl der Minderwertigkeit wird nie ganz überwunden, sondern es muß als Motor für die psychische Entwicklung dienen, als ein dauernder Antrieb zur Vervollkommnung. Daher bildet das Stigma der »Organminderwertigkeit«, der persönlichen Schwachstellen und Achillesfersen die unabdingbare Voraussetzung aller Aspekte psychischen Lebens. Als Beispiele führt *Adler* etwa die fehlgebildeten Ohren Mozarts oder die Hörbehinderung Beethovens an. »Wir wachsen um unsere Schwachstellen herum und leben zugleich von ihnen« *(zit. nach Hillman 1986).*

Einen ähnlichen Ansatz finden wir in der Jungschen Typologie, die davon ausgeht, daß aus unserer »minderwertigen« Funktion, aus der Haltung, die uns am wenigsten bewußt ist, auch die kreativen Ansätze zur Veränderung erwachsen können.

Für *Adler* besteht daher die Aufgabe der Therapie darin, das psychische Potential, das sich hinter der Minderwertigkeit in Form von Körpersymptomen versteckt, freizulegen. Diese angeborene Minderwertigkeit kann in Adlers Verständnis kompensiert werden durch einen neurotischen Denkstil, der die Welt nur durch die Aufspaltung in Gegensätze erfassen kann. Die Wahrnehmung und das Denken in Gegensatzpaaren und abstrakten Begriffen schaffen die Illusion, die Wirklichkeit im Griff zu haben und damit auch die eigene Minderwertigkeit beherrschen zu können. Dabei ist das »Ur-Fundament des Gegensatzdenkens« von *Adler* als das Gegensatzpaar männlich/weiblich gesehen worden *(Hillman 1986)*. Obschon die Psyche sowohl männliche wie weibliche Züge trägt, werden wir von Kindheit an zu einer ausschließlichen Entweder-Oder-Haltung erzogen, für die es auch nur zwei mögliche Geschlechtsrollen gibt und für die jede Ambivalenz und Unklarheit mit Schwäche und darüber hinaus mit Weiblichkeit identifiziert wird. Für *Adler* ist das Ziel der Psychotherapie daher, diese Gegensätzlichkeit wieder aufzuheben und der Ambivalenz, die der Psyche von Natur aus innewohnt, im Sinne des »psychischen Hermaphroditen« wieder zu ihrem Recht zu verhelfen.

Adler will sein Ideal der Vollkommenheit als ein fiktives Ziel ohne konkreten Inhalt verstanden wissen, als ein Bild, das als »Leitfiktion« der Orientierung dient und damit dem Begriff einer »Sinnantwort« nahekommt. Die Aufgabe der psychotherapeutischen Methode (Methode von griechisch *methodos* = »Weg zu etwas hin«) ist es, zu verhindern, daß sich die der Psyche innewohnende Zielstrebigkeit an definierten Zielen konkretisiert; besonders gefährlich sind die abgehobenen, edlen Ziele, die den »Weg zum Sinn des Lebens verstellen«. Psychotherapie heißt daher für Adler, den fiktiven Charakter der Ziele freizulegen. Dann ist auch der Ganzheitsbegriff als ein therapeutisches Ziel nicht mehr problematisch, wie dies *Lesmeister* und *Engelen* beanstanden, und die Ziele werden dabei auch nicht zu wertlosen Illusionen. Sie als Fiktionen zu betrachten bedeutet nicht, sie abzuwerten, sondern die Fiktionen als Sinn-Bilder zu begreifen.

Das angeborene *Gemeinschaftsgefühl* und das *Streben nach Vollkommenheit* und Entwicklung begründen somit für Adler den »wahren Sinn«, und dieser ist die Grundlage für Gesundheit oder – falls er verfehlt wird – für psychische Krankheit. Die Ethik ist damit wie in der Humanistischen Psychologie aufgrund des »naturalistischen Wertsystems« *Maslows* oder in der Logotherapie durch das »Sinnorgan« biologisch verankert. Die Aufgabe der Individualpsychologie besteht darin, die persönliche »Lebenslinie« so zu korrigieren, daß sie zu einer Übereinstimmung mit dem Ziel der Gemeinschaft gelangt, so daß damit der persönliche und der »wahre«, überindividuelle Sinn zusammenfallen.

Adlers Verständnis der Religion hat mit der »Konkretisierung der Vollkommenheitsidee« zu tun, d. h., Gott ist kein real existierendes Wesen, sondern lediglich »eine Idee, und zwar die höchste und größte Idee der Menschheit. Als Idee der Vollkommenheit greift Gott das angeborene Vollkommenheitsstreben des Menschen und damit seine tiefe Sehnsucht auf, um sie zum begehrten Ziel zu führen« *(Kolbe 1986)*. Für *Adler* weist Gott den Weg. Dieses utopische Ziel der Verwirklichung des Gemeinschaftgefühls hat bei *Adler* den Charakter einer geradezu messianischen Hoffnung: »Es besteht die berechtigte Erwartung, daß in viel späterer Zeit, wenn der Menschheit genug Zeit gelassen wird, die Kraft des Gemeinschaftsgefühls über alle äußeren Widerstände siegen wird. Dann wird der Mensch Gemeinschaftsgefühl äußern wie Atmen« *(Adler 1973)*.

Für *Adler* beinhaltet der Drang nach Vollkommenheit eine fundamentale, quasi-religiöse Glaubensüberzeugung oder zumindest die Grundlage für eine utopische Erlösungsvorstellung der Menschheit. Wenn es nicht gelingt, »das richtige Ziel der Vollkommenheit« zu verwirklichen, und wenn der falsche Weg eingeschlagen wird, »belehrt uns der Untergang von Spezies, Rassen, Stämmen, Familien und Tausenden von einzelnen Personen, von denen nichts übriggeblieben ist, wie notwendig es für den einzelnen ist, einen halbwegs richtigen Weg zu finden zum Ziel einer Vollkommenheit« *(Adler 1973)*. In seinem Verständnis ist die Idee des Gemeinschaftsgefühls ein Zustand, »in dem wir uns alle Fragen des Lebens, alle Beziehungen zur Außenwelt als gelöst vorstellen, ein richtendes Ideal, ein richtunggebendes Ziel« *(Adler 1973)*.

Metzger kritisiert Adlers Auffassung seiner zentralen Werte und Begriffe des Vollkommenheitsstrebens und Gemeinschaftsgefühls als »überverallgemeinert«. Das Vollkommenheitsstreben sei ein Zauberstab, ein »Deus ex machina«, der jede schöpferische Leistung erklären soll. Statt dessen sei es unter Umständen »nur eine unter vielen neurotischen Leitlinien« *(Metzger 1973)*.

Auch wenn wir den Sinnbegriff und die Werte der Individualpsychologie aus der Perspektive des Grenzthemas betrachten, ist ein gewisser Aspekt von Maß- und Grenzenlosigkeit nicht zu übersehen. Ihre beiden zentralen Werte, das Gemeinschaftsgefühl und das Streben nach Vollkommenheit und Überlegenheit, erheben bei *Adler* den Anspruch einer Ganzheit und Allgemeingültigkeit, die einer religiösen Überzeugung gleichkommt. Die Kehrseite dieser Ganzheitsvorstellung ist die Begrenztheit durch ein angeborenes Minderwertigkeitsgefühl, das aber seinerseits einen »Segen« darstellt, da es den Motor für die Vervoll-kommnung des Menschen bedeutet. Die Vision einer im Gemeinschaftsgefühl vereinten Menschheit mag an die Emphase von Schillers »Ode an die Freude« und das »Um-schlungensein der Millionen« erinnern, doch erscheint solche Grenzenlosigkeit in unserer von Gewalt geschüttel-ten Zeit doch als sehr utopisch. Zukunftsphantasien wie die *Adlers*, dessen ethische Vorstellungen eines Tages alle Reli-gionen überflüssig zu machen glauben, sind zwar unter den Begründern psychotherapeutischer Schulen keine Seltenheit und erscheinen besonders bei den Schülern Freuds als eine Überkompensation seines ursprünglichen Pessimismus. Die angeborene Anlage zum »guten Men-schen« im Sinne eines untrüglichen immanenten Wertsy-stems und Entwicklungspotentials teilt die Individualpsy-chologie mit der Humanistischen Psychologie und ihrem »unbegrenzten« Optimismus. Dies bedeutet aber eine Aus-grenzung des schattenhaften Bösen und Destruktiven des Menschen.

Trotz der idealen Konstruktion von *Adlers* Wertsystem ist der Sinninhalt von Vollkommenheit und Ganzheit nicht als ein konkretes und erreichbares Ziel verstanden worden. *Hillman* weist darauf hin, daß *Adler* sich gegen eine ideolo-gische Verhärtung und Begrenzung solcher Ideale wandte und dafür plädierte, die dem Menschen angeborene Min-derwertigkeit und Begrenztheit als etwas Positives anzuer-kennen, als eine dauernde Herausforderung, die es zu be-wältigen und zu überwinden gilt.

Gleichzeitig wird aber an seinen Einstellungen zu den verschiedensten Krankheitsbildern eine normative Hal-tung deutlich, an der die Wertvorstellungen der damaligen Zeit überdeutlich hervortreten: »Ich könnte noch darauf hinweisen, wie alles, was einen Fehlschlag bedeutet, des-halb ein Fehlschlag ist, weil es die Entwicklung der Ge-meinschaft stört, ob es sich um schwer erziehbare Kinder, Neurotiker, Verbrecher oder Selbstmörder handelt« *(Adler 1973)*. Die moralisierende Haltung *Adlers* wird auch deut-lich, wenn er fragt: »Was geschah mit jenen Menschen, die

231

nichts zum Wohle der Allgemeinheit beigetragen haben? Die Antwort lautet: Sie sind bis auf den letzten Rest verschwunden ... als ob der fragende Kosmos befehlen würde: Fort mit euch! Ihr habt den Sinn des Lebens nicht erfaßt« *(Adler 1973)*.

Mit seiner Erkenntnis, daß wir die Wirklichkeit durch unsere dualistische Aufspaltung in Gegensätze nur begrenzt erkennen können und diese Spaltung transzendieren müssen, war *Adler* hingegen seiner Zeit weit voraus und mit seinem »Sinn für das Verbindende« ein Vorkämpfer des »neuen Paradigmas«: »Nach einem Sinn des Lebens zu fragen hat nur Wert und Bedeutung, wenn man das Bezugssystem Mensch-Kosmos im Auge hat. Es ist dabei leicht einzusehen, daß der Kosmos in dieser Bezogenheit eine formende Kraft besitzt. Der Kosmos ist sozusagen der Vater alles Lebenden« *(Adler 1973)*.

Für *Adler* steht die Gegensatzspannung zwischen Teilsinn/Gesamtsinn bzw. Sinngebung/Sinnfindung im Vordergrund. Auch bei ihm drängt der Teil zum Ganzen; der *Teilsinn* der angeborenen Minderwertigkeit, die für ihn als ständiger Motor der Entwicklung einen »Segen« bedeutet, treibt uns an, den *Gesamtsinn* in Form der kollektiven Ideale der Vollkommenheit und menschlichen Gemeinschaft zu verwirklichen. Wir sehen bei *Adler* in diesem Appell ans soziale Verantwortungsgefühl ein starkes moralisches Moment, d. h. eine ausgeprägte Aufforderung zu einer *sinngebenden* Aktivität in Form eines sozialen Engagements. Mißachtung dieses Imperativs bedeutet Krankheit und Elend. Gleichzeitig enthält die beinahe beschwörende Aufforderung, die überragende Bedeutung wahrzunehmen, die der eigenen Verkollkommnung und der Verwirklichung des Gemeinschaftsgefühls zum Wohle der Menschheit zukommt, auch einen Aspekt der *Sinnfindung*. Dieser Gesamtsinn-Anteil bleibt aber bei *Adler* ein fiktives Ziel. Der eigentliche konkrete Sinn ist für ihn das Zusammenwirken beider Sinnelemente, das Aushalten dieser Gegensatzspannung und die Verbindung des persönlichen Sinninhalts der Organminderwertigkeit als Motiv der überindividuellen Evolution der Menschheit. So ist das Ziel der Psychotherapie die Bewältigung dieser Spannung und die Überwindung der menschlichen Tendenz, alles in Gegensätze aufzuspalten.

Diese Haltung erinnert an das faustische »immerwährende Bemühen«, dem aber die Erlösung versagt bleibt. Sie ist erst als Utopie in einer fernen Zukunft der Menschheitsgeschichte erreichbar. Dies steht z. B. im Gegensatz zu einer spirituellen Haltung, für die die Erfahrung des paradoxen »werde, der du bist« schon im Erleben des »jetzigen Augenblicks« möglich ist. Verglichen mit der Psychoanalyse und der Humanistischen Psychologie nimmt die Individualpsychologie eine Mittelposition ein zwischen der pessimistischen Einstellung Freuds zur Sinnfrage und der optimistischen Haltung der Humanistischen Psychologie, für die der Mensch von Natur aus gut und für Glück und Sinnverwirklichung bereits in der Gegenwart ausgestattet ist.

4. Der Wille zum Sinn
Sinnvoll heilen in der Logotherapie und Existenzanalyse

Tatsächlich war die Lektion von Auschwitz, daß der Mensch ein sinnorientiertes Wesen ist. Wenn es überhaupt etwas gibt, das ihn auch noch in einer Grenzsituation aufrechtzuerhalten vermag, dann ist es das Wissen darum, daß das Leben einen Sinn hat, und sei es auch nur, daß sich dieser Sinn erst in der Zukunft erfüllen läßt. Die Botschaft von Auschwitz lautet: Der Mensch kann nur überleben, wenn er auf etwas hin lebt.

Viktor Frankl

Die Logotherapie wurde vom Wiener Psychiater *Viktor E. Frankl* in den 30er Jahren als *Dritte Wiener Schule der Psychotherapie* nach Freud und Adler begründet. Sie geht von einer ganzheitlichen Sichtweise des Menschen aus, von seinen *noetischen* (geistigen) Fähigkeiten und der »Sinnstrebigkeit« als primärer Motivationskraft. Sie beschäftigt sich zentral mit dem menschlichen Ringen um Sinn, mit seinem »Willen zum Sinn«, seinem »Sein in Freiheit« und »Sollen in Verantwortung«. In der Logotherapie geht es um die Befragung von Leben, Wert und Sinn und vor allem um die Beschreibung der Formen und Bedingungen der Sinnfindung, um die Möglichkeiten der Sinngestaltung. Die heutige *Gesellschaft für Logotherapie und Existenzanalyse (GLE)*, gegründet 1985 in Wien, hat zwar ihre Wurzeln in der Franklschen Logotherapie, weicht aber in ihrer Auslegung und Weiterentwicklung zur personalen Existenzanalyse besonders durch die Ausrichtung auf Selbsterfahrung von ihrem Begründer ab. Im März 1991 trat *Viktor Frankl* aus der GLE aus, und 1992 wurde in Wien das Viktor-Frankl-Institut gegründet, das sich der »authentischen« Auslegung seiner Werke verpflichtet fühlt.

Die Sinnthematik bei Viktor Frankl

Wenn wir uns durch *Frankls* Werke durcharbeiten, fällt schon an den Buch- und Vortragstiteln auf, um welche zentralen Themen sein Denken kreist: »Die Sinnfrage in der Psychotherapie«, »Im Anfang war der Sinn«, »Der Mensch vor der Frage nach dem Sinn«, »Der Wille zum Sinn«. »Sinnerfüllungserlebnisse« sind im logotherapeutischen Verständnis unabdingbar an die Verwirklichung von Werten gebunden. »Den Sinn des Daseins erfüllen wir – unser Dasein erfüllen wir mit Sinn – allemal dadurch, daß wir Werte verwirklichen« *(Frankl 1984)*. Mit der Entscheidungsfreiheit ist für den Menschen auch der Auftrag verbunden, sich zu orientieren und die Dinge auf ihren Wert hin zu prüfen. Sinnvolles Leben bedeutet daher Flexibilität in der Wahrnehmung von Werten. Die wertvollste Möglichkeit der jeweiligen Situation stellt die »Fülle des Seins« dar, und Leben heißt, aus einer Situation das Bestmögliche zu machen. Sinn kommt somit zum Ausdruck in der Hingabe an Werte. Sinn macht, was mir wert-voll ist, und eine Sache ist sinn-voll, wenn sie mir etwas bedeutet, wenn ich mit ihr in Beziehung trete.

Frankl unterscheidet drei verschiedene Arten von Sinnmöglichkeiten, die drei Wertkategorien entsprechen: Die *schöpferischen Werte* leiten den Menschen, wenn er eine Tat vollbringt, wenn er ein Werk schafft, dann ist die Sinnmöglichkeit ein »Handlungsprogramm«; Sinn kommt vom Tun. Die *Erlebniswerte* sind einer Erfahrung, z. B. der Schönheit der Natur oder Kunst oder dem Erlebnis der Liebe, zugeordnet. Einen Sinn zu sehen heißt daher auch, eine »Ganzheit« erfassen, sich einem größeren Zusammenhang öffnen. Die *Einstellungswerte* betreffen die innere Haltung des Menschen, die er angesichts einer schwierigen, schicksalhaften Situation einnimmt und die er ändern kann, indem er sein Schicksal annimmt. Dann zählt nicht mehr, *woran* er leidet, sondern *wie* und *wofür* er leidet, seine Einstellung gegenüber dem Unabänderlichen, in der seine Würde zum Ausdruck kommt *(Längle 1991).*

Der Sinnbegriff bei Frankl ist primär als ein situativer Sinn zu verstehen, als ein Fragen nach dem Sinn einer konkreten Person in einer konkreten Situation. Der »*Sinnanspruch*« in Form dieser äußeren Gegebenheit entspricht in der Philosophie Max Schelers, auf den sich Frankl bezieht, der »Forderung der Stunde«, die sich an den einzelnen Menschen in seiner Unersetzbarkeit richtet. Es ist »ein erlebter Fingerzeig . . . der auf ›mich‹ deutet; was gleichsam sagt und flüstert: ›für dich‹ *(Scheler zitiert bei Wicki 1991).* *Beda Wickis* lesenswerten Buch »*Die Existenzanalyse von Viktor E. Frankl*« vermittelt neben einer klaren Übersicht über Frankls Werk vor allem auch den Bezug seiner philosophischen Grundlagen zu Max Scheler.

In der Logotherapie ist Sinn eine »Möglichkeit vor dem Hintergrund der Wirklichkeit«; das heißt, der Sinn muß gefunden werden, er ist nicht erst vom Menschen zu erfinden, sondern immer schon da. Wie aus dem Zitat seiner Botschaft von Auschwitz deutlich wird, glaubt *Frankl* an einen letzten, vorgegebenen Sinn, der allem Sein vorausgeht: »Im Anfang der Sinn.« In der Sprache der Philosophie *Kants* wäre der Sinn daher ein *a priori* und in der Terminologie *Heideggers* ein *Existenzial.* Für die Logotherapie gilt, daß die Wurzel des Sinnerfassens, der »Seinsgrund« oder die *logique du cœur* ebensowenig wie das Mysterium der Liebe rational ableitbar oder objektivierbar ist.

Wir begegnen bei *Frankl* einer Sinndimension, die von der »Seinszuversicht« *(Scheler)* getragen ist, von der Gewißheit, daß eine sinnvolle Ordnung die Welt durchzieht, in der Absolutes und Raumzeitliches, Welttranszendentes und Weltimmanentes miteinander verbunden sind. So sehr *Frankl* die Bedeutung des situativen Lebenssinns betont, so deutlich wird andererseits, daß dieser je konkrete Lebenssinn aus dem Glauben an einen »Ursinn« oder »Übersinn« hervorgegangen ist *(Frankl 1982).* Es kann daher nicht verwundern, daß die Logotherapie in ihrer ursprünglichen Form besonders im seelsorgerischen Bereich sehr verbreitet ist. Die Suche nach Sinn im Leiden, das verzweifelte Bemühen, angesichts des Todes das eigene Leben als sinnvoll zu erkennen, um es dann besser loslassen zu können, hat gerade auch am Krankenbett logotherapeutische Beratung fruchtbar werden lassen. Die Nähe zur Religion wird nicht nur mit Publikationen wie zum Beispiel »Der unbewußte Gott« *(Frankl 1979)* oder mit einem Vortrag wie »Der Mensch auf der Suche nach einem letzten Sinn« deutlich, sondern viele von *Frankls* Interviewbeiträgen und Aussagen über die Werte verweisen auf Gott als »End-Sinn«, als den »Höchstwert« und das »Wertmaximum«. Auch seine Auffassung des Gewissens als Stimme einer »außermenschlichen Instanz«, als »Stimme der Transzendenz« verweist auf das Absolute, »dieses Personalissimum«, das er Gott nennt. In seinem Bemühen, den Menschen letztlich wieder in Kontakt mit der ihm unbewußten religiösen Funktion der Seele *(»anima naturaliter religiosa«)* zu bringen und zum Absoluten eine Verbindung herzustellen, erinnert *Frankl* an die Zielsetzung von *C. G. Jung.*

Auffällig ist bei *Frankl* aber ein fast ängstliches Bemühen, jede Grenzüberschreitung zur Theologie und Seelsorge zu vermeiden. So polemisiert er gegen *Jung,* er verabsolutiere aufgrund des Konzeptes der als göttlich aufgefaßten Archetypen das Unbewußte, womit die Religion den Charakter der freien Entscheidung und damit ihre Dignität verliere *(Kolbe 1986).* So wie der Psychologismus in der Psychoanalyse die Würde und das Unsagbare des menschlichen Wesens gefährde, profanierten die Archetypen als religiöse Chiffren das Heilige. Es sei zwar die Aufgabe der Psychotherapie, die »Verantwortung *für«,* nicht aber die »Verantwortung *vor«* – nämlich diejenige vor Gott – bewußtzumachen. Der interdisziplinäre Dialog sei zwar zu begrüßen, jedoch nur unter strenger Wahrung der Grenzen der beiderseitigen Zuständigkeit. Die Theologie habe sich mit der Offenbarung von Gottes Heilshandeln, die Psychologie aber lediglich mit der Rezeption dieser Offenbarung durch den Menschen zu befassen. Diese Besorgnis *Frankls* um eine säuberliche Trennung zwischen beiden Disziplinen scheint auf seiner Verwurzelung in der jüdisch-christlichen Auffassung eines anthropomorphen Gottesbildes zu beruhen, die letztlich auf der christlich geprägten Religiosität Schelers basiert. Im Gegensatz dazu finden wir in der Humanistischen oder Transpersonalen Psychologie eindeutige Anklänge an ein mystisches Religionsverständnis, bei dem die Grenzen zwischen einem Numinosum, das dem Menschen immanent ist, und dem Göttlichen zerfließen.

Zu den Grundthesen der Logotherapie gehört, daß der Mensch grundsätzlich verantwortlich ist, d. h., er ist aufgrund seines Menschseins zu einer *Antwort* gegenüber dem Anspruch der Welt herausgefordert, aber auch gegenüber dem Anspruch seines »Sinnorgans«, des Gewissens. Er ist dabei jedoch frei, sich für oder gegen eine sinnvolle Antwort zu entscheiden. *Er* ist der vom Leben her Befragte, der dem Leben zu antworten, das Leben zu verantworten hat. Der Sinn liegt daher, abgesehen von der Art dieser Antwort, in der grundsätzlichen Möglichkeit, auf diese Herausforderung einzugehen. Er ist frei bezüglich des *Wie* seiner Reaktion, aber nicht bezüglich der Tatsache, daß er prinzipiell zu einer Antwort herausgefordert ist. Das »Entscheidende« (im eigentlichen Sinn der Entscheidungsfähigkeit) des Menschen ist seine geistig-existentielle, *noetische* Dimension, seine Fähigkeit, aus sich und über sich selbst hinauszugelangen, das heißt die Fähigkeit zur »*Selbsttranszendenz*«. *Frankl* betont ihre Bedeutung, da ohne sie eine Selbstverwirklichung unmöglich sei und diese auf eine bloße subjektivistische Selbstbezogenheit hinauslaufen würde. Insofern sei der »Sinn« objektiv, als er vom Aufforderungscharakter des Objekts, von der Welt um uns her ausgehe. Daher handle es sich um ein Finden des Sinns, nicht um ein *Er*finden. *Frankl* stellt damit die Bedeutung der Sinnfindung über die der Sinngebung, wie wir sie verstehen. Anderseits ergibt sich aus seinen Schriften der Eindruck, daß es in der logotherapeutischen Arbeit nicht sonderlich abstinent zugeht, sondern daß der Sinn in einer therapeutisch aktiven und direktiven Weise »verschrieben« wird. Dies scheint in der aktuellen Situation oft auch glänzend zu gelingen, läßt jedoch an der Kontinuität dieses Sinnbewußtseins über einen längeren Lebensweg und Zeitraum hinweg zweifeln.

Obschon die Selbsttranszendenz einen der zentralen Begriffe der Existenzanalyse darstellt, hat sie hier nicht die radikale Bedeutung wie in der Transpersonalen Psychologie. Bei dieser geht es zwar zunächst auch um eine »innerweltliche« Transzendenz, vor allem um ein Überschreiten der Grenzen zum Du, dann aber schließlich auch um ein Loslassen des Ich in dem viel umfassenderen Sinne der Mystik und der buddhistischen Psychologie, welche in der Ego-Verhaftung die zentrale Wurzel menschlichen Leidens sieht. Einen Ansatz in diese Richtung bildet zwar die Phänomenologie *Heideggers*, auf die sich *Frankl* stützt und die ebenfalls das Transzendieren der dualistischen Wahrnehmung zum Inhalt hat. So soll denn auch *Heidegger*, als er am Ende seines Lebens dem Zen-Buddhismus begegnete, geäußert haben, daß er in diesem genau das wiederfinde, was er zeit seines Lebens zu zeigen versucht habe: das unmittelbare Erfassen der Realität jenseits jeder Begrifflichkeit.

In dieser phänomenologischen Weltbetrachtung begegnen sich die Logotherapie und die Gestalttherapie und ganz allgemein die Humanistische Psychologie, in welcher *Maslows* »Gipfelerlebnis«, die mystische Verschmelzung mit dem Objekt, den höchsten Ausdruck der Reife bedeutet. Hier zerfließen auch die Begriffe von Sinngebung und Sinnfindung; der Aufforderungscharakter des Objekts motiviert den Menschen zum Handeln, die Liebe weckt Gegenliebe, das Finden und Annehmen des Sinn-Anspruchs weckt den Impuls, zu geben und Sinn zu erschaffen durch Aktivität im Sinne von *Frankls* »schöpferischen Werten«. Die Möglichkeit des Augenblicks, der Hier-und-Jetzt-Situation erzeugt den Impuls, aufgrund meiner personalen Einzigartigkeit meinen spezifischen Sinn zu verwirklichen – ohne ihn zu erfinden, da er sich ereignet in der Wechselwirkung der Anmutung durch die Welt und der Verantwortung ihr ge-

genüber: Darin begegnen sich schließlich die Existenzanalyse und eine mystische Seinsweise. In der Initiatischen
Therapie Graf *Dürckheims* heißt dies: »der Alltag als
Übung«. Zwar sind die Begriffe jeweils anders gewählt,
doch ist wohl dasselbe gemeint: eine meditative Haltung
gegenüber der »Forderung der Stunde«, in welcher Sinngebung und Sinnfindung ineinander übergehen und in
eine Spontaneität des Handelns münden, die jenseits eines
martialischen »Willens zum Sinn« und des Ausdrucks einer
bewußten Wahl ist und die im »unbewußten Geistigen«, in
einem »unbewußten Gott« gründet.

Aus dieser Grundannahme der Logotherapie, der Verantwortung des Menschen gegenüber dem Sinnanspruch
der konkreten Situation, ergibt sich für die therapeutische
Praxis die Konsequenz der »Entdeckung und Aktivierung
des Positiven« im Verweisen auf die Sinnmöglichkeiten. Da
die Welt und das Leben Fragen an den Menschen stellen
und da es zum verantwortlichen Menschsein gehört, sich
durch das Leben in Frage stellen zu lassen und Antwort zu
geben, ist die Logotherapie nicht frei vom Appellativen,
vom moralischen Anspruch, der aber auch als überfor-
dernde Aufgabe und Pflicht erlebt werden kann. Dies ist
beispielsweise dann der Fall, wenn es einem schwer depres-
siven Menschen nicht gelingt, den Sinn im Sein aufzufin-
den und an einen »Übersinn« zu glauben.

Frankl bezieht sich in seiner Auffassung der menschlichen Freiheit und Verantwortung gegenüber Sinn und
Werten auf *Jaspers*, für den galt: »Was der Mensch ist, ist er
durch die Sache, die er zur seinen macht.« So gehört in der
Logotherapie das lebensnotwendige Ausgespanntsein zwischen Sein und Sollen, zwischen Freiheit und Verantwortung zum Wesensgrund menschlicher Existenz.

Formelhaft verkürzt ließen sich diese Thesen *Frankls* so
zusammenfassen:

1. Der Mensch *kann*, wenn er *will*. Er kann sich frei für
eine sinnvolle Antwort auf die Fragen, die das Leben an ihn
stellt, entscheiden und diese auch verwirklichen. Grundsätzlich *will* er auch, denn er hat einen immanenten »Wil-

len zum Sinn«, und darüber hinaus *soll* er, denn er muß sinnvoll handeln, wenn er nicht krank werden will.

2. Der Mensch *kann immer,* wenn er will. Er behält selbst in existentiellen Grenzsituationen immer noch einen Rest innerer Freiheit bei, mit der er sich innerlich zum Unveränderlichen einstellen kann. *Frankl* grenzt sich damit von der Psychoanalyse ab, für die nach seinem Verständnis gelten würde: Der Mensch *kann nur beschränkt,* da seine Entscheidungsfreiheit durch den Triebdeterminismus begrenzt ist, und ebenso distanziert sich *Frankl* von der Humanistischen Psychologie, für die, wenn wir sie aus seiner Sicht interpretieren, die Formel gelten würde: Der Mensch *kann und will* zwar, aber er *soll nur bedingt,* nämlich nur im Dienste seiner Selbstverwirklichung, d. h. mit einer weitgehenden Abgrenzung gegenüber den Forderungen der Umwelt.

Frankl geht davon aus, daß auch in scheinbar ausweglosen oder extrem eingeschränkten Lebensumständen, in existentiellen Grenzsituationen wie zum Beispiel in Auschwitz, nicht Ohnmacht und Verzweiflung das letzte Wort haben, sondern daß selbst dann noch ein Rest von Entscheidungsfreiheit, ein »survival value« in Form der aktiven Gestaltung von scheinbar unabwendbaren Umständen bestehen bleibt. Der Mensch ist nie ganz *frei von* (Bedingungen), aber allemal *frei zu* bzw. *frei für* (mögliche Änderungen). Damit ist er immer zu einer sinnvollen Antwort fähig, und sei es »nur« insofern, als er ein unabänderliches Schicksal annehmen kann und auf sich selbst als den einzigen ihm verbleibenden Wert zurückgeworfen ist. Logotherapie bezieht sich auf die menschliche Grundtatsache des Ausgeliefertseins an etwas, das uns übersteigt, ans Schicksal mit seinem Auf und Ab von Freud und Leid. Es geht ihr vor allem um die innere Einstellung des Menschen, seine »Einstellungswerte«, die ihn leiten angesichts der Einschränkung seines Handlungsspielraums durch ein unabwendbares Schicksal, durch Tod, Leiden oder Schuld. Diese »tragische Trias« kann jedoch auch und *gerade* Sinn ermöglichen, wenn wir ihr mit der richtigen inneren Haltung begegnen. Das Bewußtsein der Sterblichkeit kann uns dann zum sinnvollen Nutzen jeder Situation ermutigen. Die Einstellungswerte gehören zu den bedeutsamsten Möglichkeiten der Werterfassung und verschaffen damit Gelegenheit, auch im Dunkel der Verzweiflung Sinn aufleuchten zu lassen.

Menschliches Sein ist in der Logotherapie »fakultatives Sein«; statt dem »Nun-einmal-so-sein-Müssen« verfügt es über das »Anders-werden-Können«. Diese Überzeugung verweist auch auf den existenzphilosophischen Hintergrund *Heideggers,* für den Dasein ein »Sein zum Sein-Können« bedeutet, ein »Über-sich-hinaus« und »Auf-etwas-hin«. *Frankl* betont die aktive, zielgerichtete und zukunftsorientierte Daseinshaltung, die »Trotzmacht des Geistes« im Gegensatz zu einer mehr kontemplativen östlichen Haltung, die sich eher an der Maxime orientiert: »Der Weg ist das Ziel.« Vielleicht wird in dieser Auffassung seine typisch abendländische, jüdisch-christliche Einstellung einer unbeugsamen, aktiven Lebensbewältigung und sein Glaube an einen linearen Fortschritt deutlich.

Für *Frankl* sind grundsätzlich alle Lebensumstände Sinnmöglichkeiten, die in ihrer Gesamtheit zum »großen Lebenssinn« zusammenfließen. Dabei spricht aber jede Situation den Menschen persönlich an. Dieses »Ansprechende« führt in ihm zu einer Resonanz in Form der Faszination oder Erschütterung. Da Sinn somit die Antwort des Menschen auf den Sinnanspruch ist, auf die Möglichkeit der je konkreten Situation, die er aufgrund der Resonanz seines Sinnorgans wahrnimmt, geht es *Frankl* ausdrücklich um den Sinn *im* Leben und nicht um den generellen Sinn *des* Lebens, den er in den Kompetenzbereich der Theologie und Philosophie verweist. Dennoch führt die Unschärfe in seiner Begrifflichkeit dazu, daß letztlich Sinn und Werte auf diesen »Anfang, der Gott heißt«, zurückverwiesen werden und daß der konkrete, situative Lebenssinn gespeist wird aus jenem Ur-sinn, der das ganze Leben durchwaltet.

Grenzen der Logotherapie

Frankl kritisiert, daß das Motivationsverständnis bei *Freud* auf den »Willen zur Lust« und bei Adler auf den »Willen zur Macht« reduziert wird und der »Wille zum Sinn« dahinfällt, weil beide Theorien auf Beobachtungen an neurotischen statt gesunden Menschen gründeten. Im Gegensatz zur Psychoanalyse ist für *Frankl* das In-Frage-Stellen des Lebenssinns nicht Ausdruck einer Neurose, sondern des Menschseins schlechthin. Die Logotherapie grenzt sich auch deshalb ausdrücklich von der Psychoanalyse ab, da diese sich besonders dem psychischen Entwicklungsprozeß und seinen Störungen gewidmet hat. Die Logotherapie wirft ihr aufgrund der Triebtheorie Determinismus, aufgrund ihrer Beschränkung der Motivation auf das Lustprinzip Reduktionismus und wegen ihrer theoretischen Konstrukte Psychologismus vor.

Uns scheint aber andererseits die Kompetenz und Wirksamkeit der Logotherapie für neurotische Menschen ebenso fragwürdig. Besteht bei ihr nicht die Gefahr, ihre Einflußmöglichkeit zu überschätzen, wenn sie sich zutraut, den Fixierungen und »Restneurosen« auf früheren Entwicklungsstufen wirksam zu begegnen? Wohl kritisiert sie ihrerseits zu Recht bei den »noogenen« Neurosen, die auf einer ausschließlichen Sinnthematik basieren, die Unzulänglichkeit der analytischen Methode aufgrund ihres Reduktionismus und Psychologismus und fordert statt dessen einen rein phänomenologischen Zugang und eine Therapie, die die existentielle Not im unmittelbaren Zugang zum menschlichen Wesen angeht. Nach Ansicht von *Frankl* genügt offenbar bei den meisten Menschen eine richtung- und sinngebende Begleitung ohne das differenzierte analytische Aufarbeiten neurotischer Fehlentwicklungen und Verkümmerungen. Ein solches Vorgehen erscheint zwar angemessen bei Menschen, die ein genügendes Maß an Ichstärke und Freiheit von neurotischem Beiwerk schon erworben haben und unabhängig von persönlicher Verstrickung in biographische Traumata »nur« an einem »exi-

stentiellen Vakuum« leiden. Hier ist *Frankls* Devise »Sinnlehre gegen Sinnleere« angemessen und als einzige Maß-
nahme ausreichend. Doch sind dabei zum Beispiel Menschen mit narzißtischen Frühstörungen, mit Borderline-
Syndrom oder gar Psychose überfordert, bei denen es
zunächst darum geht, eine intakte Selbstorganisation auf-
zubauen. Diese PatientInnen sind – in existenzanalyti-
schen Begriffen ausgedrückt – noch gar nicht fähig zu
einer Sinnfindung in Form der Selbsttranszendenz und
Selbstdistanzierung, weil zuerst ein stabiles Selbst mit kon-
turierten Grenzen vorhanden sein muß, bevor in einem
zweiten Schritt eine Distanzierung von ihm möglich ist. Die
biblische Forderung »Liebe deinen Nächsten wie dich
selbst« setzt die Existenz eines Selbst voraus.

Mit dem Begriff der *Selbstdistanzierung* wird in der Logotherapie die spezifisch menschliche Fähigkeit bezeichnet,
aus sich heraus- und sich gegenüberzutreten. Die Grundlage für diese Fähigkeit bildet das menschliche Bewußtsein, das die geistige Dimension vom Leib-Seelischen und
von der umgebenden Welt durch eine Kluft, einen »*Hia-
tus*«, abgrenzt. Konkret bedeutet dies, daß wir nicht mit unseren Gefühlen, Trieben und Charakteranlagen identisch
sind, sondern uns auch frei gegen sie entscheiden können.
Auf diese Herausforderung an den personalen Sinnwillen,
der sich aus der Selbstdistanzierung ergibt, vermögen PatientInnen mit einem Selbst-Defizit aber gar nicht einzugehen. Zu einem freiwilligen Ja zur Welt und zur Selbsttranszendenz sind sie noch nicht fähig. Sie haben sich erst
einmal ihrer eigenen Grenzen zu versichern und ihrer
»Selbstfindung« zu widmen, bevor sie die Veränderungsmöglichkeiten der äußeren Gegebenheiten ausschöpfen
und die Grenzen ihrer Identität überschreiten können,
ohne daß die Nähe zu einem Du einer Todesbedrohung
und Ichauflösung gleichkommt. Konkret ausgedrückt
heißt dies: Wer beispielsweise Borderline-PatientInnen auf
den »Sinn-Anspruch« der aktuellen Hier-und-Jetzt-Situation hin anspricht, ohne vorher in langer und mühsamer
therapeutischer »Kleinarbeit« eine einigermaßen funktio-

nierende Selbstorganisation erreicht zu haben, wird bestenfalls verständnisloses Achselzucken, schlimmstenfalls aber aufgrund der Überforderung und mangelnden Empathie Verzweiflung, Panik und narzißtische Wut hervorrufen.

Es erscheint uns daher als ein Manko der Logotherapie, daß *Frankl* sich mit den biographischen Traumata nicht auseinandergesetzt hat und im kognitiven und rhetorisch zwar brillianten, aber oft suggestiven »Sinnverschreiben« steckengeblieben ist. Für die noogenen Neurosen ist logotherapeutische Beratung zweifellos eine sinnvolle Hilfe, im Terrain der »gemeinen Neurosen« hingegen bedarf sie einer Ergänzung und Erweiterung, wie sie von *Längle u. a.* mit der personalen Existenzanalyse und ihrer Konzeptualisierung des Personseins, der Einführung der Selbsterfahrung, dem Einbezug der Emotionalität und der eigenen »Störtendenzen« versucht wird.

Es ist grundsätzlich gefährlich, in narzißtischer Selbstüberschätzung die eigene Methode als omnipotent zu verkennen und über alle andern zu stellen. Besonders bei den unzureichend analysierten LogotherapeutInnen (*Frankl* ist ja erklärtermaßen gegen die Selbsterfahrung und versteht sie als »eine Verbiegung des essentiell Humanen«) wird dieses Problem deutlich und nicht zuletzt auch bei *Frankl* selbst, der offenbar in seiner eigenen Dialogfähigkeit hinter den theoretischen Anspruch seiner Logotherapie zurückfällt. Natürlich teilt die Logotherapie diese Gefahr, sich selbst als der Weisheit letzten Schluß zu betrachten, mit vielen andern, wahrscheinlich mit allen therapeutischen und auch religiösen Richtungen, wenn wir vielleicht den Buddhismus und die mystischen religiösen Strömungen davon ausnehmen. Auch von *Freud, Jung, Adler, Moreno, Perls* ließen sich Textstellen nachweisen, die eine gleichermaßen omnipotente Haltung dokumentieren *(Masson 1984)*. Insofern ist es für alle hilfreich, sich darauf zu besinnen, daß jede Methode ihre eigenen, spezifischen Grenzen hat und jede sozusagen »die olympische Fackel« nur eine beschränkte Wegstrecke weit tragen kann.

Eine gründliche Durchsicht logotherapeutischen Schrifttums zeigt, daß zwar der »kollektive Un-sinn«, die Sinnkrise der Gegenwart mit ihrem »existentiellen Vakuum« in Form von Langeweile und Gleichgültigkeit thematisiert wird, aber nirgends lesen wir vom Zweifel an der eigenen Zunft, von einer möglichen Sinnkrise der LogotherapeutInnen selbst. *Frankl* beschreibt zwar eindringlich die soziogene Neurose unserer Industriegesellschaft, die alle Bedürfnisse befriedigt, nur nicht das Sinnbedürfnis. Unter den ExistenzanalytikerInnen scheint aber ein Zweifel am Sinn nicht vorzukommen; vielleicht wäre das eine logotherapeutische Blasphemie. Einzig der Existenzanalytiker *Walter Winklhofer* aus München hat sich für das Thema mit seiner Arbeit: »Das Burn-out-Syndrom – eine unheilbare Krankheit unserer Zeit?« engagiert. Statt der üblichen Coping-Methoden gegen das Burnout-Syndrom und gegen diese in psychosozialen Arbeitsfeldern typische Befindensbeeinträchtigung hat er in Form der »personalen Beziehung und des Sich-existentiell-Einlassens« ein »wirksames spezifisches Antidot« angeboten *(Winklhofer 1993)*.

Nun wissen wir, daß Ausgebranntsein auch in anderen therapeutischen Schulen als Thema bislang nahezu tabuiert war und unter Kollegen kaum und vor der Öffentlichkeit schon gar nicht verhandelt wurde, zumal in einer Zeit, in der jede therapeutische Schule sich anschickt, »ihren« Sinn – heute bereits ein Modebegriff – auf dem Psychomarkt plakativ anzupreisen. Sinnsuche, ob beim »christusorientierten Bergsteigen« oder beim »Trommeln unter toskanischen Korkeichen«, ist »in«, und wer daran zweifelt, ist von gestern. So wird denn auch in der Existenzanalyse bei ihrem oft missionarisch anmutenden Impetus der Zweifel an ihrem eigenen Sinn und Tun bisher wohl kaum möglich sein. Vielmehr wurde ihr zum Beispiel von *Günther Anders* in sarkastischer Weise angekreidet, aus allem und jedem, nach dem Motto »wo ein Wille, da ist ein Sinn«, sozusagen aus der letzten Absurdität noch einen Sinn herauspressen zu wollen.

Wenn dies auch eine Karikatur der Logotherapie sein

mag, erscheint die vorschnelle Sinnverschreibung dennoch als eine Gefahr nicht nur für die KlientInnen, sondern auch für die TherapeutInnen, die sich kaum je ein Gefühl der Sinn- oder Hilflosigkeit leisten dürfen und sich damit leicht überfordern mögen. Statt dessen wird es für die Psychohygiene der Helfenden günstiger sein, wenn sie sich auch einmal ihre Zweifel an der Zunft und am Sinn ihres Tuns eingestehen dürfen und mit den KlientInnen angesichts eines unabänderlichen Schicksals ihre Trauer teilen, statt gleich nach einem Sinn zu haschen. Ebenso wichtig wie die Sinnsuche mag dabei das authentische Bewußtsein der eigenen Befindlichkeit, vielleicht gar der therapeutischen Ohnmacht sein. Neben einem vorschnellen therapeutischen Optimismus im Geiste der gegenwärtigen Esoterik-Szene könnte sich dann Freuds Eingeständnis: ». . . denn helfen können wir ja nicht«, erfrischend redlich und realistisch ausnehmen und entlasten und vielleicht sogar eher vor einer Burnout-Erfahrung schützen als ein fragloser Glaube an den Sinn einer unanfechtbaren Psychotherapie. Der unerschütterliche Franklsche Sinnglaube kann daher überichhaft wie ein Denk- und Wahrnehmungsverbot wirken und jeden Zweifel am eigenen therapeutischen Tun ausgrenzen, verleugnen und durch einen fundamentalistischen Sinnbezug kompensieren.

Wenn wir nun versuchen, das Franklsche Sinnkonzept den einzelnen Sinnaspekten, wie wir sie verstehen, zuzuordnen, sehen wir im Wahrnehmen des »Sinnanspruchs«, im Aufforderungscharakter der konkreten äußeren Situation eine Entsprechung zur *Sinnfindung*. Aufgrund seiner existentiellen Entscheidungsfreiheit hat der Mensch die Wahl, darauf konstruktiv zu reagieren oder sich gegenüber diesem Anspruch zu verweigern, doch wird er durch den »Willen zum Sinn«, durch sein immanentes »Sinnorgan«, das Gewissen, zu einer Entscheidung gedrängt. Indem er durch die »Erlebniswerte« der ihn umgebenden Welt »angemutet« wird, fühlt er sich zu verantwortlichem Handeln herausgefordert und veranlaßt, entsprechend der »schöpferischen Werte« sein Leben sinnvoll zu gestalten. Indem daher primär nicht der Mensch nach Sinn fragt, sondern das Leben an ihn Fragen stellt, da der Sinn nach *Frankl* nicht er-funden, sondern ge-funden werden muß, wird in der Logotherapie die Sinnfindung betont. Gleichzeitig ist der Mensch aber auch für Frankl zur aktiv handelnden *Sinngebung* herausgefordert, zur Selbsttranszendenz auf die Welt und die Menschen hin. Diese ethische Verpflichtung gegenüber der Umwelt deckt sich mit dem »*Gesamtsinn*«, dem ganzheitlichen Wert einer umfassenden Vernetzung im Sinne des neuen Bewußtseins. Doch steht für *Frankl* der »*Teilsinn*« des verantwortlichen Handelns, die Antwort auf die »Forderung der Stunde«, der Sinn *im* Leben gegenüber dem Sinn *des* Lebens im Vordergrund. Er ist zwar von der Existenz einer sinnvollen Ordnung, die der Welt zugrunde liegt, vom Glauben an einen »Übersinn«, den er mit Gott gleichsetzt, durchdrungen. Die »Verantwortung *vor*« diesem letzten Sinn gehört bei ihm aber in die Domäne der Religion und Seelsorge, während für die »Verantwortung *für*« die konkrete Lebenssituation die Logotherapie zuständig ist. Sie setzt sich zum Ziel, die Aufmerksamkeit auf den Sinnanspruch der je konkreten Lebenssituation hinzulenken und damit die Sinnfindung anzuregen, aber gleichzeitig auch – oft recht direktiv – zur aktiven Sinngebung hinzuführen.

Ein besonderer Akzent der Logotherapie, der in der persönlichen Erfahrung Frankls in Auschwitz gründet, betrifft nun aber die Situation, wo der äußere Sinnanspruch nicht erfüllbar scheint. Wenn aufgrund einer unabänderlichen Schicksalskonstellation unser Wille und Sinnerfassen auf eine existentielle Grenze stößt, wenn Sinngebung ebenso wie Sinnfindung zunächst absolut unmöglich erscheint, ist der Mensch in einer ganz besonderen Weise herausgefordert, damit dennoch sinnvoll umzugehen. *Frankl* ist aufgrund eigener Erfahrung überzeugt, daß dann die innere Haltung, die »Einstellungswerte« aufgrund der »Trotzmacht des Geistes« dennoch »ein Ja zum Leben« möglich machen, indem die Situation angenommen wird und die Vorstellung eines sinnvollen Ziels in der Zukunft zum »sur-

vival value« werden kann. Ein Mensch oder eine Sache, die
von uns auch jetzt noch etwas erwartet, kann uns dann zum
Überleben verhelfen. Die Erfahrung völliger Ohnmacht
und scheinbarer Sinnlosigkeit kann sich dann durch einen
inneren »Sinneswandel« in eine Sinnerfahrung transfor-
mieren, indem Sinnfindung im Annehmen des unausweichlichen Schicksals dennoch möglich wird und Sinngebung in der Vorstellung eines utopischen Ziels in der
Zukunft, im »Leben auf etwas hin«, vorweggenommen
wird.

Wir haben darauf hingewiesen, daß eine solche innere
Haltungsänderung eine genügende Ichstärke voraussetzt,
über die Frankl offensichtlich verfügte, die aber bei unseren KlientInnen oft noch nicht gegeben ist und eine vorgängige Aufarbeitung durch andere therapeutische Methoden erfordert. Die Neufassung der Existenzanalyse
durch *Längle u. a.* bemüht sich, diesem Gesichtspunkt
mehr Rechnung zu tragen.

Sinn-Glaube oder Sinn-Gespür?
Zur Differenzierung von ontologischem
und existentiellem Sinn in der Logotherapie

Diese Fragestellung *Längles* in der Jubiläumsausgabe des
Bulletins der Gesellschaft für Logotherapie und Existenzanalyse *(Längle 1994)* leitet eine Auseinandersetzung ein,
die an Frankls alttestamentarischer Gesetzesstrenge und
seiner unzureichenden Berücksichtigung der Emotionalität des Menschen Kritik übt, vor allem aber zwischen einem
existentiellen und ontologischen Sinn unterscheidet. *Längle* sucht einen Zugang zum Sinn, der »keinen Gott mehr
braucht und der keine Religiösität . . . impliziert«. *Frankl*
selbst hat diese begriffliche Unterscheidung nicht vorge-
nommen. Er differenzierte zwischen dem absoluten, uni-
versalen, letzten Sinn, dem »Sinn des Ganzen« und dem
»Situationssinn« anderseits. *Längle* stellt in seinem existentiellen Sinnverständnis Gott aber nicht wie Frankl an den

Anfang und entlastet damit von dem »Unterwerfungsanspruch unter die apriorische, absolute Sinnhaftigkeit alles Erlebten und Erlittenen«. In Längles psychologischer Verankerung des Sinnbegriffs, der sich mehr an der unmittelbaren konkreten Lebenssituation und ihren Veränderungsmöglichkeiten orientiert, schwingt die Kritik an der »subkutanen Missionierung durch die Logotherapie« mit.

In der gegenwärtigen Diskussion ist zwar auch Längles Position nicht unumstritten. Ihm wird eine Reduktion der Sinnfrage und der »Rückfall in einen relativistischen Subjektivismus« vorgeworfen, ein »Aufgeben der ontologischen Position«, ohne die auch Psychotherapie nicht möglich ist. »Wir können den Menschen nur dann heilen, wenn wir ihn in Beziehung bringen zur ontologischen Ordnung, in der er steht«, meint der Philosoph *Peter Egger* in seiner Replik auf Längle *(1994)*. Er findet das Festhalten an einem letzten Sinn, an der ontologischen Dimension der Logotherapie unverzichtbar. »Letzter Sinn bedeutet also Einheit und Harmonie mit dem Sein, das uns trägt und umgibt.«

Die personale Existenzanalyse beschränkt sich dagegen auf den existentiellen Sinn, verstanden als Orientierung in »Richtung der Wertoptimierung« und der höchsten Entfaltungsmöglichkeiten der Person. Sie beschreibt mit der »Sinnerfassungsmethode« vier Stufen zur existentiellen Sinnfindung:
1. durch Wahrnehmung
2. durch Erfassen der darin enthaltenen Werte
3. durch Wählen und Entscheiden
4. durch wirkendes Ausführen *(Längle 1991)*.

Der Mensch ist »Handlungszentrum«, Schöpfer und Veränderer der Welt. Dieser Haltung entspricht die *existentielle Sinnfrage:* »Was tue ich als schöpferische, freie, eigenverantwortliche Person?« Dabei besteht keine Abhängigkeit mehr von außerhalb, auch nicht von einem Schöpfergott. Der entsprechende Schritt der Sinnerfassung bedeutet, aus den Gegebenheiten einer Situation Handlungsmöglichkeiten abzuleiten, sich dann für die als richtig erkannte Möglichkeit zu entscheiden und diese in die Tat umzusetzen. Dies heißt konkret, sich engagieren, Handlungsstrategien entwickeln, neue Verhaltensweisen ausprobieren und üben und dabei evtl. erleichternde Zwischenschritte einbauen. Hier kommt also die aktiv gestaltende Teilnahme an der Welt und die Auseinandersetzung mit ihr ins Spiel. Mit diesem Schritt geht die Logotherapie über die bloße Existenzanalyse im Sinne von *Ludwig Binswanger* hinaus; zur »*Seins*erhellung« kommt die »*Sinn*erhellung« hinzu. In der Therapie soll der Appell an den »Willen zum Sinn« zu einer Stellungnahme und Entscheidung und dann zur Verwirklichung der gewählten Möglichkeit verhelfen. Die therapeutische Suchhaltung geschieht in der teilhabenden Nähe des Therapeuten zum Patienten und ist charakterisiert durch Fragen wie: »Was benötigt der Patient von mir als Therapeut? Was fehlt(e) ihm, das er vom Leben erhalten sollte? Was benötigt die Welt, in der er lebt, von ihm? (*Längle 1988*).

Gemäß der Orientierung am Konkreten wird methodisch vor allem die Person durch Fragen zur Emotionalität und zum subjektiven Eindruck angesprochen, zum Beispiel: »Wie ist das für Sie? Was empfinden Sie dabei? Wie wirkt das auf Sie?« Daneben gibt es ein »Fragensortiment«, das zu einer inneren Stellungnahme provoziert und darauf abzielt, die Wertzusammenhänge besser zu verstehen. Die Grundfrage lautet: »Was halten Sie davon? Was ist in Ihren Augen das Beste und Richtige?« Da auch für die personale Existenzanalyse die Selbsttranszendenz bedeutsam ist und zum sinnvollen Existenzvollzug der »Wille zur Tat« gehört, wird die »Motivationsebene Lebenssinn« mit der Grundfrage »Was wollen Sie tun? Was werden Sie jetzt unternehmen?« angesprochen.

Mit diesem »Fragensortiment« der personalen Existenzanalyse wird versucht, den Menschen sich selbst besser verständlich und einen erlebens- und handlungsorientierten Sinn erfahrbar zu machen.

5. Selbstverwirklichung als Erlösung
Der Sinnbegriff der Humanistischen Psychologie

Ein guter Mensch in seinem dunklen Drange
ist sich des rechten Weges stets bewußt.

Johann Wolfgang von Goethe (Faust)

Die Humanistische Psychologie hat sich in den 60er Jahren in den USA als »dritte Kraft« von der Psychoanalyse und der Verhaltenstherapie abgegrenzt. Statt der Determiniertheit der Freudschen Schule durch das Triebkonzept und der Festlegung des Behaviourismus durch äußere Reize im Rahmen des Reiz-Reaktions-Schemas gründet die Humanistische Psychologie (abgekürzt HP) ihre Theorie und ihr Wertsystem auf die Annahme einer autonomen Tendenz des menschlichen Organismus, zu wachsen und sich selbst zu entfalten. *Goldstein,* einer der Begründer dieser therapeutischen Richtung, prägte dafür den Begriff der »Selbstverwirklichung«. Während in der Psychoanalyse der Motor des Verhaltens und der Entwicklung die Triebe sind, die im Sinne von »Mangelbedürfnissen«, d. h. als eine »Defizitmotivation«, zwanghaft nach Erfüllung und Spannungsausgleich drängen, leitet in der HP eine positive Motivation und freie Zielsetzung den Menschen zu den »höheren« Werten von Einheit, Ganzheit und Gesundheit. Dabei erlischt der Drang nicht nach dem Erreichen des Ziels in Form eines orgasmischen Höhepunkts wie bei der Triebbefriedigung, sondern strebt nach einem zwar nie ganz erreichten, aber dennoch dauernd erfüllenden und beglückenden Ziel. »Mit der Annahme und Beschreibung dieser triebüberlegenen ›Wachstumsmotivationen‹ ist innerhalb der verschiedenen Persönlichkeitstheorien ohne Zweifel die zuverlässigste theoretische Grundlage für ein Verständnis jener Sinnsuche und Sinnerfahrungen gelegt, die nach dem Ausweis zahlreicher Selbstzeugnisse und Beobachtungen wesentlich zur reifen und gesunden Persönlichkeit gehören« *(Grom/Schmidt 1975).*

Das Weltbild der HP basiert auf einem holistischen Konzept im Gegensatz zu einer mechanistischen Orientierung, die sich an das Kausalitätsprinzip klammert und die Spaltung zwischen Geist und Körper betont.

Die Tendenz zu Wachstum und Selbstverwirklichung wird von *Maslow,* dem Theoretiker der HP, aus Beobachtungen der Biologie abgeleitet und begründet, was für ihn die Hoffnung auf eine objektive, »wissenschaftliche Ethik« und die Beantwortung der Frage bedeutet, »was der gute Mensch ist«. *Maslow* geht in seinen Überlegungen von der Beobachtung aus, daß bei Hühnern eine angeborene Fähigkeit besteht, aufgrund der »Weisheit des Körpers« die für sie zuträglichste Nahrung zu wählen. Dabei ist diese Fähigkeit aber verschieden stark ausgeprägt, d. h., es gibt »gute« und »schlechte« Wähler«. Die guten Wähler zeichnen sich dadurch aus, daß sie stärker, größer und gesünder werden. Wenn nun die von den guten Wählern gewählte Nahrung den schlechten Wählern verabreicht wurde, gediehen diese ebenfalls besser als mit der Nahrung, die sie (als schlechte Wähler) selbst wählten. Daraus zog Maslow den Analogieschluß, daß ebenso bei den Menschen das Werturteil der Gesunden auch für die Neurotiker, d. h. gleicherweise für Gesunde und Kranke und damit für die ganze menschliche Rasse Geltung habe. Aufgrund der Werte und Bedürfnisse der Gesunden sind daher nach Maslow allgemeingültige menschliche Werte und »Grundbedürfnisse« ableitbar. Der Gesunde hat die Charakteristika des »gut entwickelten, voll funktionierenden Menschen«, entsprechend dem prächtigsten Schmetterlingsexemplar, dem »reifsten, am wenigsten verstümmelten und typischsten in allen Eigenschaften, die die Gattung definieren«, analog dem »wirklich tigerhaften

Tiger« *(Maslow 1981).* Der gesunde, reife, selbstverwirklichte Mensch wählt entsprechend diesem »Hühnerexperiment« das, was für ihn und damit auch für alle andern »gut« ist, die sogenannten »höheren«, »ewigen« Werte, und er tut daher in spontaner, freier Entscheidung das Richtige. Es sind die Werte, welche die Menschen erstreben, wenn sie sich vervollkommnen, und die sie verlieren, wenn sie erkranken. Dies bedeutet, daß der Mensch und seine tiefsten Bedürfnisse wesenhaft gut sind und daß er im Sinne einer spontanen Wachstumsmotivation nach »höheren« Werten strebt, die »weitgehend identisch mit denen der Religionen« sind: Es ist der Drang nach voller Entfaltung, Ganzheit und Einheit, Autonomie, Kreativität, spontaner Expressivität, Lebendigkeit, Wahrnehmung der Realität, Selbsttranszendenz und Liebesfähigkeit.

Neben diesen höheren gibt es aber auch die niederen, »regressiven« Bedürfnisse und Werte. D. h., die Bedürfnisse sind hierarchisch in Form der Maslowschen »Bedürfnis-Pyramide« geordnet, wobei die »niederen« die Basis und Voraussetzung für die höheren Strebungen bilden und beide Kategorien in einer dialektischen Wechselbeziehung stehen. Die niederen Bedürfnisse sind auch bei den Gesunden anzutreffen, wenn auch in beschränkterem Umfang. Beispiele für regressive Tendenzen und Werte sind Abhängigkeit, Sicherheit, Rückzug aus der Realität in die Phantasie, das »Zurückfallen von Shakespeare auf den Krimi« *(Maslow 1981).*

Außer der Kernthese der HP, daß der Mensch von Natur aus gut und vollkommen ist, besteht ihre zweite Grundannahme in der Tendenz zur »Selbstregulation des Organismus« im Sinne eines homöostatischen »Fließgleichgewichts mit dem Umwelt-Feld« *(Nogala 1987).* Mit diesem Vertrauen in das Potential der Selbstregulierung weist sich die HP als Teil eines Paradigmawechsels aus, wie wir ihn in diesem Buch verschiedentlich mit den Begriffen von »ganzheitlich-ökologisch-organismisch« zu beschreiben versuchen. Daraus folgt eine andere Einstellung zu sich selbst und eine von Sorge und Liebe getragene Haltung zur Umwelt.

In der Gestalttherapie gilt, daß der Mensch den Werten der Eigenverantwortlichkeit und Freiheit verpflichtet ist. Dem entspricht die gestalttherapeutische Aufforderung im therapeutischen Prozeß: »Do your own thing!« oder die gängige Intervention »ich-kann-nicht« muß ersetzt werden durch »ich-will-nicht«, d. h., ich leiste Widerstand und hindere mich selbst am Wachstum. Die philosophische Basis dieser Freiheit ist der Existentialismus, der im Gegensatz zum Determinismus der Psychoanalyse und der Verhaltenstherapie steht.

Bei den Konflikten, die sich notwendigerweise zwischen Organismus und Umwelt ergeben, sind nach Ansicht der HP die Gefühle das optimale Entscheidungskriterium. D. h., die organismische Selbstregulation erfolgt spontan, wenn die Gefühle im Mittelpunkt stehen und das Klima von wohlwollendem Interesse bestimmt ist. Diesem Postulat entsprechen die Werte der Gefühlswärme (bzw. Empathie), der Echtheit und Akzeptanz, die auch als die »drei Basisvariablen der Gesprächstherapie« bezeichnet und als Grundhaltung von den TherapeutInnen gefordert werden. Akzeptanz bedeutet dabei, die KlientIn als wertvolles Individuum im Sinne eines selbstverantwortlichen Subjekts zu respektieren und so anzunehmen, wie es ist. Der hohen Wertschätzung der Gefühle entspricht anderseits die Abwertung des rationalen Reflektierens, das als »mindfucking« *(Perls)* verpönt ist *(Nogala 1987).* Eine Maxime von *Fritz Perls,* dem Begründer der Gestalttherapie, lautete daher: »Loose your mind and get to your senses« (verliere deinen Verstand und komm zu deinen Empfindungen).

Zentral wichtig ist die »Wie-Frage« statt der »Warum-Frage«; anstelle der Ursachen in der Vergangenheit interessiert das aktuelle Geschehen im Hier und Jetzt. Plakativ ließe sich formulieren, daß die Werte der Psychoanalyse »Unbewußtes, Sex und Vergangenheit« in der HP ersetzt werden durch die Werte »Bewußtsein, Hunger und Gegenwart«. Da die Gefühle im Körper verankert sind, ist »der

Körper der Verbündete des Therapeuten«, indem er unabhängig von der Verbalisation die »wahren« Gedanken und Gefühle enthüllt. Diese idealisierende Vorstellung vom »unberührten Naturzustand des Körpers« und die »Leugnung der sozialen Überformung der subjektiven Regungen« in Form der »zweiten Natur des Menschen« ist von *Nogala* scharf kritisiert worden. Er ist der Auffassung, daß sich die HP mit der ablehnenden Haltung gegenüber einer kritischen Reflexion leichtfertig über soziologische Einsichten hinwegsetze und das »existentielle Dilemma« bzw. die »Zerrissenheit und Konflikthaftigkeit zwischen Individuum und Sozietät« leugne: eine gefährliche, unpolitische Haltung, die soziale Herrschafts- und Kontrollstrukturen nicht hinterfrage *(Nogala 1987)*. Die Gestalttherapie versteht sich selbst aber als politisch relevant, da es ihr um die Wiederherstellung der Autonomie des Individuums geht, um eine Neubewertung der Aggression und eine positive, wachstumsfördernde Auseinandersetzung mit der Umwelt *(Krisch 1992)*.

Die beiden klassischen Hauptrichtungen der HP, die Gestalttherapie von *Fritz Perls* und die Gesprächstherapie von *Carl Rogers,* weichen in ihrer Akzentsetzung etwas voneinander ab. Charakteristisch für die Gestalttherapie ist außer der Betonung der Gefühle im Gegensatz zur rationalen Begrifflichkeit der Wert der Aufmerksamkeit *(awareness)* im »Hier und Jetzt« bzw. die »Augenblickswirklichkeit«, die auf der »Übung der reinen Achtsamkeit des Zen« sowie auf der Phänomenologie und dem Konstruktivismus basiert, in dessen Verständnis die Erinnerung an die Vergangenheit und die Antizipation der Zukunft auf bloßen Vorstellungskonstrukten beruhen. Der ganzheitliche Gehalt der Aufmerksamkeit für die Wahrnehmung der inneren und äußeren Realität bildet einen wichtigen korrigierenden Akzent der einseitigen Wertschätzung des Subjekts. Die Offenheit für die unmittelbare Erfahrung einer »*sinnen*haften« Körperlichkeit kann auch eine Grundlage für die »*sinn*-hafte« Dimension des Erlebens bilden. Diese Einstellung ist auch als »hedonistisch« im Sinne des »pflücke die Rose, eh' sie verblüht« bezeichnet worden, womit gleichzeitig ein Bezug zur Sterblichkeit angedeutet ist *(Naranjo 1984)*.

Auch die Gesprächstherapie (abgekürzt GT) bezieht sich auf die Veränderungsbereitschaft des Menschen; sie will Autonomie fördern, aus der Selbstentfremdung herausführen und die schöpferischen Kräfte des einzelnen entwickeln, damit Sinnerfahrungen möglich werden. Zentraler Wert ist die »Aktualisierungstendenz«, die Möglichkeit der Selbstverwirklichung, die Chance, »das Selbst zu sein, das man in Wahrheit ist« *(Rogers 1973)*. Das Suchen nach der eigenen Bestimmung, nach dem ganz individuellen Lebensmuster ist der Lebenssinn. Diese Auffassung berührt sich mit dem jungianischen Konzept der Individuation, das auch auf den Entelechie-Gedanken von Aristoteles zurückgeht und der Lebensphilosophie des Vitalismus nahesteht.

Alles, was diese Lebenskraft hindert, alles, was das Wachstum und die volle Entfaltung stört, ist krankmachend. Neurose ist in diesem Verständnis eine Form der Verschlossenheit, ein Verlust der Veränderungsbereitschaft, eine Selbstentzweiung und Einschränkung der personalen Freiheit *(Finke 1992)*. Stagnation, Erstarrung, Verfestigung, Einseitigkeit und Rigidität werden hier als das Wesen des Neurotischen aufgefaßt, das Sinnerfüllung verhindert. Nur in der Offenheit für die eigenen inneren Erfahrungen, in der Verantwortlichkeit für sich selbst und andere ist Sinn erlebbar.

Ein spezifischer Aspekt der Gesprächstherapie ist neben den bereits erwähnten »drei Basisvariablen« die Betonung der Entscheidungsfreiheit des Menschen als selbstverantwortliches Subjekt, was zur therapeutischen Grundhaltung führt, die KlientInnen »ihr Wahrnehmungsfeld selbst erforschen zu lassen« *(Gilles 1987)*. Dies impliziert ein »nichtdirektives Vorgehen« im Gegensatz zum häufigeren aktiven Eingreifen in der Gestalttherapie, wie dies besonders im oft rüden »Westküstenstil« praktiziert wurde.

Die Gesprächstherapie hat ihren Namen von der besonderen Bedeutung, die sie der Sprache zumißt. Sie leistet über die Sprache einen Beitrag zur Identitätsbildung des modernen Menschen, denn die therapeutische Funktion der Sprache beruht auf der »Herstellung biographischer Kohärenz«; das heißt, Sprache schafft Sinnbezüge. Erfahrungen zu versprachlichen und mitzuteilen hilft, das individuelle Sinnmuster des eigenen Lebens besser zu begreifen. Hier hat auch die Kritik der GT gegenüber eingesetzt, daß es ihr nur darum ginge, die persönliche Bedeutsamkeit zu fördern und alle Werte innerpsychisch zu verorten. Der Verweis auf das subjektive Gefühl als Wegweiser für die Realisierung von Werten, der ständige Rekurs auf das eigene Innere als letztlich verläßliche Realität sei verantwortungslos und bewirke einen »Rückgang der öffentlich-politischen Kultur« *(Gilles 1987)*.

So hat nach Ansicht von *Gilles* die Zentrierung auf das Subjekt paradoxerweise den Effekt der Anpassung an die gängigen sozialen Normen und Zwänge, indem das Interesse an den sozialen Bedingungen erlahme. Im Gegensatz zum früheren Beichtgespräch, in dem der Seelsorger für »Binden und Lösen« zuständig war, findet heute eine Entbindung von der moralischen Verantwortung durch den Therapeuten statt, auch deshalb, weil die Werte nur noch individuelle Gültigkeit haben. Auch dieser Werterelativismus ist leider äußerst zeitgemäß. »Nur selten sehen diese neuen Propheten den Widerspruch zwischen der proklamierten emanzipatorischen, geradezu subversiven Kraft ihrer Arbeit (›Selbstbestimmung‹, ›Befreites Leben‹, ›Selbstfindung‹ . . .) und der objektiven Machtlosigkeit ihrer gesellschaftlichen Stellung« *(Gilles 1987)*.

Scharfe Kritik übt *Gilles* am Beziehungs-Modus der GT als »im Grunde unmöglich« bzw. entfremdet. Da der Therapeut als wertende und reagierende Person fehlt, kann kein Dialog, weder eine Konfrontation noch ein Konsens zustande kommen, womit die angestrebte Kommunikation und Empathie ins Gegenteil verkehrt wird. Auch kann das Nicht-Werten des Therapeuten als arrogante, gottähnliche Überlegenheitspose erlebt werden. Die Entfremdung der modernen Lebensvollzüge wird damit verstärkt.

Trotz der Wirkung der GT im Sinne der Anpassung an die sozialen Normen schätzt Gilles die Zukunft der GT pessimistisch ein, da heute die Menschen weniger an unreflektierter sozialer Anpassung als an der Suche gültiger Werte interessiert sind, an »*kollektiven* Mustern der Lebensdeutung als orientierende Folie für die Lebenserzählung des Klienten« (*Gilles 1987*).

In der HP wird die »grenzenlose« Ausgeliefertheit des Menschen an seine Umgebung, an seine angeborene biologische Grundlage und seine Bedingtheit durch die Sozialisation radikal in Frage gestellt. Bezogen auf den dialektischen Wachstumsprozeß zwischen Abgrenzung und Entgrenzung liegt hier die Betonung ausdrücklich auf der Abgrenzung von der Eingebundenheit in seine sozialen Bezüge und Bedingungen. Die humanistischen Ideale sind anderseits gekennzeichnet durch einen Ganzheitsanspruch, d. h. eine Unbegrenztheit ihrer Gültigkeit und ein unbeschränktes und umfassendes Menschenbild, das außer der Ratio auch besonders die Gefühlsseite, den Körper und die spirituelle Dimension einbezieht.

Hier setzt die Kritik an der Einseitigkeit des Ganzheitsbegriffs der HP sowie der Ausschließlichkeit der autonomen Möglichkeiten des Menschen ein (*Engelen 1991*).

Kritik des humanistischen Ganzheitsideals

Engelens polemische und oft sarkastische Kritik bezieht sich auf die Einseitigkeit der humanistischen Ganzheitsidee. Er sieht die Überdehnung der Ganzheit und die uferlose Entgrenzung auch als Ausdruck einer allgemeinen Tendenz der Gegenwart. Dabei ist für ihn aber besonders in der Psychoszene »die Demarkationslinie zwischen Therapie, Freizeit und Bildung längst gefallen«, und hier ist es wiederum vor allem die HP, die »als Schule des Gefühls einem nach Reizintensivierung gierenden Publikum gleichsam eine

Palette von Gefühlsbereitstellern offeriert«. Nach Gottes Tod »ist *Dionysos* der kommende Gott, der Rauschzustand, das Erleben des ungebrochenen Lebens in der Entgrenzung des Individuums«. Die kreative Doppelnatur von Dionysos als dem Repräsentanten der Destruktion, die sich in die überschäumende dionysische Lebenslust wandelt, wird hier nicht beachtet, sondern lediglich der andere Aspekt der rauschhaften Auflösung und Entgrenzung.

Der Ganzheitsbegriff der HP, die »Selbstverwirklichung«, wird bei ihm zur Zielscheibe erbarmungsloser Kritik. Die weitgespannte Bedeutung dieses zur Mode gewordenen »Epochebegriffs«, der in der HP als die »personale Ganzheit« die biologisch-somatische, emotionale, kognitive, soziale und religiös-philosophische Dimension der Sinn- und Wertorientierung umfaßt, wird von *Engelen* nicht als eine glückliche Schöpfung betrachtet, sondern als Ausdruck dürftiger theoretischer und philosophischer Fundierung. Auch die »Nähe zur Phänomenologie« und die Betonung der Wahrnehmung jenseits rationaler Begrifflichkeit wird nicht wie bei *Lesmeister (vgl. Lesmeisters Kritik des Ganzheitsbegriffs 1992)* als erstrebenswertes Ziel gesehen, das im Grunde jede Therapieform anstrebt, sondern als Ausdruck einer verschwommenen Weltsicht im Sinne der holistischen Auffassung des *New Age*. Die Erklärung der Mensch-Umwelt-Beziehung im Rahmen der Gestaltpsychologie wird als simplifiziert und ihr Ordnungsprinzip der »guten Gestalt« als einseitig optimistisch bezeichnet.

Die Einschätzung der menschlichen Natur als prinzipiell gut, als Ausdruck einer ethischen Grundhaltung, die als »Weisheit des Körpers« im menschlichen Organismus verankert ist, findet bei *Engelen* ebenfalls keinen Beifall. Hier trifft er sich mit *Lesmeister,* der die gottähnliche Qualität des Selbstkonzepts unter Ausgrenzung der menschlichen Destruktivität ebenso ablehnt. Er ist ähnlich wie *Lesmeister* der Meinung, daß das Ganzheitskonzept als »Meganorm« ein untaugliches, illusionäres Therapieziel bedeutet. Es handelt sich dabei für *Engelen* um das »weiteste aller Wertkonzepte, das Konzept ›Sein‹«, wie Fromm es nannte. Was jedoch für *Fromm* eine Qualität im Sinne einer undogmatischen Offenheit bedeutet, ist für *Engelen* negativ und der Ausdruck eines verschwommenen, zu wenig definierten Wertsystems.

Der Hauptvorwurf *Engelens* gegenüber der HP und ihrem Ganzheitsbegriff betrifft aber die mangelnde Berücksichtigung der sozialen Bedingtheit und Verantwortung des Menschen. Insofern könne hier gar nicht von einer echten Ganzheit gesprochen werden, da ein bedeutsamer Teil des menschlichen Wesens, nämlich seine gesellschaftliche Eingebundenheit, völlig ausgeklammert bleibe. Statt sozialer Verantwortung gebe es nur Verantwortung für sich selbst. Das Therapieziel sei eine Art »Gegensozialisation« und die humanistische Ethik eine darwinistische »Ethik der starken Natur . . . der Stärkere hat also Vorfahrt, nicht nur weil er stärker ist, sondern auch, weil er besser ist.«

Wir können jedoch der einseitigen, polemischen Kritik *Engelens* nicht zustimmen, weder in der Ablehnung der humanistischen Ganzheitsidee der Selbstverwirklichung noch als grundsätzliche Kritik am Ganzheitskonzept. Wir denken, daß die Ganzheit lediglich dann aufzugeben ist, wenn sie als dogmatischer Begriff verabsolutiert wird. Als »Leitfiktion« im Adlerschen Sinne und als archetypisches »Sinn«-Bild im Jungschen Verständnis ist sie hingegen ein mächtiger und realer Motor menschlichen Strebens. Sie muß aber dabei als inhaltlich nicht näher zu bestimmende Idee offenbleiben und darf nicht wie das christliche Gottesbild zum Dogma erstarren und den Aspekt des Dunklen und Destruktiven ausgrenzen.

Ganzheit ist wie der »Sinn« als Begriff nicht zu fassen, sondern nur in Mythen und Bildern anzudeuten, sonst fällt sie ihrem eigenen Schatten zum Opfer. Wie der Sinn ist sie außerdem paradox, Gesamtsinn und Teilsinn, Sinn und Unsinn in einem und muß so, wie es im Dionysos-Mythos der Fall ist, die Gegensätze des Konstruktiven und Destruktiven, Leben und Tod gleicherweise miteinander vereinen.

Gesamt- und Teilsinn, Sinn und Unsinn stehen in einer

dialektischen Wechselbeziehung. Nach *Adler* hat die Psychotherapie die Aufgabe, zu verhindern, daß wir das Endziel der Ganzheit und Vollkommenheit zu wörtlich nehmen. Die Therapie soll die Illusion beseitigen, daß Ganzheit als reales Ziel tatsächlich erreichbar ist. Sie muß aber sozusagen als *Fata Morgana* aufrechterhalten werden, damit wir auf der »Wüstenreise des Lebens« nicht die Hoffnung und den Antrieb zum Weiterkommen verlieren und so durch die Sehnsucht nach dem Ziel nicht im Fortschreiten erlahmen. Doch ist dabei gleichzeitig der Weg das Ziel, und es ist die Aufgabe der Therapie, uns das Bewußtsein dieses Sachverhaltes, das uns dauernd abhanden zu kommen droht, zu erhalten. Anderseits laufen wir Gefahr, angesichts des nie erreichbaren Ziels in lähmende Hoffnungslosigkeit und Resignation zu versinken. Dann werden uns die Ideologen zwar gerne von der Realisierbarkeit des Ziel und der götzenhaften Realität des Ganzheitssymbols überzeugen wollen. Dies ist die Haltung der religiösen Pharisäer und Fundamentalisten, die überzeugt sind, die Ganzheit der göttlichen Wahrheit gepachtet zu haben im Gegensatz zu den armen Heiden und Sündern, die in der Gottesferne zur Hölle fahren.

Der eigentliche Sinn und die Kunst des Lebens scheinen aber im Mittelfeld zwischen Sinn und Unsinn zu liegen, zwischen »Ankommen« und »Unterwegssein«. Auch wenn wir wissen, daß wir nie *ganz* ankommen, dennoch nicht zu verzweifeln, sondern sich an den Teilschritten auf dem Weg zu erfreuen: Dies wäre eine Haltung, die weder die Ganzheit in Form der »idealen Superstruktur« und »Meganorm« zum Dogma erhebt noch sich mit dem »Ganzheitsschatten«, mit der Abwesenheit jeglicher Sinnhaftigkeit und der Destruktivität in Form des »Zombie« oder einer nihilistischen Position identifiziert. Sinn wäre statt dessen gegeben in der kreativen Spannung zwischen diesen beiden Extremen, in der dionysischen Wandlung des Destruktiven und Kranken, in der Einstellung, aus unserer Behinderung in der Art von *Chiron*, dem verwundeten Stammvater der Heilkundigen, »das Beste zu machen«, die

Asche des zerstörten Dionysos als Dünger für den Weinstock fruchtbar werden zu lassen und uns in dionysischer Weise des Lebens zu freuen, solange »noch das Lämpchen glüht«.

Im Gegensatz zum therapeutischen Pessimismus *Freuds* wird der HP von *Engelen* ein »grenzenloser« Optimismus vorgeworfen; ihr »guter Mensch« weist keinerlei destruktiven Schatten auf und leidet nicht unter einem »existentiellen Dilemma« und einer Gebrochenheit des Daseins im Sinne einer Diskrepanz zwischen Wollen und Können. Zwar sind in den »regressiven« menschlichen Tendenzen und Bedürfnissen der HP noch »minderwertige« Aspekte angedeutet, doch ist ihre unbeschränkte Überwindung grundsätzlich möglich. Das höchste Ziel der Selbstverwirklichung ist die spirituelle Grenzerfahrung, die von *Maslow* als »Gipfelerfahrung« *(peak experience)* bezeichnet wurde.

Für *Engelen* erweckt diese optimistische Einschätzung des menschlichen Potentials den Eindruck, daß hier aus dem Land der unbegrenzten Möglichkeiten« eine »Psychologie der unbegrenzten Möglichkeiten« angeboten werde. Es wird hier auf die Gefahr hingewiesen, von der Begrenztheit des psychoanalytischen und verhaltenstherapeutischen Menschenbildes ins andere Extrem eines naiven und illusionären Ganzheitsparadigmas zu verfallen, das die »höheren« Werte wie Liebesfähigkeit, Kreativität und Freiheit zu einer »Meganorm« *(Engelen)* verabsolutiert und sie damit als Dogma wiederum begrenzt und festschreibt.

Auch aus den eigenen Reihen der Gesprächspsychotherapeuten ist die optimistische Konzeption der GT als wenig realitätsgerecht kritisiert worden. In kulturhistorischen Diskussionen wird gern darauf hingewiesen, daß die GT den »amerikanischen Traum« symbolisiere, mit seiner Betonung des Individuums, der Selbstbestimmung in Freiheit und der Würde der eigenen Person. Was fehlt, ist ein dialektischer Bezug zwischen Individuum und Gesellschaft.

Die überwertige Abgrenzung der »Selbstverwirklicher« aus den sozialen Bezügen im Sinne einer narzißtischen

Selbstbespiegelung und Selbsterlösung wird als Rückzug aus der politischen Verantwortung auf einen subjektivistischen »Mikrokosmos« kritisiert. Auch kann eine überhöhte Einschätzung der Möglichkeiten autonomer Selbstbestimmung im Sinne der »Sinngebung« und der Maxime »Jeder ist seines Sinnes Schmied« *(Anders)* von psychisch Kranken als Überforderung erlebt werden, was der HP die Bezeichnung einer »Therapie für Gesunde« eingetragen hat.

Kristine Schneider fordert darum für unsere therapeutische Praxis eine realitätsgerechte, wirklichkeitsnahe Auffassung von möglichen Entwicklungen und vorhandenen Begrenzungen: »Im übrigen steigert es die Lebensnähe der Behandlung, wenn wir uns von der Idealkonzeption des entwicklungsmotivierten, leidensfähigen ›humanistischen Menschen‹ und dem ›ständig bereiten humanistischen Therapeuten‹ verabschieden« *(Schneider 1990).*

Die Stellungnahmen zur Humanistischen Psychologie reichen von heftigster, oft polemischer Kritik und sarkastischer Karikierung *(Engelen, Lasch, Zygowski)* bis zu uneingeschränkter Zustimmung, z. B. bei den Autoren *Grom* und *Schmidt,* die in ihr »die zuverlässigste theoretische Grundlage für ein Sinnverständnis« sehen.

Das große Verdienst der HP ist zweifellos ihr Bemühen um eine ganzheitliche Sicht des Menschen, die die Dimensionen des Gefühls, der Liebesfähigkeit, Kreativität, Körperlichkeit und Spiritualität in ihr Konzept einbezieht. Dieses Anliegen ist besonders in der »Integrativen Therapie« zu beobachten. Insofern hat sie einen ausgeprägten Bezug zum Aspekt des »*Gesamtsinns*«. Sie ist an einer umfassenden Integration der »*Teilsinne*« in Form der symbolischen Gestaltung psychischer Inhalte durch kreative Medien und körperorientierte Ausdrucksformen sowie an spirituellen Praktiken interessiert und bezieht heute *(Petzold)* auch den wichtigen Teilaspekt der sozialen Umwelt und engagierter Solidarität mit ein.

Eine gewisse Naivität der philosophischen Grundlagen ihrer Begründer (»die Welt ist schön und gut . . . ich bin schön und gut«) und eine teils mangelhafte theoretische Fundierung wird kompensiert durch die positive Seite einer großen Experimentierfreudigkeit und Offenheit jenseits ideologischer Fixierung und Dogmatik. Anderseits wird der HP vorgeworfen, den »populären Charme des Epochenbegriffs der Selbstverwirklichung« *(Chr. Lasch)* zu überdehnen und diesen für sie zentralen Ganzheitsbegriff zu überhöhen *(Lasch 1980)*. Tatsächlich besteht die Gefahr, aufgrund der überragenden Bedeutung, die der Subjektivierung des einzelnen zugemessen wird, die Forderungen der gesellschaftlichen Realität zu übersehen und die soziale Verantwortung auf den *Teilsinn* eines subjektivistischen »leidfreien Daseins« zu reduzieren. Die Ganzheit wird dabei auf die Bedeutsamkeit des Individuums eingeengt und steht im Widerspruch zum spirituellen Wert der »Allverbundenheit« mit sämtlichen Wesen.

Bezüglich der Elemente Sinngebung/Sinnfindung ist aufgrund des Vertrauens in das im Organismus verankerte Wertsystem und autonome Steuerungsprinzip, das wir nur wahrnehmen und befolgen müssen, ein Akzent auf dem Aspekt der *Sinnfindung* festzustellen. Wenn wir der »Natur des guten Menschen« eine Chance geben und für diese innere Führung offen sind, sorgt die immanente Selbstregulation für ein gesundes und sinnvolles Wachstum. Anderseits kann die hohe Chance, die der Möglichkeit der Selbstbestimmung und Selbstverwirklichung eingeräumt wird, auch als ein Ausdruck von »*Sinngebung*« interpretiert werden. Sinnfindung, Offenheit für die sinnenhafte Erlebnisfülle im jetzigen Augenblick erkennen wir auch in der hohen Wertschätzung der HP für die »*awareness*«, die Achtsamkeit für die gegenwärtige Erfahrung im selbständigen »Erkunden des Wahrnehmungsfeldes«. Durch diese Offenheit ergibt sich eine gewisse Korrektur der Selbstbezogenheit und sozialen Isolation.

Der Aspekt der Sinngebung in Form aktiver Auseinandersetzung mit unserem destruktiven Schatten tritt dabei in den Hintergrund. Die aktive und oft mühsame Bewältigung alltäglicher Konflikte und die Aufarbeitung biographischer Verletzungen findet zumindest in den klassischen Methoden der HP weniger Beachtung als die Förderung der eigenen inneren Werte der Kreativität und Selbstaktualisierung. So ist sie denn auch die bevorzugte Methode für die gebildete, liberal eingestellte Mittelschicht. Sicher ist sie besonders attraktiv für kreative Individuen, die schwerere psychische Behinderungen bereits bearbeitet haben und auf der Suche nach einem sinnvollen Gesamtkonzept für ihr Leben sind.

6. Die Überschreitung zum wortlosen Raum
Von der Integrativen Gestalttherapie zur Nootherapie

Wovon man nicht sprechen kann, darüber muß man schweigen.

Ludwig Wittgenstein

Die von *Hilarion Petzold* als Weiterentwicklung der Gestalttherapie begründete »Integrative Gestalttherapie« zeich-
net sich durch ein besonderes Interesse an der geistigen
Dimension des Menschen und an der Sinnfrage aus. Im
Rahmen der Integrativen Gestalttherapie ist Sinnhaftigkeit
für das Verständis von Gesundheit genauso bedeutsam wie
Kohärenz, Integrität und Wohlbefinden. Sinnerleben gehört unabdingbar zur Lebensqualität. Damit erweitert die
Integrative Gestalttherapie ihr Gesundheits- und Krankheitsverständnis gegenüber einem reduktiven psychoanalytischen Festschreiben von Gesundheit als Liebes- und Arbeitsfähigkeit. »Sinn und Medium der Sinnerfahrung«
(Petzold 1992) ist der Leib. Dieses »Leibapriori«, wie es *Petzold* in Anlehnung an *Merleau-Ponty* nennt, ist das Zentrale.
Der Leib ist das totale Sinnesorgan, denn wir sind immer
leiblich in der Welt, nehmen die Welt mit unseren Sinnen
wahr und erfahren Sinn auch nur über unsere Sinne. »Die
Tatsache, daß wir uns in der Welt wahrnehmen, ist *Sinn.*
Der Zen-Buddhismus kennt keinen darüber hinausgehen-
den, höherwertigen Sinn« *(Petzold 1992).* Er kritisiert die
Absurdität eines Begriffes wie »transpersonale Psychologie«, da sich auch der abstrakteste Gedanke immer innerhalb der Grenzen unseres Leibes vollziehe. In der Integrativen Therapie wird davon ausgegangen, daß es einen Sinn
gibt, der allen natürlichen Zusammenhängen innewohnt,

einen »*primordialen Kon-sens*« *(Petzold 1992)*. Dieser Sinn konstituiert sich als Bezogensein, in Ko-respondenz, denn eine Grundannahme dieser Theorie besagt, daß der Mensch nur durch den Mitmenschen zu seinem wirklichen Menschsein finden kann. Identität vollzieht sich in Bezogenheit auf den anderen und die Mitwelt. Sinn ist erfahrbar in der Bezogenheit und Verbundenheit mit dem Mitmenschen und der Welt. Identitäts- und Sinnerleben fallen zusammen. Auch in der therapeutischen Konzeptualisierung der vier Heilungswege hat die Sinndimension einen zentralen Platz.

Der erste Weg der Heilung wird von *Petzold Bewußtseinsarbeit* genannt. Hier geht es um Sinnfindung durch Einsicht und durch intersubjektive Ko-respondenzerfahrungen. Der zweite Weg der Heilung ist der Prozeß der *Nachsozialisation* mit dem Ziel, das Grundvertrauen, das durch frühe Verletzungen beschädigt worden ist, wiederherzustellen. Der dritte Weg der Heilung zielt auf die *Persönlichkeitsentfaltung* und fokussiert auf die Werte der Kreativität, Phantasie und Sensibilität, um die Wertschätzung und persönliche Würde erfahrbar zu machen. Besonders wichtig erscheint uns die Einführung eines vierten Weges der Heilung, der die Therapie aus der innerpsychischen Verortung herauslöst und *Engagement* und *Solidaritätserfahrung* fördert. Hier ist der Wert der Verantwortung für die Integrität von Menschen, Gruppen und Lebensräumen angesiedelt, wie wir ihn von *Frankl* kennen, wie er aber auch in der Traumaforschung als letzte Stufe des Heilungsprozesses beschrieben wird.

Diese Konzepte von Gesundheit und Krankheit vereinigen verschiedene lebensphilosophische Positionen, die Werte der Regulationskompetenzmodelle *(Freud, Menninger, Erikson)*: Harmonie, inneres Gleichgewicht und Anpassungsfähigkeit, die Werte der Selbstaktualisierungsmodelle *(Fromm, Rogers, Maslow)*: Autonomie und Wachstumsbereitschaft, und vor allem die Werte der Sinnfindungsmodelle *(Frankl, Allport)*: Verantwortung und Hingabe an überindividuelle Aufgaben.

Während andere therapeutische Schulen, wie etwa die von *Viktor Frankl, C. G. Jung* oder die Daseinsanalyse, die sich ebenfalls mit der Dimension von Sinn befassen, diese Überlegungen als Grundstruktur und Haltung in ihr System integriert haben, grenzt sich *Petzold* von diesen Schulen in dem Sinne ab, daß er dem geistigen Bereich in Form der »Nootherapie« (von griechisch *nous* = Geist) einen besonderen Platz zuweist *(Petzold 1991)*.

Petzold geht es darum, die Sinnfrage nicht einfach hilflos an die Seelsorger zu delegieren, was seiner Ansicht nach »einer Fragmentierung menschlicher Ganzheit« gleichkommt *(Petzold 1991)*. Die Nootherapie strebt aber auch nicht an, das geistige Leben zu psychologisieren und Innerlichkeit billig zu veräußerlichen. Ebenso lehnt *Petzold* die Delegation existentieller Themen an die Philosophie ab. Die Nootherapie bezieht sich auf »die Fragen nach den Werten, dem Sinn, den Lebenszielen, nach Anfang und Ende, Leben und Sterben, nach der Wahrheit und der Liebe, nach dem Schönen, der Transzendenz, nach Gott«, Fragen, die bisher in der Psychotherapie zuwenig Raum bekommen haben »trotz Zugängen zu diesen Fragestellungen bei *Dürckheim* und *Frankl, Jung, Fromm* und *Boss*« *(Petzold 1991)*. Die marginale Berücksichtigung, die diese Autoren mit ihrer Haltung zu Sinn und Spiritualität bei *Petzold* erfahren, finden wir bedauerlich, da in diesen Konzeptionen viel von dem, was er in der Nootherapie als neu beschreibt und mit anderen Namen versieht, bereits vorweggenommen worden ist.

Das Ziel der Nootherapie ist, »sich selbst im Lebensganzen verstehen zu lernen«. Der Therapeut wird dabei aber »in der Regel nur Begleiter, Spiegel, Dialogpartner, zuweilen Impulsgeber bei Fragen sein, die das geistige Leben betreffen; Begleiter auf der Suche bis zu dem Punkt, an dem ein Führer notwendig wird . . . an dem das Feld der Therapie eindeutig verlassen wird, an dem eine Überschreitung stattfindet und die Suche nach dem geistigen Führer beginnt – eine Rolle, die der Therapeut nur in den seltensten Fällen übernehmen kann« *(Petzold 1991)*.

Die Nootherapie wird hier als eine Art Suchwanderung beschrieben, eine Queste, die letztlich zur Suche nach dem inneren Meister führt, der dann im Außen keiner anderen Meister mehr bedarf, entsprechend der buddhistischen Maxime: »Triffst du Buddha unterwegs, töte ihn.«

Wie diese geistige Dimension versprachlicht werden kann, ist eine wichtige Frage in der Nootherapie. *Petzold* verweist hier auf *Wittgenstein* und seine berühmten Worte: »Wovon man nicht sprechen kann, davon muß man schweigen.« Er sieht die Aufgabe des Nootherapeuten gerade darin, jenseits rationaler Ordnungszwänge »die Erlaubnis zur Wortlosigkeit zu geben«. In dieser Therapieform wird an präverbale Erlebnisqualitäten von Urvertrauen und Allverbundenheit gerührt, in der der Suchende *seine* je eigene, persönliche Antwort finden muß *(Petzold 1991)*. Die Rolle des Nootherapeuten hat hier nichts mit Deutung oder Belehrung zu tun, sondern er ist der Schweigende, der den intersubjektiven Raum bereitstellt, in dem sich die großen Fragen zeigen dürfen.

Die Besonderheit der Nootherapie beruht auf dem Phänomen der Unaussprechbarkeit des »Noetischen« und der Notwendigkeit, ihm dennoch Raum und Gestalt zu geben, wenn in einer Therapie die Grenze erreicht wird, wo diese Dimension des Unaussprechlichen und Geheimnisvollen anklingt. Dabei kritisiert *Petzold*, daß die Humanistische, Transpersonale, Reichsche und Jungsche Psychologie eine Surrogatfunktion übernehmen, indem sie den spirituellen Bereich in ihr System integriert haben, der nach seiner Meinung jedoch von der »psychologischen Selbstverwirklichung« deutlich zu trennen ist. Wir halten diesen Vorwurf für unberechtigt und sehen darin eine Gefahr, den Menschen in Teilbereiche aufzuspalten, die letztlich miteinander verbunden sind.

Für *Petzold* beginnt an der Grenze zur »Nootherapie« eine grundsätzlich neue Dimension, die eigentlich keine Therapie mehr ist, da sie keine Behandlung in Form therapeutischer Einflußnahme und Zielsetzung mehr sein kann, sondern lediglich ein Nachfolgen, Begleiten und Bereitstellen des »leeren Raumes«. »Der kritische Moment der Nootherapie ist der Augenblick der *Überschreitung*, wenn Therapie aufhört und ein neuer Weg *(do, yoga)* beginnt, der geistige Pfad, der den therapeutischen Dialog, die Diskurse des Unbewußten, die Strebungen psychologischer Selbstverwirklichung transzendiert. Es darf dieser Punkt nicht vermieden werden ... und sei es dadurch, daß sich der Therapeut anmaßt, zu *führen*, auf einem Terrain, das er selbst nie betreten hat, oder auch nur zu *begleiten* in Regionen, die für seinen Zutritt (noch) nicht bestimmt sind. Oft kann er ihm nicht einmal *folgen*« *(Petzold 1991)*.

Warum *Petzold* dieses »Folgen«, diesen gemeinsamen Weg gleichwohl Noo-*therapie* nennt, ist widersprüchlich und verwirrt mehr, als es erklärt. »Es wird eine neue Qualität der Führung erforderlich, jenseits dessen, was Therapie ist und vermag.« Die Grundhaltung des Therapeuten ist dabei die Absichtslosigkeit, die eigene Übungserfahrung vorausgesetzt, das heißt, »er muß selbst *auf dem Weg* sein« *(Petzold 1991)*, wie es *Dürckheim* schon gefordert hat. »Voraussetzung ist, daß der Therapeut selbst die Bedeutung des Noetischen erkannt hat und bejaht, daß er sich selbst um sein geistiges Leben bemüht, darum, Sinn in seinem Dasein zu finden, für sich, mit anderen« *(Petzold 1991)*. Diese Forderung wäre auch im Rahmen einer traditionellen Psychotherapie an die TherapeutInnen zu stellen, da wir seit Freud wissen, daß wir unsere KlientInnen nur so weit begleiten können, wie unsere eigenen Komplexe es gestatten. Ein ausgebrannter Psychotherapeut, der seine persönliche Erfahrung der Sinnkrise verdrängt und in den Zynismus flüchtet, wird auch außerhalb einer Nootherapie eine schlechte Behandlung bieten. Und wir würden uns von jedem Psychotherapeuten und jeder Psychotherapeutin wünschen, daß in der eigenen Lehranalyse nach dem Sinnmuster des eigenen Lebens gesucht wurde und daß in ihrem realen Lebensvollzug Sinnerfahrungen möglich sind.

Hinweise auf die Grenze, an der eine »Überschreitung« zur Nootherapie notwendig wird, sieht *Petzold* »immer wieder, wenn *Grenzthemen* aufkommen wie Tod, Alter, Zeugung, Geburt oder existentielle Themen wie Liebe, Lebenssinn, Religion, Wertfragen. Diese Themen können besonderen Raum gewinnen, wenn sie durch den Therapeuten nicht verhindert werden. Er muß sich selbst mit diesen Fragen auseinandergesetzt haben« *(Petzold)*.

Auch hier stellt sich die Frage, ob diese Themen nicht in jeder Therapie aufkommen, da es sich um archetypische Muster handelt und diese Inhalte auch in allen therapeutischen Schulen mit ihren je eigenen methodischen Ansätzen und Sinnrahmen bearbeitet werden.

Praxis der Nootherapie

Zur *Praxis* der Nootherapie gehören meditative Praktiken und kreative Medien wie Farben, Musik, Poesie, Bewegungsmeditation, Improvisation mit Stimme oder Instrumenten, um so den »eigenen Ton« zu finden. Dabei schaffen die Medien die Möglichkeit der Begegnung, indem sie nicht zwischen dem Ich und dem Du als ein Trennendes stehen, sondern als »dritte Sache« eine Brücke bilden, ähnlich wie der »Logos« bzw. der »gestaltete Aspekt« der Beziehung in der Logotherapie und Existenzanalyse verstanden wird. Das Medium bildet das »und« zwischen dem Ich und dem Du. Dadurch gewinnen die kreativen Medien eine eminente Bedeutung in den »vier Aspekten der Bedeutung«, die auch die vier Dimensionen der »säkularen Mystik« ausmachen: die Begegnung mit mir selbst, mit dem Du, mit den Dingen der Welt und mit der Transzendenz. Dabei ist dieser vierte Begegnungsmodus, die Transzendierung, zunächst innerweltlich und nicht »jenseitig« zu verstehen, sondern »als ein die Einzelteile umfassendes, ihre Fragmentierung überschreitendes Ganzes« *(Petzold 1991)*.

Die meditative Praxis spielt in der Nootherapie eine wichtige Rolle. Sie vollzieht sich nach *Petzold* von »Besinnung« über »Betrachtung« zur »Versenkung«. Die Bedeutung der »*Besinnung*« beruht auf der Tatsache, daß »der

Sinn in den Sinnen ruht«. Besinnung ist »Ausdruck der Verbundenheit mit dem Leib, mit dem andern, mit der Welt, mit der Geschichte« *(Petzold 1991)*.

Die *Betrachtung (Contemplatio)* meint »die Schau, die das Ansehen übersteigt. Die Dinge werden in den Blick genommen, *und* sie fallen ins Auge ... die Bewegung ist wechselseitig, Sehender und Gesehenes sind verbunden ... In diesem Paradoxon liegt der Beginn der Möglichkeit, sich in das Wesen der Dinge zu versenken, d. h. aber zugleich in das eigene Wesen« *(Petzold 1991)*.

Versenkung »bedeutet, sich in den Grund sinken zu lassen und zur Höhe aufzusteigen in einem« – eine mystische Erfahrung.

Die Übung (das Exercitium) schließlich »ist der Weg, der *sicher* weiter führt« *(Petzold 1991)*. Die Übung muß jedoch in den alltäglichen Lebensvollzug im Sinne des »Alltags als Übung« *(Dürckheim)* eingebettet sein. Dabei geht es nicht um »Perfektion und Brillanz, sondern um das Finden des eigenen Stils«. Als Ziel der Nootherapie nennt *Petzold,* die Menschen »auf den Weg (der Übung) zu bringen« *(Petzold 1991)*.

Die Grenze zwischen Psycho- und Nootherapie, die *Petzold* mit dem Begriff der »Überschreitung« deutlich macht, sehen wir als den Unterschied zwischen Teilsinn und Gesamtsinn bzw. Sinngebung und Sinnfindung. Dabei erhebt sich stets erneut die Frage, wo diese Grenze verläuft, ob sie in der Praxis überhaupt als Grenze deutlich festzumachen ist, oder ob es sich nicht auch hier um einen fließenden Übergang, um eine Ganzheit im Sinne eines Kontinuums handelt.

Damit wird auch die Frage nach der Grenze zwischen Psychotherapie und spiritueller Praxis, zwischen Seelenbegleiter und Seelsorger, zwischen Psychologie und Religion fragwürdig. Wir glauben, daß es hier aus der Perspektive der *menschlichen Entwicklung* keine scharfen Grenzen gibt, sondern daß es sich um einen kontinuierlichen Prozeß zunehmender Bewußtheit handelt *(Wilber/Engler/Brown 1988)*.

Für die therapeutische Praxis wird es wichtig sein, wie weit TherapeutInnen ihre KlientInnen auf dem spirituellen Weg begleiten können und wo die Grenze erreicht ist, die eine andere, spirituelle Führung erforderlich macht, einen vertiefteren Erfahrungshorizont auf dem spirituellen Übungsweg der Meditation oder der religiösen Praxis. Leider gibt es erst wenige spirituelle LehrerInnen, die gleichzeitig über eine fundierte Kenntnis der psychologischen Prozesse, der Entwicklungsstadien des Selbst und krisenhafter spiritueller Entwicklungen verfügen, um für die weitere »Reise« verläßliche und kundige WegbegleiterInnen durch Sinn und Wahn-sinn zu sein.

Aus der Sicht der einzelnen Aspekte der Sinnerfahrung, wie wir sie verstehen, strebt die Integrative Therapie ein ganzheitliches Sinnverständnis an, indem sie den Menschen als eine Einheit von Körper, Seele und Geist begreift. Während z. B. die Logotherapie die religiöse und spirituelle Dimension der Sinnsuche, den Aspekt des »Gesamtsinns« an die Seelsorge delegiert und sich in ihrer Kompetenz scharf von dieser abgrenzt und anderseits die analytische und Humanistische Psychologie diesen Bereich mit dem Prozeß der Individuation bzw. Selbstverwirklichung voll in ihr Konzept integriert, nimmt die Integrative Therapie eine Mittelstellung zwischen diesen beiden Positionen ein. Für die Jungsche und Humanistische Psychologie sind die Übergänge zwischen dem »Teilsinn« – in Form der Bearbeitung neurotischer Alltagskonflikte – und dem »Gesamtsinn« spiritueller Erfahrung – entsprechend *Maslows* »Gipfelerfahrung« oder der von Natur aus religiösen Funktion der Seele bei *Jung* – fließend. Demgegenüber grenzt *Petzold* in der Integrativen Gestalttherapie diese beiden Therapiephasen mit dem Begriff der »Überschreitung« klar voneinander ab. Anderseits ist die Unterscheidung bei *Petzold* insofern unklar, als er mit der Bezeichnung Noo-*therapie* diese Methode als eine therapeutische definiert, an anderer Stelle sie aber als eine grundsätzlich neue Form der Begleitung auf dem spirituellen »Weg« bezeichnet.

Die Nootherapie wäre damit unserem Verständnis der Suche nach dem *»Gesamtsinn«* zuzuordnen, während die vorgängige Phase der Integrativen Therapie, die Aufarbeitung neurotischer Konflikte und Defizite und die Erweiterung der »Sinnerfassungskapazität« den Elementen eines *»Teilsinns«* entspräche.

Bezüglich unserer Unterscheidung zwischen *Sinngebung* und *Sinnfindung* lassen sich in beiden Therapiephasen beide Sinnaspekte finden. Die Offenheit für die sinnliche Erfahrung, die Betonung der Körperlichkeit und die Übungspraxis der Be-sinnung, Betrachtung und Versenkung können als Formen von *Sinnfindung* gelten, während der aktive Hinweis auf spezifische meditative Praktiken und der Einsatz kreativer Medien als eine Form der *Sinngebung* zu bezeichnen ist. Für *Petzold* setzt die Übernahme der Nootherapie durch die PsychotherapeutInnen eigene meditative Erfahrung im Sinne der Übung der Absichtslosigkeit voraus. Außerdem sei in der Nootherapie die klassische Form der analytischen Abstinenz zu verlassen. Doch halten wir hier eine modifizierte Abstinenz der TherapeutInnen für besonders wichtig, damit »Überschreitungen« nicht in sexuellen und narzißtischen Mißbrauch entgleisen. Die Erfahrung hat leider gezeigt, daß auch eine fortgeschrittene spirituelle Übungspraxis vor ausbeuterischem Verhalten nicht verläßlich zu schützen vermag. Es ist hier besonders wichtig, daß der Therapeut seine Funktion nicht in der Weise mißversteht, daß er sich selbst »im Fleische« sinnen-stimulierend statt sinn-stiftend anbietet.

7. Neubesinnung auf alte Werte
Feministische Psychotherapie

Neue Werte gibt es nicht. Die Wertmaßstäbe der Menschen sind seit der Ursprungszeit menschlichen Lebens die gleichen geblieben: Was sich verändert, ist lediglich die Art und Weise, wie wir sie ordnen.

Marilyn French

Es gelten nicht für jedes Geschlecht von vornherein andere Werte . . ., sondern die gleichen Werte bedeuten je nach Geschlecht Verschiedenes, beziehen sich auf andere Praxen, verlangen ein anderes Verhalten.

Frigga Haugg

Die feministische Psychotherapie und der Feminismus als »Ismus« sind schon früh unter Ideologieverdacht geraten. Im Gegensatz zu unserer eingangs versuchten Definition von Ideologie – als Suggestion und Verführung, die mit verdeckten, impliziten Wertungen operiert – sind die Werte des Feminismus und die Wertorientierungen feministischer Psychotherapeutinnen klar benannt, und auch im therapeutischen Prozeß werden sie transparent gemacht.

Feminismus definiert sich, ganz allgemein formuliert, als kritische politische Theorie und Praxis von Frauen. Verstehen wir mit *Anja Meulenbelt (1989)* unter Ideologie »die Gesamtheit von Normen und Werten einer historischen Periode«, die uns in einem oft nicht durchschaubaren Maße beherrschen und beeinflussen, dann geht es im Feminismus und in der feministischen Psychotherapie darum, die herrschende internalisierte Ideologie als patriarchal zu entlarven und eine differenzierte Gesellschaftskritik, Psychotherapiekritik und Ideologiekritik zu leisten.

Auch die Frauenbewegung selbst ist kritisiert worden, Werte verinnerlicht zu haben und sich unbemerkt tyrannisieren zu lassen von Leistungs- und Erfolgsorientierung eines wissenschaftlichen und gesellschaftlichen *mainstreams* – raus aus den Latzhosen und der lila Schmuddelecke und hin zu gestylteren Räumlichkeiten und öffentlicher, gepflegter Präsenz. Es sei eine gewisse »Mattigkeit übers feministische Land gekommen« *(Hänsch 1993)*. Ein Wertewandel ist ausgemacht worden, ein Abrücken von radikal-feministischen, staats- und institutionskritischen Werten hin zur Anpassung an die herrschende Ideologie mit einer wachsenden Gefahr der »Hierarchisierung, Individualisierung und Kommerzialisierung« *(Janz 1994)*. Zunehmende Entpolitisierung in manchen Kreisen der Frauenbewegung hat auch zu einer Art Sinnkrise feministischer Psychotherapeutinnen geführt. Kritische Anfragen, was denn eigentlich das Spezifikum feministischer Psychotherapie sei, worin denn das Neue, »Feministische« in Methodik und Praxis bestehe, und der Zweifel, ob es sich nicht letztlich nur um alten Wein in neuen Schläuchen handele, hat mancherorts eine »Feminismusverdrossenheit« bewirkt. Immer noch stehen ausdifferenzierte Konzeptionen einer feministischen Ätiologie und Diagnostik aus, und auch die Aufarbeitung feministischer therapeutischer Methoden ist unzureichend. Die Kluft zwischen feministischer Psychotherapieforschung und feministischer psychotherapeutischer Praxis wird nur selten von einzelnen Therapeutinnen geschlossen.

Vielfältig ist das Erscheinungsbild dessen, was sich feministische Psychotherapie nennt. Aber trotz aller Schattierungen feministisch-radikaler, feministisch-ökologischer und spiritueller Varianten sind einige Grundpositionen nie aufgegeben worden. Es geht immer um die Frage, was Frauen im Prozeß der Individualisierung und Vergesellschaftung geprägt hat und wie die Art und Weise zu verbessern ist, in der das Frausein in unserer patriarchalen Gesellschaft behandelt wird. Die kritische Analyse aller Aspekte weiblicher Existenz, die Aufarbeitung der eigenen Geschichte, die Reflexion eigener Werte, die Entwicklung und Wiederaneignung der persönlichen Ressourcen statt der Orientierung am Defizitären kennzeichnen feministische Positionen in der Psychotherapie. In der feministischen Psychotherapie stellen sich Frauen die Frage nach den Werten, an denen sich ihr Handeln orientiert. Sie fragen, welche Wertnominierungen ihre Handlungsfähigkeit einschränken, von welchen verinnerlichten gesellschaftlichen Sollorientierungen sie sich befreien möchten. Sie fragen sich aber auch nach dem Wozu ihres Lebens, nach den Sinnmustern ihrer individuellen Existenz, nach dem, was ihnen letztlich die Energie gibt, in einem System der Unterdrückung und Entwertung den Glauben, die Hoffnung und die Liebe nicht zu verlieren.

Der Lernstoff, an dem sich Feminismus und feministische Psychotherapie entzünden, ist der weibliche Lebenszusammenhang, die systematische Benachteiligung von Frauen, die Ungerechtigkeit in den unterschiedlichen Normenkatalogen für Frauen und Männer. Es geht um den anderen Blick auf die weibliche Lebenswirklichkeit und die Werte der »Dominanzkultur« *(Rommelspacher 1994)* (Unterwerfung, Macht, Besitz, Expansion, Reichtum), um Denken vom Ort der Frau aus, das freizulegen versucht, wie patriarchale Herrschaftsverhältnisse in der Psyche von Frauen verankert werden und wie der Prozeß der »inneren Kolonisierung«, der Erwerb sogenannter Weiblichkeit vor sich geht, in dem Frauen fremdbestimmt, zugerichtet, abgewertet und marginalisiert werden. Geschlecht und Sexualität werden als politische Kategorien verstanden, die durch den Kontext von Herrschafts- und Machtverhältnissen geprägt und darum von ideologischen Zuschreibungen nicht frei sind. Feministische Psychotherapie macht die unhinterfragten, traditionellen Vorstellungen über geschlechtliche Arbeitsteilung und Rollenverhalten bewußt und spürt die Ideologisierungen in den traditionellen psychotherapeutischen Systemen auf. Sie will kein »Dressurprogramm« sogenannter neuer Weiblichkeit sein, wie *Thürmer-Rohr* befürchtet, sondern ein Ort für neue, angemessenere, selbstbestimmte Weiblichkeitsentwürfe von Frauen.

Feministische Psychotherapie setzt sich sehr zentral mit den Werthierarchien auseinander, die eine patriarchale Gesellschaft propagiert; sie hinterfragt die sozialen Spielregeln und die Erfahrungspotentiale, die das herrschende Wertsystem begründen, und thematisiert die frauenspezifischen Erfahrungsbereiche, die von der anthropozentrischen Psychologie trivialisiert und ausgeblendet worden sind. Sie kritisiert den Sexismus in bestehenden psychotherapeutischen Modellen und sieht das individuelle Problem von Frauen in der Psychotherapie im Kontext sozialer und wirtschaftlicher Zusammenhänge, statt es immer nur innerpsychisch zu verorten. Dadurch werden die Widersprüche in den Rollenzuschreibungen an Frauen aufgedeckt und die diskriminierenden und sexistischen diagnostischen Etikettierungen, mit denen Frauen entmündigt worden sind, als patriarchale Kontrollinstrumente entlarvt. Symptome werden immer auch als symbolische Botschaften von Überlebensstrategien begriffen, die Sinn machen im Unsinn eines verrückt machenden Lebenszusammenhangs. Feministische Psychotherapie weckt die Lust am Eigenen, sie fördert das Erkennen des eigenen Begehrens, die Wiedergewinnung der abgespaltenen, fremdbestimmten Leiblichkeit und die Freude an der eigenen Sprache.

Zu den Grundwerten, die im Rahmen eines feministischen Menschen- und Weltbildes erarbeitet worden sind, zählen

1. Das Persönliche ist politisch

Der Sinnzusammenhang der vielfältigen weiblichen Leidensformen und Symptombildungen mit gesellschaftlichen Bedingtheiten wird in der feministischen Psychotherapie immer mitberücksichtigt. Frauen lernen, ihre persönliche Leidensgeschichte auch als eine kollektive Erfahrung von Frauen zu begreifen. In diesem Sinne wird die Haltung einer politischen Abstinenz, wie sie zum Beispiel die Psychoanalyse zur Zeit des Nationalsozialismus gekennzeichnet hat, aufgegeben. Feministische Psychotherapeutinnen beziehen Stellung, üben Kritik an der Normalität des Wahnsinns in unserer Gesellschaft und der Verherrlichung von Gewalt. Sie enttabuisieren den ausbeuterischen Umgang mit der Macht in Psychotherapien und thematisieren die strukturelle Gewalt in Ausbildungsinstitutionen, den verschleiernden Umgang mit narzißtischem und sexuellem Mißbrauch und dem Doppelstandard der Ethik, wie sie für Ausbildner und Auszubildende gilt. In der Praxis feministischer Psychotherapie geht es um die Bewußtmachung der eigenen Werte und das Abrücken von unhinterfragten, internalisierten männlichen Rollendiktaten, wie Frau zu sein habe, welchen Wert Mutterschaft darstelle usw.

Identitätsprobleme, Eßstörungen und die schmerzlichen Selbstentwertungsprozesse von Frauen, ihre Ohnmachts- und Hilflosigkeitsgefühle werden nicht nur als private Problemlagen gedeutet, sondern im Zusammenhang mit gesellschaftlichen Rollenerwartungen gesehen. Damit ist auch eine Kritik an traditionellen psychologischen Theorien verbunden, die sich auf den Menschen beziehen, aber letztlich nur den Mann meinen. »Eine vorgebliche Geschlechtsneutralität ist immer ein ›Menscheln‹ zuungunsten der Frau« *(Freytag 1991)*

Im Rahmen der Integrativen Gestalttherapie hat beispielsweise eine Gruppe von Frauen das Identitätsmodell von *Petzold* unter einem feministischen Blickwinkel kritisiert und einen Entwurf für ein frauengerechteres Identitätsverständnis vorgestellt. Sie kritisiert, daß *Petzold* zwei Halbbände über Leibtherapie schreibt, die Geschlechterfrage jedoch ausläßt. Das führt dazu, daß wesentliche, für ein Frauenleben bedeutende Themen ausgegrenzt bleiben, zum Beispiel Menstruation, Entwicklung der Brust, Schwangerschaft, Wechseljahre etc. Ihre kritische Analyse zeigt auf, wie das Identitätsmodell der Integrativen Gestalttherapie Defizite schafft, Störungen, Konflikte und Sekundärtraumen produziert, weil es die weibliche Lebenswirklichkeit und die frauendiskriminierenden Umstände, in denen sich Identität entwickelt, nicht mitberücksichtigt *(v. Albertini, Eberle, Greber 1995).*

2. Parteilichkeit und Betroffenheit

Diese beiden Begriffe sind mit jeder feministischen Grundhaltung unauflöslich verknüpft und haben sowohl für die
feministische Forschung als auch für die Praxis feministischer Psychotherapie eine hohe Relevanz. Parteilichkeit
für Frauen räumt auf mit dem Vorurteil, daß es so etwas wie
geschlechtsneutrale Psychotherapie gäbe. Die Begriffe verweisen darauf, daß in der Psychotherapieforschung Frauen
von einem sehr spezifischen Forschungsinteresse geleitet
sind, das in der Tatsache gründet, als Frau selbst von der
inneren und äußeren Unterdrückung von Frauen betrof-
fen zu sein. Sie können keine »neutrale« Haltung gegenüber dem »Beforschten« einnehmen, da sie selbst das Subjekt und »Objekt« der Forschung sind. Mit dieser bewußten Parteilichkeit für Frauen wird aber keine unreflektierte
Identifikation gefordert, kein distanzloses emotionales
Taktieren, sondern eine Haltung, die sich kritisch der eigenen Betroffenheit durch die Zwänge des Geschlechterar-
rangements bewußt bleibt und die gesellschaftlichen Werthierarchien transparent macht. Es geht immer um ein
kritisches Sehen der Wirklichkeit, so wie sie ist.

3. Antihierarchische Grundhaltung

Feministische Psychotherapeutinnen wenden sich gegen
hierarchische Verhältnisse und getrennte Normenkata-
loge für Frauen und Männer.

Sie nehmen den Werten einer patriarchalen Kultur gegenüber eine kritische Haltung ein, orientieren sich an der
Gleichwertigkeit, sind solidarisch und fördern Autonomie
und Selbstverwirklichung. Das bedeutet nicht, daß sie sich
der Asymmetrie und ihrer Machtposition im therapeutischen Setting nicht bewußt sind und reale Ungleichheiten
verleugnen. Jede Frau gilt als »Expertin« für ihre eigenen
Erfahrungen, sie wird unterstützt und ermutigt, den eigenen Sinneserfahrungen zu trauen und sich selbst ernst zu

nehmen. Die Wahrnehmungsverzerrungen durch Über-
tragungs- und Gegenübertragungsprozesse werden auch
in der feministischen Psychotherapie nicht ausgeblendet,
sondern gründlich analysiert und als Erkenntnisinstru-
ment genutzt und transparent gemacht. Respekt vor den
Wertentscheidungen ihrer Klientinnen und dem je eigenen Weg zum Sinn im Leben charakterisiert die therapeutische Grundhaltung.

Feministische Psychotherapie mit ihrem Prinzip der Parteilichkeit unterscheidet sich von der psychoanalytischen
Regel der Abstinenz. Therapeutinnen nehmen Stellung,
sie benennen Verantwortlichkeiten für ausbeuterisches
Verhalten, sie sind nicht neutral, sondern legen ihre Werte
offen. Dazu gehören Autonomie und Hingabefähigkeit,
Abgrenzung und Bezogenheit, das Recht von Frauen, Le-
bensentscheidungen zu treffen, die dem traditionellen
kulturellen Wertekanon nicht entsprechen. In den USA ist
eine heftige Diskussion entbrannt, ob nicht auch diese feministischen Werte der Autonomie und Selbstbestimmung
fragwürdig sind und Ausdruck kultureller »Upper-class-
values« *(Hare-Mustin 1986)*. So sieht beispielsweise die feministische Theologin *Catherine Keller (1989)* in einem über-
wertigen Streben der Frauen nach Autonomie im Sinne
der Nachahmung des männlichen Verhaltens im Patriar-
chat den Ausdruck eines falsch verstandenen Feminismus
und hält dies für eine ebenso untaugliche Lösung wie die
unterwürfige Komplizenschaft mit den Männern. Sie weist
auch darauf hin, daß die männliche Autonomie des »Ich-
Wahns« nicht Ausdruck einer echten Stärke, sondern die
Überkompensation von Schwäche und Angst vor der Liebe
und Hingabe sei. Sie stellt die Werte von Abgrenzung und
Autonomie und die Aufgabe der Symbiose als oberstes Gebot der Persönlichkeitsentwicklung in Frage, da diese letztlich nur ich-einsame Menschen hervorgebracht habe und
der gegenwärtige Notstand unserer Kultur und Zivilisation
eine Folge dieses Wertekodex sei.

Ihr neuer Entwurf des bindungsfähigen Selbst beruht
auf anderen Werten, dem fließenden Netzwerk, einem Ge-

webe von Interaktionen, das eine tiefe Affinität zu allen Wesen hat. Ihre Vision eines beziehungsfähigen, sich ausweitenden Selbst hat auch eine religiöse Komponente, die dem spirituellen Weltbild entspricht, in dem Religion bedeutet, mit dem verknüpften Ganzen der Dinge im Einklang zu sein.

Auch das Verhältnis der Werte Autonomie und Bezogenheit zur Macht ist in der feministischen Psychotherapie neu diskutiert worden. Hängt die unterschiedliche Betonung dieser Werte vom Geschlecht ab, oder entscheidet nicht vielmehr die Machtposition, in der sich eine Person befindet, darüber, welchen Werten der Vorzug gegeben wird? Zu den feministischen Werten gehört auch die Freiheit der Wahl, Frauen oder Männer oder beide Geschlechter zu lieben. Homosexualität wird nicht als eine pathologische Variante der »Objektwahl« verstanden, sondern als eigenständige Entscheidung.

Frauen werden darin unterstützt, »ihr eigenes Lied zu singen« und die Lebensform zu wählen, die ihnen entspricht. *Charlotte Krause-Prozan (1992)* hat in ihrem zweibändigen Werk über feministische psychoanalytische Psychotherapie das System der Werte, Vorurteile und Geschlechtsrollenstereotype untersucht, wie es sich in der Theorie und vor allem in der feministischen therapeutischen Praxis auswirkt.

Feministische Ethik – sind Frauen »das bessere Geschlecht«?

Neben diesen Grundwerten feministischen Denkens und Handelns hat sich in den letzten zehn Jahren ein Diskurs entwickelt, der nach den Grundzügen einer feministischen Ethik fragt. Ausgangspunkt für diese Entwicklung waren Forschungen der Moralpsychologie, besonders das Buch von *Carol Gilligan (1984)*, das die Kontroverse um die zweigeschlechtliche Moral auslöste, die Gegenüberstellung einer weiblichen »Fürsorglichkeitsperspektive«, verknüpft

283

mit der Intimsphäre des Privatlebens und einer männlichen »Gerechtigkeitsperspektive«, gebunden an die öffentliche Welt gesellschaftlicher Macht. Während es bei der Fürsorglichkeitsmoral um Verantwortlichkeit für andere geht, um einen interpersonellen, flexiblen Bezug zum jeweiligen Kontext, ist die Gerechtigkeitsmoral charakterisiert durch ihre rigide, abstrakte, situationsunabhängige Orientierung an Rechten und Pflichten *(Nunner-Winkler 1991)*. Eingebunden in solche Argumentationskontexte sind natürliche Wertorientierungen, die mit privat und öffentlich, ganzheitlich und fragmentiert, integriert statt atomisiert, vernetzt statt getrennt umschrieben werden.

Aber es gelten nicht für jedes Geschlecht von vornherein andere Werte, sondern die gleichen Werte bedeuten je nach Geschlecht etwas Verschiedenes und verlangen ein anderes Verhalten, wie *Frigga Haugg* meint.

In diesem Zusammenhang einer moralischen Differenz der Geschlechter ist dann auch die Frage aufgeworfen worden, ob die Welt ein besserer Ort wäre, wenn sie von weiblichen Wertvorstellungen wie Zuwendung, Bezogenheit, Anteilnahme und Sorge geprägt wäre. Auch erhebt sich die Frage, ob die Frauenbewegung »eine Bewegung zur Aufwertung weiblicher Wertbegriffe und weiblicher Verhaltensweisen sei« *(Nunner-Winkler 1991 und Nagl-Docekal 1993)*.

Die Rezeption der Thesen von *Gilligan* in der feministischen Theologie geht in diese Richtung. Für *Christa Mulack (1987)*, feministische Befreiungstheologin, hat das weibliche Weltbild Priorität; sie hält die weibliche Moral für die bessere und fordert Männer konsequenterweise auf, sich diese anzueignen. Ihre aggressive Polemik gegenüber Männern schreibt aber letztlich nur das doppelte Normensystem und die Ideologie der Geschlechtertrennung fest.

Mulack bewertet die moralische Orientierung von Frauen als positiver, setzt sie mit der jesuanischen Moral gleich, die Jesus von den Frauen seiner Zeit gelernt habe, und beruft sich dabei auf *Gilligan*, die aber eine Bewertung von besser und schlechter ganz klar abgelehnt hat *(Gilligan 1984)*. In Mulacks Buch »Natürlich weiblich« kommt der geschlechtskonservative Ansatz noch deutlicher zum Ausdruck, weil hier das Primat weiblicher Moral anthropologisch mit der natürlichen Überlegenheit des weiblichen Geschlechts begründet wird *(Mulack 1990)*. Da sie feministische Grundthesen der Gleichheit, Gleichberechtigung und Gleichwertigkeit der Geschlechter in Frage stellt (vgl. die Kritik von Mulacks Gilligan-Rezeption bei *G. Buse 1993*) und die Unterschiede der Geschlechter soziologisch und biologisch verortet, bleibt sie in dichotomer Gegensätzlichkeit stecken, einer Haltung, die nach Ansicht *C. Kellers* zu überwinden ist, weil sie letztlich patriarchal verwurzelt ist. Wie fragwürdig, wie letztlich konservativ und im dualistischen Denken befangen eine solche Aufspaltung ist, in der männliche Wertvorstellungen durch die angeblich besseren weiblichen ersetzt würden, ist in der Folge von vielen feministischen Therapeutinnen heftig diskutiert worden.

Wir müssen uns nur unsere eigene Auseinandersetzung mit Frauen aus anderen Kulturen ansehen – wie wir zum Beispiel in Frauenhäusern mit Frauen aus anderen Ethnien umgehen, oder wenn wir in einem zusammengesetzten Team arbeiten –, um zu begreifen, daß wir Frauen nicht das bessere Geschlecht sind, dessen Befreiung eine Erlösung und Zivilisierung der restlichen Gesellschaft bedeuten würde *(Radcliffe 1983)*. Wir tun gut daran, uns mit der Kritik unserer feministischen Kolleginnen aus anderen Kulturen auseinanderzusetzen, um unsere eigenen westlichen, oft unhinterfragten Vorurteilsstrukturen und Bewertungen bewußter zu hinterfragen.

Die zwiespältige Aufwertung der alten weiblichen Tugenden würde die dualistischen Spaltungsprozesse letztlich nicht überwinden, sondern einer neuen Geschlechtsmetaphysik das Wort reden, bei der die Anatomie letztlich doch wieder Schicksal bleibt. Solche Dichotomisierungen konstituieren keinen Sinn für Frauen.

Das Denken in Gegensätzen ist zwar charakteristisch für die abendländische Tradition, in der die Andersartigkeit wichtiger ist als Ähnlichkeit, Abgrenzung höher bewertet wird als Verbundenheit, doch ist es letztlich nicht der Wirklichkeit entsprechend und verhindert integrative Lösungen. Die weibliche Moral ist keine humanere, heile Moral in einer heillosen Welt, sondern oft eine »Dienstleistungsmoral« *(Hülsemann/Wieck)*, die zur Ungleichheit der Geschlechter ja sagt und damit bestehende Diskriminierungsverhältnisse zementiert, wie wir spätestens seit der »Mittäterinnenschaftsdiskussion« *(Thürmer-Rohr)* wissen. Mit feministischer Psychotherapie ist keine Heilserwartung verbunden, aber in der feministischen Vision geht es um eine Abkehr vom Entweder-Oder-Prinzip hierarchischer Ordnung und eine Neubesinnung auf fundamentale Lebenswerte. Feministische Psychotherapie versucht das Wirkliche zu beschreiben und »das Mögliche zu sehen, bevor wir das Wirkliche zu Ende gelernt haben«, wie *Birgit Pelzer* einmal formuliert hat. Sie beschränkt sich nicht auf die Dekonstruktion des Bestehenden, sondern sucht Sinn in neuen Entwürfen und Imaginationen vom möglichen Ort der Frau in der Gesellschaft, nach Symbolisierungen dessen, was von Frauen als weiblich erlebt wird.

Feministische Psychotherapie wehrt sich gegen die psychische Verelendung in unserer Kultur und versteht sich nicht als Lebensersatz, sondern als Unterstützung auf einem selbstbestimmten Weg zu sinnvollem Denken und Tun. Feministische Psychotherapie begleitet das Suchen nach einem erfüllten, sinnstiftenden, lebenswerten Leben.

Ihre Haltung, Widersprüche zu sehen, ohne wegsehen zu müssen, an die Begrenztheit von Wachstumsmöglichkeiten zu denken, ohne ins Wegdenken zu verfallen, rückt die feministische Psychotherapie in die Nähe dessen, was das »neue Paradigma« genannt worden ist. Sinn wird im Verbindenden gesehen und erfahren, in der Hinwendung zur äußeren und inneren Natur, im Bewußtsein eines Bezuges zum Transzendenten ohne Verleugnung der destruktiven Aspekte, ohne Ausgrenzung des Todes. Feministische Psychotherapie, die spirituell verwurzelt ist, arbeitet mit einer Haltung, die davon ausgeht, daß es etwas gibt, was die Begrenztheit des Nur-Ich übersteigt, etwas, das größer ist und in den verschiedenen spirituellen und religiösen Traditionen unterschiedliche Namen bekommen hat. Ob von der Großen Göttin der Tiefe gesprochen wird, die in sich selbst zu entdecken ein Ziel in der feministischen Psychotherapie sein kann, von Gaia als Symbol für das Ungetrennte, die ursprüngliche Ureinheit alles Seienden, vom Lebensmuster oder Lebensfaden, es geht immer um Ähnliches, um die Idee des ewigen Wandels, die uralte Weisheit der Kontinuität im Wechsel, um Fließen, um Transformation. Dieser ganzheitliche Ansatz feministischer Psychotherapie mit einem spirituellen Hintergrund, in dem die Liebe als lebensfördernde Haltung gegenüber der Welt als Ganzem ein zentraler Wert ist und der Tod nicht ausgeschlossen wird, rückt sie in die Nähe des neuen Paradigmas, ohne daß damit ihr systemverändernder, ihr kritischer Blick auf Herrschaftsverhältnisse getrübt würde. Die vernichtende Kritik *Thürmer-Rohrs (1987)* an der »unvermeidlichen Wieder-Aneignung eines ganzheitlich-ökologisch-femininen Wertsystems seitens der Männer«, der sarkastische pauschale Verriß von Ökofeminismus und Ökophilosophie der Wendezeit mit ihrem neuen Paradigma als »Schundliteratur« ist zwar rhetorisch brillant und verführerisch, zielt aber letztlich am Kern vorbei und nimmt nur die Auswüchse ins teilweise berechtigte Schußfeld.

Feministische Psychotherapie setzt sich sehr spezifisch mit den Grenzen auseinander, den Grenzen, die der soziale Kontext der Unterdrückung und Abwertung in die Frau und ihren Körper eingeschrieben hat. Sie sucht gemeinsam mit ihren Klientinnen nach selbstbestimmten Sinnentwürfen, nach möglichen Sinnerfahrungen im praktischen Lebensvollzug. Der Wunsch nach einem sinnerfüllten Leben wird ernst genommen und der Mut zur kritischen Reflexion bisheriger Sinnentwürfe unterstützt. Feministische Psychotherapie beschönigt nicht die Sinnkrise, in der Frauen und Männer sich befinden, sie enthüllt den krankmachenden Un-sinn des Zeitgeistes, sie begleitet Frauen in dem Prozeß der Absage an alte, sinnlose und nur scheinbar haltgebende Strukturen und im Erschaffen neuer, eigener sinnstiftender Lebenszusammenhänge.

In der feministischen Psychotherapie haben beide Pole der Sinndimension, die Sinnfindung und die Sinngebung, einen Platz. Sinngebend ist die Unterstützung zur Selbstautorisierung und Subjektivierung, das aufdeckende Bewußtmachen von Spaltungs- und Entfremdungsprozessen, die Stützung selbstheilender, kreativer Auseinandersetzung mit den eigenen Potentialen und die Arbeit an der oft verschütteten Bereitschaft, sich konstruktiv und aggressiv für die eigenen Belange einzusetzen.

»Das handlungsleitende, emanzipatorische, aber auch das sinnverstehende Erkenntnisinteresse« hat sowohl mit Sinngebung als auch Sinnfindung zu tun, weil Frauen in der Therapie ermutigt werden, ihre Sklavinnenmentalität zu durchschauen und, wie *Sabine Scheffler (1986)* ausführt, »der Unterdrückung zu begegnen, *nicht* sie zu verwandeln in Krankheit, Symptom, Syndrom, Bewältigungsstrategien, die gesellschaftliche Affirmation und persönliches Unglück bedeuten.« Feministische Psychotherapie vertritt einen ganzheitlichen Ansatz, sie öffnet sich für die spirituelle Dimension menschlichen Seins und ist wachstumsorientiert. Sie gibt Raum für Meditation, symbolischen Ausdruck und Rituale und fördert dadurch den Prozeß der Sinnfindung. Sie ist auf den Teilsinn, den kleinen, täglich neu zu erarbeitenden Sinn im Alltag ebenso bezogen wie auf Fragen nach dem Gesamtsinn, dem großen, letzten Sinn weiblichen Seins im kosmischen Geschehen.

IV.
Heilung der Seele
oder Seelenheil

Zwischen Heilkunst und Heilslehre

Der ist ein Arzt, der das Unsichtbare weiß,
das keinen Namen hat, das keine Materie hat und doch Wirkung.

Paracelsus

Mit der Frage nach dem Ort der Psychotherapie und ihren interdisziplinären Bezügen befinden wir uns nicht nur in einer modernen Debatte über den wissenschaftlichen Stellenwert von Psychotherapie, sondern berühren vor allem ein existentielles Thema, was Heilung und Heil für den kranken Menschen bedeutet und in welchem Sinn die psychotherapeutische Praxis diese Dimension aufzugreifen vermag. Kann ein psychotherapeutisches Heilverfahren »nur« *gesund* machen oder auch in einer anderen, seelisch-geistigen Dimension *heil*bringend sein?

Wir haben es ja in der Psychotherapie mit Menschen in Grenzsituationen, mit Zuständen der Heillosigkeit zu tun, die nur dann heilen können, wenn der ganze Mensch in seiner Einheit von Psyche, Geist und Soma ins Zentrum rückt. Da es in solchen psychotherapeutischen Begegnungen um Fragen zum Sinn von Leben und Tod geht, um Sterblichkeit auch als psychische Totenstarre und um Unsterblichkeit, ist die Frage nach dem Heil, nach dem, was aus der Seelenverfinsterung rettet, immer präsent. Um diese spirituelle Dimension in der Psychotherapie, um ihre Nähe zum Heiligen, zum Religiösen oder Numinosen geht es in diesem Kapitel. Sind Psychotherapie und Religion zwei rivalisierende Ideologien, oder geht es um ein Begegnen und eine Annäherung dieser beiden Bereiche? Wie kann in der Begegnung von Person zu Person Heilung geschehen?

1. Psychologie und Religion
Rivalisierende Ideologien?

Den Schmerz zu lindern ist eine Aufgabe für Götter.

Hippokrates

Die Aufspaltung zwischen Psychologie und Religion gibt es
nicht seit jeher. Der »Priesterarzt« des Altertums und der
Schamane der sogenannten »primitiven« Kulturen verei-
nigte die Obhut und Sorge um die Seele, um Heil und Heilung des Menschen in einer Person. So war auch der große
Alchemist Paracelsus Arzt und spiritueller Meister in
einem. Erst in der jüngsten Periode der Menschheitsgeschichte, lange nach der Aufklärung mit ihrer »Spaltung
von Wissen und Glauben«, erst mit der Entdeckung des
Unbewußten durch *Freud* entstand die moderne Psychologie als eine Wissenschaft der menschlichen Seele, die sich –
ganz im Zeichen des positivistischen Wissenschaftsparadig-
mas – darauf konzentrierte, die beobachteten Phänomene
detailliert zu beschreiben und zu trennen, so wie der For-
scher unter dem Mikroskop ein Insekt als »Beobachtungs-
material« zergliedert und in seine Bestandteile aufspaltet.
Freud zerlegte und analysierte dementsprechend mit wissenschaftlicher Akribie dieses neu entdeckte »Objekt«, das
menschliche Unbewußte, erforschte und »kartogra-
phierte« es als den neu entdeckten »dunklen Kontinent«
der Psyche. Es war sein Ziel, die infantile Abhängigkeit von
der Macht des Unbewußten zu durchbrechen und den Einfluß des Irrationalen zu erkennen, um damit den Menschen seinen eigenen Fähigkeiten zurückzugeben und wieder in die Rechte seiner eigenen Vernunft und Autonomie
einzusetzen. Seine These, daß Bewußtheit, daß Bewußtwerden des Unbewußten heilt, entspricht der biblischen Bot-

schaft: »Die Wahrheit wird euch freimachen.« *C. G. Jung* hat einmal ähnlich formuliert: »Unbewußtheit ist die größte Sünde.«

Auch in der Theologie kam ein ähnlicher Prozeß des analytischen Hinterfragens in Gang, indem sie sich auf dem Boden desselben positivistischen Wissenschaftsverständnisses um eine exakte Erforschung der biblischen Offenbarung bemühte und ihre eigenen Glaubensgrundlagen und Dogmen nach derselben Methode, wie die Psychoanalyse dies mit der Seele tat, zu zergliedern begann. Dabei entfernte sie sich immer mehr vom Glauben als einer lebendigen Kraft der persönlichen Erfahrung zu einer dogmatisch erstarrten Wissenschaft. Die Quelle, aus der einst die Religion als dem »Urgrund des Seins« geschöpft hatte, begann zusehends auszutrocknen, und viele der ehemals Gläubigen wanderten aus der Kirche ab, da sie sich von ihr im Bedürfnis, Sinn und Halt zu finden, enttäuscht fühlten. Sie entfremdete sich dadurch immer mehr von ihrem eigentlichen Auftrag und vom »Ort« der religiösen Erfahrung in der Seele des einzelnen Menschen und überließ der Psychologie und Psychoanalyse das Feld, die mit ihrer epochalen Entdeckung des Unbewußten ein neues Zeitalter einleiteten.

So erbte die Psychotherapie gewissermaßen das »Sorgerecht für die verlorene Seele«. Auch Vertreter aus den eigenen Reihen wie der Zürcher Pfarrer *Oskar Pfister*, der die Selbstanalyse *Freuds* betreut hatte, warnten vor einer zu engen Interpretation der christlichen Lehre und suchten schon damals eine Brücke zu schlagen über den Graben, der sich zwischen Psychoanalyse und Seelsorge auftat.

Auch innerhalb der psychoanalytischen Bewegung unter *Freuds* Schülern zeichnete sich eine wachsende Unzufriedenheit gegenüber *Freuds* positivistischer Haltung zur Religion und Sinnsuche ab und gegenüber seinem Dogmatismus in bezug auf die Bedeutung der Sexualität. Besonders *C. G. Jung* setzte sich von *Freuds* mechanistisch-reduktionistischer Einstellung ab und machte die religiöse Dimension der Seele und ihren archetypischen, numinosen

Urgrund zum zentralen Gegenstand seiner Forschung. *C. G. Jung* hat dann mit seiner These der »natürlichen Religiosität der Seele« das religiöse Bedürfnis des Menschen und die Suche nach Sinn als zentrales Motiv und das Selbst als dessen Anwalt herausgestellt. Indem *Jung* das Religiöse als ein fundamentales menschliches Streben wieder in seine Rechte einsetzte und ein Gottesbild entwarf, das dem der Theologie widersprach, wurde er schon früh heftig kritisiert. Für *Jung* war das Gottesbild eine »Projektion der inneren Erfahrung eines mächtigen Gegenüber«. Er ging von der Existenz eines bewußtseinstranszendenten Etwas aus, von religiösen Inhalten, die auf einen »transzendentalen Gegenstand« hindeuten, ohne daß er unser Gottesbild als ein Abbild von Gott verstand, der sich jedem menschlichen Erfassen entzieht. Jung wurde der Vorwurf der anmaßenden Vereinnahmung der Religion durch die Psychologie gemacht, der Profanierung des Heiligen. Der Vorwurf des Psychologismus scheint auch heute noch ein gewisses Hindernis in der Annäherung zwischen Psychologie und Religion bzw. Theologie darzustellen.

Theologisches Gottesbild und psychologisches Menschenbild

Die Forschungen der Religionsgeschichte und Religionspsychologie haben nachgewiesen, daß sich die Gottesbilder sowohl in der Entwicklung des einzelnen als auch in der Menschheitsgeschichte entsprechend ihrem Reifegrad wandeln. Doch auch heute sind die »Götzenkulte« unter den Angehörigen der zivilisierten Völker nicht ausgestorben. *Fromm* meinte, daß wir, falls es möglich wäre, von uns ein »geistiges Röntgenbild« anzufertigen, vermutlich mit Erstaunen auch unter unseren Zeitgenossen noch auf etliche Vertreter des Kannibalismus, des Totemismus und anderer archaischer »Ismen« stoßen würden *(Fromm 1972)*.

Gott ist aufgrund unseres dualistischen Welterfassens nur als Begriff oder Bild denk- und beschreibbar, und dieses Gottesbild entspricht jeweils einer Projektion des Selbst. Da dieses aber aufgrund neurotischer Verzerrungen gespalten ist, trifft dies auch auf das Gottesbild zu, und zwar entsprechend den verschiedenen Stadien der Entwicklung des Selbst. Für *Funke* ist daher das Gottesbild mit derselben Einseitigkeit behaftet wie das Selbst des betreffenden Menschen *(Funke 1993).* Wir verfügen nur über »halbierte« Gottesbilder, deren andere Hälfte verdrängt wird. Mit zunehmender Reifung des Selbst geht aber auch eine dauernde Revision und Höherentwicklung des Gottesbildes einher; die infantilen Elternbeziehungen, die sowohl für die Selbst- wie für die Gottesbilder Pate gestanden haben, werden bei gesunder Entwicklung immer unwichtiger, bis beide, das Gottes- ebenso wie das Selbstbild, auf einer existentiell-transpersonalen Entwicklungsstufe ihre Strukturen ganz verlieren und in jene mystische Erfahrung münden, in der Gott, Selbst und Kosmos in eines zusammenfließen.

Die Entwicklung des Gottesbildes macht deutlich, daß es sich bei ihm um ein Abbild unser selbst handelt, um ein Konstrukt, eine Metapher, die das »Unbenennbare Eine« immer nur anzudeuten vermag. So entpuppt sich unser Gottesbild bei näherem Zusehen als das »nach unserem Bilde« geschaffene entsprechende Menschenbild. So glaubten die griechischen Philosophen, daß der Gott der Frösche, falls sie einen solchen hätten, sicher ein göttlicher Frosch wäre.

Religion läßt sich aber nicht reduktionistisch auf »nichts als« ein Gottesbild und eine infantile Fixierung zurückführen, sondern muß als eine lebendige innere Erfahrung verstanden werden, die sich jenseits der Grenzen von Dogmen und Metaphern ereignet.

Wenn sich daher das Gottesbild der Theologie und das Menschenbild der Psychologie gleicherweise als zwei Konstrukte erweisen, die außerdem noch weitgehend identisch sind oder derselben Wurzel entstammen, dann werden die Konflikte zwischen den beiden Disziplinen und ihr jeweils fundamentalistischer Anspruch auf Wahrheit hinfällig. Es

294

ist der nicht unumstrittene Versuch gemacht worden, die beiden Bereiche darin zu unterscheiden, daß der eine sich mit »innerweltlichen«, der andere mit »überweltlichen« Konstrukten beschäftigt *(Wyss 1991)*. Für *Vogt (1991)* ist diese künstliche Spaltung der Wirklichkeit nicht sinnvoll, weil sie mit der Natur der Sache nichts zu tun habe, sondern nur ein Ausdruck spaltenden Denkens sei.

Wir können den Grund des gegenseitigen Mißtrauens in der wechselseitigen Projektion erkennen, den »Splitter im Auge des andern« und den »Balken im eigenen« als den latenten Zweifel am eigenen Dogma. Wenn beide Seiten imstande sind, den fiktiven Charakter ihrer Konstrukte zu durchschauen, wird der Vorwurf des Psychologismus von seiten der Theologie ebenso hinfällig wie der Vorwurf des illusionären Charakters der Religion von seiten der Psychologie; und dann kann die Spaltung überbrückt werden. Damit wären auch die Grenzkonflikte und die Rivalität zwischen den beiden Bereichen bereinigt, die sich früher um die ausschließliche Kompetenz bezüglich der Seele gestritten haben. Dann könnten sich beide zu einem konstruktiven Dialog zusammensetzen, um die Schwerpunkte ihres Auftrags im Dienste des leidenden Menschen zu klären. Beide beziehen sich ja auf die Sinnkrise des modernen Menschen, seine Orientierungslosigkeit und »existentielle Haus- und Heimatlosigkeit« *(Wyss 1991)* und glauben an die Fähigkeit des Menschen, das Numinose, Transzendente in der eigenen Seele wieder erfahren zu können.

Heute hat sich das Klima zwischen Psychotherapie und Religion wesentlich entschärft. Früher variierte die Haltung von verächtlicher Ablehnung über wohlwollende Duldung bis zu respektvollem Abstand gegenüber dem andern, der jedoch als grundsätzlich andersartig und durch einen unüberbrückbaren Graben getrennt erschien. Zu dieser letzten Gruppe wäre zum Beispiel *Jaspers* zu rechnen: »Wo der große Mensch spricht – Augustin oder Pascal –, soll die Psychologie schweigen« *(zit. von Benedetti 1969)*. Ein anderer Vertreter dieser Auffassung ist *Frankl*: »Für die Logotherapie kann Religion nur ein Gegenstand sein – nicht aber ein Standort . . . Die Dimension, in die der religiöse Mensch vorstößt, ist . . . eine höhere, will heißen umfassendere, als die Dimension, in der sich so etwas wie Psychotherapie abspielt« *(zit. nach Kolbe 1986).*

Tatsächlich hat sich aber heute aufgrund einer neuen Weltsicht und eines neuen Bewußtseins eine völlig veränderte Situation für die ehemals vereinten und dann über lange Zeit verstrittenen Geschwister ergeben. Auf beiden Seiten gibt es neuerdings jene, die keinen grundsätzlichen Unterschied der beiden Bereiche mehr zu erkennen vermögen. Im psychologischen Bereich gibt es außer den zwei bisherigen Gruppen mit der Haltung verächtlicher Ablehnung gegenüber der Religion oder der gegensätzlichen Einstellung wohlwollender Duldung und derer, die wie *Jaspers* in ehrfurchtsvoller Zurückhaltung verstummen oder wie *Frankl* und *Benedetti* um strikte Abgrenzung bemüht sind, nun die dritte Gruppe der spirituell orientierten PsychologInnen, die sich offen zur »Gretchenfrage«: »Wie hältst du's mit der Religion?« äußern und die spirituelle Dimension nicht mehr als Tabu ausgrenzen, sondern aktiv in ihre psychotherapeutische Arbeit einbeziehen. Sie sind nicht mehr bereit zu einer »hilflosen Überschreibung« *(Petzold)* der Fragen der Religion und Sinnhaftigkeit an die Seelsorge, sondern fühlen sich in der Zusammenarbeit mit ihr herausgefordert, dem Suchen nach Sinn und Orientierung verantwortlich zu begegnen. Es handelt sich beispielsweise um Strömungen in der transpersonalen Psychologie, und im theologischen Bereich sind es Personen wie Rahner, Küng, Drewermann, die sich dafür eingesetzt haben, daß trennende Grenzen transzendiert werden und dogmatische Schranken fallen. Für sie ist der interdisziplinäre Austausch natürlich, sie wissen darum, daß der »Gegenstand« ihres Interesses selbst, die menschliche Seele, auch »keine Unterscheidung trifft zwischen Religion und Psychologie« *(Hillman).* Im Sinn des neuen Paradigmas erkennen sie ideologische Grenzen als Konstrukte ohne absoluten Wahrheitsgehalt. Gemeinsam ist ihnen die Ausrichtung auf die existentielle Not, auf die menschliche

Notwendigkeit, wieder ganz und heil zu werden. Wir sehen heute ein gemeinsames Bemühen – ohne polemische, abwertende und destruktive Ausgrenzung des andern –, voneinander zu lernen. Das gemeinsame Thema und Anliegen ist Heilung und Heil als Erfahrung jener »dunklen Mitte«, wo das Selbst und das Göttliche in eins zusammenfließen.

2. Psychotherapie und Spiritualität
Wege zum Sinn?

Der Mensch lebt nicht vom Brot allein . . .

Matthäus 4,4

Man sieht nur mit dem Herzen gut. Das Wesentliche ist für die Augen unsichtbar.

Antoine de Saint-Exupéry, Der kleine Prinz

Versuchen wir uns dem begrifflichen Umfeld von »Spiritualität« zu nähern, dann steigen folgende Assoziationen auf: Geistigkeit, Bewußtseinserweiterung, Ganzheitlichkeit, Nicht-Dualismus, erlebte Erfahrung, Verbindung, Vernetzung, Verantwortung, Mitgefühl, Herzenswissen, gemeinschaftsorientiert, nichthierarchisch, weiblich, ökologisch.

Spiritualität hat mit Bedürfnissen zu tun, die unser alltägliches Bewußtsein erweitern und transzendieren, mit Strebungen, die wir als sinngebend erleben, die einen hohen Wert für uns ausstrahlen und uns mit etwas in Verbindung bringen, das größer ist als unser Ich und das unsere Grenzen transzendiert. Spiritualität ist kein theoretisches oder philosophisches Konzept, sondern erlebte Erfahrung, eine innere Haltung und Einstellung dem Leben gegenüber, die von Liebe und Verantwortung geprägt ist. Spirituelle Erfahrungen berühren uns im tiefsten Wesenskern, sie ergreifen und verändern uns und sind Ausdruck des Kontaktes mit dem Geheimnis, dem Numinosen. Im spirituellen Erleben wird uns bewußt, daß die Natur unseres Wesens das »umgreifende Eine« ist, das keine Grenzen kennt.

Spiritualität (von lat. *spiritus* = Geist) hat in den alten Sprachen die Bedeutung von Atem, bewegter Luft, Wind und ist damit der Ausdruck einer dynamischen Kraft (in anderen Traditionen *pneuma* oder *prana* genannt), die »grenzenlos« und anderseits gleichzeitig strukturiert ist.

298

Spirituelle Erfahrung bedeutet das Überschreiten des begrenzten Alltagsbewußtseins und die Erfahrung des transpersonalen, über mich hinausreichenden Bewußtseins, die Öffnung der Grenzen des Ich und der Person hinaus zum überindividuellen Sein. In der psychologischen Sprache reden wir vom »wahren Selbst«, vom Archetyp des Selbst als dem inneren Kern der Person, in der Alchemie vom »Gold« oder »Stein der Weisen«. In der religiösen Sprache ausgedrückt handelt es sich um die Erfahrung des Absoluten, Heiligen, das die Theologie mit Gott bezeichnet, der Mystiker mit dem »Seelenfunken«. Gemeint ist das Bewußtsein, daß die Welt der Dinge, des Lebens und des Geistes in einem Urgrund wurzelt und dieser Urgrund in der eigenen Seele erfahren werden kann. In der Mystik ist dieses Bewußtsein von *Meister Eckhart* sehr schlicht beschrieben worden. »Das Auge, mit dem ich Gott erkenne, ist dasselbe, mit dem Gott mich erkennt. Mein Auge und Gottes Auge sind ein und dasselbe – eins im Sehen, eins im Wissen und eins in der Liebe.«

Psychologie- und Psychotherapieformen, die diese religiöse Dimension der Seele in ihre Konzepte und Methoden einbeziehen, werden unter dem Sammelbegriff »transpersonale Psychologie« zusammengefaßt *(Zundel/Loomans 1994)*.

Transpersonale Erfahrungen treten spontan, ohne besondere äußere Bedingungen und Vorbereitungen, häufiger aber im Zusammenhang mit emotional überwältigenden Ereignissen, im positiven Sinne z. B. durch eine tiefe sexuelle Begegnung oder eine andere ergreifende Gefühlserfahrung, durch das Erlebnis der Schönheit von Natur oder Kunst auf. Aber auch existentielle Krisen und Grenzsituationen im Umkreis von Krankheit, Leiden, Tod und Verzweiflung können auslösend sein.

Oft wird das spirituelle Erleben als ein Erwachen beschrieben, als Sterbenlassen des Alten und Wachstum von etwas Neuem, Erneuerndem. Zur spirituellen Erfahrung gehört das Zyklische des »Stirb und Werde«, das Ja zu unserem wahren Wesen in seinen annehmbaren und unannehmbaren Ausprägungen. Für *Jung* ist das Ziel aller Wandlung »die Wandlung eines Sterblichen in ein Unsterbliches in mir« *(Jung 1989)*. Er hat verschiedentlich darauf hingewiesen, daß ein erfolgreiches Leben die Wandlung gefährden oder verhindern kann, weil der Impuls festzuhalten größer ist als der, sich zu erneuern. Das Leben fordert aber einen Prozeß kontinuierlichen Werdens, und dazu gehört, daß rigide Ichhaltungen, die dem inneren Bedürfnis nach Entwicklung Widerstand leisten, losgelassen und geopfert werden müssen.

Wenn wir spirituelle Erfahrungen machen, vollzieht sich eine Wendung nach innen, eine Verschiebung vom Ich zum Selbst. Unsere übliche, dualistisch-spaltende Auffassung der Abgrenzung zwischen Geist und Materie, Ich und Körper, Gefühlen und Gedanken wird aufgehoben. Wir erfahren, daß wir kein Bewußtsein *haben*, sondern »eingeleibtes« Bewußtsein *sind*, Teil der Gesamtheit menschlicher Erfahrungen, der Zivilisation und der sozialen und kosmischen Ordnung. Wir erleben uns als Körper-Seele-Geist-Einheit und erkennen in der mystischen oder spirituellen Erfahrung, »daß alles so ist, wie es ist, und so, wie es ist, auch vollkommen ist *(Jäger 1994)*. Spiritualität bedeutet das Wahrnehmen des »Ganzen«, die Erkenntnis des Paradoxes, daß alles eins und dennoch gleichzeitig in vieles ausgefächert ist, daß das Ganze und der Teil zwei Seiten derselben Münze sind.

Transpersonale Erfahrung geht mit Einsicht in das Wesen der Dinge und des eigenen Selbst (Wesensschau, japanisch *Kensho*) einher, entsprechend dem »meditativen Bewußtsein«, zu dem erhöhte Klarheit der Wahrnehmung und Versunkenheit gehören.

Alle religiösen Traditionen haben eine gemeinsame Quelle der Spiritualität, die sie miteinander verbindet und mit der sich besonders Aldous Huxley als der »ewigen Philosophie«, der philosophia perennis, auseinandergesetzt hat. In den USA ist eine 25bändige Enzyklopädie zum Thema *»World Spirituality. An Encyclopedic History of the religious Quest«* in Arbeit, die davon ausgeht, daß der spirituelle

Kern das tiefste Zentrum der Person ist. Religion ist in diesem Verständnis das Bemühen des Menschen, seine tiefste Bestimmung, seinen Sinn im Lebensganzen zu entdecken. Das Finden dieses Lebenssinns hängt von der Beziehung zum Unbewußten ab. Es ist eine Art Fenster zur Ewigkeit, das uns an den großen Lebensstrom anschließt. Wenn wir die Erfahrung machen können, daß in uns etwas wächst, das uns heilen läßt, und wir andere an diesem Heilenden teilhaben lassen, dann wissen wir um den »Gesamtsinn«, den im weitesten Sinne religiösen Lebenssinn.

Wenn wir von Sinnkrisen erschüttert werden, an unheilbaren Krankheiten leiden und einer physischen und psychischen Wandlung bedürfen, einer Neueinstellung uns selbst und der Welt gegenüber, ist die spirituelle Suche nach dem innersten Wesenskern besonders drängend. Der Individuationsweg, wie *C. C. Jung* ihn beschrieben hat, ist eine solche Quest, eine spirituelle Pilgerschaft, ein Weg zu dem, was ich letztendlich bin, und damit zu einem Bewußtsein, daß ich zur »großen Kette des Seins« gehöre, an der Ganzheit teilhabe. *Jung* gilt als »Pionier und Klassiker« der transpersonalen Psychologie, die sich auf die religiöse Dimension der Seele bezieht und sich mit Bewußtseinszuständen befaßt, die Grenzbereiche berühren und uns aus den Erfahrungen der Mystiker vertraut sind. Es gehört nämlich zu den Grundannahmen der analytischen Psychologie, daß die spirituelle Dimension ein Teil der menschlichen Psyche ist und daß eine Art autonomes, spirituelles Prinzip in jedem von uns wirkt. Der Wandlungsprozeß als Entwicklung zur »Ganzheit«, zur vollen Bewußtwerdung des eigenen Potentials und des Angeschlossenseins an den großen Lebensstrom, gilt als natürlicher Lebensprozeß, der in der Psychotherapie unterstützt und begleitet wird. Zu dieser Bewußtseinsintensivierung und -erweiterung, die oft von schweren Wachstumsschmerzen und Leiden begleitet ist, gehört immer die Verantwortung, das Erfahrene auch zu leben. Ein Mensch, der fest im Spirituellen gründet, erlebt den Wandlungsprozeß als kontinuierliche Aufgabe und ethische Verpflichtung. Es gibt keinen »Schnellkurs in Innerlichkeit« *(Miller 1994)*, wie uns der spirituelle Workshoptourismus glauben machen will.

Sich in allem selbst zu begegnen und »seine und der Welt Mitte als eine zu erfahren« *(Scharfetter 1991)* führt zu einer Alltagsspiritualität, einer Haltung dem Begegnenden gegenüber, die von *Dürckheim* in seiner Initiatischen Therapie »Alltag als Übung« genannt wurde. In der Initiatischen Therapie hat die tägliche Übung den Sinn, den Menschen für das Transzendente durchlässig zu machen, er soll in seinem Alltag »Zeuge« sein von der Präsenz eines überweltlichen, geistigen Seins in jedem von uns. Ein spirituelles Leben drückt sich also in unseren alltäglichen Bezügen aus, »nicht in exzeptionellen Bewußtseinszuständen, sondern in der gütigen, liebevollen, toleranten Werktätigkeit des täglichen Lebens« *(Scharfetter 1991)*. Erleben, Erkennen und Tun sind unauflöslich miteinander verknüpft.

Eine besonders wichtige Konsequenz des neuen Bewußtseins und der neuen Religiosität ist ihre Betonung der sozialen Verantwortung. Die neue Mystik ist durch ein »ökologisches Bewußtsein« gekennzeichnet, durch die Verantwortung fürs gemeinsame Ganze, für die »Erlösung aller lebenden Wesen«, wie es im Buddhismus heißt, einschließlich der sogenannten »toten« Materie. Eine »narzißtische Nabelschau«, wie sie der Psychotherapie oft vorgeworfen wurde, hat hier keinen Platz, und eine echte spirituelle Haltung muß sich daher im Alltag und auch in der alltäglichen psychotherapeutischen Praxis ausweisen. »Ein spiritueller Weg, der nicht in den Alltag zum Mitmenschen führt, ist ein Irrweg . . . Wenn ich erfahre, daß mein Aufstehen am Morgen und das Anziehen der Hausschuhe ein tiefreligiöser Akt ist, dann habe ich erkannt, was Religion ist« *(Jäger 1991)*.

Letztlich vermag uns nur eine solche spirituelle Verankerung bei der Arbeit mit Menschen in Grenzsituationen, wenn die kalten Augen des Todes uns mitten im Leben anstarren, vor Abwehr, Zynismus und Hilflosigkeit zu schützen oder vor der grandiosen Vorstellung, den Tod überlisten zu können.

Wenn wir in unserer Praxis der tiefen Verzweiflung psychotischer Menschen begegnen, wenn wir mit schwer suizidalen Menschen ihre Seelenverfinsterung teilen, dann vermag uns oft nur ein eigener unerschütterlicher Glaube an das Sinnvolle unseres therapeutischen Begegnens jenseits aller Theorien von Meßbarkeit und Effizienz vor dem eigenen Ausbrennen und Verlöschen unserer therapeutischen Energie zu bewahren.

Spiritualität hat also nicht nur den kontemplativen Charakter der Innenschau, sondern sie ist auch bewußte, engagierte Spiritualität, die an den Satz »Sinn kommt vom Tun« erinnert. Poetischer hat *Rabindranath Tagore* diese Weisheit ausgedrückt:

»Ich schlief und träumte, das Leben sei Freude. Ich erwachte und sah, das Leben ist Dienen. Ich handelte und siehe: Das Dienen war Freude.«

»Dienen« hat viel mit Psychotherapie zu tun, denn in seiner ursprünglichen griechischen Wortbedeutung meint *therapeia* Dienst, Behandlung, Pflege und Heilung. Der Seele Sorge zu tragen, unserer eigenen und der Seele der uns Anvertrauten, aber auch unserer Um- und Mitwelt, im Bewußtsein, daß alles mit allem verbunden ist, das gehört zu gelebter Spiritualität. Dieser Sinn für Zugehörigkeit und Verbundenheit heilt auch die Sinnkrise, die ja Ausdruck des Herausgefallenseins aus dem sinngebenden Ganzen ist. Das spirituelle Welt- und Menschenbild geht davon aus, daß der Mensch die Macht hätte, die Welt zu zerstören, aber auch die Weisheit, sie zu erhalten. Wenn wir unser psychologisches Menschenbild um ein spirituelles Menschenbild erweitern, dann leuchtet das Bewußtsein einer neuen Sinnhaftigkeit auf, weil die Fragmentierung überwunden wird und der einzelne sich mit dem Ganzen verbunden weiß.

Diese, dem Häuptling Seattle zugeschriebene Rede spiegelt etwas von einer solchen spirituellen Weltsicht wider:

»Lehrt eure Kinder, was wir unsere Kinder gelehrt haben. Die Erde gehört nicht uns, wir gehören der Erde. Alle Dinge sind miteinander verbunden, so wie eine Familie durch Blut verbunden ist. Nicht die Menschheit hat das Netzwerk des Lebens gewebt. Wir sind darin nur ein Faden. Was immer wir dem Netzwerk antun, tun wir uns selbst an. Alles ist miteinander verbunden.«

Der Schlüsselbegriff und zentrale Wert des neuen Bewußtseins, der schon in der New-Age-Bewegung formuliert worden war, ist die *Vernetzung* aller Phänomene, die Verbundenheit aller Wesen und Erscheinungen, die Überwindung der Subjekt-Objekt-Spaltung nach jahrhundertelangem platonischem und kartesianischem Dualismus. *Bacons* Bild, daß der Wissenschaftler der Natur ihre Geheimnisse durch Folter entreißen müsse, weicht lebensförderlicheren Metaphern. Wissenschaft als Manipulation und Kontrolle der Natur im Gefolge des Positivismus macht einer vermehrten Wertschätzung einfühlsamer Intuition und Achtung vor allem Lebendigen Platz *(Capra/Steindl-Rast 1993)*. Geist und Materie sind nicht mehr strikt voneinander zu trennen; sie sind zwei Seiten derselben Medaille: Der Geist bzw. das Bewußtsein schafft die Materie. Anstelle des »Teils« tritt das »Ganze« in den Vordergrund.

Der Umbruch begann in den ersten Jahrzehnten dieses Jahrhunderts durch die Physik und ihre Entdeckung der Relativitäts- und Quantentheorie sowie später durch die Kybernetik und Erkenntnisforschung. In der Physik wurden die Grenzen rationaler Erfaßbarkeit der Welt überschritten: »Morphogenetische Felder« *(Sheldrake)* oder eine »implizite Ordnung« *(David Bohm)* »in-formieren«, das heißt geben Form. Daraus entstehen die sichtbaren Strukturen, Organismen und Systeme, und die Materie verliert damit ihren kompakten Charakter. Sie geht bei der Atomspaltung nicht in noch kleinere Teile, sondern in Energie über. Damit scheint die Physik heute eine ähnliche »Grenzerfahrung der Grenzenlosigkeit« zu machen wie die mittelalterliche Mystik *(Jäger 1991, Whitmont 1993)*.

Weder die Begriffe, die wir uns ausdenken, noch die Objekte, die wir wahrnehmen, erweisen sich als exakte und letztlich gültige Beschreibungen und Manifestationen der Wirklichkeit selbst. Diese übersteigt unser Vorstellungsvermögen ebenso wie der Sinn des Ganzen, der »Gesamt-sinn«. »Wir begreifen davon etwa so viel wie eine Kuh von einem Transistorradio« *(Whitmont 1993)*. Es wäre eigent-lich ja auch verwunderlich, wenn wir mit unserem be-schränkten »Wahrnehmungsapparat« die ganze Band-breite der uns umgebenden Welt erfassen könnten. Dies ist ebenso unwahrscheinlich wie ein Radio, das alle elektro-magnetischen Wellen des Universums aufnehmen kann. Der sichtbare Ausschnitt »unserer« Wirklichkeit ist daher außerordentlich beschränkt, und nur der Mensch in seiner Hybris bildet sich ein, daß die Wirklichkeit, die er sich aus-denkt, und der Gott, das Gottesbild, das er sich »einbildet«, das einzig wahre und mögliche ist. »Diese« Wirklichkeit existiert daher nur in unserer subjektiven Erfahrung, und die »eigentliche« Realität transzendiert alle Grenzen. Die Welt gleicht weder einer Anhäufung unverbundener Ein-zelteile noch einer gigantischen Maschine, sondern eher einem »Gedanken Gottes«, wie es ein Physiker der Gegen-wart ausgedrückt hat. Mit dieser Erkenntnis schließen sich die Physiker an die Mystiker aller religiösen Traditionen an.

Zum Paradoxen oder zumindest zum schwer Vorstellba-ren gehört auch die Tatsache, die von der Physik bestätigt wird, daß die Grenze zwischen lebendigen Organismen und lebloser Materie fließend ist. Eine scharfe Abgrenzung zwischen Leben und Tod wird damit hinfällig wie über-haupt alle Grenzen, die durch unser traditionelles Alltags-verständnis und -bewußtsein gegeben sind, zwischen gut und böse, krank und gesund. »Ich bin ein Teil von jener Kraft, die stets das Böse will und stets das Gute schafft«, läßt der »Mystiker« Goethe im Faust den Teufel in der Gestalt des Mephisto sagen.

In der Schicksalsanalyse von *Leopold Szondi* wird diese dia-lektische Kraft als Kains-Tendenz bezeichnet, die das »Gut-und-Böse-Sein« umfaßt. »Nichts gibt es in der Welt im Tun des Bösen und des Guten, in Gewissenlosigkeit und Gewis-senhaftigkeit, im Handeln mit Geduld und Ungeduld, in Gesetzlosigkeit, Gesetzgebung und Gesetzmäßigkeit, in

Überschwemmungen von Affekten und im Freisein von allen groben Gemütswallungen, im Schlagen und Heilen von Wunden ohne den Faktor e« *(Szondi 1972)*. Mit dem Faktor e ist in dieser Theorie die Abel- oder Kains-Tendenz im Menschen gemeint. *Friedjung Jüttner* hat im Kontext von Ethik und Moral aus schicksalanalytischer Sicht dieses Paradox, das nahe Beieinander von Gut und Böse herausgearbeitet *(Jüttner 1994)*.

Dementsprechend wird auch der Heiler zum »verwundenden Heiler«, der »Böses« zufügen muß und der wie der Chirurg nicht umhin kann, Schmerzen zu verursachen. Sinnvolle Psychotherapie bedeutet immer auch verwunden, ebenso wie das normale Wachstum nicht ohne schmerzvolle Krisen vonstatten geht. Es ist daher zu erwarten, daß in allen ernsthaften therapeutischen Methoden die Konfrontation mit Schmerz- und Leidvollem ihren legitimen Platz haben muß *(Whitmont 1993)*.

Zu den Werten dieser neuen Form des Bewußtseins, das sich vor allem durch eine fundamentale Zusammengehörigkeit und Verbundenheit von allem mit allem auszeichnet, gehört Gelassenheit und Mitgefühl, die Bedeutung des Dialogs, die Freude an Kommunikation und Austausch, die Offenheit für alles Fremde, das Lauschen darauf, was die andern uns zu sagen haben. »Das sagt mir etwas« ist aber gleichbedeutend mit »das macht Sinn«. So offenbart sich der Sinn im über die Grenzen hinausweisenden Dialog; er ereignet sich im »dazwischen«, zwischen dem Ich und dem Du, im verbindenden Bereich personaler Beziehung statt im abgegrenzten Für-sich-selbst-Sein.

Diese neue Form des Bewußtseins hat eine enge Verbindung zu dem, was wir als das weibliche Prinzip bezeichnen, das verbindet, ausgleicht und die Gegensätze zu überwinden sucht und in einem lebendigen Kontakt zum Unbewußten steht. Dieses weibliche Prinzip ist nicht an das Geschlecht gebunden, sondern bezeichnet eine archetypische Struktur, die mit Werden- und Geschehenlassen, Fruchtbarkeit und Wachstum, aber auch mit Sterben und Tod zu tun hat, mit der Weisheit des Schöpferischen. Nur wenn wir uns zurückbesinnen auf diese »weibliche« Art, mit den Dingen umzugehen, werden wir zu einer neuen Freiheit und Bewußtheit über uns selbst und die Welt gelangen, die nicht nur zu einem anderen Umgang mit uns selbst und der Mitwelt führt, sondern auch eine neue sinnvolle Ausrichtung auf das Geheimnis unserer Existenz fördert, in der die Liebe und die Ehrfurcht vor dem Leben im Zentrum steht.

Die spirituelle Dimension in der Psychotherapie

Welche Bedeutung haben die Werte dieser neuen Weltsicht und die spirituelle Dimension für unsere konkrete psychotherapeutische Arbeit mit Menschen in Grenzsituationen? Warum ist Sinnorientierung, Spiritualität oder religiöse Erfahrung ein wichtiger heilender Faktor in der Psychotherapie?

Wir stehen heute vor der Frage, was die Erweiterung der Grenzen durch den Einbezug der spirituellen Dimension für die Psychotherapie bedeutet. Es werden ja Wandlungsprozesse durch transpersonale Erfahrungen ausgelöst, die auch für den therapeutischen Prozeß wichtig sind. Wir müssen uns ein Wissen um krisenhafte Symptome psychischer oder physischer Art erwerben, die einen solchen Prozeß begleiten können. Wir brauchen neue Konzepte, um psychische Störungen und spirituelle Krisen in einer Haltung des Wissens um die transpersonale Dimension begleiten zu können. Die Psychotherapie steht noch am Anfang, was die Wege betrifft, spirituelle Krisen und Transformationskrisen zu behandeln und eine klare Abgrenzung zwischen psychopathologischen Phänomenen und spirituellen Durchgängen vornehmen zu können. Auch die Rolle der PsychotherapeutInnen muß in diesem Zusammenhang neu überdacht werden.

Es ist kritisch gefragt worden, ob die Psychotherapeuten in einer säkularisierten Welt sozusagen eine »neue Priesterschaft« verkörpern und ob die Rolle spiritueller Führer, die in den alten religiösen Traditionen von Mönchen, Staretz', Gurus oder Roshis eingenommen wurden, jetzt von Therapeuten besetzt werde. Wenn wir uns den analytischen Prozeß als einen Weg vorstellen, der PatientInnen dazu verhilft, in sich selbst den inneren Meister oder die innere Meisterin zu finden, und wenn wir daran denken, daß dieser Entdeckungsprozeß vertrauensvoll begleitet und nicht direktiv geleitet wird, dann befinden wir uns in vertrauter spiritueller Tradition, denn auch der Guru antwortet oft durch Schweigen. Sinnfindung ereignet sich im Sich-Zeit-Lassen, in der Stille, im Abwarten-Können, im allmählichen Veränderungsprozeß. Jung hat in seinem Lebensrückblick die Rolle des Weisen oder Wissenden entschieden zurückgewiesen und ein schönes Bild für seine therapeutische Haltung gebraucht:

»Es hat einmal einer einen Hut voll Wasser aus einem Strom geschöpft. Was bedeutet das schon? Ich bin nicht dieser Strom. Ich bin an dem Strom, aber ich mache nichts. Die andern sind an demselben Strom, aber meist finden sie, sie müßten es selber machen. Ich denke nie, ich sei es, der dafür zu sorgen hätte, daß die Kirschen Stiele bekommen. Ich stehe da, bewundernd, was die Natur vermag« (*Jung 1979*).

Diese Bescheidenheit und Demut dem innerpsychischen Geschehen gegenüber brauchen wir, wenn wir therapeutisch arbeiten. Wir müssen uns ganz in den Dienst des Unbewußten stellen, das in diesem Prozeß die Führung übernimmt, denn wir können nur begleitend verstehen und der Führung des Selbst durch die unbewußten Manifestationen folgen, aber niemals wirklich vorauswissen, was das Ziel dieses Individuationsprozesses ist.

Unsere Aufgabe ist vielmehr, verständnisvoll mitzuhelfen, daß der Selbstwerdungsprozeß unserer PatientInnen in natürlicher Weise wachsen kann. Damit sind PsychotherapeutInnen keine geistigen FührerInnen und Gurus, die um alle Wege wissen und einen Heilspfad anpreisen, sondern Begleitende dessen, was aus dem Unbewußten ins Bewußtsein geboren werden soll. Bewundernd vor dem zu stehen, das die Psyche arrangiert hat, sich zu freuen und zu staunen über den Weg, den das Selbst in unseren PatientInnen gefunden hat, das sind unsere therapeutischen Freuden. Besonders wenn wir mit Grenzerfahrungen arbeiten, müssen wir darauf vertrauen, daß der Prozeß seinen natürlichen Lauf der Veränderung nimmt, statt auf einen Zustandswandel zu drängen. »Wir lassen dem Tao des Prozesses seinen Lauf« ist darum das Credo prozeßorientierter PsychotherapeutInnen *(Goodbread/Mindell 1994)*. Wir kennen auch aus der psychotherapeutischen Tradition die Auffassung, daß wir einen Menschen nur so weit zu begleiten vermögen, wie unsere eigenen Komplexe es zulassen. Ähnlich gilt für spirituelle Meister, daß sie nur dann etwas an ihre Schülerinnen und Schüler weitergeben können, wenn sie authentisch diese spirituelle Tradition leben, das heißt, wenn sie Vorbild sein können.

Für TherapeutInnen bedeutet dies, daß sie ihrer eigenen dunklen Nacht der Seele begegnet sein müssen, bevor sie glaubwürdig und sicher mit ihren PatientInnen in deren Seelentiefe und Seelendunkelheiten eintauchen können. Die kryptische Botschaft aller spirituellen Traditionen, die sich im Bild des verwundeten Heilers verdichtet, meint genau dies: Wir müssen selbst Krankheit und Ohnmacht, Schmerz und Verzweiflung durchlitten haben, um verantwortungsvoll mit diesen Leiden unserer KlientInnen umgehen zu können und heilend zu wirken. Psychotherapie ist mehr als eine Summe von Techniken.

Der Einbezug der spirituellen Dimension ermöglicht die Erfahrung einer tieferen Ebene der Wirklichkeit, die auf eine sinnerfüllte Beziehung des einzelnen mit dem ganzen Kosmos verweist und dem ursprünglichen menschlichen Bedürfnis nach tanszendentalen Erfahrungen entgegenkommt.

Es gibt zunehmend mehr TherapeutInnen, die nicht länger bereit sind, diesen Bereich als Tabu auszugrenzen. Sie achten hellhörig auf Bilder, Träume und Symbole, die von dieser »anderen« Wirklichkeit künden und auf das letztliche Verwurzeltsein im transpersonalen Bereich verweisen. Sie hören gleichsam mit dem dritten Ohr und sind bemüht, an der Gestaltung eines inneren Raumes mitzuwirken, in dem sich diese spirituelle Dimension entfalten darf.

In der analytischen Psychologie gehört diese transpersonale Ebene und die Sinndimension zum tragenden Grund der therapeutischen Praxis. Aber auch in der daseinsanalytischen Psychotherapie mit ihrer Offenheit für das Geheimnis und Rätsel der menschlichen Existenz werden transpersonale Aspekte berücksichtigt *(Holzhey)*. *Perikles Kastrinidis (1994)* hat an der phänomenologischen Haltung des Loslassens, Zulassens und Sich-Einlassens gezeigt, wie die Daseinsanalyse den »philosophischen Denk-Spiel-Raum« eröffnet, in dem auch Transpersonales verstanden werden kann.

Die Initiatische Therapie von *Graf und Gräfin Dürckheim* in Todtmoos im Schwarzwald ist eine Psychotherapieform, die sehr stark an der transpersonalen Dimension des Seins orientiert ist. Sie geht davon aus, daß »Seinsberührungen«, bedeutsame Erfahrungen des Numinosen, den Weg nach innen initiieren können und damit in einen natürlichen Individuationsweg hineinführen.

Auch die systemische Psychotherapie bezieht sich in ihrem Konzept der Zirkularität zwischen dem Teil und dem Ganzen auf Inhalte, die zu einer spirituellen Sichtweise gehören. Ihr ressourcenorientierter Ansatz, der den Aspekt der Kreativität betont, hat viele Bezüge zu dem, was das neue Bewußtsein an Werten propagiert.

Im breitgefächerten Spektrum feministischer Psychotherapie ist die spirituelle Dimension fest verankert. Das Bewußtsein um weibliche Spiritualität, das Ringen um Sinn nach traumatischen Ereignissen, die transpersonalen Erfahrungen im »psychotischen« Kontext, die Bedeutung von Mythen, Symbolen und Ritualen für den Heilungsprozeß sind vertraute Themen feministischer Psychotherapeutinnen.

Die Arbeiten von *Grof (1994)* zu veränderten Bewußtseinszuständen im Rahmen der psychedelischen und holotropen Therapie geben umfassenden Einblick in die Vielfalt transpersonaler Phänomene des Einsseins mit der Natur, dem Universum und Gott.

Heute ist bei vielen Helfenden eine Besinnung auf die Gemeinsamkeiten der psychotherapeutischen und religiösen Praxis erkennbar. Die Meditation hat in kirchliche Institutionen Eingang gefunden, und einige psychotherapeutische Schulen haben Anleihen bei religiösen Traditionen gemacht, so z. B. die Gestalttherapie beim Buddhismus oder die systemische und die Logotherapie mit ihrer Technik der »paradoxen Intention« bei der »Koan«-Technik des Zen. Daß die Beziehung zwischen Kirche und Psychotherapie heute entspannter ist als früher, zeigt sich auch darin, daß kirchliche Beratungsstellen häufig über ein breitgefächertes Psychotherapieangebot verfügen und mit TiefenpsychologInnen besetzt sind und daß an therapeutischen Kongressen über das Transpersonale in der Psychotherapie auch christliche Vertreter kontemplative Zugänge zum transpersonalen Raum vermitteln. Im Zweiten Vatikanischen Konzil wurde ausdrücklich empfohlen, daß die Seelsorge die psychotherapeutischen Erkenntnisse »beachten und anwenden« soll. Eine wachsende Zahl von TheologInnen distanziert sich von einem dogmatisch eingeengten Religionsverständnis und bekennt sich zu einer Auffassung, die den »Ort« religiöser Erfahrung in der Seele des einzelnen Menschen sieht und sich damit der Haltung des Theologen *Karl Rahner* anschließt: »Der Mensch der Zukunft wird der mystische Mensch sein, oder er wird nicht sein.«

Wenn wir das Augenmerk auf die Gemeinsamkeiten zwischen einer undogmatischen therapeutischen und religiösen Praxis lenken, ergibt sich eine Parallele in der »Übung der Achtsamkeit« und Offenheit gegenüber dem eigenen Innern anstelle einer Unterwerfung unter ideologische Vorgaben theologischer oder psychologischer Lehrmeinungen. Die Technik des freien Assoziierens und die »frei schwebende Aufmerksamkeit« der Psychoanalyse hat große Ähnlichkeit mit der »absichtslosen Offenheit« der

Meditation. Der gemeinsame Sinn ist das Erschließen der Wirklichkeit des wahren Selbst, das zugleich die Wirklichkeit des Numinosen ist. Heute gehört die Selbsterfahrung in einer Lehranalyse zur unbedingten Voraussetzung des therapeutischen Berufsstandes, aber auch immer mehr SeelsorgerInnen nehmen die Möglichkeit der analytischen Erforschung ihrer eigenen Innenwelt wahr, weil auch sie sich vom allgemein verbreiteten »Seelenverlust« beschädigt fühlen *(Hillman 1981)*.

Eine Begegnung im numinosen Sinne zwischen uns und den KlientInnen ist nur möglich, wenn wir auch mit unserer eigenen Tiefe, mit unserem »inneren Meister« in Kontakt treten. Im Zusammenwirken dieser »vertikalen Achse« der Kommunikation mit uns selbst und der »horizontalen« Ebene der Beziehung zum Du kann sich dann Archetypisches konstellieren und eine Dichte der Erfahrung ereignen, die jenseits aller Grenzen der Rasse, Kultur, gesellschaftlichen Schichtzugehörigkeit und Bildung, jenseits der Ratio, der religiösen Glaubenszugehörigkeit oder Glaubenslosigkeit angesiedelt ist. Indem ich dann ganz bei mir selbst bin und gleichzeitig tief verbunden mit dem bewußten und unbewußten Du des anderen, wird das gemeinsame Schweigen uns an jene Tiefe anschließen, in der heilende Einsicht, religiöse Erfahrung des »Seinsgrundes« und Sinnerfahrung letztlich eins sind. Dann wird auch in der therapeutischen Begegnung die Erfahrung der Zugehörigkeit möglich, des Nach-Hause- und Zur-Ruhe-Kommens, das den Kern jeder religiösen Erfahrung aller religiösen Traditionen der Welt *(Capra/Steindl-Rast 1993, Jäger 1991)* ausmacht.

Religiöse Erfahrung und psychotherapeutische Suche nach der Seele, dem wahren Selbst, berühren sich in dem Bereich, wo alle Grenzen sich im Unsagbaren verlieren. Doch führt der Weg dahin über die Integration des Schattens und des Verdrängten, die Wiederaneignung von allem, was wir im Laufe des Lebens als minderwertig, böse und bedrohlich ausgegrenzt haben. Für *Obrist* ist der Kernbegriff des neuen Bewußtseins die *Individuation*. Im Gegensatz zu einem einseitigen Individualismus geht es hier darum, den zwischen Aktivität und Hingabe neurotisch blockierten Lebensprozeß wieder in Gang zu bringen. Es muß wieder ein harmonisches Gleichgewicht zwischen dem eigenen Bemühen und dem Offensein für die »Gnade« gefunden werden, ein Dialog zwischen Ich und Selbst, eine Bewegung nach innen zum Seins- und Seelengrund. Diese neue Mystik der Psychotherapie ist eine »Mystik des Abstiegs« zum Unbewußten, ein »Weg durchs Labyrinth ... eine Begegnung mit den Dingen, die durch die Jahrhunderte nach unten verwiesen worden sind: mit der Materie, dem Körper, dem Weibe, dem Bösen, der Sünde, dem Unterleib, der Leidenschaft« *(Hillman 1981)*.

Psychotherapie kann den Boden für die religiöse Erfahrung bereiten oder mit ihr parallel laufen. Die Fährte in diese Dimension, das Tor und der »Königsweg« zum Unbewußten ist seit Freud der Traum, »die vergessene Sprache Gottes«, aber auch die Bilder des Unbewußten, die archetypischen Gestaltungen der Märchen und Mythen oder transpersonale Leib-Selbsterfahrungen. Es geht um ein ganzheitliches Verständnis des Unbewußten, das die reduktionistische Freudsche Auffassung eines »Abstellkellers«, in dem sich alles Negative und unbrauchbar Gewordene ansammelt, und die Jungsche finale Deutung einer archetypischen Schatzkammer, die das Wertvollste des Menschen, seine religiöse Funktion und kreative Phantasie enthält, miteinander verbindet. Der ökologische Begriff des »Recycling« wird von *Hillman* benutzt, um das Wiederverwerten des scheinbar Nutzlosen und Ausgegrenzten im »Container« der Psychotherapie und Seelsorge zu illustrieren. Er erinnert daran, daß »fauler Kohl auch Dünger ist« *(Hillman)*, daß in dem sogenannten Minderwertigen kreatives Wachstumspotential steckt. Dieser Einstellungswandel wird sich vor allem als eine Wertschätzung spiritueller Werte und eine veränderte innere Haltung dem Begegnenden gegenüber manifestieren.

Die Orientierung am Hier-und-Jetzt als einziger Wirklichkeit wird besonders prägnant in der Gegenwärtigkeit der therapeutischen Beziehung. Dies mag uns auch die Bedeutung des »jetzigen Augenblicks«, des »ewigen Nun« der Mystiker als die einzige »wahre« Wirklichkeit näherbringen. Die Schuldgefühle der Vergangenheit und die Ängste oder ehrgeizigen Pläne und Zielvorstellungen einer illusionären Zukunft verlieren dann ihre Brisanz. Wirklich ist nur die aktuelle Situation und die Chance einer korrigierenden Neuerfahrung in ihrer Ganzheit von Einsicht, Gefühl und Körperbezug. Doch werden wir uns als Helfende nach dem Vorbild der »Befreiungstheologie« hüten, die als wesentlich erkannten Werte zu »predigen« und zu missionieren, und uns statt dessen um Einheit von Reden und Handeln bemühen. Im Sinne eines flexiblen, »operationalen Gebrauchs der Abstinenzregel« *(Cremerius)* bzw. einer »selektiven Expressivität« *(Heigl-Evers und Heigl)* werden wir immer um Authentizität bemüht sein, statt uns guruhaft mit einem »Erleuchtungsdünkel« zu umgeben.

Mit einer ordentlichen Portion Sarkasmus weist *Bucher* auf Auswüchse der »neuen Religiosität« hin, auf die Vermarktung der Spiritualität, die sich »auf Wolldecken und zu beruhigenden Klängen bewußtseinserweiternder Musik« *(Bucher 1992)* abspielt. Besonders die New-Age-Bewegung steht im Ruf, Spiritualität billig und oberflächlich zu vermarkten. So sind wir als Professionelle ständig neu herausgefordert, unseren eigenen Standort in bezug auf Sinn und Unsinn transpersonaler Phänomene zu suchen. »So sind weltanschauliche Fragen gerade dem Psychotherapeuten am wenigstens erspart ... Psychotherapeutische Tätigkeit beinhaltet eine Fähigkeit, auf weltanschauliche Ungewißheiten offen zu sein – diese auszuhalten ist der Beitrag, den der an vielen Gewißheiten scheiternde Mensch für seine weitere Entwicklung braucht« *(Benedetti 1969)*.

Im Dschungel von Wertkonflikten, in die wir auch selbst immer wieder als Helfende verstrickt sind, beim eigenen alltäglichen Stolpern und Versagen gegenüber therapeutischen Ich-Idealen dürfen wir uns selbst nicht verachten, sondern müssen uns selbst gegenüber zum liebenden Ja fähig werden, damit daraus auch ein liebendes Ja zu unseren PatientInnen erwachsen kann und damit wir uns den »Anfängergeist« erhalten können *(Suzuki 1975).* »Zen-Geist« bedeutet auch, nicht dem therapeutischen Ehrgeiz zu verfallen und möglichst rasche und beeindruckende Veränderungen anzustreben, sondern sich vom »therapeutischen Paradox« der »Veränderung im Sinne der Nichtveränderung« leiten zu lassen. Dies entspricht dem »Zen-Paradox«, daß in der Zen-Kunst des Bogenschießens der Pfeil dann im Schwarzen sitzt, wenn wir absichtslos werden und es aufgeben, das Ziel treffen zu wollen. Dies heißt, auf die Therapie übertragen, auf den autonomen innerseelischen Prozeß und die Selbstregulationskraft der Psyche zu vertrauen und gleichzeitig als Therapeut mit der eigenen inneren Steuerung in Kontakt zu bleiben. Aus dieser »mystischen Haltung« können wir lernen, daß therapeutische Veränderungen ebensowenig wie religiöse Erfahrungen »gemacht« werden können, sondern daß sie reifen und uns geschenkt werden, wenn es an der Zeit ist. In diesem Zusammenhang sind auch die alten Weisheiten »*medicus curat, natura sanat*« oder: Heilung ist nur möglich »wenn Gott zustimmt« – *deo concedente* – von tiefer Bedeutung.

Jung hat sich über die Bedeutung der Spiritualität, über Heilung als »Akt der Gnade« besonders im Zusammenhang mit dem Alkoholismus geäußert. In einem Brief an den Mitbegründer der »Anonymen Alkoholiker« *W. Wilson* hat er die Sucht nach Alkohol als »Ausdruck auf einer niederen Stufe des spirituellen Durstes unseres Wesens nach Ganzheit, in der Sprache des Mittelalters: nach der Einung mit Gott« verstanden *(30. 1. 1961) (vgl. Mraz 1994).*

Er hatte 1931 nämlich einen schwer alkoholkranken Patienten, dessen Behandlung er abbrach, weil er ihm nicht weiterhelfen konnte. Er entließ ihn mit dem Hinweis, daß nur ein spirituelles Erlebnis oder eine religiöse Erfahrung ihm aus der Sucht heraushelfen könne.

In dem Brief an Wilson erinnert er daran, daß Alkohol auf lateinisch spiritus heißt, daß also für die höchste Erfahrung und das verderblichste Gift das gleiche Wort verwendet wird, woraus er als hilfreiche Formel ableitet: »*Spiritus contra spiritum.*«

Wir wissen heute, daß der Verlust eines erfahrbaren Sinns im Leben im Zentrum der Suchtkrankheit steht und daß Heilung ohne Sinnfindung nicht möglich ist. Das 12-Schritte-Programm, das ursprünglich im Kontext der Alkoholsucht entstanden ist, bezieht die spirituelle Dimension mit ein und wird heute im Rahmen vieler Störungen (Eßsucht, Sexsucht, emotionale Störungen, Tablettensucht etc.) angewandt.

Es geht um die Stufen auf einem spirituellen Genesungsweg zu einem erfüllteren, sinnhafteren Leben, um die Akzeptanz einer Macht, die größer ist als wir selbst und der es gilt, sich anzuvertrauen. Religiös formuliert heißt dies, daß wir nur die Bedingungen bereitstellen können, daß »das Göttliche im Selbst erwacht«. »Wir können nur loslassen ... wir können Gott nur aus dem Wege gehen, wie Eckhart sagt« *(Jäger 1991)*. So wäre auch der spirituelle Ansatz in der Psychotherapie eine solche Wegbereitung für die Erfahrung des Numinosen.

Ein hilfreicher Weg, in unsere eigene Mitte zu kommen und für die Erfahrung des Numinosen offen zu werden, ist die Meditation. Wer auf der Suche ist nach vertiefter Selbsterfahrung, wer Sinn erfahren möchte, kann in der Übung der Meditation eine wertvolle Unterstützung auf dem spirituellen Weg finden. Die Meditation als eine konkrete Möglichkeit zur Überwindung der dualistischen Wahrnehmung ist für die Psychotherapie in mehrfacher Hinsicht äußerst wertvoll. Die richtige Bauch- anstelle der Zwerchfellatmung schließt uns nach *Dürckheim* wieder an den Grundrhythmus, die »Verwandlungsbewegung« des Lebens an, die beim westlichen Menschen oft blockiert ist. Sie entspannt und bringt ins Fließen, sie öffnet nach innen und ermöglicht einen reiferen Bezug zum Außen. Unterschiedliche Meditationswege sind möglich, kontemplative Betrachtung von Texten, Bewegungsmeditation, Meditation, die den Klang oder die eigene Stimme mit einbezieht, Energiemeditation, die mit Visualisierung arbeitet usw. Auf die »*Bedeutung der ›integrierten‹ Meditation für die therapeutische Beziehung*« weist *Wolfram Kurz (1986)* hin.

Auch als Mittel der Psychohygiene und Prophylaxe gegen Burnout ist Meditation für Helfende sehr geeignet für die Wahrung der Balance zwischen Innen- und Außenorientierung, die in den unausweichlichen Verstrickungen der therapeutischen Beziehung manchmal verlorenzugehen droht. Gleichzeitig ist sie ein feines diagnostisches Instrument im Sinne ganzheitlicher Wahrnehmung der »Aura« der KlientInnen jenseits der sprachlichen, rationalen und gefühlsmäßigen Kommunikation. Das Stille- und Konzentriertsein, das wir durch das Meditieren lernen können, hat für *Kurz* eine doppelte, eine empfangende und zeugende (»sinnfindende« und »sinngebende«) Komponente. Stille weckt den »Anmutungscharakter« der Welt und der Menschen, sie macht uns offen und ist ansteckend. »Wir finden unsere Mitte in der Gegenwart von Menschen, die aus einer *tragenden Mitte* leben, unsere strauchelnden Füße finden einen Grund in der Gegenwart von Menschen, die gegründet sind, und wir werden stille in der ansteckenden Gegenwart Stille ausstrahlender Menschen« *(Kurz 1986)*.

Ebenso wie Psychotherapie im Geiste des neuen Bewußtseins nicht Selbstbespiegelung und »narzißtische Nabelschau« bedeutet, sondern zu einer sozialkritischen Haltung und sozialen Verantwortung und Aktion führen muß, bedeutet Spiritualität nicht Weltflucht und egozentrischen Rückzug, sondern Transzendierung der Ichgrenzen und soziales und ökologisches Engagement. Die Werte der neuen Weltsicht, der »Sinn für das Verbindende« setzen die alten Werte nicht außer Kraft, sondern ergänzen bzw. transzendieren sie. So schließt Spiritualität trotz ihrer Wertschätzung der Innerlichkeit und der geistigen Inhalte die Beschäftigung mit der materiellen Seite des Lebens nicht aus. Actio und Contemplatio, »Beten und Arbeiten« gehören zusammen, und auch die therapeutische Praxis muß auf einem ganzheitlichen Konzept beruhen, das alle Ebenen des Menschseins anspricht.

Psychotherapie, die die spirituelle Dimension einbezieht, geht davon aus, daß alle Phänomene unseres täglichen Lebensvollzuges auf einer tieferen Ebene zusammengehören und von einer sinnvollen Struktur, einer »impliziten Ordnung« getragen sind. Die Dialektik der Alltagswirklichkeit, die Konflikte zwischen Liebe und Haß, Aggression und Hingabe, Selbstbehauptung und Integration, die unser Lebensdrama auf der vordergründigen Bühne ausmachen, haben in der Psychotherapie genauso Platz wie die Grundfragen nach unserem Woher und Wohin.

Der dynamische Entwicklungsprozeß unseres Ich ruht auf dem tragenden, zeitlosen Fundament des Selbst. Dem Streben nach Fortschritt, dem »Werden« steht als Gegenpol die überraumzeitliche Dimension des »Seins« gegenüber. Beides, »Sein und Zeit«, gehört zusammen wie die zwei Seiten einer Münze. Wenn wir diese Grundtatsache des Lebens, die Identität von Sein und Werden, das »paulinische Paradox« des »werde, der du bist« in der Tiefe erfahren haben, dann sind wir »gesund« im Sinne von »heil«, und unser Hunger nach Sinn ist gestillt.

3. Sinnbilder des Ganzen
Die Heilkraft der Symbole

Die Wahrheit ist nicht nackt auf die Welt gekommen, sondern verborgen in Bildern und Sinnbildern.

Talmud

Die Symbolsprache ist die einzige Sprache, die jeder lernen sollte.

Erich Fromm

Alles Vergängliche ist nur ein Gleichnis.

Johann Wolfgang von Goethe

Symbole gehören als Sinnbilder, als Träger eines Sinns zur archaischen Grundsprache des Menschen. Sie spannen eine Brücke vom Sichtbaren zum Unsichtbaren und weisen uns den Weg in eine geheimnisvolle, sinnenhaft erfahrbare Wirklichkeit. Aufsteigend aus dem kreativen Boden des Unbewußten, verbinden sie uns mit den tieferen Schichten des Seins, mit unserem kollektiven Urgrund. Als Wahr-zeichen verweisen sie auf einen größeren Zusammenhang und vermitteln zwischen Rationalem und Irrationalem.

Wir sind als Menschen nicht nur erkennende, sondern vor allem symbolfähige Wesen, wie *Ernst Cassirer (1960)* uns Menschen charakterisiert hat. Durch die Symbole von Wort und Bild haben wir im Laufe der Entwicklung die Fähigkeit erworben, uns gegenseitig zu verständigen. Wir erschaffen aber auch – »sinngebend« – komplexere Sinnbilder und »Sinnprodukte« *(Gasiet)* in Form von philosophischen, religiösen, wissenschaftlichen und psychologischen Systemen, um die verwirrende Vielfalt unserer Erfahrungen sinnvoll zu ordnen.

Symbolisch zu denken bedeutet, daß wir den Dingen über ihr Eigensein hinaus noch eine tiefere, zusätzliche Bedeutung verleihen können, daß zum Beispiel das Herz für uns nicht nur ein lebensnotwendiges menschliches Organ sein kann, sondern auch ein Sinnbild der Liebe. Im Symbol liegt ein »Überschuß an Sinn« *(Saner 1988)*, den es zu entdecken und entschlüsseln gilt. Wir begegnen den Symbolen in unseren Phantasien und Tagträumen, in nächtlichen Traumbildern und der reichen Bilderwelt der Märchen und Mythen, in Dichtung und Kunst.

Symbolisches Denken bringt die Dinge zum Sprechen, fixiert sie nicht auf ein Zeichen, sondern läßt sie »singen«. Die Profanierung und Reduktion der Sprache auf Namen und Zeichen, der Verlust des symbolischen Verweisungszusammenhangs kommt in den Versen von *Rilke* zum Ausdruck:

Ich fürchte mich so vor der Menschen Wort,
Sie sprechen alles so deutlich aus:
Und dieses heißt Hund und jenes heißt Haus,
Und hier ist Beginn und das Ende ist dort.

Mich bangt auch ihr Sinn, ihr Spiel mit dem Spott,
Sie wissen alles, was wird und war;
Kein Berg ist ihnen mehr wunderbar;
Ihr Garten und Gut grenzt gerade an Gott.

Ich will immer warnen und wehren: Bleibt fern.
Die Dinge singen hör ich so gern.
Ihr rührt sie an; sie sind starr und stumm.
Ihr bringt mir alle die Dinge um.

Rilke, Die frühen Gedichte

Rilke klagt über den Verlust der symbolischen Dimension. Es gehört zur Sinnkrise der Moderne, daß wir den Sinn des Symbols als eine heilige Wirklichkeit verloren haben. Symbole verweisen nämlich auf das Eigentliche der Dinge, ihren Zusammenhang mit dem Ganzen. Der sinnliche und der übersinnliche Teil des Symbols sind ineinander verschränkt. Dieses symbolische Verhältnis ist in der Auffassung einer kosmischen Einheit begründet, in der sich in jedem Teil das Ganze widerspiegelt.

Ihre besondere Bedeutung für Menschen in Grenzsituationen und für den therapeutischen Prozeß rührt aus ihrer bindenden Kraft, Fragmentiertes zusammenzufügen und Sinn zu stiften. Symbole heilen unsere neurotischen Dissoziationen. Jung hat die Symbole als »Libidotransformatoren« verstanden, als Kristallisationspunkte psychischer Energien, und als Ausdrucksform archetypischen Geschehens können die Symbole im Bewußtwerdungsprozeß seelische Energie freisetzen und umwandeln. Wenn wir uns in Krisensituationen befinden, wenn wir erstarrt und versteinert weder vorwärts noch rückwärts können, dann ist das spontane Auftauchen eines Symbols oft wie eine rettende Hand, die wieder Bewegung in den innerseelischen Prozeß bringt.

Symbole sind wie Botschaften, die von der Ganzheit künden und durch ihre integrative Energie aus Vereinzelung und Entfremdung herausführen. Der Psychoanalytiker *Igor Caruso (1953)* hat sie als »Schlüssel zur menschlichen Existenz« verstanden, mit dem sich der Sinn des Lebens erschließen läßt, und der Jungianer *Edward C. Whitmont* zählt die Sinnbilder zu den stärksten »Energiemittlern, die imstande sind, Berge zu versetzen« *(Whitmont 1993)*.

Wenn wir Grenzerfahrungen zu bewältigen haben und aus unserer Mitte herausgefallen sind, wenn sich ein existentieller Abgrund vor uns auftut und der Boden unter unseren Füßen brüchig wird, dann kann das Sinnbild helfen, uns wieder zu zentrieren. *Brutsche* hat in seinem Artikel *»Die Wirkung des Symbols in Grenzsituationen«* aufgezeigt, wie Symbole jäh in Notsituationen einbrechen. »In der Grenzsituation treten die Symbole auf als urplötzliche Geschenke in urplötzlichen Verlusten, als elementare Lebenszeichen in totaler Todesgewißheit« *(Brutsche 1994)*.

Das Wort Symbol geht auf das griechische Wort »symbolon« zurück und bedeutet ein Erkennungszeichen *(Lurker 1979)*. Im alten Griechenland existierte nämlich ein Ritual, daß zwei sich trennende Freunde ein Tontäfelchen zerbrachen und jeder eine Hälfte bei sich aufbewahrte. Wer immer später die andere, passende Hälfte vorweisen konnte, sei es der Freund oder ein Angehöriger seiner Familie, der genoß das Recht auf Gastfreundschaft. Das Tontäfelchen war das sichtbare Zeichen für die geistige Verbindung zwischen den Freunden. Dieser etymologische Hintergrund verweist auf einen sehr wichtigen Zusammenhang: Das Symbol schafft Beziehung, es entsteht in der Dualität.

Das Symbol (auch von griech. *symballein* = zusammenfügen) fügt zwei Hälften zusammen, verbindet getrennte Pole, verweist auf etwas Drittes, das nicht benennbar und nicht auslotbar ist und auch noch in jene Räume hineinreicht, in denen die Sprache verstummt. Im Symbol offenbart sich der polare Charakter von allem, was ist, und gleichzeitig fallen im Symbol die Extreme wieder zusammen.

Rilke hat in seinem Stunden-Buch diese Funktion des Symbols sehr schön beschrieben:

Wer seines Lebens viele Widersinne
versöhnt und dankbar in ein Sinnbild
faßt,
der drängt,
die Lärmenden aus dem Palast.

Symbole vermögen Grenzen in Frage zu stellen, Gegensätze zu überbrücken und miteinander zu versöhnen. Sie führen von der polaren Aufspaltung zurück zur einheitlichen und ganzheitlichen Gestalt. Das Symbol hat im Verständnis der analytischen Psychologie eine paradoxe Natur. Die Paradoxie ist ein hohes geistiges Gut, und es bedeutet für *Jung* eine Verarmung der Religion, wenn sie ihre Paradoxien verliert, denn nur das Paradoxe vermag die Fülle des Lebens annähernd zu fassen und das Unerfaßliche auszudrücken. Es verbindet die Gegensätze und stellt ein Drittes dar, welches »das Lebendig-Wahre« ist *(Jung 1948)* und Denken und Fühlen anspricht, unsere Empfindung und Intuition. Wir können es als bildhaften Ausdruck der Hypothese des neuen Bewußtseins verstehen, daß jeder Teil das Ganze enthält oder wenigstens in Resonanz mit ihm ist *(Whitmont 1993, Capra/Steindl-Rast 1993)*. Die Sehnsucht nach dieser Ganzheit läßt uns nie ganz los. Die Wirkkraft des Symbolischen hat mit dieser spirituellen Sehnsucht nach dem Ganzen zu tun. Wir brauchen Symbole, wir hungern nach Sinn, nach »Alleinheit« und leiden an der Unmöglichkeit, mit unserem dualistischen, alles in Gegensatzpaare aufspaltenden Bewußtsein die »wahre« Wirklichkeit und den »ewigen Sinn zu er-sinnen« *(Laotse)*. In der größten Not gebären wir die Sinnbilder, die uns den Weg weisen. Wir schaffen Symbole, um uns selbst neu zu erschaffen, und wir gestalten – »sinngebend« – Sinnbilder, um uns in der verwirrenden Vielfalt der Welt besser zurechtzufinden. Aber Symbole fallen uns auch – im Sinne der »Sinnfindung« – zu; in den Traumgestaltungen werden wir mit archetypischen Mustern konfrontiert, die wie die Mythen und Märchen die ewigen menschlichen Grundkonflikte, die dramatischen Inszenierungen der *condition humaine* in verständliche Bilder übersetzen. Symbole verbinden äußere Objekte und Ereignisse mit inneren psychischen Inhalten.

Doch nicht nur als Kollektiv hat sich die Menschheit im Laufe der Jahrtausende allgemeingültige Symbole als Gestaltungen des kollektiven Unbewußten geschaffen, sondern wir schöpfen – allnächtlich, wie die Traumforschung gezeigt hat – in unseren Träumen eine individuelle Symbolwelt. Wir erdichten eigene kunstvolle, sinnträchtige und originale Geschichten und Gestalten, persönliche Mythen und Bilder, die eine Verbindung zwischen einer übergreifenden Ordnung und ihrer Konkretisierung in unserer Alltagswelt darstellen. Es ist dann unsere Entscheidung, ob wir diese Träume – »sinnfindend« – uns als Ausdruck eines inneren weisen Steuerungsprinzips aneignen und fruchtbar machen oder sie als belanglose »Schäume« mißachten wollen. In der Psychotherapie hatte die Arbeit mit Symbolen immer schon einen zentralen Platz im Umgang mit den Träumen und dem symbolischen Gehalt der »Psychopathologie des Alltags«, der »Freudschen Ausrutscher«, der scheinbar zufälligen alltäglichen Ereignisse, die uns aber oft einen verhüllten Sinn offenbaren. Symbole verweisen auf das scheinbar Sinnlose und Ausgegrenzte, den Sinn im Unsinn von Fehlleistungen oder Krankheitssymptomen. Sie enthalten in verhüllter Form einen von uns vernachlässigten kreativen Wachstumsimpuls und können uns einen Wink geben, in welcher Richtung die weitere Reise *(sinan)* gehen soll. So kann selbst ein scheinbar kaum psychisch bedingtes Geschehen wie ein Unfall uns dennoch im Sinne einer unbewußten Inszenierung gewissermaßen als eine »symbolische Gipsschiene« ans Bett fesseln, um uns zum Innehalten und Nachdenken zu zwingen.

Die integrative Kraft der Symbole

In der psychotherapeutischen Begegnung mit Menschen, die durch traumatische Geschehnisse erschüttert worden sind, erweist sich die innere Führungskraft des Symbols als besonders hilfreich. Wenn wir als Begleitende mit unserer Weisheit längst am Ende sind, verweisen die auftauchenden Symbole auf den Weg, der zu beschreiten ist, den unterirdischen Strom, in den es einzutauchen gilt. Da Grenzerfahrungen immer Trennungserfahrungen sind, ist die symbolische Dimension heilend, weil sie Getrenntes zusammenfügt. Wenn wir an Menschen denken, die Gewalt erfahren haben, wenn wir uns die Entwurzelung der heimatlosen Flüchtlinge vergegenwärtigen oder uns auf die ausgegrenzten Aidskranken besinnen, dann wird die heilende Funktion des Symbolischen besonders deutlich. *Isabelle Rentsch (1994)* hat die Bedeutung der Kunst- und Gestaltungstherapie für die psychotherapeutische Arbeit mit randständigen Menschen herausgearbeitet. Sie zeigt, wie der Ausdruck über das Bild hilft, Sprachlosigkeit zu überwinden und Beziehung herzustellen, wie strukturgebend und identitätsstiftend der gestalterische symbolische Prozeß sein kann. An Beispielen aus ihrer Arbeit mit gefolterten Flüchtlingsfrauen konnte sie deutlich machen, wie durch das Ins-Bild-Bannen der bedrohlichen Inhalte eine Form von Schutz und Abgrenzung möglich wird, wie im zaghaften Neugestalten Ansätze für ein Probehandeln spürbar werden und das verläßliche Mit-der-Patientin-Sein einen symbolischen Raum gestaltet, in dem die Patientin ganz bei sich selbst sein kann, ohne sich verloren zu fühlen.

Meine eigenen Erfahrungen (U. W.) mit kriegstraumatisierten Kindern und Frauen in Bosnien haben mich in der Überzeugung bestärkt, daß der totale Verlust und die Abspaltung vom symbolischen Leben tödlich ist. Wenn wir die Symbole einer Kultur zerstören und durch Gewalt und Folter auch die menschliche Symbolisierungsfähigkeit vernichten, dann haben wir es mit Menschen zu tun, die wie Tote mitten im Leben sind, weil jeder lebendige Bezug zur schöpferischen Psyche verlorengegangen ist. Dann kann auch nur durch die Wiederbelebung des Symbolischen Heilung erfolgen. Der bildnerische Prozeß ist darum für traumatisch geschädigte Menschen ein Stück Heilungsweg, der selbstregulierende und integrative Prozesse fördert. Symbolisch gestalten, Form geben, Bedeutung verleihen hilft, das Unerträgliche des Lebens zu ertragen. Ein Bild gestalten ist ein erster Schritt auf dem Weg, sich selbst wieder neu zu gestalten. Malen bedeutet Beziehung aufnehmen, Beziehung mit dem Pinsel, der Farbe, dem Papier – Beziehung führt aus der totalen Vereinsamung heraus, aus dem Zustand der »broken connection«, wie er für traumatisierte Menschen beschrieben worden ist. *Gertraut Schottenloher* verweist darauf, daß jedes Bild, mag seine Bildaussage auch noch so hoffnungslos erscheinen und in der Einsamkeit entstanden sein, eine Brücke aus der Isolation darstellt, weil beim Gestalten der Mensch, der dieses Bild möglicherweise betrachtet, innerlich mitgedacht ist. »So entsteht es in Beziehung und lebt aus Beziehung, auch aus der Beziehung, die zwischen ihm selbst und seinem Schöpfer besteht. Wo jedoch Beziehung ist, ist auch Hoffnung« *(Schottenloher 1994).*

Sich in der Therapie auf den Gestaltungsprozeß einlassen bedeutet immer eine geistig-seelische Auseinandersetzung mit dem, was ist, und fördert das Wiederanknüpfen an Innenwelt und Außenwelt. Wenn wir bildnerisch gestalten, ordnen wir die Wirklichkeit neu und wandeln dabei auch uns selbst. Abgetrenntes, Verlorenes kann im symbolischen Gestalten wieder angeeignet werden. Wenn wir in der Psychotherapie mit Bildern arbeiten, aktivieren wir das Unbewußte, ermöglichen auf der Bildebene einen neuen schöpferischen Entwurf des eigenen Lebens. Im Bild vermögen die KlientInnen zu sich selbst zu kommen, eine eigene, neue Vision von sich selbst zu entwerfen und sich als Schaffende zu erfahren. Der Künstler *Joseph Beuys* geht davon aus, daß Kunst Therapie sei und daß der Mensch der Schöpfer seiner selbst und seiner Umgebung sei.

In der analytischen Psychologie steht der kreativ-schöpferische Prozeß im Zentrum des therapeutischen Geschehens. Jung strebte als therapeutisches Ziel das Hervorbringen eines seelischen Zustandes an, in welchem die PatientInnen beginnen, mit ihrem Wesen zu experimentieren, ein Zustand, in dem sich die seelischen Versteinerungen auflösen und ins Fließen kommen.

Das kreative Bedürfnis des Menschen, das spontane Erschaffen und Gestalten, kann als ein Bedürfnis nach Sinngebung und Sinnfindung verstanden werden. Die Symbole sind solche Sinnbotschaften, die etwas Neues entstehen lassen. Sie verweisen uns auf das, was wir sein könnten und sein möchten, und haben eine prospektiv-finale Funktion, wie es in der Sprache der analytischen Psychologie heißt. Wir brauchen Symbole, weil sie uns weiterbringen, in uns Gefühle von Sinnhaftigkeit erzeugen, uns öffnen für das Wozu des Lebens und uns durchlässig werden lassen für das Andere, Unbedingte, Geheimnisvolle, das wir mit unserem begrenzten Bewußtsein noch nicht erkennen können. Die symbolische Sprache, das Bild, der Traum sind uns immer voraus, verdichten im Bild die Brennpunkte unserer psychischen Entwicklung. Dort, wo die physische und psychische Basis unserer Existenz zertrümmert wurde und Selbst- und Weltverlust die Seelenlandschaft prägen, an diesen Grenzen unserer Existenz tauchen mit besonderer Eindringlichkeit Symbole auf, die wie durch einen Spalt die Transzendenz in die Gegenwärtigkeit der heillosen Immanenz hineinleuchten lassen. Diese Sinnbilder und Grenzzeichen sprechen zu lassen, ihre energetische Kraft mit allen Sinnen zu erfahren, hat heilende Wirkung.

Wenn wir uns einlassen auf die Welt der Symbole, die uns von unserer Kopflastigkeit, von der Überwertigkeit des rationalen Ausdrucks erlöst, dann verbreiten sie Stille, lassen stille werden und fördern eine Kultur der Stille. Beschäftigen wir uns mit Symbolen, müssen wir innehalten und verweilen, um uns von ihrer Numinositiät ergreifen zu lassen. Im Umgang mit den symbolischen Ausgestaltungen unseres Unbewußten brauchen wir einfühlendes Verstehen, Intuition und Phantasie, eine »raison du cœur«, denn »das Wesentliche ist für die Augen unsichtbar«. So ist es auch im therapeutischen Umgang mit Träumen oft sinnvoller, sich zunächst mit ihnen zu »befreunden« und sie kontemplierend eine Weile mit sich herumzutragen, statt sie gleich rational zu deuten. Ihr Sinn liegt oft nicht auf der Hand, er ist rätselhaft verhüllt und trägt die Zeichen des Geheimen, der verborgenen Wahrheit, die »von Verweigerung durchwaltet ist«, wie Heidegger sagt.

Unsere Träume und Imaginationen verweisen auf das Ausgegrenzte und Abgespaltene, das wir symbolisch bearbeiten können, um es wieder an uns anzuschließen. Heilung ist nur möglich, wenn wir das symbolische Leitmotiv unserer »Lebensmelodie«, das grundlegende Sinnmuster unseres »Lebensdramas« erkennen und annehmen. In der psychotherapeutischen Begegnung können wir dieses Lebensdrama symbolisch neu inszenieren. Die alten Ängste vor Nähe und Hingabe oder Abgrenzung und Isolation werden in der Übertragungsbeziehung erneut durchlitten. Im Psychodrama bewirken symbolische Handlungen und Rituale innere Umstrukturierungen und korrigierende

Neuerfahrungen. Der Individuationsweg ist ein von Symbolen gesteuerter und mit Symbolen bereicherter psychischer Entwicklungsprozeß, der uns im Innersten erfahren läßt, daß nicht unser bewußtes Ich die Kontrolle über unseren Lebensweg innehat, sondern daß wir vom zentralen Archetyp des Selbst geleitet werden, der durch die Symbole zu uns spricht.

Wenn wir in der Therapie bildnerisch arbeiten, enthüllt dieser Prozeß das ur-eigentliche Lebensthema, das persönliche Sinnmuster. Der gestaltende Prozeß der Formgebung verweist auf die Ressourcen, die Lösungsmöglichkeiten von Blockaden und die transformative Kraft spiritueller Symbole. Wenn sie spontan z. B. in Form von Kreuz, Kreis, Zentrum, Herz, Ei usw. auftreten, wird die Grenze vom Teil zum umgreifenden Ganzen überschritten und neue, unvertraute Räume können erforscht werden. Die psychoanalytische Kunsttherapeutin *Gisela Schmeer* zeigt in ihrem Buch *»Krisen auf dem Lebensweg. Psychoanalytisch-systemische Kunsttherapie (1994)* die spirituellen Entwicklungsthemen, die sich im Bild ausdrücken und auf einen letzten, kosmischen Sinn verweisen: Dazu zählen die Entdeckung des spirituellen Kerns, das Angezogen- und Angesogensein, das Auftauchen und die Schwerelosigkeit, die Archetypen der Helfer und geistigen Heiler, die Strahlungen als Verbindung zwischen unten und oben, das Hereinholen des göttlichen Herzens.

Für die Reise in die eigene Mitte, zum spirituellen Kern, ist oft das Symbold des Labyrinths verwendet worden. Es ist ein uraltes existentielles Symbol des Lebensweges, ein geheimnisvolles, numinoses Sinnbild für eine Bewegung von außen nach innen, das auch als Sinnbild der Selbstwerdung und Symbol für Geburt und Wiedergeburt verstanden wurde. Zur Fülle von Verweisungszusammenhängen, die in diesem Bild liegt *(Jaskolski 1994)*, gehört die labyrinthische Verschlungenheit unseres Individuationsweges in der Therapie. So vermag das Labyrinth alle wesentlichen Schichten und Sinnebenen der menschlichen Existenz zu symbolisieren.

Ähnlich wie das Symbol früher dem »Erkennen« der Freunde diente, trägt es auch heute zur Erkenntnis und Selbstfindung bei, zur Bestimmung unseres Sinns im kosmischen Ganzen.

4. Sinnerfüllung im Dialog der Liebe

Ich habe den MENSCHEN gesehen in seiner tiefsten Gestalt,
ich kenne die Welt bis auf den Grundgehalt.

Ich weiß, daß Liebe, Liebe ihr tiefster Sinn,
und daß ich da, um immer mehr zu lieben, bin.

Christian Morgenstern, Späte Gedichte

Der höchste Grund der Arzney ist die Liebe, denn in welchem Maße
die Liebe ist, dermaßen wird auch das Wetter über uns gehen, d. h.,
ist unsere Liebe groß, so werden wir große Frucht in der Arzney
schaffen, wird sie bresthaftig sein, so werden unsere Früchte man-
gelhaftig gefunden. Denn die Liebe ist die, die Kunst lehret und
außerhalb derselbigen wird kein Arzt geboren.

Paracelcus

Hunger nach Sinn – dieser archetypischen Sehnsucht nach dem Wozu alles Bestehenden und Geschehenden haben wir uns anzunähern versucht. Die Frage nach dem »Urgrund des Seins«, nach Sinn und Ziel des Leidens hat uns in der Psychotherapie mit Menschen in Grenzsituationen tief berührt. Wir haben diese Frage erlebt als Suche nach Urvertrauen und Wahrheit des eigenen inneren Wesens, als Suche nach Werten und einem neuen Menschenbild, in das die verlorene Würde des Menschseins integriert werden kann. Wir haben sie gehört als Suche nach Befreiung aus der Umklammerung von Ängsten, als Sehnsucht, trotz Beschädigung und Traumatisierung »heil« zu werden »von Grund auf« (*Staehelin 1990*) und aus Entfremdung und Fragmentierung wieder herauszufinden. Nicht nur in der Begegnung mit Flüchtlingen ist diese Sehnsucht nach »Heimat« erfahrbar, wir erleben diese Suche nach einer geistigen Heimat, nach Geliebt- und Geborgensein in der

Unverbindlichkeit und Beziehungslosigkeit unserer Konsum- und Wegwerfgesellschaft in vielen Psychotherapien.

Wir glauben nicht an Horkheimers düstere Prognose: *»Was wir Sinn nennen, wird verschwinden.«* Im Gegenteil haben wir die Erfahrung gemacht, daß gerade in den Grenzsituationen äußersten Leidens, in Zuständen traumatischer Not, Grenzüberschreitungen zum Geheimnis des Sinns und zum Geheimnis von Leben und Tod möglich werden. Und da wir als Helfende therapeutisch oft auch an die Grenzen unserer naturwissenschaftlichen Paradigmen stoßen und als Menschen unsere eigenen Begrenzungen schmerzlich spüren, werden auch wir bei unserer Frage nach dem, was heilt und zum Heil führt, Grenzen transzendieren.

Die Grenzthematik ist mit der Sinnfrage unauflöslich verbunden. Seit dem »Essen vom Baum der Erkenntnis«, d. h. mit dem Erlangen des Bewußtseins, haben wir Menschen eine neue Seinsstufe erlangt. Der Preis dieser Bewußtseinsentwicklung bedeutet aber das Herausfallen aus der Einheit, das schmerzliche Uneinssein mit der eigenen Natur. Durch die Fähigkeit der dualistischen Wahrnehmung und des begrifflichen Denkens haben sich vielfache Spaltungsphänomene ergeben: Spaltung in ein Subjekt und Objekt, in Geist und Materie, Bewußtes und Unbewußtes, Abspaltung des Ich von der inneren und äußeren Natur. Der Erwerb des Bewußtseins und die daraus resultierende Freiheit, die uns gegenüber den Tieren auszeichnet, hat auch das Leiden unter dieser Freiheit mit sich gebracht. »Zur Freiheit verurteilt« *(Sartre)* sind wir auch aus der paradiesischen Geborgenheit herausgefallen. Seither leiden wir an der Sehnsucht nach dem »Paradies« der verlorenen Einheit und Ganzheit, nach Heilung unserer vielfältigen Gespaltenheit.

Das Paracelsus-Zitat, das wir diesem Kapitel vorangestellt haben, weist den Weg zu einem ganzheitlichen Heilungsverständnis; es zeigt, wie Getrenntes zusammengefügt werden kann. Die Heilkunde ist mit der Heilkunst zu verbinden, die schöpferische symbolische Funktion der Kunst mit der kreativen Kraft der Liebe. Heilen und Lieben sind immer kreative Akte, weil sie Neues entstehen lassen, Beziehung knüpfen, Leben gebären, Sinn erzeugen. Von daher symbolisiert die Liebe »göttliche« Aspekte, weil im Lieben der Schöpfungsakt nachvollzogen wird.

Da »heil« von der gleichen sprachlichen Wurzel abstammt wie »ganz« und »heilig«, zielt alle Heilkunst auf Ganzheit, die als etwas Heilendes und Heiliges erfahren wird. In der Begleitung von leidenden Menschen spüren wir, daß »Heilung« letztlich ein Geheimnis bleibt und auf etwas verweist, das nicht in Statistiken meßbar ist. Heilen berührt immer die spirituelle Dimension unseres Menschseins, das »Mysterium divinum«, das göttliche Geheimnis. Dabei können wir das »Göttliche« verstehen als Metapher für unseren inneren geistigen Wesenskern, den »Seelenfunken«, das »zentrale Feuer«, das »Selbst« als »das letzte Erfahrbare in und von der Psyche« *(Y. Jacobi).* Wir haben »religio« als Rückbindung an den »Urgrund des Seins« beschrieben, als religiöse Erfahrung, von der *C. G. Jung* sagt, daß sie die Quelle von Leben, Sinn und Schönheit ist und der Welt und der Menschheit einen neuen Glanz gibt.

Hunger nach Sinn ist letztlich eine Sehnsucht, die in diese Dimension hineinreicht und Heil und Heilung sucht. Darum werden wir auch in der psychotherapeutischen Heilkunst mit der Sinnfrage konfrontiert, die nichts mit Sinn-Nostalgie zu tun hat und nicht als neurotisches Symptom abgewertet werden kann, sondern aus dem Bedürfnis entspringt, »heil« zu werden, sich als Körper, Geist und Seele eins zu fühlen und am großen Ganzen teilzuhaben. Heilung in der Psychotherapie kann bedeuten, den »verlorenen Urgrund des Seins«, das Selbst wiederzufinden. Wenn uns das gelingt, haben wir den Sinn unseres Lebens unter dem Schutt des Un-sinns der Krankheitssymptome gefunden. *René Bütler* schreibt in seinem Buch über die Mystik der Welt:

»Das Leben hat, wie es Christian Morgenstern einmal so treffend formuliert hat, letztendlich keinen anderen Sinn als den Sinn Gottes, und der für die Lebensreise maßgebende Kompaß ist das im Wesenskern des Menschen durch das Selbst wirkende göttliche Gesetz, das in seiner letzten Erfüllung die Liebe ist« *(Bütler 1992)*. Um diesen »Kompaß« in der Psychotherapie zu benutzen, müssen wir uns von dem spaltenden Menschenbild lösen, das den kranken Menschen auf ein Objekt reduziert, und uns darauf besinnen, daß zum Menschsein der »duale Modus« des liebenden Miteinanderseins gehört, wie es in der Daseinsanalyse von *Binswanger* heißt. *Buber* spricht vom »dialogischen Prinzip« und meint, daß wir nur am Du zum Ich reifen können. Wir können nur dann richtig bei uns ankommen, wenn wir zum anderen hingefunden haben.

So kann auch Heilung nur geschehen über die hilfreiche, sorgende Beziehung und liebende Begegnung, in der der andere als Geheimnis begriffen und auf einer tieferen Ebene angenommen wird.

Im Hebräischen ist das Wort lieben synonym mit »erkennen«, d. h., Liebe bedeutet, den anderen in seinem Wesen und »So-sein« zu erfassen, wie er ursprünglich von Gott gemeint ist. Der Korintherbrief (1. Korinther 13,2) lehrt uns: »Und wenn ich weissagen könnte und wüßte alle Geheimnisse und alle Erkenntnis und hätte allen Glauben, also daß ich Berge versetzte, und hätte der Liebe nicht, so wäre ich nichts.«

Wenn wir als TherapeutInnen »in der Liebe sind«, dann sind wir »richtig«. Dieses Vertrauen hat *Augustinus* sehr schlicht ausgedrückt: *Ama et fac quod vis* – liebe, und dann tu, was du willst. Dann können wir die Kranken heiler sehen, als diese sich selbst zu sehen vermögen, dann sehen wir den leidenden Menschen als das, was er ist, und können ihm dieses Bild seiner selbst liebevoll zurückspiegeln. *Dostojewski* hat sehr schön gesagt, daß einen Menschen lieben nichts anderes bedeutet, als ihn so zu sehen, wie Gott ihn gemeint hat. Die gleiche Weisheit des liebenden Erkennens begegnet uns im Osten:

»Der Unterschied zwischen Buddha und einem gewöhnlichen Menschen ist, daß jener weiß, daß er Buddha ist, während dieser nicht weiß, daß er es auch ist« *(Hui-Neng)*.

Liebende sind in der Lage, dieses Bild aus ihren Geliebten »herauszulieben«. In der Therapie müssen auch wir das Gesunde, Heile aus unseren PatientInnen herauslieben, den »Werthorizont« erweitern helfen und das eigentliche Wesen hinter allen neurotischen Verzerrungen und Fragmentierungen in seiner Identität und Ganzheit erschauen. In der Philosophie hat *Scheler* auf diese »entdeckerische Rolle« der Liebe in der Werterfassung hingewiesen. Das »Wertgesichtsfeld« wird durch die Liebe erweitert und durch den Haß verengt. So wie Liebende ihren Geliebten »einen Wertvorschuß« geben und dadurch am Wachstumsprozeß der Geliebten mitwirken, kann auch die liebende Haltung der TherapeutInnen, das vorurteilslose, akzeptierende Ja zu den Kranken Wachstumsimpulse verstärken und als eine heilende »Arznei« wirken.

Psychotherapie rückt den Wert der Person an sich, den Wert, der jemand *ist,* statt des Wertes, den jemand hat, in den Vordergrund. Dieses unbedingte Ja zum anderen und die Transzendierung des »Haben-Modus« *(Fromm)* ist eine tiefe Sinnerfahrung. Wenn wir uns auf die Liebe beziehen als beste Arznei, dann integrieren wir die spirituelle Dimension in unsere Heilkunst, »denn die Liebe ist der letzte Sinn von allem, was uns umgibt« *(Tagore).* Sie ist nach Meinung Gandhis »eine viel größere Wissenschaft als jede andere moderne Wissenschaft«.

In der Sprache der Poesie zeigt uns Erich Fried, was die Liebe vermag. Um diese Erkenntnis des »es ist, was es ist« geht es auch in der Psychotherapie.

Was es ist

Es ist Unsinn, sagt die Vernunft
Es ist, was es ist, sagt die Liebe

Es ist Unglück, sagt die Berechnung
Es ist nichts als Schmerz, sagt die Angst
Es ist aussichtslos, sagt die Einsicht

Es ist, was es ist, sagt die Liebe

Es ist lächerlich, sagt der Stolz
Es ist leichtsinnig, sagt die Vorsicht
Es ist unmöglich, sagt die Erfahrung
Es ist, was es ist, sagt die Liebe

Die tiefe Seelen- und Wesensberührung, die in einem analytischen Prozeß geschehen kann, die Erfahrung der Geborgenheit im therapeutischen Raum, das Vertrauen, die
ganze Wahrheit der eigenen Person einem anderen Menschen mitteilen zu können und einen Weg gemeinsam zu
gehen, der zur Entdeckung der eigenen Kraftfelder und
heilenden Mitte führt, hat eine numinose Qualität. Die
Freude, in der Therapie Zeuge einer »psychischen Geburt« zu sein, die von der Seelenumdüsterung erlöst, das
Glücksgefühl, teilzuhaben am Werden des anderen, an seiner wachsenden Freiheit und Möglichkeit, den verborgenen Sinn im eigenen Lebensweg zu entdecken, macht uns
als Helfende demütig, weil das, was geschieht, auf ein Drittes verweist und die Grenzen zwischen Ich und Du, Patient-
Innen und TherapeutInnen transzendiert.

Wie jede andere Begegnung hat auch die therapeutische
Beziehung drei Elemente: die »grenzenlose« Einfühlung
im Sinne der Empathie und Hingabe und die abgrenzende
und strukturierende Konfrontation und Beschäftigung mit
einem umschriebenen Thema, dem »Logos«. *Längle* nennt
diese geistige Dimension die »Brücke, an der die Beziehung aufgehängt ist«. Den »ontischen«, auf dem Sein basierenden Aspekt der Beziehung vergleicht er mit dem
»Raum«, den wir beim Eingehen einer Beziehung betreten, den andern, den »gestaltenden« Aspekt mit dem »In-
ventar«, das wir in den Raum einbringen. Wenn beide
Aspekte der Beziehung zusammenkommen, das Sach-
thema, über das gesprochen werden kann, und der Bereich, in dem sich beide Partner in der Begegnung »entdecken«, dann kann sich das dritte Element der Beziehung, die Liebe, ereignen als letzte Vertiefung der Begeg-

nung, wenn »nicht nur ›ja‹, sondern ›du‹ zum andern gesagt wird« *(Längle 1986)*. In der Transzendierung der »vertikalen« Achse zwischen dem Ich und dem Unbewußten und der »horizontalen« Achse, der bewußten Ebene zwischen dem Ich von PatientIn und TherapeutIn, ereignet sich das Mysterium der Liebe als etwas Drittes, dem wir uns in der Begrifflichkeit von Sinn, Spiritualität und Geheimnis nur unzureichend nähern.

Wenn wir die Werte betrachten, die in der therapeutischen Begegnung wichtig sind, Wahrhaftigkeit, Authentizität, Vertrauen, Akzeptanz, Wärme und Einfühlung, fällt auf, daß dieses Wertespektrum auch in den »Heilswegen« der Mystik eine zentrale Bedeutung hat. Auf dem spirituellen Pfad brauchen wir die Haltung der Wahrhaftigkeit, Liebe, Gewaltlosigkeit, Güte, Milde und Nachsicht, Hilfsbereitschaft, Mitleiden und Ehrfurcht vor dem Göttlichen.

Psychotherapie und Spiritualität sind eng miteinander verbunden. Die Suche nach Heil und Heilung zielt letztlich auf das gleiche, auf erkennenden Einblick in das eigene Wesen und das Wesen der Welt, auf Glück und Frieden, die archetypische Paradiesessehnsucht. Wir möchten die Pfade der Mystik, um zu diesem Heil zu gelangen, mit der Psychotherapie in Beziehung setzen. In der Mystik wird unterschieden zwischen dem Pfad der Tat, dem Pfad der Liebe, dem Pfad der Erkenntnis und dem Pfad der Verinnerlichung.

Der **Pfad der Tat** bezieht sich auf das rechte Handeln, auf die Werke im Sinne einer ethischen Haltung, die von den obengenannten Werten geprägt ist. In unserer Terminologie entspricht dieser Pfad der Tat dem Aspekt der Sinngebung, des verantwortlichen, aktiven Tuns als Antwort auf den Sinnanspruch der konkreten Situation.

Der **Pfad der Liebe**, von den Indern Bhakti-Marga genannt, beginnt nicht als Gottesliebe, sondern als Nächstenliebe und verweist gemäß dem »Liebe deinen Nächsten wie dich selbst« auf die Notwendigkeit, das eigene Selbst zu lieben. Denn dieses Selbst in uns verbindet uns mit unseren Mitmenschen und letztlich mit Gott. Auf diesem Weg der

Liebe wird das Wahre, Gute und Schöne als eins wahrgenommen. Für die Psychotherapie bedeutet dies, daß Heilung und Sinn in der therapeutischen *Beziehung* erfahren wird und daß es, wie *Ferenczi* formuliert hat, »ohne Sympathie keine Heilung« gibt. Ohne den Dialog der Liebe ist in der Psychotherapie keine Heilung möglich. Es braucht dazu »Liebe und Verständnis« *(Ferenczi 1988)*.

Freud steht dem Begriff der Heilung eher skeptisch gegenüber. Er hat zwar in seiner Schrift: »Unbehagen in der Kultur« die Meinung vertreten: »Man möchte sagen, die Absicht, daß der Mensch glücklich sei, ist im Plan der Schöpfung nicht enthalten« *(Freud 1968)*, und so ist auch seine therapeutische Zielsetzung eher bescheiden, »hysterisches Elend in gemeines Unglück zu verwandeln« *(Freud 1968)* und das Leben im Sinne der Erziehung zur Realität mit einem Mindestmaß an »Genuß und Leistungsfähigkeit« *(Freud 1968)* »ertragen« zu lernen. Gleichzeitig formuliert er aber in einem Brief an Jung *(6. 12. 1906)*, wie Heilungen zustande kommen. »Es ist eigentlich eine Heilung durch Liebe« *(Freud/Jung 1984)*. Hier ist aber nicht die Liebe des Analytikers gemeint, sondern die Übertragungsliebe der Patienten, ohne die keine seelische Wandlung entstehen könne.

Alle humanistischen Therapien, die den Wirkfaktor der hilfreichen Begegnung betonen, gehen davon aus, daß der liebende Bezug zum Du, der den anderen in seiner Einmaligkeit und Einzigartigkeit erkennt, Heilung fördert. In der Logotherapie hat vor allem *Frankl* den Sinn der Liebe und ihr hellsichtiges Potential für den psychotherapeutischen Prozeß erörtert. Wenn sich im geschützten Raum der Analyse, im *temenos*, dem umgrenzten »heiligen Tempelbezirk«, die Begegnung zweier Seelen ereignet, ist der Archetyp der Liebe konstelliert, einer Liebe, die heilt und verwundet, so wie im Zen die Liebe mit einem Schwert verglichen wird, das zugleich töten und Leben verleihen kann.

Der **Pfad der Liebe** berührt sich auch wesentlich mit dem Begriff des therapeutischen Eros. Eros war den Griechen der Gott der Liebe, eine kosmogonische Urkraft, die Chaos in eine geordnete Welt verwandeln konnte. Bei *Sokrates* ist Eros bezogen auf die sittliche und geistige Förderung und Vervollkommnung dessen, den er berührt, eine Energie, die Verbindung herstellt, Getrenntes zusammenfügt, schöpferisches Wachstum fördert, Grenzen übersteigt und eine neue Gestalt erschafft. Wenn wir in der Psychotherapie von diesem Eros berührt sind, der fürsorglichen, liebenden, schützenden Begleitung, die Verbindung herstellt zwischen dem Ich und dem Unbewußten und sich ganz in den Dienst des Selbst stellt, dann erfüllt Psychotherapie auf diesem Eros-Pfad eine Art Geburtshelferdienst mit dem Ziel, dem Menschen beim Geborenwerden in das eigentliche Menschsein zu helfen.

Auf die psychoanalytische Methode bezogen bedeutet therapeutischer Eros, im dialektischen Prozeß, der die beiden Elemente der analytischen Technik (vgl. S. 49 f.) miteinander verbindet, zwischen Nähe und Distanz, Deuten und empathischem »Holding« das optimale Gleichgewicht herzustellen. Der therapeutische Eros wäre als idealtypische Forderung die »grenzenlose Liebe« und Einfühlung, das »mütterliche« Raum-Geben für die Entfaltung bei gleichzeitiger Garantie, das Vertrauen und die Hingabe der PatientInnen nicht für eigene Bedürfnisse zu mißbrauchen. Die »väterliche« Funktion der Konfrontation mit der Realität der Erwachsenenwelt und mit den Normen, Forderungen und Antinomien der Gesellschaft müßte die Erfahrung ermöglichen, daß Konflikte zwar nicht vermeidbar, aber dennoch lösbar sind. So würde sich auch durch die beiden Elemente psychoanalytischer Technik therapeutischer Eros entfalten als archetypische Erfahrung des »verwundenden Heilers«, als Erleben, daß die kritische Konfrontation mit dem Negativen eine Beziehung nicht ausschließt, sondern im Gegenteil eine echte Erfahrung von tragendem Vertrauen ermöglicht.

Der **Pfad der Erkenntnis** richtet sich in der mystischen Tradition auf das Erkennen der Wahrheit, das Verstehen und die Einsicht, daß es nur *eine* Wirklichkeit gibt.

Im Zentrum der klassischen psychoanalytischen Theorie steht der Glaube »an die verändernde Kraft der Vernunft« *(Cremerius 1984)*, die Überzeugung, daß es der »Einsicht« bedarf, wenn es zur Heilung kommen soll. Es muß aber die »paternistische Vernunfttechnik« mit der »mütterlichen Holding-Therapie« verbunden werden *(Cremerius)*, weil Verstehen dessen, was ist, Erkennen und Wahrnehmen der Realität allein nicht ausreichen.

Der **Pfad der Verinnerlichung** – die indische Bezeichnung Raja-Marga bedeutet wörtlich »Königsweg« – ist ein Weg der inneren Erfahrung, die außergewöhnliche psychische Kräfte freisetzt. Yoga, Konzentration und Meditation gehören zu diesem spirituellen Übungsweg.

Die psychotherapeutische Parallele drängt sich schon über die Bezeichnung auf: als Königsweg, als »*via regia* zum Unbewußten«, wurden von Freud die Träume bezeichnet. Verinnerlichung ist ein Prozeß, der in der Jungschen Psychologie Individuation genannt wird. Auch in der modernen Psychonanalyse hat die emotionelle Erfahrung in der therapeutischen Beziehung neben der ursprünglichen Betonung der intellektuellen Einsicht in die Vergangenheit eine zentrale Bedeutung gewonnen. Innere Erfahrung, religiöse Erfahrung, Selbst-Erfahrung sind auch die zentralen Werte und Referenzpunkte in der analytischen Psychologie, ohne die sich kein Sinn erschließt. Wir haben unter dem Aspekt der Sinnfindung auch den Übungsweg der Meditation für PsychotherapeutInnen beschrieben, der auch im spirituellen Sinn als Pfad der Verinnerlichung verstanden werden kann. Meditation ist eine Form der Konzentration auf das rechte Wahrnehmen, das rechte Sehen und das rechte Hören des Wesentlichen, um den Sinn des Eigentlichen zu erfahren.

Die Begriffe von Sinn, Spiritualität und Liebe sind miteinander verbunden und meinen letztlich das gleiche. »Sinn« als Verbindung von »Sinngebung« in Form von aktivem Handeln und »Sinnfindung« als Erkennen des »Sinnanspruchs« der konkreten Situation entspricht den beiden Aspekten der Spiritualität: der Offenheit des Erkennens der Wirklichkeit jenseits aller Vorstellungen, Begriffe und Bilder einerseits und anderseits einer Ethik der Tat, die gelebte Spiritualität bedeutet. Diese beiden Aspekte finden wir auch in der alten Mönchsregel des »Beten und arbeiten« wieder. Eine solche spirituelle Einstellung, die die Wirklichkeit jenseits neurotischer Verzerrung und Projektion des eigenen Schattens wahrnimmt, führt zur Transzendierung von Grenzen, zu einer toleranten Haltung allem Lebenden gegenüber. Gemeint ist eine Ökologie des Heilens, die davon ausgeht, daß alles mit allem vernetzt ist und nichts, was im universellen Energiefeld existiert, jemals zu existieren aufhört. In dieser Haltung der Liebe vertrauen wir auch bei den schwierigsten Therapieverläufen auf den letztlich unbeweisbaren Sinn unserer Arbeit und hoffen, daß auf einer tieferen Ebene auch noch das sinnlos erscheinende Bemühen einen verborgenen Sinn enthält.

Es gibt keine Grenze zwischen Sinn, Spiritualität und Liebe, da es letztlich um dasselbe geht, nämlich um die innere Verbundenheit aufgrund einer Weisheit und Kraft, die das Universum »im Innersten zusammenhält« und die uns zu verantwortlichem Handeln sowohl im Sinne der Selbst- wie auch der Mitverantwortlichkeit für die andern herausfordert. Sinn, Liebe und Spiritualität, »diese drei« sind, ebenso wie die Trias ihrer »Geschwister« Glaube, Liebe, Hoffnung, rational schwer faßbar, weil sie einer Seinsebene angehören, die jenseits der Begrifflichkeit liegt, denn »der Sinn, den man ersinnen kann, ist nicht der wahre Sinn« *(Laotse)*.

Psychotherapie kann in diese letzte Tiefe hinabreichen, an die Schwelle des Unsagbaren und Geheimnisvollen, wo Sinn, Religiosität und Liebe beheimatet sind. Wenn in einer therapeutischen Begegnung diese Ebene berührt wird und »sein« darf, ist Heil und Heilung möglich. Dann offenbart sich der letzte Sinn in der Liebe, »die den dunkelsten Un-sinn umfaßt und die als Geheimnis aller Geheimnisse unbegreiflich sein muß, die aber über jedes Begreifen hinaus ein Vertrauen weckt, das Geborgenheit im Letzten gewährt« *(Lotz 1977)*.

Literaturangaben zu den einzelnen Kapiteln
(in der Abfolge ihrer Erwähnung im Text)

I Der Mensch an der Grenze

Kuhn, T.: Die Struktur wissenschaftlicher Revolutionen. Frankfurt 1976
Von Franz, M.-L.: Traum und Tod. München 1984, S. 200

1. Was sucht der Mensch, wenn er Sinn sucht
Längle, A.: Was sucht der Mensch, wenn er Sinn sucht. In: Daseinsanalyse, 8/1991, S. 174–183
Nietzsche, F.: Die fröhliche Wissenschaft, Bd. 3, München 1980, S. 600
Höffe, O.: Personale Bedingungen eines sinnerfüllten Lebens. Eine ethisch-philosophische Erkundung. In: Kühn/Petzold: Psychotherapie und Philosophie. Paderborn 1992, S. 396
Singer, I. B.: Die Familie Moschkat. München 1986
Längle, A., a.a.O.
Längle, A., a.a.O., S. 180
Keller, C.: Der Ich-Wahn. Abkehr von einem lebensfeindlichen Ideal. Zürich 1989

2. Wieviel Sinn braucht der Mensch?
Fromm, E.: Psychoanalyse und Zen-Buddhismus. In: Fromm, E./Suzuki, D. T./de Martino, R.: Zen-Buddhismus und Psychoanalyse. Frankfurt 1972
Lotz, J. B.: Wider den Un-sinn. Zur Sinnkrise unseres Zeitalters. Frankfurt/M 1977
Gasiet, S.: Menschliche Bedürfnisse. Frankfurt 1981
Anders, G.: Die Antiquiertheit des Menschen. Beck-Verlag 1981
Jaffé, A.: Der Mythus vom Sinn im Werk von C. G. Jung. Zürich 1983
Jung, C. G.: Zur Psychologie westlicher und östlicher Religion. Band II. Olten 1971, S. 116
Jaffé, A., a.a.O., S. 171
Perez, M.: Verhaltenstherapie. Eine Technologie zur Mehrung der Humanität? In: Anthropologische Aspekte der Psychologie. Salzburg 1979
Fromm, E., a.a.O., S. 111
Lotz, J. B., a.a.O., S. 90
Tolstoi, L.: Meistererzählungen, Zürich 1950

3. Sinn finden oder Sinn geben?
Lay, R.: Vom Sinn des Lebens. Frankfurt/Berlin 1990, S. 113
Jaffé, A., a.a.O.
Jung, C. G.: Erinnerungen, Träume, Gedanken. Zürich 1976, S. 376
Lotz, J. B., a.a.O.
Lotz, J. B., a.a.O., S. 81
Anders, G., a.a.O.

Anders, G., a.a.O., S. 370
Grom, B./Schmidt, J.: Auf der Suche nach dem Sinn des Lebens. Freiburg 1975
Gasiet, S., a.a.O.
Längle, A. (Hrsg.): Entscheidung zum Sein. Viktor E. Frankls Logotherapie in der Praxis. München 1988
Grom, B./Schmidt, J., a.a.O., S. 102 f.
Frankl, V. E. zit. nach Grom, B./Schmidt, J., a.a.O., S. 102
Huf, A.: Psychotherapeutische Wirkfaktoren. Weinheim 1992
Maslow, A. A.: Psychologie des Seins. München 1981, S. 162
Bühler, K.-E./Wyss, D.: Sinnbezug und Strukturen einer anthropologischen Psychotherapie. In: Daseinsanalyse 3/1986
Whitmont, E. C.: Die Alchemie des Heilens. Göttingen 1993 a
Marten, R.: Hoffnung, Deutung und Beziehung. Frankfurt 1983, S. 56
Parin, P.: Abstinenz. In: Brede, K. u. a. (Hrsg.): Befreiung zum Widerstand. Frankfurt 1987, S. 174
Ermann, M.: Die hilfreiche Beziehung in der Psychoanalyse. Göttingen 1993
Heigl-Evers, A., Heigl F.: Das Prinzip »Antwort« in der psychoanalytischen Therapie. In: Klussmann, R., Mertens, W., Schwarz, F. (Hrsg.): Aktuelle Themen in der Psychoanalyse. Berlin 1988
Parin, P., a.a.O., S. 176
Wirtz, U.: Seelenmord. Inzest und Therapie. Zürich 1994
Whitmont, E. C., a.a.O.
Lesmeister, R.: Der zerrissene Gott. Eine tiefenpsychologische Kritik am Ganzheitsideal. Zürich 1992

II Der Mensch in der Krise

1. Die Sinnkrise der Gegenwart

Jung, C. G.: GW XVIII, Bd 1, Olten 1981, S. 585
Lay, R.: Vom Sinn des Lebens. Frankfurt/M 1990
Grom, B./Schmidt, J.: Auf der Suche nach dem Sinn des Lebens. Freiburg 1975, S. 27.
Tiedemann, P.: Über den Sinn des Lebens. Die perspektivische Lebensform. Darmstadt 1993, S. 12
Fromm, E.: Psychoanalyse und Zen-Buddhismus. In: Fromm, E./Suzuki, D. T./de Martino, R.: Zen-Buddhismus und Psychoanalyse. Frankfurt 1972
Fischer, Ch./Steinlechner, M.: Der Krankheitsbegriff der Psychoanalyse. In: Pritz, A./Petzold, H.: Der Krankheitsbegriff in der modernen Psychotherapie. Paderborn 1992, S. 89
Drewermann, E.: Der tödliche Fortschritt. Freiburg 1991
Perry, J. W.: Spirituelle Krisen und Erneuerung. In: Grof, St., und Grof, Ch. (Hrsg.): Spirituelle Krisen. Chancen der Selbstfindung. München 1990, S. 113
Drewermann, E., a.a.O., S. 112
Freud, S., Briefe 1873–1939. Frankfurt/M 1960, S. 429
Lay, R., a.a.O.
Tiedemann, P., a.a.O.

2. Die Sinnkrise der Helfenden

Masson, J. M.: Die Abschaffung der Psychotherapie. Ein Plädoyer. München 1991

Lang, R.: Die psychotherapeutische Verschwörung. Stuttgart 1987

Giese, E./Kleiber, D. (Hrsg.): Das Risiko Therapie. Weinheim/Basel 1989

Heyne, C.: Tatort Couch. Sexueller Mißbrauch in der Therapie. Ursache, Fakten, Folgen und Möglichkeiten der Verarbeitung. Zürich 1991

Moser, T.:»Es war vielleicht ungerecht, ihn als Schweinehund zu bezeichnen.« Ein Lehrbuch der schmierigen Zweideutigkeit. In: Hoffmann-Axthelm (Hrsg.): Verführung in Kindheit und Psychotherapie. Oldenburg 1992

Wirtz, U.: Der Verrat am Eros. In: Hoffmann-Axthelm (Hrsg.): Verführung in Kindheit und Psychotherapie. Oldenburg 1992

Freud, S.: Die endliche und unendliche Analyse. In: Freud, S.: Studienausgabe Ergänzungsband. Schriften zur Behandlungstechnik (351–392). Frankfurt/M 1982

Schmidbauer, W.: Die hilflosen Helfer. Hamburg 1977

Kleiber, D.: Auch die Helfer brauchen Hilfe. Risiken für Therapeuten

Beerlage, I./Kleiber, D.: Streß und Burnout in der Aids-Therapie. Berlin 1990

Burisch, M.: Das Burnout-Syndrom. Theorie der inneren Erschöpfung. Berlin/Heidelberg 1994, S. 30 f.

Müller, E. H.: Ausgebrannt. Wege aus der Burnout-Krise. Freiburg 1994, S. 18

Burisch, M., a.a.O.

Fengler, J.: Helfen macht müde. Zur Analyse und Bewältigung von Burnout und beruflicher Deformation. München 1991

Fengler, J., a.a.O., S. 152

Beerlage, I./Kleiber, D., a.a.O.

Kleiber, D./Enzmann, D.: Burnout. Eine internationale Bibliographie. Göttingen 1990

Burisch, M., a.a.O., S. 26

Schmitz, E./Hauke, G.: Burnout und Sinnverlust. In: Integrative Therapie 3/1994, S. 235–253

Pines, A. M./Aronson, E./Kafriy, D.: Ausgebrannt. Vom Überdruß zur Selbstentfaltung. Stuttgart 1992

Lukas, E.: LOGO-Test. Wien 1986

Schmitz, E./Hauke, G., a.a.O., S. 246

Burisch, M., a.a.O., S. 168

Frankl, V. E.: Das Leiden am sinnlosen Leben. Freiburg 1977, S. 13

Lesmeister, R.: Der zerrissene Gott. Eine tiefenpsychologische Kritik am Ganzheitsideal. Zürich 1992

Schneider, K.: Grenzerlebnisse. Köln 1990

Lesmeister, R.: Der zerrissene Gott. Eine tiefenpsychologische Kritik am Ganzheitsideal. Zürich 1992

Staemmler, F.-M.: Kultivierte Unsicherheit. Gedanken zu einer gestalttherapeutischen Haltung. In: Integrative Therapie 3/1994, S. 272–288

Tausch, R.: Hilfen bei Streß und Belastung. Hamburg 1993, S. 224

Schweitzer, A.: Die Ehrfurcht vor dem Leben. München 1988, S. 111

Kinder- und Hausmärchen gesammelt durch die Brüder Grimm. Frankfurt/M 1979, Bd I, S. 253ff.

Whitmont, E. C.: Die Alchemie des Heilens. Göttingen 1993a

Drewermann, E.: Arzt und Tod im Märchen. In: Illich, I., Watzlawick, P., Kast, V., Chargaff, E., u. a., 18 kritische Analysen. Basel 1991, S. 98f.

3. Die Sinnkrise der PatientInnen

Vetter, G.: Grenzleben. Diagnose Krebs. Zürich 1994

Hürny, C./Adler, R.: In: In Meerwein, F. (Hrsg.): Einführung in die Psychoonkologie. Bern/Göttingen/Toronto 1991

Teoh, N., WHO Genf, Symposion zum Thema Krebsschmerz. Zürich April 1989

Meerwein, F.: Die Arzt-Patienten-Beziehung des Krebskranken. In: Meerwein, F. (Hrsg.): Einführung in die Psychoonkologie. Bern/Göttingen/Toronto 1991

Hillman, J.: Am Anfang war das Bild. Unsere Träume. Brücke der Seele zu den Mythen. München 1979

Canacakis, J./Schneider, K.: Krebs. Die Angst hat nicht das letzte Wort. Stuttgart 1989, S. 274

Noll, P.: Diktate über Sterben und Tod. München 1987

Bräutigam, W./Meerwein, F. (Hrsg.): Das therapeutische Gespräch mit Krebskranken. Fortschritte der Psycho-Onkologie. Bern/Stuttgart/Toronto 1985

Hürny, C./Adler, R., a.a.O.

Meerwein, F., a.a.O., S. 97

Nagel, G. A.: Psychologische Probleme in der Tumortherapie. In: Brunner, K./Nagel, G. A. (Hrsg.): Handbuch der internistischen Krebstherapie. Berlin 1979, S. 167

Senn, H. J.: Wahrhaftigkeit am Krankenbett. In: Meerwein 1991, a.a.O., S. 81

Kiss, A.: Interview der Schweizerischen »Ärzte-Woche«, 8/1995

Simonton, O. C.: Auf dem Wege der Besserung. Schritte zur körperlichen und spirituellen Heilung. Reinbek bei Hamburg 1993

LeShan, L.: Diagnose Krebs. Wendepunkt und Neubeginn. Stuttgart 1993

LeShan, L., a.a.O., S. 191

Drewermann 1991a, a.a.O., S. 105

Schweizerische Medizinische Wochenschrift 1994, Suppl. 62, S. 56

Aids-Infothek 5/1992, S. 27–30

Hässig, A.: Umdenken bei Aids. Führt dies zu einem Paradigmenwechsel in der Medizin? Sonderdruck aus Schweizerische Zeitschrift für Ganzheitsmedizin 4/1992, S. 171–177

Hearing des Schweizerischen Bundesamtes für Gesundheitswesen über Alternativthesen zu HIV/Aids, Juni 1992

Miller, R. S.: Handbuch der neuen Spiritualität. Eine zusammenfassende Darstellung aller Strömungen des neuen Bewußtseins. Bern/München/Wien 1994, S. 215

Rosenberg, A.: Die Angst des Beraters vor seinem Klienten. Psychosoziale Aspekte der Arbeit mit HIV-Infizierten und Aids-Erkrankten im Rahmen der Drogenhilfe. In: Scheiblich, W. (Hrsg.): Abschied, Tod und Trauer in der sozialtherapeutischen Arbeit. Freiburg 1991, S. 96

Solomon, G./Temoshok, L.: University of California, zit. bei Miller, R. S., a.a.O., S. 225

ÜberLebenszeichen. Bildnerische Therapie bei lebensbedrohlichen Erkrankungen und Krisen. In: Schottenloher, G. (Hrsg.): Wenn Worte fehlen, sprechen Bilder. Bildnerisches Gestalten und Therapie. München 1994, S. 237–262

Überlebenszeichen, a.a.O., S. 241

Mayer, H.: Das Banner-Symbol der positiven Energie. In: Schotterloher, G. (Hrsg.): Wenn Worte fehlen, sprechen Bilder. Bildnerisches Gestalten und Therapie. München 1994, S. 245

Kübler-Ross, E.: Aids. Herausforderung zur Menschlichkeit. Stuttgart 1988

Kübler-Ross, E., a.a.O., S. 162

Drewermann, E.: Arzt und Tod im Märchen, 1991a, a.a.O., S. 106

Glucksmann, A.: Der Stachel der Liebe. Zürich 1995

Glucksmann, A., a.a.O., S. 15

Glucksmann, A., a.a.O., S. 13

Das Trauma der Gewalt

Shengold, L.: Child Abuse and Deprivation. Soul Murder. In: Journal of American Psychoanalytic Association, 27, 1979, p. 533–559

Wirtz, U.: Seelenmord. Inzest und Therapie. Zürich 1989

Roiphe, A.: A Season for Healing. Reflections on the Holocaust. New York 1988, S. 22

Jacoby, M.: Verlassenheitsscham. In: Pflüger, P. M. (Hrsg.): Abschiedlich leben. Umsiedeln-entwurzeln-Identität. Olten 1991, S. 189

Becker, D.: Ohne Haß keine Versöhnung. Das Trauma der Verfolgten. Freiburg 1992

Edvardson, C.: Die Welt zusammenfügen. München 1989

Campbell, J.: Die Kraft der Mythen. Bilder der Seele im Leben des Menschen. Zürich 1994, S. 47

Niederland, W. G.: Folgen der Verfolgung. Das Überlebens-Syndrom. Seelenmord. Frankfurt 1980

Herman, J.: Die Narben der Gewalt. Traumatische Erfahrungen verstehen und überwinden. München 1993, S. 165–179

Roscher, W. H.: Ausführliches Lexikon der griechischen und römischen Mythologie. Hildesheim 1965

Langegger, F.: Doktor, Tod und Teufel. Vom Wahnsinn und von der Psychiatrie in einer vernünftigen Welt. Frankfurt 1983, S. 34f.

Langegger, F., a.a.O., S. 38

Langegger, F., a.a.O., S. 37

Langegger, F., a.a.O., S. 39

Langegger, F., a.a.O., S. 39

Lifton: The broken connection Touchstone Book 1980

Wirtz, U., a.a.O.

Epstein, S.: The implications of cognitive-experiential self-theory in social psychology and peronality. In: Journal for the theory of social behaviour 15, 1985

Janoff-Bulman, R.: Shattered assumptions. Towards a new psychology of trauma. New York 1993.

Lazarus, S./Folkman, R. S., 1984: Stress, appraisal, and coping. Springer, New York

Gaarlandt, J. G. (Hrsg.): Das denkende Herz. Die Tagebücher von Etty Hillesum 1941–1943. Reinbek b. Hamburg 1993, S. 128

Becker, D.: Ohne Haß keine Versöhnung. Das Trauma der Verfolgten. Freiburg 1992

Feldmann, H.: Vergewaltigung und ihre psychischen Folgen. Stuttgart 1992

Sgroi, S. M.: Vulnerable populations. Evaluation and treatment of Sexually abused children and adult survivors, volume 1, Lexington 1988

Feldmann, H., a.a.O., S. 98

Hillesum, E., a.a.O., S. 210

Becker, D., a.a.O., S. 156

Tanay, In: Krystal: Massive Psychic Trauma. New York 1968, S. 221

Hillesum, E., a.a.O., S. 28

Benedetti, G.: Der therapeutische Spiegel in Wort und Bild in der Psachotherapie. In: Ermann, M. (Hrsg.): Die hilfreiche Beziehung in der Psychotherapie. Göttingen 1993

Benedetti, G.: Todeslandschaften der Seele. Psychopathologie, Psychodynamik und Psychotherapie der Schizophrenie. Göttingen 1991, S. 106

Levi, P.: Das periodische System. München 1987, S. 163

Fabri, J. B.: Das Ringen um Sinn. Eine Einführung in die Logotherapie. Freiburg 1980, S. 23

Levi, P.: Die Untergegangenen und die Geretteten. München 1990, S. 151

Barudy, J. Organisierte Gewalt und therapeutische Modelle. Der therapeutische Wert von Solidarität, Gerechtigkeit und Hoffnung. In: Peltzer, K./Diallo, J. C.: Die Betreuung und Behandlung von Opfern organisierter Gewalt im europäisch-deutschen Kontext. Frankfurt/M 1993, S. 15, S. 27

Levi, P.: Ist das ein Mensch? Die Atempause. München 1988, S. 174

Wicker, H.-R.: Die Sprache der extremen Gewalt. Studie zur Situation von gefolterten Flüchtlingen in der Schweiz und zur Therapie von Folterfolgen. Bern 1991, S. 127

Amati, S.: Psychoanalytische Therapie. In: Peltzer, K./Diallo, J. C.: Die Betreuung und Behandlung von Opfern organisierter Gewalt im europäisch-deutschen Kontext. Frankfurt/M 1993, S. 98

Saner, H.: Die Grenzen des Ertragbaren. In: Kühn/Petzold: Psychotherapie und Philosophie, Paderborn 1992, S. 98

Scarry, E.: Der Körper im Schmerz. Die Chiffren der Verletzlichkeit und die Erfindung der Kultur. Frankfurt/M 1992, S. 83

Drees, A.: Folterpatienten in der Therapie. In: Pflüger, P. M. (Hrsg.): Abschiedlich leben. Olten 1991, S. 113–141, S. 120

Benedetti, G.: Klinische Psychotherapie, Einführung in die Psychotherapie der Psychosen. Bern 1980, S. 146

Becker, D., a.a.O., S. 156

Lorenz-Lindemann, K.: Versagtes Lebensrecht. Die schöpferische Antwort der Auschwitz-Überlebenden – Cordelia Edvardson, Jean Améry und Primo Levi. In: Pflüger, P. M. (Hrsg.): Abschiedlich leben. Olten 1991, S. 199–215, S. 211

Wicker, H. R., a.a.O., S. 146

Seifert, R.: Krieg und Vergewaltigung. Ansätze zu einer Analyse. Sozial-wissenschaftliches Institut der Bundeswehr. München 1993

Bernard/Schlaffer: Vor unseren Augen. Der Krieg in Bosnien . . . und die Welt schaut weg. München 1993, S. 90

Issroff, J.: Affect contagion phenomena: ongoing effects subsequent to massive traumatisation: a study of a large group discussion of the Holocaust in a »Survivor Syndrome« workshop and further implication. Unpublished manuscript 1980

Danieli, Y.: Confronting the unimaginable: psychotherapists reactions to victims of the Nazi Holocaust. In: Wilson, J. P. (ed.): Human adaptation to extreme stress. New York 1988

Langegger, F., a.a.O., S. 171

Barudy, J., a.a.O., S. 15

Jung, C. G. GW XIII, Olten 1988, S. 373

Jung, C. G. GW XI, Olten 1988, S. 340

Jacoby, M.: Sinn und Unsinn des Leidens. In: Leiden. C. G. Institut 1976

Barudy, J., a.a.O., S. 21

Herman, J., a.a.O., S. 252

Lindy, J. D.: An outline for the psychoanalytic psychotherapy of post-traumatic stress disorder. In: Figley, C. R. (ed.): Trauma and its Wake. New York 1986

Agger, I.: The blue room. Trauma and Testimony among Refugee Women. London 1994

Elata-Alster, G./Maoz, B.: Erfahrung des Traumas als Wunder. Eine psychotherapeutische Perspektive nach Frank Rosenzweig. In: Kühn/Petzold: Psychotherapie und Philosophie, Paderborn 1992, S. 117–141

Elata-Alster, G./Maoz, B., a.a.O., S. 132

Elata-Alster, G./Maoz, B., a.a.O., S. 132

Langegger, F., a.a.O., S. 205

Langegger, F., a.a.O., S. 205

Amati, S., a.a.O., S. 105

Langegger, F., a.a.O., S. 209

Sachs, N.: Das Leiden Israels. Frankfurt/M 1964

Freud, S.: Brief an Marie Bonaparte, 1937, zit. bei Jones: Das Leben und Werk S. Freuds. Bern 1962, Bd. 3, S. 536

Hartmann, H.: Psychoanalyse und moralische Werte, Stuttgart 1973

Strotzka: Psychoanalyse und Ethik, 1986, S. 165

Ehlert/Lorke: Zur Psychodynamik der traumatischen Reaktion. In: Psyche 6/42, 1988, S. 502–532

Becker, D., a.a.O.

Benedetti, G.: Psychotherapie als existentielle Herausforderung. Göttingen 1992, S. 47–58

Becker, D., a.a.O., S. 217

Jung, C. G. GW XI, Olten 1988, S. 494

Jung, C. G. GW XI, Olten 1988, S. 349

Jung, C. G. GW XI, Olten 1988, S. 343

Jung, C. G. GW XVIII, Bd. 2, Olten 1981, S. 750

Fereshteh Taheri Bethel: A psychological theory of martyrdom. In: World order, spring/summer 1986, p. 8

Tec, N.: When light pierced the darkness. New York 1986
Amati, S., a.a.O., S. 99
Wicker, H. R., a.a.O., S. 122
Laplanche, J./Pontalis, J. B.: Das Vokabular der Psychoanalyse, Frankfurt 1973
Schweizer, A.: Seelenführer durch den verborgenen Raum. München 1994, S. 217ff.
Lévy-Strauss: Strukturale Anthropologie. Frankfurt/M 1967
Heller, G.: Wie heilt ein Schamane? Die therapeutische Trance als Wirkfaktor archaischer Psychotherapie. In: Lang, H. (Hrsg.): Wirkfaktoren der Psychotherapie, S. 164–177
Drees, A., a.a.O., S. 140
Heinl, P.: Maikäfer flieg, dein Vater ist im Krieg . . . Seelische Wunden aus der Kriegskindheit. München 1994
Langegger, F., a.a.O., S. 52
Benedetti, G., 1992, a.a.O., S. 61
Benedetti, G., S. 61
Langegger, F., a.a.O., S. 186
Schweizer, A., a.a.O., S. 219

III Psychotherapie unter Ideologieverdacht

Im Labyrinth von Sinn und Wert

Tiedemann, P. 1993: Über den Sinn des Lebens. Die perspektivische Lebensform. Darmstatt 1993, S. 283ff.
Reik, Th.: Dogma und Zwangsneurose, Stuttgart 1973
Suzuki, Sh.: Zen-Geist – Anfänger-Geist. Zürich 1975
Richter, H. E.: Patient Familie, Hamburg 1970
Huf, A.: Psychotherapeutische Wirkfaktoren, Weinheim 1992
Funke, G.: Wider die Tyrannei der Werte. Menschliches Leben in der Spannung von Selbstwert und Fremdwert. In: Wertbegegnung. Tagungsbericht Nr. 1 und 2/1991 der GLE (Gesellschaft für Logotherapie und Existenzanalyse). Wien 1993
Inglehart, R.: Culture Shift in Advanced Industrial Society. Princeton 1990, S. 187
Klages, H.: Wertedynamik. Über die Wandelbarkeit des Selbstverständlichen. Zürich 1988
Lersch, Ph.: Aufbau der Person. München 1970
Riemann, F.: Die Struktur der Therapeuten und ihre Auswirkung in der Praxis. In: Mandel, H. K. (Hrsg.): Grundformen helfender Partnerschaft. München 1979
Blomeyer, R.: Die Wiederentdeckung des Leibes in der Psychotherapie. In: Pflüger, P. M.: Die Wiederentdeckung des Leibes. Verlag Bonz 1982
Petzold, H.: Metapraxis: Die »Ursachen hinter den Ursachen« oder das »doppelte Warum«. Skizzen zum Konzept »multipler Entfremdung« und einer »anthropologischen Krankheitslehre« gegen eine individualisierende Psychotherapie. In: Zeitschrift des Schweizerischen Vereins für Gestalttherapie. Juni 1994, S. 6–28
Heinl, P.: Die visuelle Struktur und visuelle Analyse von Genogramm

348

(Familienstammbäumen). In: Van Quekelberghe (Hrsg.): Studien zur Handlungstheorie und Psychotherapie 3 EWH, Landau 1986a
Lakin, M.: Ethical issues in the Psychotherapies. Oxford 1988
Bergin, A.: Proposed values for Guiding and Evaluating Counseling and Psychotherapy. In: Counseling and Values, April 1985
Jahoda, M.: Current concepts of positive mental health. New York 1958
Petzold, H./Schuch, H. W.: Grundzüge des Krankheitsbegriffes im Entwurf der integrativen Therapie. In: Pritz/Petzold: Der Krankheitsbegriff in der modernen Psychotherapie. Paderborn 1992, S. 380
Bühler, Ch.: Die Rolle der Werte in der Entwicklung der Persönlichkeit und in der Psychotherapie. Stuttgart 1975. Amerikanische Originalausgabe 1962

1. Die Sinnfrage: ein Krankheitssymptom?

Freud, S., Brief an Marie Bonaparte, 1937, zit. bei Jones, E.: Das Leben und Werk von Sigmund Freud, Bern/Stuttgart 1962, Bd. 3, S. 536
Adamszek, R. In: Zygowski, H. (Hrsg.): Psychotherapie und Gesellschaft. Therapeutische Schulen in der Kritik. Reinbek bei Hamburg 1987, S. 52
Freud, S.: Briefe an Fliess. Zit. bei Masson, J. M.: Die Abschaffung der Psychotherapie. Ein Plädoyer. München 1991, S. 190
Ferenczi, S.: Ohne Sympathie keine Heilung. Das klinische Tagebuch von 1932, Frankfurt/M. 1988, S. 142
Shaked, J.: Vom »Verhör« zur teilnehmenden Beobachtung. In: Grossmann, B./Parth, W. (Hrsg.): Heilt die Psychoanalyse? Wien 1993, S. 15 ff.
Hartmann, H.: Psychonalayse und moralische Werte. Frankfurt 1992, S. 72, amerikanische Originalausgabe 1962
Freud, S.: Jenseits des Lustprinzips. GW Bd. XIII, S. 40
Grom, B./Schmidt, J.: Auf der Suche nach dem Sinn des Lebens. Freiburg 1975, a.a.O., S. 80
Bühler, Ch., a.a.O.
Hartmann, H., a.a.O., S. 11
Schultz-Hencke, H.: Tüchtigkeit als psychotherapeutisches Ziel. 1934, S. 85
Fromm, E. In: Fromm E./Suzuki D. T./de Martino, R.: Zen-Buddhismus und Psychoanalyse. Frankfurt 1972
Freud, S., GW Bd. XV, S. 181
Fromm, E., a.a.O., S. 105
Fromm, E., a.a.O., S. 106
Fromm, E., a.a.O., S. 108
Fromm, E., a.a.O., S. 112
Fromm, E., a.a.O., S. 113
Fromm, E., a.a.O., S. 123
Fromm, E., a.a.O., S. 163
Fromm, E., a.a.O., S. 165
Shaked, J.: Vom »Verhör« zur teilnehmenden Beobachtung. In: Grossmann, B./Parth, W. (Hrsg.): Heilt die Psychoanalyse? Wien 1993, S. 20
Rahnefeld, J.: Glanz der Einsicht, Triumph der Leidenschaft. In: Grossmann, B./Parth, W. (Hrsg.): Heilt die Psychoanalyse? Wien 1993, S. 28
Rahnefeld, J., a.a.O., S. 33
Ferenczi, S., a.a.O., S. 265

Heynal, A.: Veränderung durch Psychoanalyse. Beiträge zur Ideenge-
schichte der »Technik«. In: Grossmann/Parth 1993 (Hrsg.): Heilt die
Psychoanalyse? Wien 1993, S. 35–49
Mertens, W.: Die psychoanalytische Haltung. In: Ermann, M. (Hrsg.):
Die hilfreiche Beziehung in der Psychoanalyse. Göttingen 1993

2. Die Krankheit der Seele . . .

Neumann, E.: Die Sinnfrage und das Individuum. Eranos Jb. Zürich 1957
Jung, C. G. GW XI, Olten 1988, S. 85
Jung, C. G. GW XIII, Olten 1988, S. 373
Jung, C. G. GW IX, Olten 1989, S. 358
Giegerich, W.: Die Rettung des Kindes oder die Entwendung der Zeit. In:
Gorgo 5/1981
Jung, C. G. GW XVI, Olten 1991, S. 53
Jung, C. G. GW XVII, Bd. I, Olten 1981, S. 139
Whitmont, E. C.: Die Rückkehr der Göttin. Reinbek bei Hamburg 1993b
Jung, C. G. GW XI, Olten 1988, S. 171
Jung, C. G.: Erinnerungen, Träume, Gedanken. Zürich 1976, S. 320f.
Jung, C. G. GW VII, Olten 1989, S. 189
Jung, C. G. GW VII, Olten 1989, S. 121
Jung, C. G. GW VIII, Olten 1987, S. 131
McFarland Solomon, H.: Die transzendente Funktion und Hegels dialek-
tische Weltsicht. In: Zeitschrift für analytische Psychologie 1994, Bd. 25,
S. 45–70
Jung, C. G. GW IX, Olten 1989, S. 41
Lesmeister, R.: Der zerrissene Gott. Eine tiefenpsychologische Kritik des
Ganzheitsideals. Zürich 1992
Hillman, J.: Die Heilung erfinden. Eine psychotherapeutische Poetik.
Zürich 1986
Lesmeister, R., a.a.O., S. 13
Lesmeister, R., a.a.O., S. 105
Lesmeister, R., a.a.O., S. 179
Jung, C. G. GW VIII, Olten 1987, S. 258
Jung, C. G. GW XVI, Olten 1991, S. 103
Jung, C. G. GW XI, Olten 1988, S. 358f.
Jung, C. G. GW XVI, Olten 1991, S. 179
Eschenbach, U.: Die Behandlung in der analytischen Psychologie. Stutt-
gart 1979
Jung, C. G. GW XI, Olten 1988, S. 349
Jaffé, A.: Der Mythus vom Sinn im Werk von C. G. Jung. Zürich 1983
Jung, C. G. GW XI, Olten 1988, S. 494
Jung, C. G. GW XI, Olten 1988, S. 496
Schock, W.: Sinnebenen der Individuation. In: Zeitschrift für analytische
Psychologie 1994, Bd. 25, S. 137–149
Whitmont, E. C.: Die Rückkehr der Göttin. Hamburg 1993 b, S. 12
Jung, C. G. GW XVIII, Bd. 1, Olten 1981, S. 298
Jung, C. G. GW XVIII, Bd. 1, Olten 1981, S. 178
Jaffé, A., a.a.O., S. 166
Jung, C. G. GW XI, Olten 1988, S. 509
Jung, C. G. GW XI, S. 504

Drewermann, E.: Der tödliche Fortschritt. Freiburg 1991, S. 154
Jung, C. G. GW XVI, Olten 1991, S. 20
Jung, C. G. GW XI, Olten 1988, S. 501
Jung, C. G. GW XVI, Olten 1991, S. 20
Jung, C. G. GW XVI, Olten 1991, S. 77
Jung, C. G. GW XVI, Olten 1991
Jung, C. G. GW VIII, Olten 1987, S. 416
Jung, C. G.: Erinnerungen, Gedanken, Träume. Zürich 1976, S. 360
Jung, C. G.: Erinnerungen, Gedanken, Träume, S. 20

3. Durch das Gemeinschaftsgefühl . . .
Adler, A.: Wozu leben wir? Frankfurt/M 1979
Adler, A.: Der Sinn des Lebens. Frankfurt/M 1973
Metzger, W.: Vorwort zu Adler 1973
Adler, A., a.a.O., S. 167
Hillman, J., a.a.O., S. 151
Metzger, W., a.a.O., S. 8
Kolbe, Ch.: Heilung oder Hindernis. Religion bei Freud, Adler, Fromm, Jung und Frankl. Stuttgart 1986, S. 79 ff.
Birnbaum, zit. bei Kühn, R.: Sinn – Sein – Sollen, Cuxhaven 1991, S. 93
Hillman, J., a.a.O., S. 138
Kolbe, Ch., a.a.O., S. 81
Adler, A., a.a.O., S. 166
Adler, A., a.a.O., S. 167
Metzger, a.a.O., S. 20
Adler, A., a.a.O., S. 171
Adler, A., a.a.O., S. 169
Adler, A., a.a.O., S. 162

4. Der Wille zum Sinn
Frankl, V. E.: Der leidende Mensch. Bern 1984, S. 204
Längle, A.: Sinnvoll leben. Angewandte Existenzanalyse. St. Pölten 1991
Wicki, B.: Die Existenzanalyse von Viktor E. Frankl als Beitrag zu einer anthropologisch fundierten Pädagogik. Bern/Stuttgart 1991, S. 51
Frankl, V. E.: Ärztliche Seelsorge. Wien 1982, S. 43
Frankl, V. E.: Der Unbewußte Gott. München 1979
Kolbe, Ch., a.a.O., S. 227 und 239
Masson, J. M.: Die Abschaffung der Psychotherapie. Ein Plädoyer. München 1991
Winklhofer, W. In: Bulletin der GLE (Gesellschaft für Logotherapie und Existenzanalyse), 1/1993
Längle, A. In: Bulletin der GLE Juni 1994
Egger, P.: Replik auf Längle, A. In: Bulletin der GLE, 3/1994, S. 37
Längle, A.: Personale Existenzanalyse. In: Wertbegegnung. Tagungsbericht 1 und 2/1991 der GLE, S. 145
Längle, A.: Existenz zwischen Zwang und Freiheit, Tagungsbericht 1 und 2/1988 der GLE, S. 16

5. Selbstverwirklichung als Erlösung
Grom, B./Schmidt, J., a.a.O., S. 89

Maslow, A. A.: Die Psychologie des Seins. München 1981, S. 172
Maslow, a.a.O., S. 173
Nogala, D. In: Zygowski, H. (Hrsg.): Psychotherapie und Gesellschaft.
Reinbek bei Hamburg 1987
Nogala, D., a.a.O., S. 145
Nogala, D., a.a.O., S. 138 ff.
Krisch, R.: Der Krankheitsbegriff in der Gestalttherapie. In: Pritz/Pet-
zold: Der Krankheitsbegriff in der modernen Psychotherapie, Pader-
born 1992, S. 197–253
Naranjo, C.: Zentrierung im Jetzt. In: Petzold, H. (Hrsg.): Psychothera-
pie, Meditation, Gestalt, Paderborn 1991
Rodgers, C. R.: Die Entwicklung der Persönlichkeit. Stuttgart 1973
Finke, J.: Der Krankheitsbegriff in der klientenzentrierten Gesprächsthe-
rapie. In Pritz/Petzold: Der Krankheitsbegriff in der modernen Psycho-
therapie, Paderborn 1992, S. 99–127
Gilles, A. In: Zygowski (Hrsg.): Psychotherapie und Gesellschaft. Thera-
peutische Schulen in der Kritik. Reinbek bei Hamburg 1987
Gilles, A., a.a.O., S. 118
Gilles, A., a.a.O., S. 120
Gilles, A., a.a.O., S. 124
Engelen, N. Q.: Das innere Selbst. Die Geburt der Selbstverwirklichung
aus dem Geist der Erlösung. Pfungstatt bei Darmstadt 1991
Lesmeister, R., a.a.O.
Schneider, K.: Grenzerlebnisse. Zur Praxis der Gestalttherapie. Edit. Hu-
manistische Psychologie 1990, S. 44
Lasch, Ch.: Psychische Gesundheit.»Das moderne Äquivalent der Erlö-
sung«. Das leidfreie Dasein als Endstation des Vollkommenheitsdiskur-
ses. München 1980

6. Die Überschreitung zum wortlosen Raum . . .

Petzold, H. In: Pritz/Petzold: Der Krankheitsbegriff in der modernen
Psychotherapie, Paderborn 1992, a.a.O., S. 404
Petzold, H., a.a.O., S. 404
Petzold, H., a.a.O., S. 405
Petzold, H.: Nootherapie und »säkulare Musik« in der Integrativen The-
rapie. In: Petzold (Hrsg.): Psychotherapie, Meditation, Gestalt. Pader-
born Bd. 16, Jahrgang 1991
Petzold, H., a.a.O., S. 57
Petzold, H., a.a.O., S. 57
Petzold, H., a.a.O., S. 58
Petzold, H., a.a.O., S. 64
Petzold, H., a.a.O., S. 65
Petzold, H., a.a.O., S. 69
Petzold, H., a.a.O., S. 58
Petzold, H., a.a.O., S. 70
Petzold, H., a.a.O., S. 72
Petzold, H., a.a.O., S. 73
Petzold, H., a.a.O., S. 74 f.
Petzold, H., a.a.O., S. 75
Petzold, H., a.a.O., S. 76 f.

Wilber/Engler/Brown: Psychologie der Befreiung. Bern/München/
Wien 1988

7. Neu-besinnung auf alte Werte

Meulenbelt, A.: Feminismus und Sozialismus. Hamburg 1989, S. 87
Hänsch, U.: Frauenprojekte im Zustand kollektiver Ermüdung und er-
folgsorientierter Anpassung. In: Beiträge zur feministischen Theorie
und Praxis, 35, 1993, S. 9–15, S. 14
Janz, U. u. a.: Macht und Gewalt in lesbischen Beziehungen/Bezügen. In:
Beiträge zur feministischen Theorie und Praxis, 37, 1994, S. 77–93, S. 86
Rommelspacher, B.: Frauen in der Dominanzkultur. In: Uremovic, O./
Oerter, G.: Frauen zwischen Grenzen. Frankfurt/M 1994, S. 18–33
Freytag, G.: Grundlagen der feministischen Therapie. In: Bilden, H.
(Hrsg.): Das Frauentherapiehandbuch. München 1991, S. 11–36, S. 15
von Albertini, U./Eberle, S./Greber, F.: Feminismus und Gestaltthera-
pie. In: Grenzen, Chancen und Bedrohung. Hrsg.: Schweizerischer Ver-
ein für Gestalttherapie (SVG). Zürich 1995
Hare-Mustin, R. T./Marecek, J.: Autonomy and gender: some questions
for therapists. Psychotherapy 23, 1986, p. 205–212
Keller, C.: Der Ich-Wahn. Abkehr von einem lebensfeindlichen Ideal. Zü-
rich 1989
Krause Prozan, Ch.: Feminist Psychoanalytic Psychotherapy, Jason Aron-
son, Northvale 1992 and The Technique of Feminist Psychoanalytic Psy-
chotherapy 1992
Gilligan, C.: Die andere Stimme. Lebenskonflikte und Moral der Frau.
München 1984
Nunner-Winkler, G. (Hrsg.): Weibliche Moral. Die Kontroverse um eine
geschlechtsspezifische Ethik. Frankfurt 1991. Nagl-Docekal, H./Pauer-
Studer, H.: Jenseits der Geschlechtermoral. Beiträge zur feministischen
Ethik. Frankfurt 1993
Mulack, Ch.: Jesus – der Gesalbte der Frauen. Weiblichkeit als Grundlage
christlicher Ethik. Stuttgart 1987
Gilligan, C., a.a.O., S. 37
Mulack, Ch.: Natürlich weiblich. Die Heimatlosigkeit der Frau im Patriar-
chat. Stuttgart 1990, S. 30
Buse, G.: Macht – Moral – Weiblichkeit. Mainz 1993
Radcliffe, J.: Welche Ziele der Frauenbewegung sind feministisch? In:
Pusch, L. (Hrsg.): Feminismus. Inspektion der Herrenkultur. Frankfurt
1983, S. 18–32
Thürmer-Rohr, Ch.: Vagabundinnen. Feministische Essays. Berlin 1987,
S. 98
Scheffler, S.: Feministische Therapie. In: Neue Heimat. Therapie-Bei-
träge zur feministischen Theorie und Praxis, 1986, Heft 17, S. 29

IV Heilung der Seele oder Seelenheil

1. Psychologie und Religion

Fromm, E.: Psychoanalyse und Zen-Buddhismus. In: Fromm/Suzuki/de
Martino: Zen-Buddhismus und Psychoanalyse. Frankfurt/M 1972

Funke, D.: Der halbierte Gott. Die Folgen der Spaltung und die Sehnsucht nach Ganzheit. München 1993

Wyss, D.: Psychologie und Religion. Untersuchungen zur Ursprünglichkeit religiösen Erlebens. Würzburg 1991

Vogt, N.: Psychotherapie und Religion: Rivalisierende Ideologien? In: Daseinsanalyse, August 1992

Wyss, D., 1991, a.a.O., S. 20

Benedetti, G.: Psychotherapie und Seelsorge. In: Beiträge zu Psychiatrie und Seelsorge, 10/1969, Hrsg.: Psychiatrische Universitätsklinik Basel

Kolbe, Ch.: Heilung oder Hindernis. Religion bei Freud, Adler, Fromm, Jung und Frankl. Stuttgart 1986, S. 224

2. Psychotherapie und Spiritualität

Zundel, E./Loomans, P.: Psychotherapie und religiöse Erfahrung. Konzepte und Methoden transpersonaler Psychotherapie. Freiburg 1994

Jung, C. G.: GW IX, Bd. 1 Olten 1989, S. 148

Jäger, W.: Suche nach dem Sinn des Lebens. Bewußtseinswandel durch den Weg nach innen. Petersberg 1991

Miller, R. S.: Handbuch der neuen Spiritualität. Eine zusammenfassende Darstellung aller Strömungen des neuen Bewußtseins. Bern/München/Wien 1994, S. 34

Scharfetter, Ch.: Der spirituelle Weg und seine Gefahren. Stuttgart 1991

Scharfetter, Ch., a.a.O., S. 32

Jäger, W., a.a.O., S. 75

Capra, F./Steindl-Rast, D.: Wendezeit im Christentum. München 1993

Whitmont, E. C.: Die Alchemie des Heilens. Göttingen 1993

Szondi, L.: Lehrbuch der experimentellen Triebdiagnostik. Bern 1972, S. 103

Jüttner, Friedjung: Ethik und Moral aus schicksalsanalytischer Sicht. Unveröffentlichtes Manuskript 1994

Whitmont, E. C., a.a.O

Jung, C. G.: Erinnerungen, Träume, Gedanken. Zürich 1976, S. 357

Goodbread, J./Mindell, A.: Prozeßorientierte Psychotherapie. Auf den Spuren des verborgenen Tao des Individuums und der Welt. In: Zundel E./Loomans, P.: Psychotherapie und religiöse Erfahrung. Konzepte und Methoden transpersonaler Psychotherapie. Freiburg 1994, S. 232

Holzhey, A.: Offenheit fürs Geheimnis. Daseinsanalytische Psychotherapie und Spiritualität

Kastrinidis, P.: Die daseinsanalytische Psychotherapie und das Transpersonale nach L. Binswanger und M. Boss. In: Zundel E./Loomans P.: Psychotherapie und religiöse Erfahrung. Konzepte und Methoden transpersonaler Psychotherapie. Freiburg 1994, S. 135

Grof, St.: Das Heilungspotential außergewöhnlicher Bewußtseinszustände. Beobachtungen aus der psychedelischen und holotropen Therapie. In: Zundel/Loomans: Psychotherapie und religiöse Erfahrung. Freiburg 1994. S. 159–219

Hillman, J.: Die Suche nach Innen. Psychologie und Religion. Zürich 1981, S. 53

Hillman, J., a.a.O., S. 53

Bucher, A. A.: Psychologie und Religion. Verfeindete Geschwister – symbiotische Antipoden? Dossier, Psychoscope, 4/1992
Benedetti, G.: Psychotherapie und Seelsorge. In: Beiträge in Psychotherapie und Seelsorge 1969, Nr. 10
Suzuki, Sh.: Zen-Geist – Anfänger-Geist, Zürich 1975
Mraz, R.: Wie der Hirsch lechzt nach frischem Wasser . . . Ein Brief von C. G. Jung zum Thema Spiritualität und Alkoholismus. In: So kann's mit mir nicht weitergehen. Neubeginn durch spirituelle Erfahrungen in der Therapie. Stuttgart 1994, S. 33–55
Jäger, W., a.a.O., S. 24
Kurz, W.: Die Bedeutung der integrierten Meditation für die psychotherapeutische Beziehung im allgemeinen und die logotherapeutische im besonderen. In: Tagungsberichte der GLE (Gesellschaft für Logotherapie und Existenzanalyse) 2/1986, 1. Jahrgang
Kurz, W., a.a.O., S. 96

3. Sinnbilder des Ganzen
Cassirer, E.: Was ist der Mensch? Stuttgart 1960
Saner, H.: Der Mensch als symbolfähiges Wesen. In: Benedetti, G./Rauchfleisch, U.: Welt der Symbole. Göttingen 1988, S. 18
Caruso, I.: Das Symbol in der Tiefenpsychologie. Studium Generale 6/1953, S. 297
Whitmont, E. C.: Die Alchemie des Heilens, Göttingen 1993a
Brutsche, P.: Die Wirkung des Symbols in Grenzsituationen. In: Forum für Kunsttherapie, 1994, Jg. 5, Heft 2, S. 25–29
Brutsche, P., a.a.O., S. 28
Lurker, M.: Wörterbuch der Symbolik. Stuttgart 1979
Jung, C. G., Paracelsia 1948, S. 134
Whitmont, E. C., a.a.O.
Capra/Steindl-Rast, a.a.O.
Rentsch, I.: Vortrag am Sozialpsychiatrischen Dienst Zürich, unveröffentlichtes Manuskript 1994
Schottenloher, G.: Wenn Worte fehlen, sprechen Bilder. Bildnerisches Gestalten und Therapie. Bd. 1. München 1994, S. 40
Beuys, J.: Jeder Mensch ein Künstler. Gespräche auf der Documenta 1972, aufgezeichnet von C. Bodemann-Ritter, Frankfurt/M 1992, S. 26
Schmer, G.: Krisen auf dem Lebensweg, Psychoanalytisch-systemische Kunsttherapie. München 1994, S. 284
Jaskolski, H.: Das Labyrinth. Symbol für Angst, Wiedergeburt und Befreiung. Stuttgart 1994

4. Sinnerfüllung im Dialog der Liebe
Staehelin, B./Schmucker-von Koch, J.: Heilwerden von Grund auf. Psychotherapie aus dem Glauben. Grundlegung und Praxis. Freiburg 1990
Bütler, R.: Die Mystik der Welt. Bern 1992, S. 153
Längle, A.: Existenzanalyse der therapeutischen Beziehung und Logotherapie in der Begegnung. In: Tagungsbericht der GLE 2/1986, S. 55–74
Ferenczi, S.: Ohne Sympathie keine Heilung. Klinisches Tagebuch 1932. Frankfurt/M 1988, S. 265
Freud, S. GW, Bd. 14, Frankfurt/M 1968, S. 434

Freud, S. GW Bd. 1, S. 312
Freud, S. GW Bd. 11, S. 476
Freud-Jung, Briefwechsel, Frankfurt 1984
Cremerius, J.: Gibt es zwei psychoanalytische Techniken? In: Cremerius, J.: Vom Handwerk des Psychoanalytikers. Problemata 101. Frommann-Holzboog 1984, S. 192
Lotz, J. B.: Wider den Un-sinn. Zur Sinnkrise unseres Zeitalters. Frankfurt/M 1977, S. 148

Weiterführende Literatur

Adler, G.: Die Sinnfrage in der Psychotherapie. Psyche Heft 6, 1963/64, 17. Jg.

Antonovsky, A.: Health, Stress und Coping. Jossey-Bass Publishers San Francisco 1985

Andrews, L. M.: To thy own Self be true. The Rebirth of Values in the New Ethical Therapy. Anchor Press/Doubleday, Garden City, New York 1987

Barker, D. G./Timms, N.: Sexualität im gesellschaftlichen Kontext. Ergebnisse der europäischen Wertstudie. In: Zeitschrift für medizinische Ethik 1993/Heft 3

Barz, H.: Absterben der Sinn- und Symbolwelt durch Brachfallen der sinnlichen Welt. In: Der Mensch ohne Hand oder die Zerstörung der menschlichen Ganzheit. München 1979

Bašoglu, M. (edit.): Torture and its consequences. Current treatment approaches. Cambridge University Press 1992

Bühler, K.-E.: Ethik und Ästhetik: Maßstäbe für die Psychotherapie? In: Integrative Therapie 2–3/1988. Paderborn 14. Jg.

Condrau, G.: Daseinsanalyse. Philosophisch-anthropologische Grundlagen. Die Bedeutung der Sprache. Bern 1989

Drewermann, E.: Mut zum Leben. In: Seelsorge im 20. Jahrhundert. Topos TB, Mainz 1993

Figley, Ch. R. (edit.): Trauma and its Wake. The Study and Treatment of Post-Traumatic Stress Disorder. Brunner/Mazel Publishers New York 1985

Frankl, V. E.: Pathologie des Zeitgeistes. Rundfunkvorträge über Seelenheilkunde. Wien 1955

Funke, D.: Gott und das Unbewußte. Glaube und Tiefenpsychologie. München 1995

Gerber, U.: Die feministische Eroberung der Theologie. München 1987

Hicklin, A.: Begegnung und Beziehung. Ein Versuch, zu umschreiben, was Frei-Sein in Beziehungen sein könnte. Bern 1982

Kurz, W.: Die therapeutische Beziehung im Zusammenhang von klientenzentrierter Psychotherapie und Logotherapie. In: Tagungsberichte der GLE (Gesellschaft für Logotherapie und Existenzanalyse) 2/1986

Kurz, W.: Die therapeutische Beziehung. Aktuelle Fragestellungen, empirische Ergebnisse. In: Tagungsberichte der GLE 2/1986

Längle, A. (Hrsg.): Wege zum Sinn. Logotherapie als Orientierungshilfe. München 1985

Lewis, H.: A Question of Values, Harper San Francisco, 1990

Neumann, E.: Die Sinnfrage und das Individuum. Eranos-Jahrbuch 16/1957

Nuber, U.: Die Egoismus-Falle. Warum Selbstverwirklichung so oft einsam macht. Zürich 1993

Obrist, W.: Neues Bewußtsein und Religiosität. Evolution zum ganzheitlichen Menschen. Olten 1988

Scheiblich, W. (Hrsg.): Abschied, Tod und Trauer in der sozialtherapeutischen Arbeit. Freiburg i. Br. 1991

Seidmann, P.: Freuds Glaube. Volkshochschule, 2. Jg., Heft 4. Zürich 1968

Singer, I.: Meaning in Life. The Creation of Value. The Free Press, New York 1992

Stiglmayer, A.: Massenvergewaltigung. Krieg gegen Frauen. Freiburg 1993

Sullivan, B. St.: Psychotherapy Grounded in the Feminine Principle, Chiron Publications, Wilmette, Illinois 1990

Ulman, R. B./Brothers, D.: The Shattered Self. A Psychoanalytic Study of Trauma. The Analytic Press, Hillsdale, NJ. 1988

Watzlawick, P.: Münchhausens Zopf oder: Psychotherapie und »Wirklichkeit«. Bern 1988

Zundel, E./Fittkau, B. (Hrsg.): Spirituelle Wege und transpersonale Psychologie. Paderborn 1989

Quellennachweis

Aus folgenden Werken wurde mit freundlicher Genehmigung der genannten Verlage und Herausgeber zitiert:

Fried, Erich: »Was es ist.« In: Es ist was es ist. © Verlag Klaus Wagenbach, Berlin, 1983

Fried, Erich: »Bedingung.« In: Liebesgedichte. © Verlag Klaus Wagenbach, Berlin, 1979

Hofmannsthal, Hugo von: »Der Tod und der Tor.« © Insel Verlag, Frankfurt am Main, 1982

Jung, C. G.: Psychotherapie und Weltanschauung. © Walter Verlag AG, Solothurn, 1971

Lesmeister, R.: Der zerrissene Gott. Eine tiefenpsychologische Kritik des Ganzheitsideals. © Schweizer Spiegel Verlag, Zürich, 1992

Morgenstern, Christian: »Ich habe den MENSCHEN gesehen.« In: Werke und Briefe, Band II: Lyrik 1906–1914, Wir fanden einen Pfad. © Verlag Urachhaus, Stuttgart, 1992

Petzold, H. und H. W. Schuch: »Grundzüge des Krankheitsbegriffes im Entwurf der Integrativen Therapie.« In: Pritz und Petzold: Der Krankheitsbegriff in der modernen Psychotherapie. © Junfermann Verlag, Paderborn, 1992

Petzold, H.: »Nootherapie und ›säkulare Musik‹ in der Integrativen Therapie.« In: Petzold (Hrsg.): Psychotherapie, Meditation, Gestalt. © Junfermann Verlag, Paderborn, Bd. 16, Jahrgang 1991

Rilke, Rainer Maria: »Oh Herr, gieb jedem seinen eigenen Tod«, »Was wirst Du tun, Gott, wenn ich sterbe?«, »Wer seines Lebens viele Widersinne«, »Ich fürchte mich so vor der Menschen Wort.« In: Sämtliche Werke. © Insel Verlag, Frankfurt am Main, 1955

Rose, Juan Gonzolo: »Die Frage.« In: Peltzer/Diallo: Die Betreuung und Behandlung von Opfern organisierter Gewalt im europäisch-deutschen Kontext. © IKO-Verlag, Frankfurt, 1993

Sachs, Nelly: »Chor der Geretteten.« In: Fahrt ins Staublose. Die Gedichte der Nelly Sachs. © Suhrkamp Verlag, Frankfurt, 1991

© Wicker, H.-R.: Die Sprache der extremen Gewalt: Studie zur Situation von gefolterten Flüchtlingen in der Schweiz und zur Therapie von Folterfolgen. Institut für Ethnologie der Universität Bern, 1991

Die Betroffenen haben ihr Schweigen gebrochen – das Buch zur Inzest-Therapie.

Inzest ist kein Tabu-Thema mehr. Immer mehr Betroffene melden sich öffentlich zu Wort. Was bis heute fehlt, ist ein breit angelegtes Buch zur Therapie. »Seelenmord« schließt diese Lücke. Ein wissenschaftlich fundiertes, allgemeinverständlich geschriebenes Buch voller Einfühlung und Engagement, das brisante Fragen nicht scheut.

Ursula Wirtz
Seelenmord
Inzest und Therapie
240 Seiten, einige s/w- und Farbabbildungen, Paperback

⟨K⟩ KREUZ: Was Menschen bewegt.